本著作由
河南大学学术著作出版基金
河南大学文学院学科发展基金
河南大学人文社科项目基金
资助

QingMo MinChu SongShiPai WenRen QunTi HuoDong NianBiao
清末民初宋诗派文人群体活动年表

杨萌芽 著

河南大学出版社
·开封·

图书在版编目(CIP)数据

清末民初宋诗派文人群体活动年表/杨萌芽著. —开封:河南大学出版社, 2008.8

ISBN 978-7-81091-864-0

Ⅰ.清… Ⅱ.杨… Ⅲ.①知识分子—研究—中国—近代 ②古典诗歌—文学流派—人物研究—中国—近代 Ⅳ.D693.7 I207.209

中国版本图书馆CIP数据核字(2008)第137502号

责任编辑	程新晓　杨风华
责任校对	木　易
装帧设计	马　龙

出　版	河南大学出版社			
	地址:河南省开封市明伦街85号		邮编:475001	
	电话:0378-2825001(营销部)		网址:www.hupress.com	
排　版	郑州市今日文教印制有限公司			
印　刷	河南第一新华印刷厂			
版　次	2008年8月第1版	印　次	2008年8月第1次印刷	
开　本	640 mm×960 mm　1/16	印　张	29.75	
字　数	443千字	印　数	1—1000册	
定　价	56.00元			

(本书如有印装质量问题请与河南大学出版社营销部联系调换)

目　录

前言 …………………………………………………………（ 1 ）
编写凡例 ……………………………………………………（ 1 ）
年表 …………………………………………………………（ 1 ）
道光二十八年　己酉(1848 年) ……………………………（ 1 ）
道光三十年　庚戌(1850 年) ………………………………（ 2 ）
咸丰三年　癸丑(1853 年) …………………………………（ 2 ）
咸丰四年　甲寅(1854 年) …………………………………（ 2 ）
咸丰五年　乙卯(1855 年) …………………………………（ 3 ）
咸丰六年　丙辰(1856 年) …………………………………（ 3 ）
咸丰七年　丁巳(1857 年) …………………………………（ 3 ）
咸丰八年　戊午(1858 年) …………………………………（ 3 ）
咸丰九年　己未(1859 年) …………………………………（ 4 ）
咸丰十年　庚申(1860 年) …………………………………（ 4 ）
咸丰十一年　辛酉(1861 年) ………………………………（ 5 ）
同治元年　壬戌(1862 年) …………………………………（ 5 ）
同治二年　癸亥(1863 年) …………………………………（ 5 ）
同治三年　甲子(1864 年) …………………………………（ 6 ）
同治四年　乙丑(1865 年) …………………………………（ 6 ）
同治五年　丙寅(1866 年) …………………………………（ 6 ）

同治六年　丁卯(1867年)	(6)
同治七年　戊辰(1868年)	(7)
同治八年　己巳(1869年)	(7)
同治九年　庚午(1870年)	(7)
同治十年　辛未(1871年)	(8)
同治十一年　壬申(1872年)	(8)
同治十二年　癸酉(1873年)	(8)
同治十三年　甲戌(1874年)	(9)
光绪元年　乙亥(1875年)	(9)
光绪二年　丙子(1876年)	(10)
光绪三年　丁丑(1877年)	(11)
光绪四年　戊寅(1878年)	(11)
光绪五年　己卯(1879年)	(12)
光绪六年　庚辰(1880年)	(14)
光绪七年　辛巳(1881年)	(15)
光绪八年　壬午(1882年)	(17)
光绪九年　癸未(1883年)	(20)
光绪十年　甲申(1884年)	(25)
光绪十一年　乙酉(1885年)	(30)
光绪十二年　丙戌(1886年)	(40)
光绪十三年　丁亥(1887年)	(49)
光绪十四年　戊子(1888年)	(57)
光绪十五年　己丑(1889年)	(63)
光绪十六年　庚寅(1890年)	(72)
光绪十七年　辛卯(1891年)	(84)
光绪十八年　壬辰(1892年)	(91)
光绪十九年　癸巳(1893年)	(100)
光绪二十年　甲午(1894年)	(106)
光绪二十一年　乙未(1895年)	(112)

光绪二十二年　丙申(1896 年) ……………………………………(121)

光绪二十三年　丁酉(1897 年) ……………………………………(127)

光绪二十四年　戊戌(1898 年) ……………………………………(130)

光绪二十五年　己亥(1899 年) ……………………………………(142)

光绪二十六年　庚子(1900 年) ……………………………………(149)

光绪二十七年　辛丑(1901 年) ……………………………………(157)

光绪二十八年　壬寅(1902 年) ……………………………………(169)

光绪二十九年　癸卯(1903 年) ……………………………………(179)

光绪三十年　甲辰(1904 年) ………………………………………(190)

光绪三十一年　乙巳(1905 年) ……………………………………(193)

光绪三十二年　丙午(1906 年) ……………………………………(200)

光绪三十三年　丁未(1907 年) ……………………………………(217)

光绪三十四年　戊申(1908 年) ……………………………………(228)

宣统元年　己酉(1909 年) …………………………………………(239)

宣统二年　庚戌(1910 年) …………………………………………(255)

宣统三年　辛亥(1911 年) …………………………………………(263)

民国元年　壬子(1912 年) …………………………………………(270)

民国二年　癸丑(1913 年) …………………………………………(279)

民国三年　甲寅(1914 年) …………………………………………(292)

民国四年　乙卯(1915 年) …………………………………………(307)

民国五年　丙辰(1916 年) …………………………………………(320)

民国六年　丁巳(1917 年) …………………………………………(336)

民国七年　戊午(1918 年) …………………………………………(346)

民国八年　己未(1919 年) …………………………………………(354)

民国九年　庚申(1920 年) …………………………………………(366)

民国十年　辛酉(1921 年) …………………………………………(375)

民国十一年　壬戌(1922 年) ………………………………………(381)

民国十二年　癸亥(1923 年) ………………………………………(386)

民国十三年　甲子(1924 年) ………………………………………(394)

民国十四年	乙丑(1925 年)	(396)
民国十五年	丙寅(1926 年)	(405)
民国十六年	丁卯(1927 年)	(413)
民国十七年	戊辰(1928 年)	(420)
民国十八年	己巳(1929 年)	(428)
民国十九年	庚午(1930 年)	(435)
民国二十年	辛未(1931 年)	(441)
民国二十一年	壬申(1932 年)	(446)
民国二十二年	癸酉(1933 年)	(448)
民国二十三年	甲戌(1934 年)	(449)
民国二十四年	乙亥(1935 年)	(450)
民国二十五年	丙子(1936 年)	(451)
民国二十六年	丁丑(1937 年)	(452)
民国二十七年	戊寅(1938 年)	(455)

参考文献 …………………………………………… (456)

后　　记 …………………………………………… (465)

前　言

"在鲁迅以前时期的文学担当者,当数以陈三立为顶峰的一群诗人。"①

日本学者吉川幸次郎在《中国诗史》中的这一句话颇有意味。吉川幸次郎对清末诗人的评价相当高,和我们国内的文学史有很大不同。"清末的诗人们,只有和鲁迅相矛盾的关系吗?诚然,他们大多数无论在政治上还是文学上,都是旧体制的保持者。但是这些人的大多数都认真地考虑过如何对待清末民初这一文明和政治的危机,并把这种思考寄托于诗中"②,这是他在阅读了宋诗派领袖陈三立的诗之后的感受。与此相似,诗风宗唐、一度极为反感宋诗派的吴宓1964年认真阅读了郑孝胥的诗后,写下这样一段话:"当辛亥秋冬,与郑君同其思想、态度之人士,实甚多多。迨宓历一九四九以至今一九六四年之国变、世变,乃深佩爱郑君此诸诗,为能先获我心耳"。③同样,民初曾经向宋诗派激烈开火的柳亚子1945年回忆道:"辛亥革命总算成功了,但诗界革命是失败的。梁任公、谭复生、黄公度、丘沧海、蒋观云……的新派诗,终于打不倒郑孝

---

① 吉川幸次郎:《清末的诗——读〈散原精舍诗〉》,《中国诗史》,第355页,章培恒等译,复旦大学出版社,2001。
② 吉川幸次郎:《清末的诗——读〈散原精舍诗〉》,《中国诗史》,第352页,章培恒等译,复旦大学出版社,2001。
③ 参见吴宓1964年读《海藏楼诗》笔记,见《吴宓诗话》,第300页,商务印书馆,2005。

胥、陈三立的旧派诗,同光体依然成为诗坛的正统。"而年轻的中国留学生胡先骕到美国留学时,书箧里放的两本诗集就是陈三立和郑孝胥的诗:"步曾述其为诗经历。自言旧学甚浅,游学美洲日,仅携近人陈三立、郑孝胥诗在行箧中。治校课小间,辄吟讽之,以是稍好为诗。"①以陈三立、郑孝胥为代表的宋诗派在清末民初的地位与影响可见一斑。然而长期以来,宋诗派在文学史上的地位与上述学者诗人的评价相去甚远,人们对这一在近代历史空间发挥了巨大作用的文人群体知之甚少。

将传统研究视域中的"同光体"作为"清末民初宋诗派文人群体"来加以研究是笔者的一种尝试。之所以称为"文人群体",一方面力图突破传统的以诗文为主的研究模式,一方面由于在研究中深切感受到这是一个联系密切、有相近的政治理想和相同的文学追求的文人集团,在晚清民国的历史空间里发挥了重要作用。这一群体既与晚清"清流"颇有渊源,又与近世洋务派关系密切。宋诗派中陈宝琛年辈较长,他是晚清清流党领袖,四大清流之一,因触忤慈禧太后而被贬乡居长达二十多年。而宋诗派两位领军人物——陈三立和郑孝胥,都受过陈宝琛的提携,其中陈三立是陈宝琛门生,而郑孝胥则经他推荐到李鸿章幕府。这也是一个晚清士大夫中格外重视实务的群体,他们中的多数投身到维新运动中去,在近代铁路、教育、新闻和其他实业中发挥了重要作用。辛亥以后,这一群体中的绝大部分成员又选择了遗民的立场。

这部年表以(陈三立、郑孝胥、沈曾植、陈衍、陈宝琛等)几个重要人物为中心,对宋诗派的活动作了详细的勾稽。从他们早年在地方的结社、雅集,到丙戌会试,再到张之洞幕府,直至辛亥前后在京师、南京、上海的结社等,进行了详细的记述。年表还尽可能详尽地考证了与宋诗派有关联的一些重要人物。和宋诗派有密切来往的人士中,既有像张謇、张元济、严复、林纾、罗振玉、王国维这样一些近代史上赫赫有名的人物,还有大量湮没无闻但在近代中国各个领域中发挥过举足轻重作用的人物,他们中有政治家、藏书家、书法家、教育家、诗人、画家、佛学家、戏剧

---

① 黄侃:《黄季刚先生手写日记》,第123页,台北:学生书局,1977。

家等等，均值得深入研究。年表中还涉及一些对宋诗派来说十分重要而在文学史上被忽略的人物，文中对这些人也进行了初步的考证，希望引起研究者的兴趣。如王仁堪，他是晚清状元，清流健将，和宋诗派成员有着非同寻常的关系，陈宝琛为其妹婿，郑孝胥、沈曾植是其挚友，陈衍、沈瑜庆、袁昶等其他宋诗派成员也与其往来密切，他和郑孝胥、丁立钧等曾结诗社唱和，然而这样一个重要的人物在以前的研究中却鲜有提及。另如林开謩，他是郑孝胥表弟，陈宝琛连襟，与王仁堪、王仁东兄弟为姻亲；他与林旭亦为知交，林旭遇难后，亲故莫敢前，林开謩为其敛丧；他还是民初海上雅集的积极参与者，与陈三立、沈曾植、沈瑜庆等时相唱和。其他如王仁东、陈与同、陈与同、丁立钧、黄绍箕、顾云、李瑞清等，都值得进一步研究。上述人物的名字也频繁出现在宋诗派成员的诗文集中，搞清这些人物的背景，复原这些人物活动的细节无疑会深化对宋诗派作品的解读，也便于进一步理解宋诗派成员的创作背景及创作心态。

这部年表对研究晚清民国文人活动也有相当价值。宋诗派文人群体大多属于晚清精英士大夫阶层，与晚清政局息息相关，交游广泛，和新旧势力都有密切来往，不能用单纯的"新"或"旧"来命名。他们对近代文化保守主义有巨大影响，诸如沈曾植之于王国维、陈三立之于陈寅恪、陈衍之于钱钟书，这个群体和"学衡派"之间的关系，都值得深入研究。

在宋诗派人物传记资料上，前人有过一些积累。马卫中、张修龄《陈三立年谱》、许全胜《沈曾植年谱长编》、许临江《郑孝胥前半生评传》、陈声暨《侯官陈石遗先生年谱》等最为详尽，然而，随着近些年一些相关日记、书信、诗文集的刊布，已有多数传记资料显得过于粗疏。以陈三立为例，《艺风老人日记》、《郭嵩焘日记》、《湘绮楼日记》、《郑孝胥日记》、《张謇日记》中相关资料在已有传记中较少反映，缪荃孙、郭嵩焘、王闿运、郑孝胥、张謇都是某个时期和陈三立往来密切的人物，将这几部日记中有关陈三立的记述贯穿起来，就可以大致勾勒出陈三立较长历史时期的面貌，对于像陈三立这样地位重要然而资料缺乏的历史人物来说，这种勾勒无疑是十分重要的。《艺风老人日记》、《郑孝胥日记》中也有关于陈宝琛、陈衍、沈瑜庆等的众多记载，都弥补了已有年谱的不足。

在本书的撰写过程中,《郑孝胥日记》的贡献最大。郑氏数十年如一日坚持写日记,清末民初几十年间和其往来的人士巨细无遗,当然也包括众多的宋诗派人物。宋诗派文人群体中,闽派人数众多,活动频繁,而郑孝胥是闽派的核心人物,通过他的日记可以梳理出众多宋诗派人物的活动情况。

早在十年前,一位学者便有将宋诗派人物活动编合谱的想法:"'同光体'诗人及其诗作研究最为薄弱,可从两方面着手:1.诗人研究:沈曾植、陈衍、陈三立皆有年谱,而许多代表诗人无年谱,应着手编定,同时可出一些考订文章……2.编合谱:将'同光体'诗人所有大事编成合谱,此与个人专谱同时做,然可先成稿,待各专谱完成,再修订合谱。"①此论与笔者不谋而合。不过,宋诗派人物众多,如编成合谱,恐怕卷帙浩繁,庞杂不堪(仅许全胜编著的《沈曾植年谱长编》就达75万字之巨),而将一些重要人物的活动贯穿起来,编成一部活动年表倒是有相当的可能,对进一步深入研究宋诗派也大有裨益。

基于如上想法,这部年表的写作思路,以陈三立、郑孝胥、陈宝琛、沈曾植、陈衍为中心,辅以其他宋诗派人物的活动,力图粗线条勾勒清末民初几十年间宋诗派文人之间的交游、雅集和其他人事活动,为进一步深入研究奠定基础。

宋诗派人物众多,活动频繁,远非这样一份简单的年表所能囊括,随着相关日记、年谱、书信、诗文集的刊布,会有更详尽、全面的宋诗派人物的合谱。另外,对于民国时期一些重要的宋诗派后辈人物,如陈衡恪、李宣龚、夏敬观、黄濬、梁鸿志等,由于研究视野所限,年表中也没有过多涉及,有待以后继续补充了。囿于时间、精力、才学所限,这部年表有着诸多不足和缺憾,诚恳欢迎专家学者提出批评意见。

---

① 涂小马:《"同光体"研究综述》,《苏州大学学报》,1998年第1期。

编写凡例

一、年表采用阴历纪年。

二、本表纪事如仅知年月,而无确切可考日期者,则置于年、月之后。

三、本表所引资料见附录中参考文献。

四、表中涉及人物之诗文,如无必要不作征引,可参考相应诗文集。

五、常见频用资料如《郭嵩焘日记》、《湘绮楼日记》、《郑孝胥日记》、《沈曾植年谱长编》、《艺风老人日记》、《张元济日记》、《张謇日记》、《越缦堂日记》、《严复日记》等不再注明。

六、年表涉及人物常见者不再注明,对宋诗派文人群体而言重要者则详加介绍。

七、对重要活动适当加以考述,或有关资料的考证文字,或不常见的资料,均酌加脚注。

八、个别人物不熟悉名者,用其号代称。

九、年表涉及人物众多、事件纷繁,有待专家学者多提宝贵意见,以便继续修订。

年　表

道光二十八年 己酉（1848年）
九月
陈宝琛①出生于福建螺州。

---

①　陈宝琛（1848—1935），字伯潜，号弢庵。福建闽县（今福州）人。同治七年（1868）成进士，入翰林院，散馆，授编修。同治十二年（1873），充顺天乡试同考官。光绪元年（1875），擢为侍讲，复充顺天乡试同考官。五年，任甘肃乡试正考官，授学政。六年，以侍讲充日讲起居注官，八月，授右春坊右庶子，旋授武英殿协修、纂修、总纂、提调等。七年，授侍讲学士，参与草拟诏书、政令等中枢机要事宜。八年，简放江西乡试正考官，不久转江西学政。九年，升内阁学士兼礼部侍郎衔。入朝后，敢直谏，与张之洞、张佩纶、宝廷等号称"清流党"。十年，中法战事起，与张佩纶疏论和战利害。十七年，被黜返乡。宣统元年（1909），复起用，命掌礼学馆。寻补内阁学士、充资政院硕学通儒议员、实录馆副总裁。三年，简放山西巡抚，未就，更命以侍郎候补，兼任弼德院顾问大臣、正红旗汉军副都统等。著有《沧趣楼文存》《沧趣楼诗集》等。

道光三十年 庚戌（1850年）

沈曾植①出生于北京南横街寓所。

咸丰三年 癸丑（1853年）

六月

沈曾植徙居兵司马中街。

九月

陈三立②出生于江西义宁。

是年，沈曾植移居南横街。

是年，张謇(1853—1926)、严复(1853—1921)出生。

咸丰四年 甲寅（1854年）

是年，丁立钧(1854—1902)、黄绍箕(1854—1907)出生。

---

① 沈曾植(1850—1922)，字子培，号乙庵，又号寐叟，初别号小长庐社人，晚号巽斋老人，东轩居士，又自号巽斋居士、瞿禅、寐翁、姚隶老民、乙盦、馀斋、乙僧等。浙江嘉兴人。祖父沈维鐈，官至工部侍郎。曾植"八岁读李义山诗，通音韵之学。弱冠通国初及乾嘉诸家之说，于史学尤深"。同治十二年（1873），中顺天乡试举人。光绪六年(1880)成进士。官刑部贵州司主事，进为员外郎，后转江苏司郎中，在刑部约十八年，研究古今之律令，著有《汉律集补》、《晋书刑法志补》。十八年，兼充总理衙门俄国股章京。二十一年，中日和议成，请借英款，创办东三省铁路，未被采纳；复与沈曾桐、康有为、丁立钧、王鹏运、文廷式、袁世凯、徐世昌等开强学会于京师。二十三年，丁母忧。二十四年应张之洞邀主讲两湖书院史席。二十六年，义和团起，时居上海，与盛宣怀、张謇、沈瑜庆等谋东南互保。是年，任南洋公学(今上海交通大学前身)监督。二十八年，回京师刑部，调外务部。二十九年，外放江西广信府知府，调南昌府，历署督粮道、盐法道。三十二年，擢为安徽提学使。是年，东渡视察日本之制度文物。三十四年，署理安徽布政使，并护理巡抚。贝子载振至安徽，当道令藩库支巨款供应，不允，遂与当道忤。宣统二年(1910)因病开缺，归里家居。三年，归隐上海。民国四年(1915)，受聘主修浙江通志。民国六年参与张勋复辟，被任为学部尚书。复辟失败后侨寓上海。著有《蒙古源流考》、《西北舆地考》、《法藏一勺》、《海日楼诗集》、《海日楼文集》、《寐叟乙卯稿》等。

② 陈三立(1853—1937)，字伯严，号散原。江西义宁(今修水)人。光绪十二年(1886)中进士，授吏部主事，不久即辞官，随侍其父陈宝箴。陈宝箴于光绪二十一年至二十四年任湖南巡抚，陈三立襄助其父推行新政。戊戌政变作，陈氏父子均被革职，回江西，居西山。三十年，陈三立参与创办江西铁路公司，先后任经理、名誉经理等。辛亥革命后避居上海。民国二十二年(1933)迁居北京。卢沟桥事变爆发后，拒绝进食与就医而卒。著有《散原精舍诗》二卷、《散原精舍诗续集》三卷、《散原精舍文集》一十七卷。

咸丰五年 乙卯（1855年）

是年，陈宝琛随父迁居济南。

咸丰六年 丙辰（1856年）

是年，陈衍①出生于福建侯官。文廷式（1856—1904）、郑文焯（1856—1918）出生。

咸丰七年 丁巳（1857年）

是年，陈宝琛随父归闽。

陈宝璐出生。

咸丰八年 戊午（1858年）

是年，陈三立与伯父长女德龄共入邻塾读书。

---

① 陈衍（1856—1937），字叔伊，号石遗，小名尹昌。福建侯官人。九岁从伯兄陈书学习诗词。十四岁开始习举业，光绪八年（1882）中举。次年，赴礼部试，未售。十二年九月，赴台湾刘铭传幕府，十三年归。十四年，应湖南学使张亨嘉之邀，至湘为总襄校。十六年后连应礼部试皆不利。二十四年，入张之洞幕府，任湖北官报局总编纂，办理一切新政笔墨。二十八年，张之洞保荐其为"经济特科人才"，赴礼部试，因书写格式不合格而未获通过。二十九年，担任两湖师范学堂的国文兼伦理学教授。三十年，仍在官报局任职。三十三年赴京，供职于学部，并任职京师大学堂、礼学馆等。宣统三年（1911）武昌起义，携眷归里。民国元年（1912），应北京大学校长严复邀请任经史学讲席，从此以教书为生。民国五年，回乡编纂《福建通史》。先后任厦门大学、无锡国学专科学校文科教授。晚年的陈衍寓居苏州，与章炳麟、金天羽创办国学会。著有《石遗室诗集》、《石遗室诗话》、《近代诗钞》等。

是年,沈瑜庆①生于江西广信府。易顺鼎②、康有为(1858—1927)出生。

咸丰九年 己未(1859年)

梁鼎芬(1859—1919)、李详(1859—1931)出生。

咸丰十年 庚申(1860年)

是年,陈宝琛入县学为邑庠生。

---

① 沈瑜庆(1858—1918),字志雨,号爱苍、涛园。福建侯官县(今福州市区)人。沈葆桢第四子。光绪五年(1879),父死,恩赏为候补主事。十一年中举。会试落第,以恩荫签分刑部广西司行走。后由李鸿章荐举,任江南水师学堂会办。次年,升总办。十八年,委办宜昌加抽川盐厘局。张之洞移督两江,请瑜庆为督署总文案兼总筹防局营务处。二十年,北洋水师在甲午战争中惨败,诸将多被革职,瑜庆为他们解释开脱,作妥善安排,为海军再起保存力量。二十五年,主办上海吴淞清丈工程局。二十七年秋,任淮阳兵备道,办学堂、兴市政、设农事试验场、修马路。旋护理漕运总督,又兼淮安关监督。同年,升任湖南按察使,改顺天府尹。入京后,奏请兴修京城马路,办测绘学校及丈量学堂,厘定度量衡制度。三十一年,调任山西按察使,不久调职广东。翌年,任江西布政使。同年十二月,护理江西巡抚,扩充方言堂,改建罪犯习艺所,设立调查局,为实施宪政准备。三十四年八月,回任布政使,因拒用库款买贡品,遭人中伤被革职。宣统元年(1909),起任云南布政使。三年,调河南布政使,未上任,升贵州巡抚。民国成立后,瑜庆避居上海,以遗老自命。民国四年(1915),回福州,李厚基聘为《福建通志》总纂,一切皆由副总纂陈衍负责,瑜庆仍留居上海,后卒于虹口寓内。有《涛园集》。

② 易顺鼎(1858—1920),字实甫,又字实父、中硕。别号哭庵、一厂、一厂居士等。湖南龙阳(今汉寿)人。光绪元年(1875)恩科举人。六应会试不第。十三年,改官河南候补道。十四年,监河南乡试。居二年,辞归。在庐山筑琴志楼。张之洞聘主两湖书院经史文课。中日甲午战事起,刘坤一奏请参戎幕,力主对日作战。二十六年,督办江阴防务。二十八年,简任广西右江道,调署太平思顺道。被岑春煊弹劾罢官。三十四年,授云南临安开广道。辛亥革命后隐居上海。袁世凯当国时期,任印铸局秘书。易顺鼎与樊增祥齐名,并称晚清诗坛中晚唐诗派中坚。有《琴志楼编年诗集》《琴志楼游山诗集》等。

郑孝胥①出生。俞明震(1860—1918)出生。陈锐(1860—1922)、汪康年(1860—1918)、周树模(1860—1925)出生。

咸丰十一年 辛酉（1861年）

是年，陈三立与弟三畏同学于四觉草堂。

是年，沈曾植从俞功懋受《小戴礼》及唐人诗歌，凡半载。

郑孝胥在福建。

同治元年 壬戌（1862年）

是年，秋，沈曾植从仁和高伟曾学开笔。

是年，沈瑜庆从陈诒远读。

郑孝柽②生。

同治二年 癸亥（1863年）

郑孝胥从叔祖郑世恭授《尔雅》。

---

① 郑孝胥(1860—1938)，字苏戡，亦作苏堪、苏龛、苏盦，号太夷。福建闽县(今福州市)人。光绪八年(1882)，以乡试第一名中举。十一年，赴天津，入直隶总督李鸿章幕。李鸿章与郑孝胥岳父、督办福建船政大臣吴赞诚有旧，故颇礼遇之。十五年，考取内阁中书。次年，充镶黄旗学堂教习。十七年，随李鸿章之子、出使日本大臣李经方东渡日本，任筑地副领事。十九年，调任神户兼大阪领事。二十年，甲午战争爆发，回国。郑孝胥先以报捐同知，归国后入湖广总督张之洞幕，充督署洋务文案，旋充洋务局提调。二十四年受张之洞保举，至京引见，在总理各国事务衙门章京上行走。变法失败后南下，再入张之洞幕，任芦汉铁路南段总办，又委办湖北全省营务处。二十六年，义和团运动爆发，佐张之洞镇压会党，并参与东南互保。二十九年由两广总督岑春煊奏调，率湖北武建军督办广州边防事务。三十一年，自请解职，在上海筑"海藏楼"，参与教育、路矿、金融、工商、新闻、出版等新兴事业，其书法、诗歌尤为时人所重。三十二年，参与预备立宪，曾三任预备立宪公会会长。后入两江总督端方幕。宣统二年(1910)，应东三省总督锡良和奉天巡抚程德全之聘，督办锦瑷铁路。三年，任湖南布政使。到任不久即赴京参与厘定官制。未几，武昌起义爆发，局势陡转，归上海。民国成立后的十几年，隐居海藏楼，韬光养晦，静观时变，暗中与日本朝野结纳，广通声气。民国十二年(1923)，赴北京见溥仪，深为溥仪倚重，派为内务府大臣。民国十九年，同溥仪出关。次年，伪满洲国成立，任"国务总理"，民国二十四年解职。

② 郑孝柽(1863—1946)，字稚辛。孝胥弟。福建闽县人。光绪十八年(1892)举人，历任农商部秘书、上海南洋公学译书院监督等。入民国后，历任安徽、广西政务厅厅长，后任福建省民政厅秘书主任。工诗、书法。

同治三年 甲子（1864年）

郑孝胥在福建。

陈衍始从伯兄陈书①习唐宋诗词及古文。

郑珍（1806—1864）卒。

同治四年 乙丑（1865年）

是年，陈宝琛应本省乡试，中式举人。

是年，陈三立仍读书四觉草堂。

是年，郑孝胥在福建。

同治五年 丙寅（1866年）

是年，陈三立出应州试。

是年，郑孝胥入京，居宣武门南粉坊琉璃街。

同治六年 丁卯（1867年）

是年，沈曾植家困甚，以祖传《灵飞经》易米。

是年，郑孝胥、郑孝柽师从李兆珍②读书。

---

① 陈书（1838—1905），字伯初，号俶玉，一号木庵。福建侯官人。陈衍伯兄。光绪元年（1875）中举。家居侍母疾，精通医学，无意仕进。后出游苏、皖。二十六年，任直隶博野知县。二十八年，以疾乞归，卒于里。著有《木庵居士诗》二卷。徐世昌称其诗："木庵雅才旷抱，诗近苏、白"、"晚于诗律尤细，纵笔为之，格严气肆"。陈书尝从龚易图、陈宝琛、叶大庄游，岁得诗百十首，与陈宝琛交尤厚，时相酬唱。陈宝琛家居期间，有所作，常与陈书、陈衍兄弟商榷。陈书曾长期客沈瑜庆幕，游江宁、池洲、淮北、苏州等地。生平详见陈衍《故直隶博野县知县木庵先生墓志铭》，《石遗室文集》卷三，《石遗室集》，第452、453页。

② 李兆珍（1846—1927），原名郰，字星冶。福建长乐县人。同治十二年（1873）举人，曾三次考进士，均落第。光绪六年（1880）大挑，被选送直隶，以知县候补。不久，任天津漕船局委员。办漕运得力，以直隶知州候补。二十年，授望都知县。翌年，调任武宁知县。二十四年，又回任望都知县。兆珍施政有方，为直隶总督裕禄所重，调任清河知县，署天津知府衔。三十三年，实授河南省汝宁知府。任上劝农种桑，创办师范学堂，整肃吏治。宣统元年（1909），调任开封知府。不久，迁汝南光浙兵备道。民国元年（1912），任豫南观察使。后历任中华民国司法筹备处处长、内务部司长、参政院参政、国会议员、安徽巡按使、安徽省省长等职务。民国五年离职。晚年闲居天津。工书法，深得王羲之神髓。李兆珍为郑孝胥、郑孝柽塾师，郑氏兄弟日后与其联系密切。

同治七年 戊辰（1868年）

四月

范当世①应州试，取第二。

十月

范当世应院试，落榜。

是年，陈宝琛赴京会试，成进士，选翰林院庶吉士。陈宝琛在京婚于王氏。

是年，沈曾植从钱唐罗学成游。

是年，郑孝胥在北京。

同治八年 己巳（1869年）

郑孝胥在北京。

范当世取为州试第一。

同治九年 庚午（1870年）

六月

范当世科试以第三十一名入学。

七月

范当世赴江南乡试，不中。

是年，沈曾植以太学生应顺天乡试，罗家劭为考官，"得沈曾植及王

---

① 范当世（1854—1905），初名铸，后易名当世，字无错，铜士，号肯堂、伯子。江苏南通人。少孤贫，力学，补诸生。曾九试秋闱而不第，三十五岁后决意弃举业。与张謇、朱铭盘有"通州三生"之称，与弟范钟、范铠又称"三范"。吴汝纶主冀州，闻其名，邀北上，讲学于保定莲池书院。丧妻，由吴汝纶为之介，续娶桐城姚莹孙女为妻。曾入直隶总督李鸿章幕，以诗文课其子。后即南游，客鄂、沪。曾执教通州东渐书院讲席，后又任江宁三江师范学堂总教习。晚年归里，筹办南通小学。有《范伯子诗集》十九卷、《范伯子文集》十二卷。汪辟疆在《光宣诗坛点将录》中誉之为"天明星霹雳火秦明"，钱仲联《近百年诗坛点将录》中以"天雄星豹子头林冲"誉之。

仁堪①卷,诧为奇才,荐于主司,公报罢,罗大惋惜"。

是年,郑孝胥在北京。

同治十年 辛未（1871年）

是年,沈曾植族兄沈宝璋来京师,沈曾植与之相识。

是年,范当世始结交张謇②。

是年,郑孝胥在北京。

同治十一年 壬申（1872年）

是年,夏,沈曾植航海至上海,溯江西上至成都,迎娶李逸静夫人。秋,偕夫人还京师。

是年,郑孝胥在北京。

同治十二年 癸酉（1873年）

八月

初十,沈曾植参加乡试。

是年,陈宝琛充顺天乡试同考官。

是年,陈三立在湖南,居长沙闲园。秋,至南昌应试。入赘于罗亨奎

---

① 王仁堪(1849—1893),字可庄,号忍庵、忍龛、公定。王仁东兄。同治十三年(1874)中举,考取内阁中书。光绪三年(1877)以一甲一名进士及第,授翰林院修撰。五年,充武英殿协修。六年,提督山西学政,又充贵州、江南乡试副考官。十四年,擢会典馆总纂。十六年,授江苏镇江府知府,兴修水利、兴办文教,政绩斐然。十九年,调苏州知府,以积劳成疾卒。有《王苏州遗书》十二卷。王仁堪与沈曾植、郑孝胥、陈宝琛、陈衍等均有密切交往。

② 张謇(1853—1926),字季直,号啬庵。江苏南通人。同治七年(1868)中秀才。光绪二年(1876),入吴长庆幕,任文书。十一年,应顺天乡试,中举人。二十年,赴会试,取一甲一名进士,以状元入翰林院,授修撰。时中日甲午战争,力主抗战。二十一年,列名上海强学会。次年,与两江总督刘坤一议兴通州纱厂,旋主讲南京文正书院。二十四年,赴京补散馆试。三十二年,清政府预备立宪,与江、浙立宪人士组织预备立宪公会。宣统元年(1909),任江苏咨议局议长。武昌起义爆发,与章太炎组织中华民国联合会。民国元年(1912),任南京临时政府实业部总长,后任熊希龄内阁农林、工商总长等职。四年,辞职南归,于南通兴办实业及教育。有《张季子文录》十九卷、《张季子诗录》十卷。

酉阳知府官所。

是年,沈曾植中顺天乡试举人第二十二名,覆试二等第六名。

是年,郑孝胥在北京。

是年,陈衍应乡试不售。

何绍基(1799—1873)卒。

梁启超出生。

同治十三年 甲戌(1874年)

正月

范当世访张謇,连床话雨。

是年,陈宝琛充殿试收掌官。

是年,春,沈曾植应礼部试,不第。与沈宝璋同赁寓,相与砥砺论学。

是年,陈衍考取致用书院。

光绪元年 乙亥(1875年)

四月

沈瑜庆入庠,受知于冯誉骥。

七月

范当世赴江宁乡试。

八月

范当世参加恩科乡试,不中。

九月

沈瑜庆携眷省亲金陵,读书之余,并习奏章及古近体诗。

十一月

初七,沈曾桐致函沈曾植。

二十一日,沈曾植得沈曾桐书,复之。

是月,范当世往海门访张謇兄弟,审定张謇诗草,并出日记、时艺请张謇点窜。

十二月

沈曾植致函沈曾桐。

是年春，陈三立由武陵乘舟回长沙。①

是年，陈宝琛大考翰詹，列一等，自编修擢侍讲，旋充顺天乡试同考官。陈宝琛与张之洞、张佩纶②、宝廷、黄体芳③等发奋言事，守正不阿，时号清流。陈宝琛与张佩纶情谊尤笃，交称莫逆。

是年，沈曾植始治蒙古史地之学，于厂肆购得《元秘史》，挑灯夜读。

是年，郑孝胥在北京。

是年，陈衍乡试未中。

是年，夏敬观生于湖南。

光绪二年 丙子（1876年）

三月

沈曾植应礼部试，不第。与沈宝璋同赁寓。

四月

范当世应科试。

---

① 易顺鼎：《武陵舟次喜晤伯严旋别》，《琴志楼诗集》，卷一。

② 张佩纶（1848—1903），字幼樵，一字绳庵，又字篑斋。直隶（现河北）丰润人。同治进士。光绪元年（1875），以编修大考擢升侍讲，充日讲起居注官。后入李鸿章幕。八年，署都察院左副都御史，针对法国侵略越南和觊觎中国边疆事，上奏章十数篇，主张抗法。中法战争初起，主战，受命以三品卿衔会办福建海疆事宜，兼署船政大臣。中法战争，福建水师覆灭，马尾船厂被毁，与福建船政大臣何如璋被褫职遣戍。十四年，获释返京，复入李鸿章幕。二十年，迁居南京。中日甲午战争期间，被劾"干预公事"，令回原籍。二十六年，八国联军侵占北京后，北上以编修佐办议和。因在对俄态度上与李鸿章意见不合，旋返南京，自此称病不出。有《涧于集》、《涧于日记》等。

③ 黄体芳（1832—1899），字漱兰，号莼隐、循引，自署瘦楠、东瓯憨山老人，人称瑞安先生。江西瑞安人。咸丰元年（1851）举人，同治二年（1863）成进士，授翰林。散馆，授编修，历任顺天乡试同考官、福建学政、山东学政、江苏学政、翰林院侍读、右春坊右庶子、内阁学士、兵部左侍郎、福建乡试主考官、都察院左副都御史。与张佩纶、张之洞、宝廷合称"翰林四谏"。十七年，告病辞官。《马关条约》签订后，爱国人士开强学会于京师，张之洞等组织上海强学会，体芳及子绍箕、侄绍第均曾参加。同年先后主讲开封信陵书院和江宁文正书院。十一月，归居瑞安。有《漱兰诗葺》、《江南书文腠》等。黄体芳立朝敦尚风节，刚直敢言，经常上书，建言献策，抨击时政，纠劾官吏，是光绪朝一位铮铮谏臣，清流派中坚人物。

五月

郑孝胥返回福建,从叔祖郑世恭习举业。

是年,陈衍乡试未中,开始治小学。

是年,郑守廉①卒。

李宣龚生。陈衡恪生。

光绪三年 丁丑(1877年)

二月

范当世就欧家坊马次垣、江德纯两家合请,授其子读。

三月

沈曾植应礼部试,不第,与沈宝璋同赁寓。

四月

沈曾植出都至上海。

五月

沈曾植赴广州,谒叔父宗济、大兄曾桀。

九月

范当世自欧家坊返家。

是年,陈宝琛与吴可读、吴观礼、张佩纶、王仁堪等数游苇湾。

是年,陈三立寓长沙闲园。

是年,沈曾植游粤,数谒陈澧。

是年,郑孝胥在福建。

王国维生。

光绪四年 戊寅(1878年)

---

① 郑守廉(?—1876),福建闽县(今福州)人。郑孝胥父。咸丰二年(1852)进士,入翰林院,官至吏部考功司主事。有《考功词》。

正月

十六日,沈曾桐致函沈曾植。

二十一日,沈曾桐致函沈曾植。

是月,范当世与顾延卿启程往兴化拜谒刘熙载,以弟子礼贽见,上所为文数十篇。

二月

二十一日,沈曾植在广州,得沈曾桐来函。

二十六日,沈曾植致函韩太夫人。

四月

陈三立与毛庆藩、廖树蘅游衡山,宿祝宁寺,听默安上人谈禅。

沈曾植自广州归嘉兴,又至杭州谒姨母。

范当世将所作诗首次结集,名《彦牗集》。

五月

沈曾植回京。

六月

沈曾植出都,过扬州。

是年,陈三立寓长沙闲园。

是年,沈曾植迁居潘家和沿。

是年,陈衍成《说文举例》七卷。

光绪五年 己卯(1879年)

正月

初三,陈宝琛应张之洞邀与张佩纶、王仁堪等同游慈仁寺,晚饮于广雅堂。

二月

陈宝琛写吴观礼诗成,与张佩纶谋刊行之。

三月

沈曾植应礼部试。

四月

十三日,会试发榜,沈曾植得第二十四名贡生。

十六日,沈曾植赴保和殿覆试。

十七日,覆试报至,沈曾植列一等第十七名。

二十一日,沈曾植赴殿试对策。

二十五日,殿试金榜下,沈曾植列三甲九十七名。

二十八日,沈曾植赴朝考。

二十九日,朝考榜下,沈曾植列二等第二十二名。

五月

沈曾植签分刑部主事。

六月

十一日,沈曾植访李慈铭。

三十日,沈曾植谒翁同龢,翁以沈曾植叔父宗济批本《汉书》见贻。

是月,陈宝琛出任甘肃乡试正主考。

七月

范当世赴江宁会考。

八月

范当世再次参加乡试,仍不第。

十月

十四日,沈曾植送行卷与李慈铭。

十七日,沈曾植过李慈铭。

十八日,沈曾植与朱福诜[①]得第归里,李慈铭、樊增祥、邓承修、许景澄、鲍临[②]于李宅设宴饯行。

---

① 朱福诜,字叔基,号桂卿。浙江海盐人。光绪六年(1880)进士,改庶吉士,授编修,历官侍读学士。有《复安室诗文集》。

② 鲍临,字敦夫。浙江山阴人。同治十三年(1874)进士,改庶吉士,授编修,历官司业。

是年,陈三立在长沙,①赴南昌应试,结识文廷式②。

是年,郑孝胥在福建,娶吴赞诚次女。郑孝胥至南京,入泮,受知于学师孙诒经。

是年,陈衍成《乾鱼集》一卷,草创《元诗纪事》。

光绪六年 庚辰(1880年)

正月

初六,沈曾植于扬州书肆得明刊本《王弼注老子道德经》。

二月

十七日,沈曾植自镇江往扬州,舟中晤萧穆③,谈久之。

是月,陈宝琛假满还都。

四月

范当世至江宁陪张裕钊赴扬州,出文请张指教,得赏誉。

七月

陈宝琛以侍讲充日讲起居注官。

---

① 易顺鼎:《泊长沙喜遇伯严和其用山谷韵》,《琴志楼诗集》。
② 文廷式(1856—1904),字道希,号芸阁,别号纯常、纯常子、叔子、匡庐山人等。江西萍乡人。生于广东。幼入广东学海堂,季课大考均第一。年十七,从陈澧学,为菊坡精舍高材生。后以科场不售,先后入吴长庆、长善、张树声幕。光绪八年(1882)应顺天乡试,中式第三名,才名渐著。孜孜研究西学,尤注重研究中西文化异同和世界形势。光绪帝亲政后,文廷式因与瑾、珍二妃之季父长善,兄弟志锐、志钧过从甚密,得以结识帝党。十五年,考取内阁中书。光绪十六年会试,成进士,殿试一甲第二。旋授翰林院编修、国史馆协修、会典馆纂修。十九年,充江南乡试同考官。次年大考第一,擢翰林院侍讲学士兼日讲起居注官。甲午战事起,慷慨主战,上疏弹劾李鸿章,反对签订《马关条约》。二十一年,参与倡导创办强学会与强学书局,支持光绪皇帝亲政,被视为帝党中坚。二十二年,由于后党人物上书弹劾,革职永不叙用,并驱逐回籍。二十六年应赴日本,暮春回国。著有《云起轩词抄》一卷、《纯常子枝语》四十卷、《知过轩随录》一卷、《闻尘偶记》等。
③ 萧穆(1835—1904),字敬甫,一字敬孚。枞阳人。青年时读经史,致力于古文外,即留心朝章国故,注意网罗文献,开始收书、抄书。先后游于文汉光、刘宅俊、方宗诚、吴汝纶、徐宗亮等文人学者门下,以穷乡之寒士,终成为清末文献收藏之名家。同治十一年(1872年),得曾国藩之助,到上海制造局翻译馆任纂。在馆三十余年,亲自勘校书籍九百余种,以校刊罗念《鄂州小集》、徐铉《骑省集》、刘大櫆《历朝诗约选》、姚鼐《古文辞类纂》为最有名。黎庶昌借其赴日本,遍交一时名人,名声大振。所到之处留意流传在外的中国古籍珍本,每每借观抄录,或写其考校所得。萧穆在上海,收入甚微,但节衣缩食,用以购书,故以一寒士而积藏书数万卷,又精于鉴别,故藏书多为善本。萧穆一生致力于校勘,遗著有《敬孚类稿》十六卷。

八月

陈宝琛补右春坊右庶子。

是年,陈宝琛与张之洞联衔上书,论俄事。陈宝琛充武英殿提调官。

是年,陈三立居长沙,郭嵩焘①阅其所撰古文一卷,以"根柢深厚"赞之。

是年,郑孝胥与张謇订交。郑孝胥在南京。冬,回乡里应试。

是年,沈瑜庆购明季许瓯香涛园故址。

光绪七年 辛巳（1881年）

正月

陈宝琛与张之洞、张佩纶等同集慈仁寺顾祠,散步松下竟日。

三月

范当世闻刘熙载卒讯走哭之,以文吊之。

六月

范当世至上海,祭刘熙载于龙门书院,识袁昶②。

---

① 郭嵩焘(1818—1891),字伯琛,号筠仙,晚号玉池老人。湖南湘阴人。少年时游学湖南岳麓书院,与曾国藩、刘蓉等友善,以文字相切磋。道光十七年(1837)中举。二十七年,成进士,选翰林院庶吉士,丁忧归里。咸丰二年(1852),协同曾国藩办团练,在江西与太平军作战。七年,授编修,回京供职,入值上书房。同治元年(1862),特授苏松粮储道,擢两淮盐运使。二年,署广东巡抚。五年,解任。光绪元年(1875),授福建按察使。寻侍郎候补,在总理各国事务衙门行走。次年,充任驻英国大臣。两年后,复任驻法国使臣,补兵部右侍郎。归国抵沪,谢病归里,主讲城南书院,兼辟思贤讲舍。十七年卒。著有《养知书屋文集》二十八卷、《诗集》十五卷、《礼记质疑》四十九卷等。

② 袁昶(1846—1900),字爽秋,一字重黎,晚号芳郭钝叟、钝椎、浙西村人。浙江桐庐人。同治六年(1867)中举,从刘熙载肄业于上海龙门书院。八年,应聘为杭州书院总校。十三年,捐资为中书舍人,历充方略馆、国史馆校对。光绪二年(1876)中进士,授户部主事。九年,补总理各国事务衙门章京。十五年,记名御史。十八年,充礼部试分校官。同年十二月,奉旨出任安徽徽宁池太广道员,次年四月赴任,访问民间疾苦、扩充中江书院、督修水利设施,著有政声。二十四年五月,授江宁布政使,九月,调直隶布政使。旋以三品京堂调总理各国事务衙门行走。次年二月,补光禄寺卿,六月,改太常寺卿。二十六年,义和团运动起,主张镇压。八国联军攻陷大沽,袁昶与许景澄反对围攻外国使馆和对外宣战,开罪于慈禧太后,被杀。著有《浙西村人诗初集》十卷、《安般簃诗集》十一卷、《安般簃集诗续》七卷、《于湖小集》七卷、《于湖文录》九卷、《袁太常戊戌条陈》、《袁太常奏稿》等。

七月

陈宝琛补授翰林院侍讲学士。

十月

十二日,沈曾植返京师,过李慈铭谈。

二十三日,袁昶访沈曾植。

十六日,沈曾植致函李慈铭,赠《东塾读书记》、《五百四峰堂诗钞》。

二十七日,沈曾植过袁昶。

十一月

初三,李慈铭致函沈曾植,约明日宴集。

初四,沈曾植赴聚宝堂,李慈铭、王先谦①、鲍临在座。

十四日,沈曾植过李慈铭谈。

十二月

初九,李慈铭过沈曾植谈。

十四日,沈曾植过袁昶。

二十,沈曾植过李慈铭。

---

① 王先谦(1842—1917),字益吾,因宅名葵园,学人称为葵园先生。湖南长沙人。曾任城南书院、岳麓书院山长。18岁补禀膳生。咸丰十一年(1861)赴安徽安庆,任长江水师向导营书记,数月后辞归。同治三年(1864),在湖北提督梁洪胜营充幕僚。同年乡试中举人。第二年成进士,授翰林院庶吉士,散馆授编修,累迁翰林院侍讲。光绪六年(1880)任国子监祭酒。复在国史馆、实录馆兼职,充云南、江西、浙江三省乡试正副考官。十一年督江苏学政。任内延揽文人,在江阴南菁书院开设书局。其间,还疏请筹办东三省边防,罢三海工程,弹劾徐之铭、李莲英等。光绪十五年(1889),卸江苏学政任,回长沙定居。次年主讲湖南思贤讲舍,并在讲舍设局刻书。十七年任城南书院山长。二十年转任岳麓书院山长,主讲岳麓书院达十年之久。二十三年冬,湖南时务学堂成立,学堂总理熊希龄聘梁启超、韩文举、唐才常等维新人士任教习。王先谦与张、叶等提出《湘绅公呈》,呈请抚院对时务学堂严加整顿,驱逐熊希龄、唐才常及梁启超等维新人士。又致书陈宝箴,提出停刊《湘报》。二十九年,学堂渐兴,王先谦仍主讲岳麓书院兼任湖南师范馆馆长。旋以"人心不靖","邪说朋兴,排满革命之谈充塞庠序",遂不复至馆。三十四年,王先谦所著书经巡抚岑春蓂呈送清廷,受到嘉奖,赏内阁学士衔。宣统三年(1911)武昌起义后,他改名遯,避居平江,闭门著书,凡三年,乃还长沙。博览古今图籍,研究各朝典章制度。治学重考据、校勘,荟集群言。除校刻《皇清经解续编》外,另编有《十朝东华录》、《续古文辞类纂》等。著有《汉书补注》、《水经注合笺》、《后汉书集解》、《荀子集解》、《庄子集解》、《诗三家义集疏》等。有《虚受堂诗文集》。

是年,陈衍结识林纾①。

光绪八年 壬午（1882年）

正月

初二,沈曾植过李慈铭贺年。

初五,袁昶过沈曾植。

初八,沈曾植过袁昶,不值。

十二日,沈曾植致函汪康年。

十五日,陈三立以所著诗文及他刻数种寄示郭嵩焘。②

二十九日,沈曾植过李慈铭。

二月

十二日,袁昶赠沈曾植诗一首。

二十七日,郑孝胥游静安寺。

二十八日,沈曾植过袁昶。③

三十日,郑孝胥抵福州。

三月

初八,郑孝胥往光禄坊作会文。

初九,郑孝胥作文毕,呈叔祖郑世恭阅。

初十,郑孝胥与郑孝柽谈作诗。

十四日,郑孝胥送文与郑世恭,纵论诗家长短。

---

① 林纾(1852—1924),原名群玉,字琴南,号畏庐,别署冷红生。福建闽侯(今福州市)人。光绪八年(1882)中举。后数赴礼部试,皆报罢。以授书、著译、绘画为业。先后执教于福州沧霞精舍、杭州东城讲舍、北京金台书院、五城书院、京师大学堂、北京闽学堂、高等实业学堂、正志学校、励志书院、孔教大学等校。教书之余,为商务印书馆、京师大学堂译书局翻译西洋小说。甲午战后,曾参与维新运动。辛亥革命后,以遗老自居。五四时期反对新文化运动。著有《畏庐文集》、《畏庐诗存》、《闽中新乐府》、《春觉斋论文》、《春觉斋论画》、《文微》、《韩柳文研究法》、《畏庐漫录》、《畏庐琐记》等,并有所译外国作品一百八十余种。

② 郭嵩焘:"又接陈伯严辑示所著《杂记》及《七竹居诗存》、《耦思室文存》,并所刻《老子注》、《龙壁山房文集》五种。……伯严甫及冠,而所诣如此,真可畏。"《郭嵩焘日记》。

③ 袁昶:"子培枉谈。仆与世混混相处久矣,惟此君谈,乃意气相投人也。"《袁昶日记》。

十六日,沈曾植过袁昶,不值。

十七日,袁昶过沈曾植。郑孝胥同叔祖谈竟日。

十八日,沈曾植过李慈铭。

二十七日,郑孝胥与叔祖久谈。

四月

初七,晨,郑孝胥与郑孝柽同往鳌峰书院。

十三日,沈曾植过袁昶,谈安南事。

十五日,郑孝胥同叔祖谈竟日。

十六日,袁昶过沈曾植。

二十四日,郑孝胥送会文与李兆珍。

二十八日,郑孝胥与郑孝柽至致用书院。郑孝胥接吴学廉来信。

五月

初八,沈曾植过李慈铭久谈。

二十一日,晨,郑孝胥过林葵。

二十八日,郑孝胥作会文。

二十九日,郑孝胥过林葵。

六月

初一,沈曾植过李慈铭,不值。

初四,李慈铭还沈曾植书。

十一日,沈曾植过李慈铭久谈。

十四日,沈瑜庆过郑世恭,请为沈葆桢祠作楹联,郑世恭命郑孝胥代作。晚,沈瑜庆晤郑孝胥,为其诵郭嵩焘等所作楹联。

十五日,郑孝胥拟就楹联,录示郑世恭。

十六日,林葵邀郑孝胥作会文。

十八日,郑孝胥作诗一首。

十九日,沈曾植致函李慈铭,并送书八种。

二十九日,郑孝胥作诗一首呈叔祖。

是月,陈宝琛派充江西乡试正考官。

七月

初四,郑孝胥与叔祖久谈。

初七,郑孝胥入场参加乡试。

初八,郑孝胥作诗一首。

初九,郑孝胥录文与诗呈郑世恭。

十四日,沈曾植过李慈铭。

二十日,郑孝胥于舅氏处见张謇来信。

二十一日,沈曾植过李慈铭。袁昶过沈曾植。

二十六日,郑孝胥为张謇书联。

八月

十二日,沈曾植过袁昶,不值。

十九日,沈曾植招饮袁昶。

二十六日,沈曾植过李慈铭。

是月,陈宝琛授江西学政。

九月

十四日,沈曾植过李慈铭久谈。郑孝胥、陈衍举本省乡试,主考为宝廷①,同榜有林纾。

十五日,李兆珍过郑孝胥。

十月

十九日,沈曾植过李慈铭。

十一月

初一,李慈铭约沈曾植初四夜饮。

初四,沈曾植赴李慈铭招饮,谈宴甚欢,三更始散。

十六日,沈曾植过李慈铭。沈曾植过袁昶,不值。

---

① 宝廷(1840—1890),姓爱新觉罗氏,字竹坡,号偶斋,别号奇奇子。同治七年(1868)进士,选庶吉士,散馆,授编修,累迁侍读。光绪七年(1881)迁礼部右侍郎,授内阁学士。居官敢言事,负直声,与张佩纶、黄体芳、张之洞、陈宝琛等合称"清流"。八年典福建乡试时,归途纳江山船女为妾,返京后上书自劾。九年正月罢职,筑室西山,诗酒自娱。晚年贫甚,靠借贷为生,卒后无以为葬。著有《偶斋诗草内集》、《偶斋诗草外集》等。

十二月

初二,沈曾植、袁昶过李慈铭,因病不见。

初十,沈曾植过李慈铭。

十一日,李慈铭赠沈曾植拓本,并借沈曾植所藏拓本。

十二日,沈曾植过李慈铭长谈。

十四日,沈曾植致函李慈铭,并赠东洋人参治其咳嗽。

十五日,李慈铭复函沈曾植。

二十一日,李慈铭还沈曾植拓本。

是年秋,陈三立在南昌参加乡试,中式,座师为陈宝琛。

是年,范当世至金陵应乡试,居伍氏别墅。

是年,沈曾植与袁昶交往,与李慈铭时相过从。

是年,沈瑜庆与陈宝琛在京订交,论边事辄至夜半。

光绪九年 癸未(1883年)

正月

初二,沈曾植过李慈铭。袁昶过沈曾植。

十一日,沈曾植过李慈铭。

十四日,沈曾植过李慈铭,赠书三种,系李氏旧物。

二十七日,沈曾植过李慈铭。郑孝胥晤薛慕淮①于舟中。

二十九日,郑孝胥为吕增祥书扇。

是月,郑孝胥、吕增祥、薛慕淮、李宗言等同舟北上,参加会试。

二月

初四,郑孝胥游静安寺。

初五,冯煦、薛慕淮过郑孝胥。

初十,郑孝胥夜宿蔡家村,晤陈衍夫妇。

---

① 薛慕淮,薛时雨侄,袁昶妻弟。

十二日,郑孝胥抵京,访王仁堪、王仁东①兄弟,"相见黯然"。

十三日,郑孝胥与表弟林开謩②访张华奎于吕祖阁。

十四日,沈曾植过李慈铭。

十七日,午后,郑孝胥往谒宝廷。

二十日,薛慕淮、林开謩过郑孝胥。

二十一日,郑孝胥至袁昶宅访薛慕淮。郑孝胥至王仁堪宅,晤王仁东、陈仲勉。

二十二日,薛慕淮过郑孝胥。夜,郑孝胥赴王仁堪约,林开謩等在座,王仁堪语郑孝胥:"君获隽,则已而;倘有不利者,余已卜宅于城南隅,斋屋五椽,花竹幽映,颇足为读书胜出,尤于诗人为适,能为我留否?"

二十九日,沈曾植致函李慈铭,约三月二日饮。

三月

初一,冯煦、李宗言过郑孝胥。郑孝胥访朱铭盘,不值。

初二,沈曾植宴李慈铭、陶濬宣③于万福居。

初八,陈三立、郑孝胥、陈衍入场会试。④

初九,袁昶过沈曾植。

初十,郑孝胥晤袁昶。

十五日,袁昶过沈曾植借书。

---

① 王仁东(1852—1917),字旭庄,又字刚侯,号完巢。福建闽县人。王仁堪弟。光绪二年(1876)举人。官内阁中书、南通知州、江安督粮道、苏州粮道。有《完巢胜稿》。

② 林开謩(1862—1937),字诒书,贻书,号方庵。福建长乐人。光绪二十一年(1895)进士,授编修。曾任河南学政、江西提学使、江西布政使、徐州兵备道等。辛亥革命爆发,绅民举为民政长,辞而未就。林开謩与宋诗派人物关系密切,他是郑孝胥的表弟,陈宝琛的连襟,与王仁堪、王仁东兄弟为姻亲。林开謩与林旭亦为知交,林旭遇难后,亲故莫敢前,林开謩为其敛葬。

③ 陶濬宣(1849—1915年),原名祖望,字心云,号稷山居士。浙江会稽(今绍兴)人。光绪二年(1876)举人,精诗词,亦工画人物,曾任广东广雅书院山长。三十二年,秋瑾被害,他振笔疾书,上万言奏折,斥责浙江巡抚张曾敭草菅人命,义正词严,为士林所敬重。著述颇丰,有《百首论诗诗》、《稷庐文集》、《稷山馆辑补书》等。早年即以书法闻名乡里,临池之勤,寒暑不辍,碑版名迹,无所不学,真草篆隶皆精,尤工魏碑,为翁同龢、梁启超所推重。

④ 按:陈三立曾应癸未会试以前未见记载,今采刘经富《关于陈三立赴京会试的重要文献》(《文献季刊》,2007年7月第3期)所说。

十六日,沈曾植过李慈铭。

十八日,郑孝胥谒宝廷。

二十四日,李宗言过郑孝胥。郑孝胥赴王梧冈约,晤缪佑孙①。夜,林开謩过郑孝胥。

二十九日,沈曾植致函李慈铭。朱铭盘过郑孝胥。

是月,陈宝琛补授内阁学士,兼礼部侍郎衔。

四月

初一,郑孝胥访吕增祥。

初五,李宗言过郑孝胥。

初六,陈衍、蒯光典过郑孝胥。

初九,缪佑孙过郑孝胥,不值。

初十,沈曾植过李慈铭久谈。晨,郑孝胥访冯煦久谈。郑孝胥晤缪佑孙。

十一日,会试发榜,陈三立、郑孝胥、陈衍报罢。

十九日,李慈铭过沈曾植久谈。

二十五日,沈曾植致函李慈铭。

是月,范当世至上海,乘船往湖北通志局任事。

五月

初二,沈曾植与沈曾桐过李慈铭、袁昶。

初七,袁昶过沈曾植。

十一日,沈曾植赴李慈铭招饮,沈曾桐、陶濬宣、王彦威在座。

十七日,李慈铭致函沈曾植。

---

① 缪佑孙(1851—1894),字孚民、柚岑、右岑。江苏江阴人,生于四川。缪荃孙从弟。光绪八年(1882)中顺天乡试举人,十二年成进士,任户部主事。缪佑孙虽然是依靠经学入仕的传统士子,但是并没有囿于传统学问,他关心时政,对于外情和洋务甚为关注,因此在十三年总理衙门以海防边防论、通商口岸记、铁道论、记明代以来与西洋各国交涉大略等属于洋务范围的题目来考试游历时,取得第二名的优异成绩。十三年,被派往俄罗斯游历,其后两年,在俄罗斯境内游历,十五年回国,往返七万余里。回国之后,缪仍回户部任职,由于所著《俄游汇编》"采访精详,有裨时务",于十六年被总理衙门褒奖,"免补主事,以本部员外郎遇缺即补,并赏加四品衔"。不久,因见赏于恭亲王奕䜣,调任总理衙门章京。

二十一日,沈曾植与沈曾桐过李慈铭。

二十六日,李慈铭致函沈曾植,沈复之。

二十八日,沈曾植致函李慈铭。

闰五月

二十六日,陈宝琛抵上海。

六月

初九,沈曾植、袁昶过李慈铭。

十九日,沈曾植致函李慈铭。

二十日,沈曾植过李慈铭久谈。

二十一日,沈曾植致函李慈铭并寄书。

二十四日,沈曾植过李慈铭。

七月

初六,沈曾植过李慈铭。

二十一日,李慈铭致函沈曾植,沈复之。

二十五日,沈曾植过李慈铭。

二十六日,李慈铭致函沈曾植。

二十八日,沈曾植致函李慈铭。

八月

初五,李慈铭致书沈曾植。

十三日,李慈铭致书沈曾植。

二十一日,沈曾植过李慈铭久谈。

九月

初二,沈曾植致函李慈铭,赠诗一首,并约重阳游崇效寺。

初五,沈曾植致函李慈铭,并赠拓本。

初九,沈曾植与沈曾桐①、李慈铭、袁昶、朱一新②、黄绍箕、梁鼎芬③等崇效寺登高。

十二日,袁昶过沈曾植。

十七日,沈曾植过袁昶,不值。

二十一日,袁昶、朱一新过沈曾植夜谈。

二十四日,沈曾植以诗柬袁昶,袁有和诗。

二十五日,袁昶过沈曾植。

二十八日,李慈铭致函沈曾植,并寄诗二首。

十月

初三,沈曾植致函李慈铭。

初四,李慈铭致函沈曾植。

---

① 沈曾桐(1853—1921),字子封,号同叔。曾植弟。光绪十年(1884)入李鸿章幕。十二年成进士,选庶吉士,授翰林院编修。曾任湖北考官。中日甲午战争失败后,与其兄沈曾植俱列名强学会发起人,有"副董"之名,主管强学官署局报务。二十四年上疏献正本清源之计,提出正人心、求人才、简使臣、通洋情、办民团、务农田等建议。宣统二年(1910)年署广东布政使,三年,任云南提法使。

② 朱一新(1846—1894),字鼎甫,号蓉生。浙江义乌人。同治九年(1870),官内阁中书。光绪二年(1876)成进士,选翰林院庶吉士。散馆,授编修。累官陕西监察御史,以劾内侍李莲英,降主事,告归,张之洞延主广雅书院。有《无邪堂答问》、《京师坊巷志》、《佩弦斋文诗存》、《汉书管见》等。

③ 梁鼎芬(1859—1919),字星海,又字心海、伯烈,号节庵。广东番禺人。少时失怙,但天资聪颖,光绪二年(1876)以国子监生应顺天乡试中举。六年成进士,授翰林院编修。十年,弹劾北洋大臣、直隶总督李鸿章,言其可杀之罪有八。次年,降五级调用。返里,主讲丰湖书院与端溪书院。张之洞督粤,聘主广雅书院。之后追随之洞达十五年之久,从广州至南京,再至武汉,成为之洞手下最为得力的幕僚。二十六年以端方荐,起用直隶州知州。后又授汉阳府知府,调武昌府知府,累迁湖北按察使、布政使。三十二年,入朝弹劾袁世凯"朋比奕劻,行贿植党"。武昌起义爆发后,再入都,因直隶总督陈夔龙荐,以三品京堂候补。旋奉广东宣慰使之命,粤中已大乱,道梗不得达,遂病呕血。两至梁格庄叩谒景皇帝暂安之殿,露宿寝殿旁,瞻仰流涕。民国六年张勋复辟,已卧病,犹强起周旋。事变忧甚,逾年卒,谥文忠。后人辑有《节庵先生遗诗》六卷、《欸红楼词》一卷。梁鼎芬历长广雅、两湖、钟山书院,是张之洞兴办学务之具体实施者,在文教领域贡献颇多。所至之处,建立书藏,制定约规。光绪十二年,鼎芬撰《丰湖书藏四约》,率先提出"今年书藏乃一府公物,非一人之私有。不借不如不藏,不读不如不借"的理论,可视为我国公共图书馆意识之滥觞。宣统二年(1910),鼎芬将祖辈相传的藏书楼"葵霜阁"命名为"梁祠图书馆",并对外开放,使其在广州大东门内榨粉街93号的祖宅成为广东首家私人图书馆。梁鼎芬诗由王安石、苏轼、欧阳修上溯韩愈、杜甫,陈衍谓其:"时窥中晚唐及南北宋诸名家堂奥,佳处多在悲慨、超逸两种。"

十一日,夜,沈曾植赴袁昶招饮,沈曾桐、朱一新在座。

二十四日,沈曾植致函李慈铭。

二十七日,沈曾植访袁昶,不值。

二十九日,李慈铭访沈曾植,不值。

十一月

初一,袁昶过沈曾植,不值。

初四,袁昶以诗柬沈曾植。

初七,沈曾植过李慈铭。

初十,袁昶至沈曾植珠巢街新居夜谈。

十三日,沈曾植与沈曾桐过李慈铭。

十九日,沈曾植致函李慈铭,并赠七律一首。

十二月

初四,沈曾植过李慈铭。

十三日,李慈铭与沈曾植、袁昶以诗唱酬。

二十六日,沈曾植过李慈铭。

二十八日,沈曾植致函李慈铭,并寄和诗。

是年秋,范当世至湖北,馆于江夏。

是年岁末,郑孝胥受吴学廉聘,为其二子授读。

是年,沈瑜庆至台湾,晤刘铭传。

是年,"同光体"名称已出现,但仅在一个较小的范围内传播,并未产生广泛影响。

光绪十年 甲申(1884年)

正月

初一,沈曾植过李慈铭。袁昶过沈曾植。

初二,袁昶赠诗沈曾植。

初八,沈曾植过李慈铭。

初十,袁昶过沈曾植,不值。

二十日,袁昶过沈曾植。

二十一日,李慈铭过沈曾植。

二十三日,沈瑜庆谒何璟辞行,将赴江西。

二十八日,沈瑜庆抵沪,闻陈琇莹疾,往视。

二月

初二,沈曾植过李慈铭。沈瑜庆访陈宗濂①久谈。

初三,郑孝胥访沈瑜庆,谈竟日。郑孝胥、沈瑜庆赴陈宗濂邀饮。

初四,沈曾植致函李慈铭,约明日晚饭。

初五,沈曾植与沈曾桐招袁昶、李慈铭、许景澄、朱一新、黄绍箕、于式枚、杨晨饮于寓所。

初六,沈曾植赴朱一新聚宝堂招饮,樊增祥、沈曾桐、李慈铭在座。

初十,沈曾植致函李慈铭。沈瑜庆谒河督梅启照,谈至薄暮始归。

初九,沈瑜庆至江西。

十一日,梅启照过沈瑜庆久谈。沈瑜庆作书致王仁堪。

十二日,李慈铭过沈曾植辞行。

十四日,沈曾植与沈曾桐过李慈铭。沈瑜庆抵陈宝琛学使行辕,晤谢章铤、陈宝璐、林际平等。

十七日,陈宝琛出试饶州、广信府,沈瑜庆、陈宝璐、谢章铤随行。

十八日,陈宝琛与沈瑜庆谈,出示历年奏牍。

二十日,沈曾植过李慈铭。沈瑜庆致函陈宗濂。

二十一日,袁昶过沈曾植。

二十二日,沈曾植过李慈铭。

二十五日,沈曾植过李慈铭。

二十八日,沈曾植致函李慈铭,得复。

三月

初二,沈曾植过袁昶,不值。

---

① 陈宗濂(? —1893),字幼莲。光绪八年(1882)进士。历官工部主事、江苏候补道,佐江南督幕十余年。郑孝胥挚友。与陈衍亦有交往。

初九,广信府武闱考生闹考,陈宝琛欲严惩之。沈曾植致函李慈铭。

十四日,沈瑜庆往拜绅耆,商其母陪祀事。

十五日,沈曾植过袁昶。

二十日,李慈铭致函沈曾植。

二十二日,沈曾植、袁昶访朱一新于莲花寺。

是月,沈瑜庆与谢章铤雨中游广信书院,谢有诗。

四月

初七,沈曾植过袁昶,不值。

十一日,袁昶与朱一新过沈曾植谈,日暮方归。

十二日,沈曾植过袁昶。

三十日,沈曾植过李慈铭。

是月,沈曾桐经李慈铭荐入李鸿章幕府。沈曾植、曾桐祖父沈维䥷为李鸿章父李文安入学座师,李鸿章初入翰林时曾随父数谒之。

是月,沈瑜庆携眷入都,寓米市胡同。

五月

初三,沈曾植过李慈铭。

十五日,沈曾植过袁昶,不值。

十九日,沈曾植赴李慈铭招饮聚宝堂。

二十日,沈曾植招饮同人万福居,李慈铭在座。

二十二日,郭嵩焘接陈三立函。郭嵩焘致函陈三立。袁昶过沈曾植夜谈。

二十八日,李慈铭致函沈曾植。

二十九日,沈曾植致函李慈铭。

闰五月

初四,沈曾植过李慈铭。

初十,郭嵩焘接陈三立函。

十六日,袁昶宴沈曾植、萧穆、朱一新等。

十七日,沈曾植过李慈铭久谈。

十八日,郭嵩焘访陈三立。

二十一日,陈三立访郭嵩焘谈。

二十六日,陈宝琛抵沪。

二十九日,陈宝琛离沪回宁。

六月

初五,沈曾植过李慈铭谈时局。

十五日,郭嵩焘访陈三立,"伯严出示吴蒉阶,直谓粤防无一可恃,虎门亦无险,甘心弃之"①。

十六日,郭嵩焘接陈三立函。

二十九日,陈三立访郭嵩焘谈。

七月

初二,沈曾植过李慈铭。

初四,沈曾植晤袁昶。

初九,沈曾植与沈曾桐过李慈铭,留饭,二更始去。

十四日,陈三立赴郭嵩焘邀,王先谦、瞿鸿禨②在座。

二十五日,袁昶赠诗沈曾植。

八月

初三,郭嵩焘接陈三立函。

初五,李慈铭致函沈曾植。

初八,沈曾植与沈曾桐过李慈铭久谈。袁昶过沈曾植。

---

① 按:是时中法战事起,士大夫颇为关注,沈曾植访李慈铭、郭嵩焘访陈三立均谈及中法战局。

② 瞿鸿禨(1850—1918),字子玖,号止庵,晚号西岩老人。湖南善化人。年十七补诸生,肄业城南书院,何绍基、郭嵩焘激赏之。同治十年(1871)进士,选庶吉士,授翰林院编修。光绪元年(1875),大考翰詹一等第二名,擢侍讲学士。充日讲起居注官。先后典河南、福建、广西乡试,历任河南、浙江、四川学政。二十一年,充教习庶吉士,转翰林院侍读学士,二十三年,擢詹事府詹事,属刑部右侍郎,再擢内阁学士兼礼部侍郎。二十五年,授礼部右侍郎,督江苏学政。二十六年任满。八国联军入侵,慈禧太后、光绪西逃,瞿鸿禨奔赴行在,授左都御史、晋工部尚书,入值军机,兼充政务处大臣。旋充国史馆副总裁,改总理各国事务衙门为外务部,居各部之上,任尚书。三十一年,清廷下诏预备立宪,参与筹划。三十二年,任协办大学士。庆亲王唆使侍讲学士恽毓鼎劾其揽权恣纵,罢官归里。辛亥革命后迁居上海。袁世凯征为参议员,不就。著有《超览楼诗稿》六卷、《瞿文慎公诗选遗墨》四卷。陈三立有《皇清诰授光禄大夫特諡文慎协办大学士军机大臣外务部尚书善化瞿公墓志铭》,见《散原精舍诗文集》,第959—962页。

十五日,沈曾植与袁昶夜谈。

二十日,沈曾植过李慈铭。

二十六日,沈曾植过李慈铭。

二十八日,李慈铭致函沈曾植。

九月

初二,沈曾植致函李慈铭,得复。

初四,陈三立访郭嵩焘谈。

初六、初十,沈曾植过李慈铭。

十一日,李慈铭致函沈曾植,请代阅学海堂童卷十本。

十二日,陈三立访郭嵩焘。

十三日,郭嵩焘接陈三立函。

十六日,沈曾植过李慈铭。

十七日,日本学者冈千仞访沈曾植、袁昶,不值。

十八日,沈曾植往访冈千仞,朱一新等在座。

二十一日,李慈铭致函沈曾植,得复。

二十二日,沈曾植致函李慈铭,得复。

二十三日,沈曾植过李慈铭。

二十四日,沈曾植致函李慈铭。

二十八日,李慈铭致函沈曾植。

十月

初七,沈曾植过李慈铭。

十一日,李慈铭致函沈曾植并送诗集。郭嵩焘接陈三立函。

十五日,郭嵩焘复陈三立函。

十一月

初二,郭嵩焘访陈三立,不值。

十四日,李慈铭致函沈曾植。

十七日,袁昶过沈曾植夜谈。

二十一日、二十二日,李慈铭致函沈曾植。

二十六日,李慈铭过沈曾植谈。

二十九日,李慈铭致函沈曾植。

十二月

初一,郭嵩焘致函陈三立。

初八,沈曾植过李慈铭夜饮,缪荃孙、王先谦、朱一新、黄绍箕在座。

十四日,李慈铭致函沈曾植。

十九日,沈曾植过李慈铭。

二十四日,沈曾植致函李慈铭,并还诗集。

二十六日,李慈铭致函沈曾植。

是年,郑孝胥继续在南京为吴学廉子授读,"自春徂夏,或月许日未尝出户"。

是年,沈瑜庆与范钟交往,时范在陈宝琛幕府。

光绪十一年 乙酉(1885年)

正月

初二,沈曾植过李慈铭贺年。

初三,郭嵩焘过陈三立贺年。

初九,李慈铭致函沈曾植,并寄所作诗。

十四日,袁昶过沈曾植夜谈。

十五日,沈曾植晤袁昶。

十六日,袁昶过沈曾植。郭嵩焘邀陈三立等小酌。

二十六日,郑孝胥拜访陈宝琛。

二十七日,郑孝柽入府试正场。

二十八日,陈宝琛、郑孝胥、陈书、叶大庄、林葵等于阳岐叶大庄精舍作诗钟。

二十九日,叶大庄灯下出诗请郑孝胥阅,郑以为"其诗于樊榭为近"。

三十日,李慈铭致函沈曾植。叶大庄以诗卷请郑孝胥携归,为加删定,将付梓。

二月

初一,沈曾植、袁昶赴李慈铭招陶然亭宴集,瞿鸿機、朱一新、王兰、施补华在座,"清谈畅襟,昏莫始散,以诗记之"。

初四,郑孝胥为叶大庄阅诗,并题其后。

初七,郑孝胥得陈宝琛来柬。

初八,陈衍过郑孝胥,携其诗卷去。

初十,郭嵩焘接陈三立函。

十二日,郑孝胥往西门访陈衍。

十三日,郑孝胥访陈宝琛,留饭,晤陈宝璐。

十五日,李慈铭致函沈曾植,并还书。

十八日,沈曾植过李慈铭。

二十六日,陈衍访郑孝胥,归其诗卷,并题诗于后。

三月

初八,沈曾植赴庚辰同年团拜。

初九,沈曾植过李慈铭,又致函,请写和山谷诗。郑孝胥晤陈懋侯①。

十一日,郑孝胥于明伦堂晤叶大庄。

十七日,郑孝胥访陈衍,不值。夜,陈衍访郑孝胥,携《孟东野诗》去。

十九日,沈曾植李慈铭用山谷书自韵诗四首。

二十日,李慈铭致函沈曾植并寄和诗。

二十二日,晚,郑孝胥至陈衍处,座谈至三鼓。

二十三日,李慈铭致函沈曾植。

二十八日,沈曾植致函李慈铭。

是月,范当世应吴汝纶之聘,启程赴冀州。

四月

初一,沈曾植夫人疾,过李慈铭乞医。

---

① 陈懋侯(1837—1892),字伯双。福建闽侯人。光绪二年(1876)进士,授翰林院编修,历官四川学政、顺天乡试同考官、湖南乡试主考官、江南道监察御史。有《知非斋易注》、《知非斋易释》。

初二,李慈铭致函沈曾植问疾。陈衍访郑孝胥。

初四,夜,陈宝琛送仪八元,贺郑孝柽结婚。郑孝胥访陈宝琛,谈久之。

初六,午后,郑孝胥访陈宝琛久谈,郑孝胥出《怨晓月赋》视之。

初七,吴大澂问袁昶当今人才,袁以沈曾植、朱一新、王颂蔚对。

初八,沈曾植过李慈铭久谈。

初九,晨,郑孝胥访陈宝琛。

初十,郑孝胥至陈宝琛宅。郑孝胥欲赴天津,陈拟修书李鸿章荐之。

十一日,郑孝胥访陈衍。

十二日,郑孝胥访陈宝琛。陈宝琛返螺江。

十三日,陈衍访郑孝胥谈。

十六日,晨,郑孝胥访陈衍,留饭。郑孝胥书联寄陈宝琛。

十七日,夜,陈衍访郑孝胥长谈。

二十日,叶大庄过郑孝胥。

二十一日,郑孝胥作诗赠陈衍。

二十三日,郑孝胥得陈宝琛函。郑孝胥、陈衍等宴集。

二十四日,夜,郑孝胥访陈宝琛。

二十五日,夜,郑孝胥访陈宝琛。

二十六日,晨,郑孝胥访陈宝琛。

二十七日,郑孝胥北上。

三十日,郑孝胥抵沪。

五月

初三,夜,沈曾植过袁昶。

初八,陈三立访郭嵩焘谈。

初九,袁昶过沈曾植。

初十,沈曾植过李慈铭。郑孝胥抵天津,晤吕增祥、罗稷臣。

十二日,郑孝胥晤严复。

十四日,郑孝胥初谒李鸿章,李言陈宝琛盛称郑。

十五日,郑孝胥论严复文"天资绝高,但粗服未饰"。

十九日,郑孝胥谒李兆珍。

二十一日,郑孝胥、严复长谈。

二十二日,郑孝胥赴严复约,二鼓始归。

二十三日,午后,郑孝胥、严复、罗稷臣聚于义和成饭庄。

二十四日,李兆珍过郑孝胥。

二十五日,沈曾植过李慈铭。

二十九日,严复过郑孝胥索诗。

六月

初一,郑孝胥赠诗严复:"慷慨怀大志,平生行自哀。嗟君有奇骨,况复负通才。时事多荆棘,吾侪今草莱。天津桥上见,为我惜风裁","弦匏吾素友,对我说生平。知己惟吾子,相期共令名。壮心付歧路,愁眼看神京。语罢同三叹,苍茫百感并"。

初四,严复赠郑孝胥诗两首。

初六,沈曾植过袁昶谈。

初七,严复即将归福建应乡试,托郑孝胥暂督其子。夜,李兆珍过郑孝胥久谈。

初八,沈曾植访张謇①。

初九,郑孝胥开始督严复子读书。②

初十,李兆珍过郑孝胥。

十二日,郑孝胥在李鸿章幕府随办洋务。

十三日,李兆珍过郑孝胥。

十五日,晨,郑孝胥与罗稷臣兄弟同赴李兆珍约。

十六日,沈曾植赴陶然亭饯朱一新,李慈铭、施补华、王兰、朱福诜、沈曾桐在座。

十八日,张謇访沈曾植。

二十日,沈曾植、袁昶等公饯朱一新于松筠庵。

---

① 按:此当为张謇初晤沈曾植。张謇:"沈子培比部曾植来,读书敦行人也。"《张謇日记》。

② 按:自本日至八月十三日,郑孝胥基本上每日入斋督课。

七月

初一,沈曾植致函李慈铭。

初五,李慈铭致函沈曾植。袁昶过沈曾植,不值。

初六,沈曾植过袁昶。

初九,郑孝胥作书与陈宝琛、陈衍。

初十,张謇从沈瑜庆处得知郑孝胥到天津消息。

十一日,萨镇冰①过郑孝胥久坐。

十四日,萨镇冰过郑孝胥。

十五日,沈曾植过李慈铭。

十七日,夜,郑孝胥赴罗稷臣宴,袁世凯在座,袁称与其舅氏林葵善。

十八日,张謇访沈曾植。

二十日,沈曾植、袁昶等公饯朱一新于松筠庵。

二十六日,郑孝胥晤姚文藻。

二十七日,夜,姚文藻过郑孝胥,座谈高丽事,谈及张謇、朱铭盘。

二十八日,姚文藻过郑孝胥久谈。

二十九日,沈曾植过李慈铭。

三十日,沈曾植赴袁昶招集,张謇、张裕钊②、王颂蔚③、杨晨、洪良品在座。李慈铭过沈曾植。

八月

初一,沈曾植过李慈铭。

---

① 萨镇冰(1859—1952),字鼎铭。福建侯官(今福州)人。七岁受业于名师王棪辰,十八岁留学英国学习海军,毕业于格林威治皇家海军学院,三年后回国。清末历任舰长、北洋海军提督、海军大臣。民国八年(1919)起任北洋政府海军总长、福建省长,一度代理国务总理。民国十六年后辞职赋闲。民国二十二年赞助李济深等在福州成立"中华共和国人民革命政府"。建国后,历任全国政协委员、中央军委委员、国家侨委委员、福建省人民政府委员。

② 张裕钊(1823—1894),字廉卿。湖北武昌人。道光二十六年(1846)中举,考授内阁中书。后入曾国藩幕府,为"曾门四弟子"之一。生平淡于仕宦,自言"于人世都无所嗜好,独自幼酷喜文事"(《与黎莼斋书》)。曾主讲江宁、湖北、直隶、陕西各书院,培养学生甚众,范当世、马其昶等都出其门下。有《濂亭文集》、《濂亭遗文》、《濂亭遗诗》。

③ 王颂蔚(1848—1895),字蒂卿,号蒂卿,又号薏隐。长洲人。光绪六年(1880)进士,选庶吉士,散馆,改官户部,补军机章京,官户部郎中。有《写礼庼遗著》。生平见《清史稿》列传二百七十六。

初八,沈曾植与王仁东、梁鼎芬、文廷式、蒯光典①等送张謇入场。

初九,沈曾植过李慈铭谈。

初十,李慈铭过沈曾植,不值。

十一日,沈曾植致函李慈铭借书。

十二日,沈曾植赴李慈铭招饮。姚文藻过郑孝胥。郑孝胥与罗稷臣谒李鸿章。

十六日,沈曾植与袁昶晤谈。

十七日,沈曾植与王颂蔚宴同人,袁昶、张謇、张裕钊在座,沈曾植与张裕钊论书法。

十八日,沈曾植过李慈铭夜饭,沈曾桐、鲍临、屠寄②在座。郑孝胥作为幕府成员随李鸿章进京,途中初晤于式枚。

二十一日,夜,郑孝胥与于式枚久谈。

二十三日,沈曾桐过郑孝胥,言张謇居关帝庙。

二十四日,郑孝胥访张謇,索观闱文。

二十五日,郑孝胥、沈瑜庆、王仁东等畅谈。郑孝胥、于式枚访张謇,张謇认为"苏龛之客合肥,初非意计,然苏龛终能自立者"。

二十六日,沈瑜庆、郑孝胥访张謇。李慈铭过沈曾植,不值。

二十七日,郑孝胥与于式枚同游。

---

① 蒯光典,字礼卿,号季逑,又自号"金粟道人"。安徽合肥人。曾请业于冯桂芬、刘熙载。光绪八年(1882)中举,九年成进士,改翰林院庶吉士,丙戌散馆一等,授检讨。历充贵州乡试正考官、顺天乡试同考官。十五年会典馆开,充协纂官兼图上总纂官。二十年中日甲午战事起,发愤上书,不报,乞假归。二十一年张之洞督两江,入幕府,主机要章奏。二十二年刘坤一督两江,聘主尊经书院。二十三年张之洞返湖广总督任,聘为两湖书院监督。二十四年入都。旋以翰林院积劳改知府,复以会典馆叙劳积道员,分省补用,加二品衔。刘坤一奏派管理全省各学堂事务,兼领商务局。维新变法后,主江南高等学堂。宣统元年(1909),提调南洋劝业会,卒于江宁。蒯光典尤长辩议,以谈锋称海内。精鉴别,书籍、金石、书画、古玩,一见即辨真赝,所藏名迹亦多,自以并世惟缪荃孙堪与伯仲。兼精训诂、目录、算数之学。著有《金粟斋诗》、《金粟斋文》等。参见吴浤:《蒯公分巡淮扬海道事略》;陈三立:《清故四品京堂蒯公神道碑铭》,《散原精舍诗文集》,第1031—1033页。

② 屠寄(1856—1921),初名庚,字敬山、敬三、静山等。江苏武进人。光绪十八年(1892)进士。改庶吉士。任京师大学堂教习、常州府中学堂校长。民国后,任国史馆总纂。有《常州骈体文录》等。

二十八日,郑孝胥至沈瑜庆宅,同过王仁东。

九月

初一,郑孝胥过张謇小坐。

初二,午后,郑孝胥往谒宝廷。郑孝胥过张謇。

初四,沈曾植与沈曾桐过李慈铭。郑孝胥、沈瑜庆同听戏。

初五,沈曾桐过郑孝胥。

初六,郑孝胥谒座师宝廷,谈时事,相与叹息。林开謩兄弟过郑孝胥,不值。

初七,郑孝胥访林开謩、林季鸿兄弟,饭毕始归。

初八,沈曾植、袁昶赴濮子潼①招饮,张謇、褚成博在座,谈至三更。

初九,沈曾植、袁昶、李慈铭、缪荃孙崇效寺雅集,饯王先谦。郑孝胥、林开謩、林季鸿、丁丽生、丁立钧、林天民等宴集义胜居,同游钓鱼台。

十一日,乡试放榜,沈瑜庆中第四十九名。

十二日,李慈铭致函沈曾植,沈曾植过李慈铭谈。郑孝胥过沈瑜庆。

二十二日,沈瑜庆、张謇等复试于保和殿。张謇中式一等二十六名。

二十三日,郑孝胥晤蒯光典。

二十四日,沈曾植过李慈铭。

二十五日,张謇访沈曾植。

二十八日,汪宗沂过郑孝胥。

二十九日,李慈铭邀沈曾植夜饮赤城精舍。

是月,范当世复应江南乡试,仍不中。

十月

初一,蒯光典过郑孝胥。

初二,沈曾植过李慈铭。郑孝胥于紫竹林晤沈瑜庆,见严复已醉卧。

初四,郑孝胥与严复长谈。夜,蒯光典过郑孝胥,遗《唐三家集》。

初五,郑孝胥访严复。

---

① 濮子潼(1849—?),字止潜,号紫泉、霞孙。浙江钱塘人。光绪三年(1877)进士。改庶吉士。历任安徽按察使、江苏布政使、护理江苏巡抚等。

初八，蒯光典过郑孝胥，"坚坐絮语，四更乃散"。

十三日，沈曾植招同人饮万福居，李慈铭、沈曾桐、施补华、王兰在座。

十五日，汪宗沂过郑孝胥。

十六日，午后，李慈铭过沈曾植长谈。

十七日，张华奎过郑孝胥。

二十一日，沈曾植赴王兰招饮，李慈铭、施补华、朱福诜、沈曾桐、缪荃孙、徐琪①在座。

二十二日，郑孝胥至严复新宅小坐。汪宗沂过郑孝胥，遗《张迁碑》。

二十三日，张华奎、汪宗沂过郑孝胥。郑孝胥、于式枚同出浴。

二十四日，许珏过郑孝胥。

二十六日，袁昶过沈曾植。

二十七日，李慈铭致函沈曾植并赠书，沈复之。郑孝胥晤许珏。

二十八日，张华奎过郑孝胥。

二十九日，沈曾植过李慈铭。

是月，范当世启程赴冀州。

十一月

初四，李慈铭邀沈曾植、袁昶观戏，沈曾植在座。

初五，郑孝胥入都，寓下斜街王仁东处。

初六，林廉孙、林开謩、林天民②、沈瑜庆访郑孝胥。

初七，郑孝胥访沈瑜庆，饭毕，二人同访张謇，谈有顷，同至英古斋，观马江香画牡丹百种。傍晚，张謇自归，郑孝胥、沈瑜庆乘车同至王仁东处。

初八，王仁东邀郑孝胥同作文，题为"子曰：躬自厚"。

初九，沈曾植、沈曾桐过李慈铭。郑孝胥谒宝廷，不值。

---

① 徐琪（1849—1918），字玉可，号花农。浙江仁和（今杭州）人。光绪六年（1880）进士，改庶吉士，散馆授编修，历官内阁学士、兵部侍郎、福建学政。工书法，善花卉，又工诗词。有《日边酬唱集》《粤轺集》。

② 林天民，字希实，福州人。林长民胞弟。留学日本，曾任福州电气厂工程师。

初十,张謇至下斜街访郑孝胥,王仁东宴客,二鼓始散,张謇复至郑孝胥室中,久谈乃去。

十三日,沈曾植过袁昶,同至书肆。陈懋侯、陈与冏①过郑孝胥。夜,王仁东邀郑孝胥同访沈瑜庆,三鼓,绕宣武门归。

十五日,郑孝胥谒座师宝廷。

十六日,沈曾植、沈曾桐访张謇。夜,张謇访二沈,久谈。

十七日,郑孝胥、林天民同听戏。

十八日,沈曾植赴李慈铭招饮,施补华、李慈铭、庞鸿文②、庞鸿书③、沈曾桐、王兰在座。林天民访郑孝胥,同访沈瑜庆,饭毕,同往听戏。

十九日,傍晚,沈瑜庆访郑孝胥,沈、郑、王仁东、林天民宴集广和居,晤林绍年。

二十日,沈瑜庆、林天民邀郑孝胥至城中,猜诗句为戏。

二十一日,郑孝胥、沈瑜庆出城访张謇,同至沈瑜庆宅,饭毕归。

二十二日,林天民、沈瑜庆访郑孝胥,同往听戏。晚,郑孝胥至沈瑜庆宅,二鼓乃返。

二十三日,夜,沈瑜庆访郑孝胥,谈至三鼓。

二十四日,郑孝胥、王仁东访袁昶不遇,遂至文廷式寓,④谈久之乃去,郑孝胥对文廷式的印象甚好:"芸阁亦壬午江西同年,号强识多学,庞然肥黝,眉目轩豁,谈吐甚似晦若。"

---

① 陈与冏,字弼臣,号缄斋。陈宝廉子。十岁卒业,《十三经》背诵如流。光绪六年(1880)进士,以编修历充国史馆协修、功臣馆纂修,典试山左。工古文辞,尤长于诗,在史馆修《食货志》,未脱稿,卒官。有《读经说约》、《读鉴随笔》、《缄斋杂辑》、《疏纳草》凡若干卷。

② 庞鸿文(1845—1909),字伯絅,号絅堂。庞钟璐长子。江苏常熟人。光绪二年(1876)进士,选翰林院庶吉士,授翰林院编修。才思敏捷,文章伟丽,精通词、赋、骈偶等文体,研究和探讨经史及治国之学,对军事、律法、盐政、粮漕、水利等事务,都作过认真研究。曾任湖北学政,多次主持广西、云南乡试,分别校阅光绪十一年秋季乡试考卷和光绪十六年春季会试试卷,选拔人才不拘一格,教育后人注重品行第一。后调任国子监司书,又升为太常少卿,通政司副使。戊戌变法后,庞鸿文托病归里。居家十年间,兴办学堂,以冀熔冶新旧学术,纠正时弊。他提出以农业为重,发展种植业,使民富裕的主张,但未能实现。

③ 庞鸿书,字劬庵,号鄜亭。江苏常熟人。光绪六年(1880)进士,选庶吉士,授编修,历官山东道监察御史、湖南巡抚、贵州巡抚。有《归田吟稿》。

④ 按:此为郑孝胥初晤文廷式。

二十六日,郑孝胥得宝廷函,赠笔五枝。夜,沈瑜庆访郑孝胥,谈至三鼓。郑孝胥得严复函。

二十七日,郑孝胥、沈瑜庆应林天民兄弟邀听戏。郑孝胥、林开謩同至琉璃厂。

二十八日,蒯光典、袁昶访郑孝胥。

二十九日,沈曾植约李慈铭饮。

三十日,王仁东自贵州归,郑孝胥、沈瑜庆往长椿寺访之,谈至暮。

十二月

初一,张謇、沈曾桐同谒郑孝胥、袁昶,不值。午后,林天民访郑孝胥,同观花厂,复同至沈瑜庆寓所,阅所为文。夜,沈瑜庆访郑孝胥,三鼓方去。

初二,沈曾植、袁昶招同人钱施补华、黄绍箕、王颂蔚、朱福诜在座。郑孝胥、张謇同访珠巢街沈曾桐,久谈。

初五,沈瑜庆访郑孝胥。

初六,夜,沈曾植、袁昶于广和居宴同人,张謇、文廷式、朱一新、黄绍箕、濮子潼在座。张謇约郑孝胥同赴沈曾植、袁昶之约,郑因故却之。

初七,午后,郑孝胥访张謇,遇文廷式。文邀至义盛居饮,座中晤陈三立。①

初八,沈曾植赴李慈铭招饮,缪荃孙、施补华、王兰、沈曾桐、王彦威、朱福诜、徐琪在座。沈瑜庆邀郑孝胥、林天民、林开謩宴集,饭毕,以简招张謇同往听戏。

初九,沈瑜庆宴郑孝胥、张謇、林开謩等。

十二日,夜,郑孝胥访张謇,谈至三鼓。

十三日,郑孝胥访张謇,同出听戏。晚,沈瑜庆访郑孝胥。

十四日,沈曾植、沈瑜庆访张謇。

十五日,郑孝胥、沈瑜庆、王仁东同游陶然亭,林开謩亦至。

十六日,郑孝胥、林开謩、林天民同至琉璃厂,复往听戏。夜,郑孝胥

---

① 按:此为陈三立、郑孝胥初晤。

赴友人招饮,王仁堪、王仁东在座。

十七日,沈曾植过李慈铭。夜,沈曾植赴义胜居同人宴集,李慈铭、庞鸿文、庞鸿书、杨崇伊、鲍临、朱福诜等在座。沈瑜庆访郑孝胥。

十八日,王仁堪、王仁东访郑孝胥。

十九日,沈曾植过李慈铭祝寿,黄绍箕、徐琪、王彦威、缪荃孙等在座。

二十日,文廷式访郑孝胥。

二十一日,郑孝胥、沈瑜庆、张謇、林开謩同听戏。晚,郑孝胥、沈瑜庆赴友人招饮,王仁堪在座。

二十二日,沈瑜庆过郑孝胥,邀过其寓,饮酒数杯。

二十三日,郑孝胥访张謇。

二十四日,沈曾植访张謇。王仁堪置酒为塾师散学,邀郑孝胥、文廷式、张謇作陪。

二十五日,沈瑜庆访郑孝胥。

二十六日,夜,王仁堪邀郑孝胥、沈瑜庆小酌。

二十七日,沈曾植赴李慈铭生日宴集,鲍临、杨晨、吴讲、王彦威、濮子潼等在座。夜,郑孝胥、王仁堪畅谈。

二十九日,午后,张謇、文廷式访郑孝胥。夜,沈瑜庆访郑孝胥。

三十日,郑孝胥访张謇久谈。夜,郑孝胥、王仁东、王仁堪等步至沈瑜庆宅。

是年,十一月底或十二月初,陈三立入京参加会试。

是年,沈曾植与张謇订交。①

光绪十二年 丙戌（1886年）

正月

初一,沈曾植过袁昶。林开謩过郑孝胥。

---

① 张謇:"识黄仲弢(绍箕)、王可庄(仁堪)、王旭庄(仁东)、梁节庵(鼎芬)、沈子培(曾植)、宗室伯熙(盛昱)……丁恒斋(立钧),与为友。"《啬翁自订年谱》。

初二,郑孝胥、沈瑜庆、王仁堪、王仁东等宴集。

初三,郑孝胥、沈瑜庆、王仁东同游。夜,郑孝胥、沈瑜庆联床夜话,通宵不寐。

初四,袁昶访张謇,以杜口勿论时事见规。

初五,郑孝胥与王仁堪、王仁东、林开謩同游厂肆。

初六,午后,郑孝胥、王仁堪游厂甸,逢张謇、濮子潼等。

初七,沈曾植过李慈铭。沈瑜庆宴郑孝胥、王仁堪于寓所。

初八,郑孝胥、王仁堪、林开謩等谈至三鼓。郑孝胥晤黄绍箕①。

初十,陈三立晤张謇。郑孝胥、林天民同听戏。晚,林开謩邀郑孝胥至新会馆听戏。

十一日,郑孝胥与王仁堪畅谈。

十二日,晨,沈瑜庆访郑孝胥,同往安会馆听戏,三鼓归。

十三日,郑孝胥邀张謇等听夜戏。

十四日,沈曾植晤李慈铭。

十五日,郑孝胥与王仁堪、王仁东同游。

十六日,郑孝胥赴王仁堪宴,夜,郑孝胥、沈瑜庆、陈与冏谈至三鼓。

十七日,郑孝胥、林开謩同访沈瑜庆,同至陈与冏寓,复往致美斋听戏。

二十一日,晚,沈曾植赴万福居饮,李慈铭、庞鸿文、庞鸿书、杨崇伊等在座。郑孝胥访沈瑜庆,谈至三鼓,复夜访林开謩。

二十二日,沈曾植访张謇。

二十三日,袁昶过沈曾植。郑孝胥赴丁立钧邀饮,沈瑜庆、王仁堪、

---

① 黄绍箕(1854—1908),字仲弢,号穆琴、鲜庵。浙江瑞安人。黄体芳之子,张之洞侄婿。少承家学,工骈体文,金石书画,精于鉴别。光绪六年(1880)成进士,改庶吉士,散馆钦定一等第一,授编修。十一年五月充四川乡试副考官,十一月充武英殿纂修。尝入张之洞幕,执弟子礼。十四、五年间,游京师,与康有为交。甲午战起,国势濒危,乃有志经世,欲求自强。《马关条约》签订时,尝与文廷式等上书抗议。二十一年,黄绍箕参与发起上海强学会。次年返京,充会典馆提调。二十三年充湖北乡试正考官。二十四年授翰林院侍讲。同年十月,奏派京师大学堂总办。二十五年二月迁翰林院侍讲学士。戊戌变法期间,以张之洞《劝学篇》进呈光绪。后派充京师大学堂总办,出为湖北提学使。三十二年,赴日本考察教育,归国后辑《中国教育史长编》。著有《汉书艺文志辑略》、《楚辞补注》等。其诗文后人辑有《鲜庵遗文》一卷。

王仁东、濮子潼、陈与冏等在座。

二十四日,午后,沈曾植、张謇访郑孝胥。

二十五日,沈瑜庆、林天民过郑孝胥。郑孝胥、王仁东、林天民同游琉璃厂,旋往听戏。郑孝胥访陈与冏。夜,郑孝胥、沈瑜庆、林天民、王仁东、陈与冏同饮于广和居。

二十六日,晨,陈与冏过郑孝胥。午后,郑孝胥、王仁堪、王仁东、陈与冏同往听戏,逢沈瑜庆。沈曾植招同人饮万福居,李慈铭、庞鸿文、庞鸿书、缪荃孙、徐琪、朱福诜、沈曾荣在座。

二十八日,沈曾植招同人集于寓所,李文田①、朱一新、张謇、文廷式在座。午后,郑孝胥、林天民等同往听戏,沈瑜庆亦至。

二十九日,沈瑜庆、郑孝胥同访张謇,谈久之。夜,沈曾植赴庞鸿文、庞鸿书兄弟招,李慈铭、杨崇伊、缪荃孙、朱福诜、徐琪、沈曾荣在座。

三十日,沈曾植访张謇。郑孝胥、王仁东、陈与冏同听戏,沈瑜庆、丁立钧②、林开暮亦至。晚,陈与冏宴郑孝胥、丁立钧、王仁堪、林天民等,丁立钧出诗句令座中猜饮,席散,郑孝胥、丁立钧、王仁堪、王仁东、林天民、陈与冏、濮子潼复宴集。

是月,陈衍与林纾、高凤歧等入京赴试。

二月

初一,午后,黄绍箕访郑孝胥。

初三,沈瑜庆访郑孝胥谈,午后,同至陈与冏处,畅谈至暮。

初六,郑孝胥、林开暮至南半截胡同访陈与冏,同听戏。

初八,陈衍到京,过郑孝胥,谈乡中事。

---

① 李文田(1834—1895),字畲光、仲约,号若农、芍农,谥文诚。广东顺德人。咸丰九年(1859)进士,官至直隶学政、礼部右侍郎、工部右侍郎。学问渊博,生平嗜学不倦,工书善画,经史、兵法、天文、地理,无一不晓。公务之余,勤于治学,对元史及本北水地研究尤精。金石碑帖书籍版本之源流,皆得其要。是清代著名的蒙古史研究专家和碑学名家。有《元秘史注》、《元史地名考》、《西游录注》、《塞北路程考》、《和林金石录》、《双溪醉隐集笺》等。

② 丁立钧(1854—1902),字叔衡,号衡斋、云樵、小跛道人。江苏丹徒人。光绪六年(1880)进士。授编修。二十一年,发起强学会。官至沂州知府。尝主南菁书院,编有《南菁文钞》。

初十,郑孝胥、王仁堪出城,至旅店访陈衍,不值,遂至沈瑜庆处,陈衍亦至。饭毕,郑孝胥、陈衍、沈瑜庆、王仁东同往瑞和胜听戏。

十二日,张謇得范当世函,还银四十两。张謇为沈瑜庆作闱作首题。午后,郑孝胥访陈与冏,丁立钧亦至,谈至薄暮。

十三日,陈衍访郑孝胥,同至致美斋小酌,同听戏。晚,沈瑜庆、林开暮至下斜街,三更始归。

十四日,沈瑜庆宴郑孝胥、王仁堪、王仁东、林开暮、陈与冏于致美斋。夜,王仁堪宴郑、沈等于熙春堂。

十五日,郑孝胥过张謇,晤朱铭盘①。沈曾植疾,郑孝胥、张謇往视。

十六日,午后,郑孝胥、王仁东往听戏,沈瑜庆、陈与冏亦在。

十七日,郑孝胥访张謇,坐久之。郑孝胥至贤良寺诣李鸿章,李适外出拜客,不值。郑孝胥晤冯煦。②

十九日,郑孝胥过张謇,晤沈曾桐。郑孝胥访冯煦,晤蒯光典,冯煦赠郑孝胥《宋七家词》、《禹贡班义》。

二十日,冯煦访郑孝胥。郑孝胥访沈瑜庆,二人同访陈与冏,复至广和居。

二十一日,沈瑜庆邀郑孝胥听戏。

二十二日,郑孝胥至贤良寺访李鸿章,不值。冯煦访郑孝胥,不值,留赠《蒙香室赋》。

二十三日,晨,郑孝胥访张謇,同至致美斋,共听戏。晚,沈瑜庆、林

---

① 朱铭盘(1852—1893),字日新,号曼君。光绪二年(1876),补廪。次年,入吴长庆幕府。六年,因范当世之介从张裕钊学古文义法。八年,中举,随吴长庆军入朝鲜。十一年,入江苏督学黄体芳幕。十七年,以军功被保荐为知州,未就。著有《桂之华轩遗集》等。

② 冯煦(1843—1927),原名熙,后改名煦,字梦华,号蒿庵,晚号蒿叟,辛亥后自称蒿隐公。江苏金坛人。先从成孺治经学及天算,后从薛时雨学于尊经、惜阴两书院。光绪乙亥中式副榜,太守蒯德模延主文峰书院。光绪八年,以副贡生举于乡。十二年,成一甲三名进士,授翰林院编修。十四年,典试湖南。返京,历充会典馆、国史馆纂修。二十一年,以京查一等外简安徽凤阳府知府。二十七年,擢山西河东道。二十八年,迁四川按察使。二十九年,署四川布政使。三十一年,迁安徽布政使。翌年,兼署提学使。三十二年,补授安徽巡抚。后卜居江苏宝应。宣统二年(1910),复起为赈灾大臣,五次出入灾区。民国后侨寓沪上,创义赈协会,以济灾民。著有《蒿庵类稿》三十二卷、《蒿庵类稿续编》三卷、《蒿庵随笔》四卷、《蒙香室词》二卷、《宋六十一家词选》。

开礬访郑孝胥。

二十四日,晨,郑孝胥、王仁东、林开礬同听戏。沈曾植与沈曾桐于财盛馆宴客。

二十五日,郑孝胥、沈瑜庆、陈与冏、林天民同听。夜,沈瑜庆邀陈衍、郑孝胥、李宗言等至熙春堂。

二十六日,晨,郑孝胥邀冯煦、陈与冏谈,午后,同观先哲祠,复至慈仁寺。郑孝胥与王仁堪同访沈瑜庆。

二十七日,冯煦邀郑孝胥听戏。郑孝胥访张謇。

二十八日,郑孝胥访陈与冏,同至丁立钧寓所。

二十九日,郑孝胥订手录谢灵运诗。王仁堪邀郑孝胥等听戏。

三月

初一,沈瑜庆、郑孝胥同游法源寺。

初三,郑孝胥、王仁堪同至陈与冏寓所,共访沈瑜庆,饭毕,同游永茂花厂。郑孝胥、沈瑜庆、王仁堪、王仁东、林开礬、陈与冏宴集。

初四,冯煦访郑孝胥。

初五,陈衍、李宗言访郑孝胥。

初六,沈瑜庆访郑孝胥,午后,同往听戏,戏罢,访陈衍。

初七,王仁东生日,郑孝胥、丁立钧、陈与冏等同至永茂花厂,游花之寺,饮于广和居。

初八,沈瑜庆访郑孝胥。

初九,郑孝胥访李兆珍、张謇。

初十,陈衍、郑孝胥、沈瑜庆入场,参加会试。

十二日,郑孝胥晤黄绍箕、濮子潼等。

十三日,沈曾植过李慈铭。

十四日,沈曾植过李慈铭,谈至月出始归。

十五日,郑孝胥、沈瑜庆、王仁堪同游意园,园中山石参差,花木繁盛,共坐亭中畅谈。

十七日,袁昶于寓所招饮友人,沈曾植、李文田、王颂蔚、李慈铭、缪荃孙、朱一新等在座。

十九日,郑孝胥访陈与冏,坐久之。郑孝胥、沈瑜庆、王仁东同听戏。

二十二日,冯煦访郑孝胥,同听戏。

二十三日,郑孝胥赴丁立钧宴于广和居。

二十四日,郑孝胥访张謇,出文互观。

二十五日,午后,郑孝胥、王仁东、林开暮、冯煦同听戏。

二十七日,郑孝胥、林开暮访沈瑜庆,饭毕,同听戏。夜,郑孝胥宴陈衍、沈瑜庆、王仁东等。

二十八日,李慈铭过沈曾植。午后,丁立钧访郑孝胥,谈久之。夜,沈瑜庆访郑孝胥。

二十九日,郑孝胥、陈与冏同游南下洼、龙树寺。

三十日,午后,郑孝胥、沈瑜庆赴丁立钧宴,陈与冏、陈与同、王仁堪、濮子潼等在座。

是月,袁昶招引沈曾植、李慈铭、缪荃孙、朱一新等。

四月

初一,沈曾植赴李慈铭邀饮宜胜居,沈曾桐、沈曾荣、王兰、徐琪在座。冯煦访郑孝胥。

初二,午后,郑孝胥访陈与冏,丁立钧亦至,偕游法源寺,丁立钧出所辑《历代帝王》及《案语》,共阅至日暮。

初三,郑孝胥访冯煦,晤蒯光典,谈久之。

初四,沈曾植赴沈曾荣招饮,李慈铭、沈曾桐、缪荃孙在座。郑孝胥、王仁东、陈与冏、丁立钧同游裕兴庄。

初六,林开暮、薛慕淮访郑孝胥,同访沈瑜庆,午后,同听戏。

初七,郑孝胥、沈瑜庆、陈与冏、陈与同、丁立钧、王仁堪、王仁东等同至熙春楼。

初八,冯煦、黄绍箕过郑孝胥。夜,郑孝胥赴王仁堪宴。

初十,宝廷招饮陈衍等于寓宅,陈衍初晤寿富①。

十一日,午后,郑孝胥、沈瑜庆与丁立钧、陈与冏同听戏。

十二日,午后,沈曾植赴安徽馆听录,李慈铭、鲍临、吴讲、陶濬宣、沈曾桐、沈曾荣、徐琪、王兰、朱福诜在座。陈三立、冯煦、沈曾桐等中式,郑孝胥、陈衍、沈瑜庆报罢。

十三日,郑孝胥、沈瑜庆与丁立钧、王仁东、陈与冏同游法源寺,谈至暮。郑孝胥、陈衍、王仁堪访沈瑜庆。

十四日,郑孝胥、陈衍、沈瑜庆赴王仁东邀至长椿寺,张謇、丁立钧、陈与冏、陈与同等同游。

十五日,沈曾植、沈曾桐过李慈铭。

十六日,午后,郑孝胥、沈瑜庆与王仁堪、王仁东、陈与冏、丁立钧宴集。

十七日,午后,沈瑜庆访郑孝胥。丁立钧访郑孝胥畅谈。

十八日,李慈铭过沈曾植。

十九日,郑孝胥、沈瑜庆与王仁堪、陈与冏、陈与同、林开謩同听戏。

二十日,郑孝胥过沈瑜庆。

二十一日,午后,丁立钧访郑孝胥,谈甚久。夜,王仁堪宴郑孝胥、沈瑜庆、陈与冏、陈与同、林开謩等。

二十二日,郑孝胥离京,沈瑜庆、王仁堪、王仁东等为之送行。夜,沈曾植过袁昶。

二十四日,沈曾植、张謇等宴集文廷式寓所。

二十六日,沈曾植、袁昶等饯张謇于崇效寺,濮子潼、吴郁生②、褚成

---

① 寿富(1865—1900),字伯茀,号菊客。满洲镶蓝旗人,宝廷子。幼受业于张佩纶和张之洞。光绪十四年(1888)中宗室举人。二十四年成进士,入翰林院,寻充大学堂分教习。曾参加强学会活动,又成立知耻学会,勉励八旗子弟教学。庚子,八国联军入京,为免受侮辱,自尽身亡。梁启超在《饮冰室诗话》中称寿富为"满洲中最贤者矣,其天性厚,其学博,其识拔,爱国之心,盎晬于面"。

② 吴郁生(1854—1940),字蔚若,号钝斋。江苏吴县人。吴延琛之孙。光绪三年(1877)进士,授翰林,历任编修、礼部侍郎、广东、浙江副考官、四川学政、军机大臣、邮传部侍郎。辛亥革命后,返苏州故里。

博、朱一新、钱骏祥在座。郑孝胥谒李鸿章。

二十八日,沈曾植、袁昶、沈瑜庆等与张謇话别。陈三立出都,与文廷式、汪兆铨同行。

二十九日,沈曾植过李慈铭。

五月

初五,郑孝胥至上海。

初六,陈三立与文廷式至上海,游张园、申园等。

十五日,郑孝胥至芜湖。

二十七日,沈曾植过袁昶。

是月,郑孝胥在上海三逢文廷式,游张家花园、静安寺。

六月

十三日,沈曾植赴军机章京考试,未取。

七月

初九,沈曾植过李慈铭。

十一日,沈曾植致函李慈铭。

十二日,袁昶过沈曾植。

十七日,李慈铭为沈曾植书扇诗三首。

八月

初六,沈曾植过李慈铭谈,二更始归。

初十,李慈铭致函沈曾植约饮。

十六日,沈曾植赴同人招饮,沈曾荣、李慈铭、吴讲、王彦威在座。

十九日,沈曾植过李慈铭。

九月

初九,袁昶过沈曾植,以沈维𫓧《补读书斋诗文集》见赠。

十五日,沈曾植、沈曾桐过李慈铭。

十六日,沈曾植过李慈铭久谈。

十九日,陈三立应寄禅①、荔云邀与郭嵩焘、文廷式、罗正钧、曾广钧②、曾广镕等开碧湖诗社。

二十五日,李慈铭致函沈曾植。

二十七日,沈曾植、沈曾桐过李慈铭。

是月,陈衍赴台湾刘铭传幕府。

是月,范当世由冀州南归。

十月

初五,沈曾植过李慈铭。

初六,沈曾植、沈曾桐过李慈铭。

初十,李慈铭致函沈曾植。

十九日,沈曾植、袁昶与朱一新话别,沈曾桐、濮子潼在座。

三十日,李慈铭致函沈曾植,得复。

十一月

初一,李慈铭过沈曾植,问其太夫人疾。

十三日,李慈铭过沈曾植久谈。

十五日,沈曾植、袁昶赴杨晨宜胜居招饮,李慈铭、沈曾桐、黄绍箕、徐定超在座。

二十二日,午后,李慈铭过沈曾植谈。

二十七日,陈三立与郭嵩焘、罗正钧等人作消寒会。夜,沈曾植赴王

---

① 寄禅(1852—1912),亦名释敬安,人称八指头陀、白梅和尚、三影和尚。湖南湘潭人。同治七年(1868)年入湘阴法华寺出家。次年赴衡阳仁瑞寺充苦行僧。光绪三年(1877)秋,在四明山阿育王寺烧两指燃灯供佛,自此号称八指头陀。历任上封寺、万福禅林、天童寺主持。三十四年(1908)宁波成立僧教育会,被推为会长。民国元年(1912),筹组中华佛教总会,被选为首任会长。同年赴北京,要求内务部保护寺产遭拒绝,同日回法源寺病逝。杨度将其著作搜集汇刻成册。二十岁始学诗,中岁识王闿运、邓辅纶,名遂大著。喜咏白梅,号"白梅和尚"。著有《八指头陀诗集》。

② 曾广钧(1866—1929),字重伯,号觙庵,别号旧民。湖南湘乡人。幼有异秉,王闿运叹为神童。髫龄时谒李鸿章于天津节署,呈以诗,为李所激赏。光绪十五年(1889年)成进士,授翰林院编修,官至广西知府。戊戌变法时,同情康、梁,在湖南助陈宝箴推行新政,负责湖南洋务局。辛亥革命前后,对革命党人多有赞同。入民国,对袁世凯、张勋复辟,多有讥讽。著有《环天室诗集》、《环天室外集》、《环天室文集》等。吴宓深喜其诗,称:"《环天室诗》学六朝及晚唐,以典丽华赡、温柔旖旎胜。用典甚丰,典多出魏晋书、南北史。"

兰招饮,李慈铭、缪荃孙、庞鸿文、庞鸿书、杨崇伊、沈曾桐在座。

二十八日,沈曾植赴万福居宴集,李慈铭、王兰、沈曾荣在座。

十二月

初一,沈曾植致函李慈铭。

初四,袁昶过沈曾植借黎简诗集。

初九,郭嵩焘接陈三立函。

十四日,刘定夫邀陈三立、郭嵩焘等晚酌。沈曾植过李慈铭。

十五日,沈曾植赴李慈铭邀饮,鲍临、吴讲在座。

十七日,沈曾植、袁昶赴李文田招饮,黄体芳、盛昱、王仁堪、王颂蔚、李慈铭、张鼎华在座。沈曾植、袁昶又赴缪荃孙消寒第二集,李慈铭、王颂蔚在座,"是日望,清光如洗,立庭院清谈久之,三更归"。

十八日,沈曾植致函李慈铭。

二十日,沈曾植赴李慈铭消寒第三集,缪荃孙、王颂蔚、徐琪、黄绍箕在座。

二十三日,沈曾植致函李慈铭。

二十四日,沈曾植、袁昶赴黄绍箕招作消寒第四集,李慈铭、王颂蔚、徐琪在座。

二十六日,沈曾植、袁昶过李慈铭祝寿,缪荃孙、黄绍箕、王颂蔚、徐琪、朱福诜在座。

二十九日,李慈铭过沈曾植答谢。

是年,陈三立会试中式,授吏部主事。会试期间,在京广交友朋。

是年,沈瑜庆结交林纾。沈瑜庆会试报罢,签分刑部广西司行走。

光绪十三年 丁亥(1887年)

正月

初三,李慈铭致函沈曾植,得复。

初四,李慈铭致函沈曾植,得复。

初六,沈曾植过李慈铭。

初七,沈曾植、袁昶赴王颂蔚招作消寒第五集,李慈铭、缪荃孙、黄绍箕在座。

初九,李慈铭致函沈曾植。

初十,沈曾植与李慈铭同过书肆,夜归。

十二日,沈曾植与李慈铭同过厂市。

十三日,沈曾植招同人作消寒第六集,袁昶、李慈铭等皆至。

二十二日,郭嵩焘接陈三立信。沈曾植、袁昶赴徐琪招作消寒第七集,李慈铭、王颂蔚、黄绍箕在座。

二十四日,沈曾植赴李慈铭招饮,王颂蔚、周福清、缪荃孙、鲍临、庞鸿文、庞鸿书、吴讲、沈曾荣、徐定超、黄绍箕、朱福诜、徐琪、杨晨在座。

二十六日,郭嵩焘回拜陈三立。

二月

初一,沈曾植、袁昶集酒家饯王闿运,王颂蔚、黄绍箕在座。陈三立与郭嵩焘同游。

初九,沈曾植与李文田、王颂蔚、缪荃孙、黄绍箕至天宁寺雅集。

十五日,陈三立过郭嵩焘谈。

十六,沈曾植与李文田、袁昶、缪荃孙、黄绍箕等宴集天宁寺。张謇访郑孝胥。

十八日,李慈铭致函沈曾植,约明日饮宜胜居。

二十日,郭嵩焘回拜陈三立。

二十二日,袁昶过沈曾植借书。

二十四日,沈曾植致函李慈铭。

二十六日,沈曾植过李慈铭久谈。

二十八日,沈曾植致函李慈铭。李慈铭过沈曾植,不值。

二十九日,郭嵩焘访陈三立,不值。

三月

初一,沈曾植过李慈铭。

初二,郭嵩焘致函陈三立。夜,袁昶过沈曾植。

初三，陈三立、涂次衡为碧湖修禊之会，与会者三十余人。王闿运①、郭嵩焘、罗正钧、曾广镕、曾慕陶等分韵赋诗。郑孝胥得陈衍函。

初四，张謇访郑孝胥，言将归海门。

初五，郑孝胥作五言古诗，将赠张謇。

初七，晚，郑孝胥访陈宗濂，谈久之。

初八，沈曾植过李慈铭。

初十，夜，郑孝胥与吴博泉至钟山书院。

十一日，张謇以所得《半截碑》示郑孝胥。沈曾植赴先哲祠，李慈铭、黄绍箕、王仁东同游。夜，沈曾植、李慈铭、黄绍箕、缪荃孙、王颂蔚等饮于宜胜居。

十三日，郑孝胥与张謇同游。

十四日，张謇访郑孝胥，示古诗。

十五日，吴学廉兄弟宴郑孝胥、张謇。晚，郑孝胥与张謇作别。晚，沈曾植赴李慈铭宜胜居邀饮，鲍临、吴讲、沈曾桐等在座。

十六日，李慈铭过沈曾植。

十七日，李慈铭致函沈曾植。

十八日，沈曾植、曾桐兄弟宴李慈铭、徐琪于便宜坊。

二十三日，沈曾植过李慈铭久谈。

二十四日，陈宗濂送郑孝胥兰花。

二十五日，李慈铭过沈曾植谈。

二十六日，陈宗濂访郑孝胥。

二十八日，郑孝胥访陈宗濂。袁昶过沈曾植。

是月，郑孝胥在南京。

---

① 王闿运(1833—1916)，字壬秋，号湘绮。湖南湘潭人。咸丰七年(1857)举人。咸丰九年会试报罢留京，寓山东巡抚署中。后入曾国藩湘军中，参与擘画，因自负奇才，多所不合，遂退归林下。光绪六年(1880)，应四川总督丁宝桢聘，监督成都尊经书院。又应兵部尚书彭玉麟聘，经营船山书院。亦曾任两湖书院山长。三十四年，授翰林院检讨、礼学馆顾问。民国三年(1914)被袁世凯聘为国史馆馆长，不久即辞去，仍归隐长沙。著有《湘军志》十六卷、文集八卷、诗集十四卷、别集三卷。

四月

初二,郑孝胥与吴学廉、薛华培等饮于钓鱼巷。

初四,郑孝胥赴吴学廉邀听戏。

初五,晨,郑孝胥过陈宗濂,约晚饭。

初六,陈宗濂邀郑孝胥晚饭。

初十,夜,郑孝胥访陈宗濂。

十一日,沈曾植过李慈铭。

十三日,沈曾植致函李慈铭,约饮崇效寺。

十四日,沈曾植过李慈铭。

十六日,沈曾植致函李慈铭。

十八日,沈曾植、袁昶赴崇效寺雅集,李慈铭、王颂蔚、沈曾桐、黄体芳、黄绍箕、缪荃孙、缪佑孙、徐宝谦在座。郑孝胥、陈宗濂同观剧。

二十日,郑孝胥访陈宗濂。夜,吴学廉邀郑孝胥船游。

二十一日,陈宗濂邀郑孝胥斗诗,申刻起,四鼓始散。

二十二日,郑孝胥得陈衍、陈与冏函。

二十五日,李慈铭过沈曾植久谈。

二十六日,李慈铭致函沈曾植,并寄所书团扇。

二十七日,郭嵩焘接陈三立函。沈曾植过李慈铭。郑孝胥、陈宗濂等宴集聚丰园。

是月,郑孝胥在南京。

是月,范当世三至冀州,主武邑观津书院。

闰四月

初七,陈三立赴郭嵩焘邀饮,罗正钧、涂次衡等在座。沈曾植过李慈铭。

初十,李慈铭致函沈曾植。

十八日,沈曾植过李慈铭,至晚方归。

十九日,午后,陈三立于蜕园宴郭嵩焘、王闿运、陈锐①、刘定夫、萧小虞等。

二十五日,郭嵩焘回拜陈三立。

二十七日,沈曾植致函李慈铭辞夜饮。

五月

初三,郑孝胥抵上海。

初八,陈三立与王闿运谈。

初九,沈曾植过李慈铭。

十一日,沈曾植致函李慈铭。

十二日,沈曾植过李慈铭。

十四日,沈曾植赴宜胜居夜饮,李慈铭、沈曾桀、沈曾桐、徐定超、鲍临、吴讲、朱福诜在座。

十六日,郭嵩焘回访陈三立。

十九日,李慈铭过沈曾植。

二十六日,沈曾植过李慈铭。

是月,郑孝胥在上海,与沈瑜庆、王仁东游。

六月

初一,陈三立访郭嵩焘。樊棻②访郑孝胥。郑孝胥得沈瑜庆函。

初三,王闿运约陈三立、寄禅、郭嵩焘、罗君甫、曾广钧等碧湖雅集。郑孝胥游城隍庙、满庭芳书楼。

初四,郑孝胥复王仁堪、沈瑜庆、陈与冏函。

初五,沈曾植过袁昶谈。

初九,郭嵩焘过陈三立谈。

十四日,沈曾植过李慈铭。

---

① 陈锐(1859—1922),字伯弢,一作伯涛,号抱碧。湖南武陵(今常德)人。少以高才选长沙校经堂肄业,为王闿运弟子,又从邓辅纶游。光绪十一年(1885)拔贡,游京师。光绪十九年中举。三应会试落第。二十七年以同知衔官江苏试用知县。宦途不顺,晚境寥落,卒于故里。著有《抱碧斋集》八卷。

② 樊棻(1844—1916),字时勋,号勤稼老人。浙江镇海人。从叶澄衷至上海经商,为沈葆桢、李鸿章、张之洞等所用。曾任直隶州知州,诰授资政大夫。

十六日,袁昶邀沈曾植等饮,濮子潼、缪佑孙在座。

十七日,陈三立访郭嵩焘。

二十五日,沈曾植、袁昶赴黄体芳、黄绍箕招集什刹海,李慈铭、缪荃孙、王颂蔚同往。

二十八日,郭嵩焘接陈三立函。

二十九日,郭嵩焘过陈三立谈。

是月,郑孝胥在上海。

七月

初四,郑孝胥至南京。

初五,李慈铭寄赠沈曾植咏竹诗索和。

初六,沈曾植致函李慈铭。

初七,郑孝胥访陈宗濂,同乡宴集,庭中设瓜果,陈花树盆景,陈宗濂自诵书院文二首。

初十,郑孝胥赴陈宗濂邀饮,薄醉而归。

十三日,郭嵩焘为屈祝三饯行,邀陈三立作陪。

十六日,沈曾植母韩太夫人寿辰,李慈铭往贺。

十八日,郑孝胥、吴学廉、陈宗濂同听戏。

十九日,友人招饮,陈三立、郭嵩焘等宴集。郑孝胥作书与张謇。

二十一日,郑孝胥访陈宗濂。

二十三日,郑孝胥抵沪。袁昶致函沈曾植,约二十六日公饯缪荃孙、傅云龙出国。沈曾植过袁昶。

二十四日,夜,陈三立访王闿运谈。

二十六日,郑孝胥同沈东绿①同游徐园、张园。夜,郑孝胥赴樊棻招饮。沈曾植、袁昶等宴集万福居,为傅云龙、缪佑孙饯行,李慈铭、缪荃孙、吴讲、鲍临、蔡千禾在座。

二十八日,沈曾植致函李慈铭。

八月

初一,沈曾植致函李慈铭。

---

① 沈东绿,沈葆桢第五子,沈瑜庆弟。

初二,张謇作《开封怀郑太夷江宁二十韵》。

初三,沈曾植过李慈铭。

初四,郑孝胥得沈瑜庆函。郑孝胥、林天民、沈东绿等宴集。

初五,沈曾植赴广惠寺吊徐子梅丧,晤李慈铭、王颂蔚、濮子潼、黄绍箕。

初六,郑孝胥作书与沈瑜庆,并手抄《楚辞》托林天民交沈。

十二日,沈曾植过李慈铭。

十六日,郭嵩焘接陈三立函。

十八日,沈曾植过李慈铭。

十九日,沈曾植过李慈铭。

二十四日,沈曾植过李慈铭。

九月

初一,沈曾植与袁昶谈。

初二,沈曾植过李慈铭。

初三,郑孝胥至南京。

初五,吴学廉邀郑孝胥听戏。

初八,沈曾植、袁昶赴李文田招饮天宁寺,王颂蔚、盛昱、文廷式、蒯光典、刘岳云①在座。

初九,郑孝胥与陈宗瀍游雨花台。

二十一日,沈曾植过李慈铭,鲍临、吴讲在座。

二十八日,郑孝胥同吴博泉登鸡鸣寺。

二十九日,郭嵩焘接陈三立函。

十月

初三、初六,郭嵩焘接陈三立函。

---

① 刘岳云(1849—1919),曾任户部主事。有《食旧德斋赋抄》、《矿政辑略》等。

初七,郑孝胥、顾云①宴集聚丰园。

十八日,郭嵩焘回拜陈三立。叶大庄②访郑孝胥。

十九日,夜,沈曾植赴徐琪招饮,李慈铭、缪荃孙在座。

二十日,袁昶过沈曾植,不值。

二十三日,沈曾植赴庞鸿文、庞鸿书兄弟之约,李慈铭、徐琪、杨崇伊在座。郑孝胥访叶大庄,阅其诗作二十余首。

二十五日,晚,沈曾植赴徐琪招饮,李慈铭、缪荃孙在座。

二十八日,郑孝胥复王仁堪、沈瑜庆、陈与冏、丁立钧函。

三十日,沈曾植致函李慈铭。

十一月

初二,晚,沈曾植赴濮子潼招饮,与袁昶夜谈,三更始散。

初四,夜,沈曾植赴杨崇伊招饮,李慈铭、王咏霓、朱福诜、庞鸿文、庞鸿书、缪荃孙、黄绍箕、张预③在座。

初九,沈曾植招同人饮于福隆堂,李慈铭、朱福诜、庞鸿书、杨晨、黄绍箕、王咏霓、杨崇伊、徐琪在座。

十五日,郭嵩焘接陈三立函。

十七日,郭嵩焘接陈三立函。

---

① 顾云(1845—1906),字子鹏,号石公。江苏上元(今江宁县)人。少逢战乱,避地秦淮,舞稍盘马,豪侠自喜。继乃折节读书,工古文辞,亦豪于诗。归里,补县学生。假馆盋山薛庐,诗酒自娱。光绪十七年(1891)游吉林,为将军长顺修省志,事竣,获报教职,选宜兴训导,署常州教授。著有《盋山诗文录》。按:此似为郑孝胥初晤顾云。顾云与宋诗派领袖陈三立、郑孝胥均有深交。

② 叶大庄(1844—1898),字临恭,号损轩。福建侯官人。同治十年(1873)中举,十二年(1873)举人,援例内阁中书,改靖江(今江苏靖江县)知县。光绪八年(1882)入张之洞幕府,办理洋务和军务。当时江南防务松弛,日军欲行偷袭。大庄撤"大戢山灯塔",迫使日军向英国保证"不侵犯长江",江南始获安全。光绪十年(1884),因丁父忧给假在乡,适逢中法马江海战,协力办团练,战后论功补用同知,升知府。光绪二十三年,出任邳州(今江苏邳县)知州。邳州常有水灾,大庄积极筹资运麦,及时赈济,所谓"冬抚贫户,春办工赈",于是受灾的六社十三营,逃者归,馁者得食。曾资助《时务报》。有《礼记审议》、《闽中金石记》、《借寒堂校书记》、《写经斋诗文稿》、《玲珑阁词》等二十多卷,合刊为《玉屏山庄丛书》。叶大庄诗风宗宋,为宋诗派成员。陈衍《石遗室诗话》谓:"吾乡之人常为诗者,余识叶损轩最先,次苏堪、次㲄庵……"

③ 张预,字子虞,号虞庐,室名崇兰室。浙江钱塘人。光绪九年(1883)进士,改庶吉士,授编修,历官江苏候补道。工诗善书,有《崇兰堂诗存》。

二十日，郭嵩焘访陈三立。顾云访郑孝胥。

二十一日，郑孝胥得沈瑜庆电，即电复之。

二十五日，郑孝胥应顾云邀至薛庐雅集，吴学廉、朱孔彰[①]等三十余人在座。

二十六日，郭嵩焘回拜陈三立。

二十八日，郑孝胥、吴学廉访顾云，不值。

二十九日，沈曾植、袁昶赴王咏霓招饮，李慈铭、吴讲、杨崇伊、张预在座。

十二月

初四，郭嵩焘过陈三立谈。沈曾植过袁昶，谈其诗。

初九，郑孝胥晤顾云，共饭。

初十，沈曾植赴福隆堂黄绍箕招饮，李慈铭、杨崇伊、王咏霓、张预在座。

十三日，晨，郑孝胥应顾云邀至薛庐宴集，傍晚始归。

十五日，沈曾植赴同人宴集，李慈铭、杨崇伊、朱福诜、濮子潼、吴讲、鲍临、徐琪等在座。

二十四日，夜，沈曾植赴杨崇伊宅为李慈铭做生日，徐琪、鲍临、吴讲、朱福诜、王咏霓在座。

二十五日，沈曾植、袁昶赴李慈铭宅祝寿。

二十八日，沈曾植赴李慈铭招饮，吴讲、鲍临、杨崇伊在座。

是月，张謇荐郑孝胥、周家禄代己主娄江书院。

光绪十四年 戊子（1888年）

正月

初一，沈曾植过李慈铭贺年。

初六，郭嵩焘访陈三立。

[①] 朱孔彰（1842—1919），字仲我，原名孔阳，字仲武，别号江东半隐。光绪举人。历任江南官书局、江楚编译局、安徽存古学堂等。有《周易汉注》《半隐庐丛稿》等。

十三日,陈三立访王闿运。袁昶过沈曾植。

十五日,沈曾植过李慈铭。

十七日,郑孝胥至上海。

二十一日,沈曾植、袁昶为文廷式饯行,志钧、王颂蔚、蒯光典、刘岳云、王仁东在座。张謇寄郑孝胥函。

二十三日,陈三立访王闿运。

二十四日,沈曾植致函李慈铭,赠《金史详校》。

二十五日,沈曾植过李慈铭。

二十七日,沈曾植、袁昶、王颂蔚招同人宴集松筠庵,李文田、黄体芳、李慈铭、王仁堪、黄绍箕、冯煦、刘岳云、王咏霓在座。

二十九日,李慈铭、吴品珩[①]过沈曾植。晚,沈曾植、袁昶赴王仁堪招饮,李慈铭、王咏霓、杨晨、黄绍箕、王颂蔚、冯煦、王仁东在座。

二月

初五,沈曾植过李慈铭。

初八,晚,袁昶过沈曾植久谈。沈曾植赴隆福堂宴集,李慈铭、庞鸿文、庞鸿书、王颂蔚、杨崇伊、张预、徐琪在座。

十六日,郑孝胥访张謇。

十七日,郑孝胥晤樊棻。郑孝胥、张謇赴友人宴,同听戏。

十八日,郑孝胥访张謇。

二十一日,李慈铭访沈曾植。

二十九日,沈曾植生日,与李慈铭、徐琪游崇效寺。晚,沈曾植招饮友人于广和居,袁昶、李慈铭、黄绍箕、徐琪在座。

三月

初二,沈曾植过李慈铭。

初七,沈曾植过李慈铭赏花,吴讲在座。

初十,郭嵩焘访陈三立。

---

① 吴品珩(1857—1928),字佩葱,号逸园。浙江东阳人。光绪十二年(1886)进士,历任刑部主事、外务部郎中、总理各国事务衙门章京、安徽省按察使、布政使等职,辛亥革命后曾任浙江省政务厅长。书法绘画名重于时。

十二日,沈曾植过李慈铭。

十四日,晚,郭嵩焘过陈三立谈。

十五日,沈曾植为朱福诜送行,李慈铭、徐琪、王彦威皆至。

十六日,袁昶过沈曾植。

二十日,陈三立与王闿运、梁鼎芬、文廷式等饮于曾广钧宅。①

二十三日,陈程初邀陈三立等开福寺小酌,郭嵩焘、余肇康在座。

二十四日,郭嵩焘接陈三立信。

二十五日,郭嵩焘宴陈三立、梁鼎芬、文廷式等。②

二十七日,陈三立与郭嵩焘、曾广钧、余肇康、曾广镕等同赴友人之约。

二十八日,沈曾植、袁昶赴崇效寺为邓承修饯行,李慈铭、李文田、黄体芳、徐宝谦、王颂蔚、王彦威在座。

四月

初五,沈曾植、袁昶赴黄体芳招至冯氏庄园游,李慈铭、王彦威、王仁东、黄绍箕、王颂蔚同行。

初八,张謇得范当世函。

十五日,沈曾植过李慈铭。

二十二日,沈曾植过李慈铭。

二十三日,李慈铭致函沈曾植约明日宴集。

二十四日,沈曾植赴李慈铭招饮,杨崇伊、徐琪、王咏霓、鲍临、王彦威在座。

二十八日,沈曾植吊李慈铭夫人丧。

二十九日,沈曾植赴濮子潼之召,王仁堪、钱骏祥、黄绍箕在座。

五月

初五,沈曾植过袁昶。

---

① 王闿运:"夜得重伯片,言文道希无礼,众皆不然,未知何故。"《湘绮楼日记》,第1448页。

② 郭嵩焘:"午邀梁星海、文道希、张禹田、陈伯严、彭稷初、余肇康、曾重伯小酌。星海、重伯、稷初均不至。道希又与梁星海约谈,甫登席而去,名士之未易与接交如此。"《郭嵩焘日记》,卷四,第777页。

初十,晚,陈三立宴郭嵩焘、王闿运、熊鹤村等。

十四日,沈曾植过李慈铭。

十五日,沈曾植致函李慈铭,代拟策问两道。

十九日,沈曾植招同人宴集广和居,王彦威在座。

二十三日,晚,沈曾植、袁昶为黄体芳饯行,濮子潼、王彦威、王咏霓等在座。

二十四日,陈三立赴陈程初邀开福寺赏荷,郭嵩焘、王闿运、曾广钧、曾广镕、李幼梅、朱次江等同席。

二十七日,陈三立约王闿运、曾广钧等会饮。

二十九日,沈曾植过李慈铭。

六月

初八,沈曾植过李慈铭。

初九、十三日,缪荃孙过沈曾植。

十八日,沈曾植晤濮子潼、夏孙桐。

二十日,李慈铭过沈曾植。

二十二日,沈曾植赴高庙观荷花。

二十三日,沈曾植过刘家立长谈。

二十七日,沈曾植过李慈铭夜谈。

二十八日,沈曾植赴长椿寺为李文田、王仁堪饯行,黄绍箕、张预、盛昱、王彦威在座。

是月,陈衍至上海,寓沈瑜庆宅。

七月

初一,沈曾植、袁昶与王颂蔚饯李文田、王仁堪于长椿寺,黄绍箕、刘岳云、王彦威、张鼎华在座。

初六,沈曾植过袁昶谈碑拓。

初七,沈曾植过刘家立、李慈铭长谈。

初八,郭嵩焘晤陈三立、罗正钧。

十一日,陈三立访王闿运。

十四日,郭嵩焘接陈三立函。

十六日,沈曾植母韩太夫人寿诞,李慈铭、黄绍箕、王彦威等来贺。

十九日,沈曾植过李慈铭长谈。

二十四日,郭嵩焘访陈三立。

二十六日,沈曾植过袁昶。

八月

初一,夜,李慈铭过沈曾植。

初二,沈曾植谒翁同龢长谈。

初五,沈曾植还缪荃孙书。

初六,沈曾植过李慈铭。

初八,袁昶过沈曾植。

初九,吴品珩过沈曾植。

初十,沈曾植与刘家荫长谈。袁昶、沈曾植过唁王咏霓。

十一日,沈曾植过王彦威。晚,沈曾植访张裕钊。

十二日,沈曾植视濮子潼疾。

十五日,沈曾植过袁昶观碑帖。

二十五日,沈曾植过李慈铭久谈。

是月,陈衍归里。

是月,范当世兄弟同应江南乡试,皆不中。范九赴乡试均不举,遂绝意仕途,不再入场。

九月

初二,沈曾植、袁昶与李慈铭、王彦威、徐定超、杨崇伊、吴讲同游天宁寺,留恋竟日,至暮方归,"尊老清言娓娓,支许之流,子培旗鼓亦足相当,听之亦复忘倦"。

初三,沈曾植过李慈铭,谢其为韩太夫人撰寿序。

十三日,黄绍箕、濮子潼、李慈铭过沈曾植。

十四日,沈曾植过琉璃厂书肆,晤李慈铭、濮子潼。

十八日,沈曾植过王彦威。

十九日,王彦威过沈曾植。午,沈曾植、王彦威、濮子潼、吴品珩宴集。

二十三日,沈曾植与李慈铭游陶然亭。晚,沈曾植招同人饮广和居,李慈铭、庞鸿书、徐琪、黄绍箕在座。

是月,康有为作万言书,拟上光绪帝,沈曾植与黄绍箕、屠寄等实赞其事。

十月

初一,沈曾植致函李慈铭。

初二,沈曾植过李慈铭。

初四,沈曾植过李慈铭久谈。郭嵩焘接陈三立函。

十四日,沈曾植赴河东馆,为刘家立母祝寿。

十六日,晚,沈曾植、袁昶、黄绍箕等宴集。

十八日,沈曾植赴宜胜居同人宴集,李慈铭、黄绍箕、王彦威、张预在座。

二十三日,李慈铭过沈曾植。

二十六日,沈曾植致函李慈铭。

二十七日,沈曾植过李慈铭。

是月,陈衍晤陈宝琛。

十一月

初一,沈曾植赴宜胜居王彦威招饮。李慈铭、王仁堪、王仁东、黄绍箕、徐定超、沈曾桐、王颂蔚在座。

初二,郭嵩焘回拜陈三立。

初三,张謇致函郑孝胥。

初四,陈三立访郭嵩焘谈。

初六,陈三立访王闿运。

十一日,叶昌炽[①]过沈曾植。

二十五日,李慈铭致函沈曾植,约后日饮。

---

① 叶昌炽(1849—1917),字鞠裳、鞠常,晚号缘督庐主人。光绪二年(1876)中举,十六年成进士。选翰林院庶吉士,散馆,授编修。充会典馆总纂帮办、国史馆调提,迁子监司业。二十七年,任甘肃学政。三十三年,朝廷开礼学馆,充顾问官。治学以稽考、辨别目录、搜求异书与研究碑版著称。有《奇觚庼诗集》《藏书纪事诗》等。

二十七日,沈曾植赴李慈铭邀饮,王仁堪、王颂蔚、黄绍箕、庞鸿书、吴讲、夏宗彝在座。

十二月

初四,郭嵩焘访陈宝箴、王闿运谈。

初六,沈曾植赴潘祖荫招饮,李文田、孙家鼐、黄国瑾、王懿荣①、沈曾桐、黄绍箕在座。

初十,沈曾植、袁昶赴同人宴集,李慈铭、鲍临、吴讲在座。

初十,郭嵩焘邀陈宝箴、王闿运、王先谦等小酌。

十二日,王闿运宴陈宝箴、郭嵩焘、王先谦等。

是年,陈衍应湖南学使张亨嘉编修之邀,至湘为总襄校。

光绪十五年 己丑（1889年）

正月

初二,王闿运访陈宝箴。

初四,沈曾植过李慈铭。

初七,袁昶过沈曾植。

十一日,袁昶以诗柬沈曾植。

十二日,李慈铭过沈曾植,不值。

十五日,夜,沈曾植、袁昶赴黄绍箕招饮,李慈铭、王彦威、沈曾桐在座。

二十日,沈曾植赴潘祖荫招饮,王懿荣、刘岳云、王颂蔚、黄绍箕、黄国瑾、沈曾桐、李文田、王仁堪、叶昌炽、冯煦、江标等在座。席散,王颂蔚、黄绍箕、冯煦、江标同过沈曾植观拓本。

二十二日,晚,沈曾植、袁昶过刘家立,黄绍箕、王彦威、徐琪在座。

二十四日,晚,沈曾植、袁昶赴万福居宴集,李慈铭、王仁堪、王仁东、黄绍箕、沈曾桐、王彦威、徐定超在座。

---

① 王懿荣(1845—1900),字正孺,一字廉生。山东福山人。光绪六年(1880)进士,选庶吉士,授编修,官国子监祭酒。

二十七日,郑孝胥至上海,访张謇。郑孝胥晤沈瑜庆。

二十九日,夜,沈瑜庆访郑孝胥,长谈。

三十日,陈三立、郭嵩焘访王闿运。郑孝胥舟中逢张謇。

是月初,范当世与姚倚云结婚。

二月

初二,晚,沈曾植赴李慈铭邀饮,王仁堪、王仁东、杨崇伊、庞鸿书、刘家立、刘家荫、徐定超、张预、杨晨、王彦威、黄绍箕、濮子潼、徐琪、吴品珩、沈曾荣在座。

初四,郑孝胥、张謇坐船至天津。

初六,陈三立、王闿运、瞿鸿禨、孔宪政等乘轮船离长沙。

初七,陈三立过王闿运谈。

初八,郑孝胥访王仁堪,相见甚欢,道朝政废弛,黯然伤神。晚,陈与囧宴郑孝胥、丁立钧,话至三鼓始散。

初九,张謇访沈曾植。

十一日,张謇、吴保初[①]访郑孝胥。

十二日,王仁东、王仁堪、郑孝胥、张謇。郑孝胥访沈曾植,晤沈曾桐,谈久之。晚,郑孝胥赴王仁堪邀,张謇在座。

十三日,沈曾植赴徐宝谦招饮,李慈铭、孙诒经、徐琪在座。

---

① 吴保初(1869—1913),字彦复,号君遂,晚号瘿公。庐江县人。淮军将领、广东水师提督吴长庆子。与陈三立、谭嗣同、丁惠康赞同维新,时人称为"清末四公子"。光绪十年(1884),吴长庆患重病,保初驰往侍疾,事闻于朝,特旨褒嘉,且授主事。服丧期满入都,分兵部学习。二十一年,补授刑部山东司主事,旋派充贵州司主稿、秋审处帮办,任职期间不畏权势,力平董裕氏冤狱。二十三年,鉴于甲午战败,保初乃上《陈时事疏》,直"以亡国之说,告之于皇上",冀其"怵危亡"而"谋富强",被刑部尚书刚毅压下未报,保初乃愤然引疾南归。戊戌变法前后,他著文痛论阻挠新法之害。变法失败后,谭嗣同等就义,他时已南归,又写《哭六君子》诗并"为亡人讼冤"。辛丑以后他又入京上疏归政光绪皇帝,他同时写信给袁世凯劝其"行桓文之事",主旨在于支持光绪皇帝实行变法。袁曾在长庆幕府,与保初有兄弟之交,袁显贵以后,保初勉以"君王神武丁多故,好建奇功答圣时",但袁不采纳,赠以重金,保初亦斥而不受。光绪三十一年(1905)东渡日本。他在上海《苏报》案中,保护过入狱的章太炎。他既维新又革命,还和先维新后保皇的康、梁保持联系。等到党禁初缓,保初始悄然回津,不久即患中风,手足偏废。民国二年(1913)春病逝。有《北山楼诗词文集》。吴保初亦师事宝廷,与郑孝胥有同门之谊。吴保初与陈三立亦为挚交。

十四日,晨,郑孝胥访王仁堪。晤林开謩。后,郑孝胥赴黄绍箕宴,文廷式、张謇、吴保初等在座,黄出示《龙藏寺》拓片等。

十六日,郑孝胥访冯煦。

十七日,袁昶招同人饮,沈曾植、濮子潼、张謇、文廷式、刘家立、刘家荫在座。郑孝胥访王仁堪、王仁东兄弟。

十八日,郑孝胥移入下斜街。沈曾植、袁昶赴王颂蔚万福居招饮,李慈铭、沈曾桐、冯煦、黄绍箕在座。陈三立与王闿运至上海。

二十日,郑孝胥访张謇、袁昶,不值。

二十一日,袁昶访郑孝胥。

二十六日,沈瑜庆抵京,晚,与郑孝胥等同饮于广和居。陈三立动身赴京师。

二十七日,沈瑜庆访郑孝胥。

二十八日,冯煦、丁立钧访郑孝胥。郑孝胥、王仁堪、盛昱、丁立钧同至义胜居,复往安徽馆听戏。

二十九日,沈曾植四十生日。沈曾植、郑孝胥至长椿寺赴黄绍箕宴,沈曾桐、王仁堪、王仁东、陈与冏、盛昱等在座。

是月,潘祖荫校《通鉴辑览》,沈曾植、叶昌炽、沈曾桐、冯煦、江标、徐琪、王懿荣等襄校。

是月,陈衍同沈翊清等入京,与郑孝胥、沈瑜庆、王仁堪、丁立钧、陈与冏、陈宗濂等时相过往。

三月

初一,郑孝胥访张謇。

初二,郑孝胥、张謇同饮致美斋。

初三,郑孝胥、沈瑜庆、王仁堪、丁立钧、吴学廉等同游南河泡。

初四,夜,黄绍箕访郑孝胥,观《石鼓》、《圣教序》。

初九,李慈铭过沈曾植。

十六日,郑孝胥赴王仁堪宴,黄绍箕在座。

十七日,丁立钧访郑孝胥。黄体芳过郑孝胥,观其文,以为无闽中气,亦非江南风味。午后,沈曾植、沈曾桐宴郑孝胥、张謇、文廷式、叶昌炽等于粤东馆,席罢,郑孝胥访张謇,晤濮子潼。归,郑孝胥、陈与冏同访陈宗濂。夜,沈瑜庆宴郑孝胥等。

十八日,李慈铭过沈曾植。

十九日,夜,沈曾植过李慈铭,晤陶濬宣。

二十日,袁昶过沈曾植,不值。

二十一日,沈曾植、袁昶赴江苏馆同人宴集,蒯光典、张謇、叶昌炽在座。

二十三日,沈曾植过刘家立、刘家荫兄弟吊唁,晤李慈铭、庞鸿书。

二十六日,张謇为沈曾植作太夫人七十寿诗序。

三十日,沈曾植过李慈铭。

是月,范当世患病。

四月

初一,沈曾植赴杨晨、吴品珩招宴集,黄体芳、李慈铭在座。

初三,沈曾植借先贤祠为太夫人做寿,袁昶、李慈铭、叶昌炽、江标、王彦威、王继香、费念慈、夏孙桐等往贺。

初八,沈曾植过李慈铭久谈。

十一日,夜,沈曾植访张謇,谈学论文。

十四日、十六日,沈曾植过李慈铭。

二十一日,李慈铭致函沈曾植。

二十二日,李慈铭过沈曾植。

二十七日,沈曾植与曾桐过李慈铭谈。

二十九日,沈曾植过李慈铭。

三十日,沈曾植赴王仁堪、王仁东兄弟招冯园雅集,李慈铭、王彦威、黄绍箕、黄绍第①同游。

五月

初三,晚,李慈铭过沈曾植谈。

初六,沈曾植赴李慈铭招饮,王仁堪、王仁东、黄绍箕、杨崇伊、吴讲、陶濬宣在座。

初十,沈曾植过李慈铭。

十一日,沈曾植赴财盛馆团拜。

十三日,沈曾植致函李慈铭。

十四日,李慈铭致函沈曾植。

十九日,晚,袁昶过沈曾植。

二十一日,沈曾植、袁昶赴同人公饯鲍临、王仁堪于长椿寺,②李慈铭、王彦威、黄绍箕、徐定超、王懿荣、王仁东、冯煦、王颂蔚、沈曾桐、叶昌炽在座。

是月,陈衍应湖南学使张亨嘉之邀赴湘。

六月

初一,沈曾植过李慈铭。

初七,沈曾植致函李慈铭。

十一日,李慈铭致函沈曾植。

十四日,李慈铭致函沈曾植。

十六日,沈曾植过李慈铭。

二十一日,沈曾植赴长椿寺公饯李瑞棻③,黄体芳、王颂蔚、沈曾桐、

---

① 黄绍第(1855—1914),一名景毓,字叔颂,号缦庵。瑞安人。光绪六年(1880)中举人,十六年成进士,入翰林院。十八年散馆授编修。二十年任江南乡试考官,所取多知名之士,如范钟、冒广生、曹元忠等。甲午战败,翰林院反对割地求和诸疏,均为其与堂兄绍箕领衔或参与起草,又同列名参加上海强学会,号称"二黄"。二十二年,参与发起开办瑞安学计馆。二十三年,任福建乡试考官。二十四年春,瑞安务农支会成立,推为副会长。二十七年,由编修改道员,任湖北学务处总办。十一月,慈禧从西安回京,奉命赴保定迎銮。次年,任武昌文普通中学堂监督。八月,任湖北乡试监试官。二十九年,任宜昌川盐局总办。三十三年,署湖北盐法武昌道。宣统三年(1911),武昌起义,全国响应,挂冠回里。

② 按:时王仁堪赴广东、鲍临赴福建主考。

③ 按:时李瑞棻赴广东主考。

王彦威在座。

二十四日,沈曾植、袁昶赴陶然亭雅集,黄国瑾、王颂蔚、冯煦、刘岳云、叶昌炽在座。

二十七日,沈曾植、袁昶赴先哲祠为郑孝胥、黄遵宪、文廷式饯行,王仁东、张华奎在座。

七月

初二,张謇得蒯光典信,告以郑孝胥考取内阁中书及在京情况。

初五,沈曾植、袁昶与冯煦、王颂蔚、叶昌炽、黄国瑾、刘岳云游南河泡,观荷花,午后游观音寺。

初六,李慈铭致函沈曾植,沈曾植访李慈铭。

二十四日,沈曾植过李慈铭谈。

二十八日,李慈铭致函沈曾植,得复。

是月,范当世归里,养病于天宁寺。

是月,沈曾植致函康有为,康复书,盛称沈之学能极广大而致精微。

是月,沈瑜庆与翁同龢同舟南下。

八月

初五,沈曾植致函李慈铭。

十八日,沈曾植过袁昶。

二十二日,袁昶过沈曾植,观《兰亭序》帖。

二十三日,沈曾植过李慈铭。

二十九日,沈曾植为沈曾荣事致函李慈铭。

三十日,李慈铭致函沈曾植,得复。

九月

初三,沈曾植过李慈铭。

初四,沈曾植赴王继香招赴先哲祠,沈曾桐、黄绍箕、王彦威在座。顾云赠郑孝胥桂花,并诗二首。

初五,沈曾植赴同人雅宴集,黄体芳、李慈铭、王彦威、沈曾桐、王仁东、盛昱、王颂蔚在座。

初七,袁昶过沈曾植借书。

初九,沈曾植与李慈铭、沈曾桐、王继香、王彦威、伊立勋等游陶然亭、龙树寺、龙泉寺。夜,众人饮于李慈铭寓所。

初十,郑孝胥访顾云。

十一日,沈曾植过李慈铭谈。

十二日,郑孝胥赴顾云邀,翁铁梅等在座。

十八日,沈曾植赴徐定超陶然亭招饮,李慈铭、沈曾桐、王仁东、黄绍箕、吴品珩在座。顾云访郑孝胥。

二十二日,郑孝胥赴翁铁梅宴于吴氏草堂,顾云、吴学廉、秦际唐①、邓嘉缉②、蒋师辙等在座,顾云赋诗一首:"溪桥北去响鸣榔,十里蒹葭水一方。几许闲人来领略,半青堂外好风光。"

二十三日,袁昶招同人宴集,沈曾植、沈曾桐、缪佑孙、张预、吴品珩、徐定超在座。

二十六日,郑孝胥晤叶大庄。

二十七日,郑孝胥访顾云,读其五言律诗七首,曰:"足下诗笔清朴,不以一二首计工拙也;然恨无题。古人谓诗中有我为佳,仆则谓诗中仅有一我在,则为诗亦无几矣,正宜就所闻见有关一时者多所咏述,后之览者,即不以诗论,犹得考证故事,则吾诗必不可废,此不必规模古人者也。"沈曾植与李慈铭谒翁同龢,不值。

是月,郑孝胥在南京。

十月

初三,叶大庄访郑孝胥,郑观其诗《北行绝句》四十余首诗。

初四,郑孝胥访顾云,秦际唐在座。

初六,潘祖荫六十寿辰,沈曾植、黄绍箕、李慈铭等往贺。

初八,李慈铭致函沈曾植,借拓本。

初九,沈曾植赴先哲祠黄体芳招饮,李慈铭、沈曾桐、吴讲、王彦威、

---

① 秦际唐,字伯虞。上元人。同治六年(1867)举人。清末任风池书院山长。寓居江宁时期,他与朱绍颐、顾云、陈作霖、蒋师辙、邓嘉缉、何延庆结成诗社,时称"石城七学"。有《南冈草堂诗选》。

② 邓嘉缉,字熙之。江苏江宁人。优贡,候选训导。有《扁善斋集》。

王仁东在座。

初十,郑孝胥访顾云。顾云子与吴学廉侄女联姻,郑孝胥、翁铁梅为媒。

十八日,午后,郑孝胥步至洪武街访蒋师辙。

二十日,郑孝胥赴吴学廉邀至吴氏草堂,翁铁梅、秦际唐、邓嘉缉、蒋师辙、顾云在座。

二十一日,晨,郑孝胥访顾云,午后,同游一拂祠、随园故址。

二十三日,夜,李慈铭过沈曾植谈。

二十四日,郑孝胥以诗赠顾云。

二十七日—三十日,郑孝胥应翁铁梅邀游摄山,顾云、邓嘉缉、蒋师辙同游。

三十日,沈曾植过李慈铭。

十一月

初二,沈曾植过李慈铭。

初四,沈曾植过李慈铭。

初七,郑孝胥接沈瑜庆函,王仁堪催郑孝胥赴沪。

初八,袁昶招沈曾植等饮。沈曾植过黄体芳谈,李慈铭、黄绍箕在座。

初十,郑孝胥、吴学廉抵沪。沈瑜庆访郑孝胥。

十一日,沈瑜庆宴郑孝胥、吴学廉。

十二日,王仁堪抵沪,访郑孝胥。夜,沈瑜庆招饮郑、王。

十三日,沈曾植过李慈铭。夜,郑孝胥、沈瑜庆、王仁堪、郑希杜等宴集。

十四日,郑孝胥晤赵凤昌。①

---

① 赵凤昌(1856—1938),字竹君。江苏武进人。光绪十年(1884)任职两广总督署,不久升充文案,参预机要。十五年,任两湖督署总文案。十九年因大理寺卿徐致祥奏劾张之洞案受累革职,永不叙用,勒令回籍。二十六年义和团运动时劝张之洞参加"东南互保"。南北议和时与张謇居中调停,寓所惜阴堂成为南北代表幕后商议地点。民国元年(1912)南京临时政府成立后被孙中山指派为汉冶萍公司董事长。孙又函聘其为枢密顾问,辞不就。临时政府北迁后隐居上海。按:此为郑孝胥初晤赵凤昌。

十五日,郑孝胥离沪。

二十二日,夜,袁昶过沈曾植谈。

二十三日,沈曾植赴先哲祠宴集,李慈铭、王彦威、施补华、盛昱、王懿荣、黄绍箕在座。

二十四日,郑孝胥赴李兆珍邀饮。

二十八日,郑孝胥抵京。至下斜街,晤王仁堪。

二十九日,郑孝胥访丁立钧。

十二月

初二,夜,黄绍箕访郑孝胥。

初三,郑孝胥晤王鹏运①等。

初四,沈曾植访郑孝胥。

初六,郑孝胥赴丁立钧约,林开謩、王仁东、陈与冏、陈与同同行。

初七,黄绍箕访郑孝胥。郑孝胥谒宝廷,晤寿富。

初八,夜,沈曾植、郑孝胥、袁昶赴刘家立宴,黄绍箕、刘家荫在座。

初九,沈曾植、袁昶、林开謩、黄绍箕访郑孝胥。午后,郑孝胥观《宋诗钞》。

初十,郑孝胥晤郭曾炘。

十一日,午后,郑孝胥访沈曾植。

十二日,冯煦访郑孝胥。

十五日,沈曾植赴李慈铭宴,王仁堪、王仁东、缪佑孙、王彦威、黄绍

---

① 王鹏运(1849—1904),字佑遐,一字幼霞,自号半塘老人,晚年又号鹜翁、半塘僧鹜。广西临桂(今桂林)人。同治九年(1870)举人。十三年,为内阁中书,升内阁侍读。十九年,授江西道监察御史,后为礼科掌印给事中,弹劾谏诤有直声。他支持并参与康有为的改良主义运动,康未受知于光绪帝之前,奏折多由他代上。他屡次抗疏言事,几罹杀身之祸。二十八年,离京南下,寓扬州,主仪董学堂,并执教于上海南洋公学,最后客死于苏州。王鹏运初嗜金石,20岁后始专于词。与郑文焯、朱孝臧、况周颐称"晚清四大家"。由于他大力倡导词学,且能奖掖后辈,著名词人文廷式、朱孝臧、况周颐等均曾受其教益。其成就突出,在词坛声望很高,向被尊为"晚清四大家"之冠。他力尊词体,尚格体,提倡"重、拙、大"以及"自然从追琢中来"等,使常州词派的理论得以发扬光大,并直接影响当世词苑。晚清词学的兴盛,王氏起了重要作用。有《袖墨集》、《虫秋集》、《味梨集》、《鹜翁集》、《蜩知集》、《校梦龛集》、《庚子秋词》、《春蛰吟》、《南潜集》,统名《半塘词稿》。晚年删定为《半塘定稿》二卷,《剩稿》一卷。

箕、徐琪在座。

十六日,郑孝胥访沈曾植,不值。

十七日,郑孝胥、王仁堪、黄绍箕、丁立钧、陈与冏、陈与同等宴集。

二十日,郑孝胥阅梅尧臣诗。

二十二日,黄绍箕访郑孝胥,借与郑《王荆公集》。晚,丁立钧访郑孝胥。况周颐访郑孝胥。

二十四日,沈曾植、袁昶赴先哲祠为李慈铭预作生日,施补华、王仁堪、王仁东、濮子潼、杨晨、徐定超、王彦威、吴品珩等在座。

二十六日,沈曾植、袁昶与同人设宴为李慈铭祝寿,徐宝谦、施补华、张预、徐定超、王颂蔚、王仁堪、王仁东、沈曾桐、缪佑孙、徐琪、黄绍箕、濮子潼、王彦威在座。

二十七日,郑孝胥访吴保初。沈曾植访郑孝胥。

二十九日,郑孝胥谒宝廷。

是年夏,陈三立、俞明震、曾广钧、吴嘉瑞俱自京师还湘,时邓辅纶应许振祎聘主讲文正书院,约寄禅同舟东下,诸人会于江宁,日事游眺。陈三立、俞明震约寄禅游北极阁,归舟过秦淮河,陈三立独上岸,使士女数人于楼上呼"八指禅师"者再。① 陈三立居江宁布政使许振祎瞻园一月。

是年,郑孝胥考取内阁中书,寓下斜街王仁堪寓所。秋间,以中书改官同知,分发江南,遂归南京。《海藏楼诗集》所录诗从本年起。

光绪十六年 庚寅(1890年)

正月

初一,袁昶过沈曾植、李慈铭、黄绍箕等贺年。丁立钧、林开謩过郑孝胥贺年。

初二,郑孝胥过陈与冏、陈与同贺年。沈曾植过李慈铭贺年。

初三,郑孝胥、陈与冏、陈与同、王仁堪、王仁东同游琉璃厂。

---

① 寄禅:《寄怀俞恪士观察江南,并柬陈伯严吏部十一首》序,《八指头陀》,第148页。

初五，郑孝胥、王仁东、陈与冏、陈与同共访丁立钧，郑倡议成立诗社，半月一聚，"夫人索居则意殆，故君子以文会友，友朋数聚则气志融洽，学业易进，以友辅仁，即在于此。"

初六，郑孝胥晤缪佑孙。

初七，郑孝胥、王仁东、王仁堪、丁立钧、刘宣甫、陈与冏、陈与同等陶然亭雅集。①

初八，王仁堪答郑孝胥诗一首。夜，林开謩访郑孝胥。

初九，沈曾植、袁昶赴同人宴集，李文田、黄体芳、王颂蔚、冯煦、刘岳云在座。

十一日，林开謩宴郑孝胥、丁立钧、陈与冏、陈与同于万福居。

十四日，郑孝胥、王仁堪、王仁东、丁立钧、陈与冏、陈与同等宴集万福居。

十五日，沈曾植过李慈铭。

十六日，郑孝胥谒宝廷拜寿。

十七日，沈曾植过李慈铭。夜，黄绍箕访郑孝胥。

十八日，陈与冏、陈与同、丁立钧访郑孝胥。王仁堪答郑孝胥诗一首。

十九日，黄绍箕过郑孝胥。午后，郑孝胥游白云观，晤陈与冏，谈造像。夜，郑孝胥为王彦威题《秋灯课诗图》。

二十日，沈曾植赴李慈铭招饮。

二十一日，沈曾植、刘家立、王彦威访郑孝胥，沈二鼓始归。

二十二日，晚，沈曾植赴李慈铭寓，吴讲、周福清、濮子潼、王彦威在座。

二十三日，郑孝胥做诗与沈曾植，王仁堪代录。沈曾植赠二诗与郑孝胥。丁立钧生日，郑孝胥往贺，晤冯煦、濮子潼等。

二十四日，沈曾植复致郑孝胥诗二首，郑孝胥以一诗报之。沈曾植赴徐宝谦招饮，李慈铭、孙诒经、徐琪在座。

---

① 陈与同有《庚寅人日小集江亭明日苏堪诗来答之》，见《石遗室诗话》，卷十。

二十五日,沈曾植致郑孝胥一诗。黄绍箕访郑孝胥。

二月

初一,沈曾植、郑孝胥访陈与冏。夜,郑孝胥赴刘家立义胜居约,黄绍箕、顾儒基①在座。

初二,郑孝胥访沈曾植,不值。夜,郑孝胥作答沈曾植诗。

初三,沈曾植访郑孝胥,携诗去。

初四,晨,郑孝胥、王仁堪过陈与冏。黄绍箕邀王仁堪、郑孝胥等观其《憺园图》。

初六,郑孝胥、王仁东至镶红旗官学。郑孝胥赴冯煦约饮于广和居,王仁东、薛慕淮等在座。

初八,郑孝胥晤袁昶、沈曾桐等。

初十,郑孝胥宴沈曾植、沈曾桐、冯煦、黄绍箕、王仁堪、王仁东等于广和居。夜,郑孝胥访陈与冏,晤丁立钧。

十一日,沈曾植、沈曾桐宴李慈铭、黄体芳、王仁堪、王懿荣、王颂蔚等于粤东新馆。

十四日,沈曾植过郑孝胥,借包世臣对联。郑孝胥遣人借沈曾植屏四幅,并还黄绍箕《王荆公集》。

十五日,郑孝胥访王彦威、沈曾植、陈与冏。

十六日,沈曾植、沈曾桐、丁立钧访郑孝胥,谈久之。

十八日,沈曾植送郑孝胥钱仪吉全稿十二本。沈曾植过李慈铭畅谈。

十九日,午后,沈曾植访郑孝胥,不值。郑孝胥访王仁堪久谈,观其为沈曾植作临唐写经一幅。夜,沈曾植赴黄体芳招饮,李慈铭、王彦威、王仁东等在座。

二十一日,郑孝胥访丁立钧。

二十二日,沈曾植晤袁昶,沈曾桐在座。

二十四日,郑孝胥访沈曾植、陈与冏,不值。郑孝胥访王仁堪。

---

① 顾儒基(?—1916),字聘耆。直隶通州人。光绪四年(1878)进士,曾任内阁中书。

二十五日,郑孝胥阅陈造《江湖长翁诗集》,认为厉鹗受其影响颇巨。

二十六日,沈曾植赴王彦威家寿筵。

二十八日,沈曾植访郑孝胥,久谈。郑孝胥至下斜街寓访吴学廉。

二十九日,沈曾植生日,赴李慈铭招集,袁昶、黄绍箕、盛昱等在座,分韵赋诗。郑孝胥访沈曾植贺其生日,不值。郑孝胥访丁立钧、朱铭盘。

三十日,李慈铭访沈曾植谈。丁立钧、吴学廉访郑孝胥。

是月,郑孝胥任官学教习。

是月,陈衍入都,寓沈瑜庆宅。

闰二月

初一,郑孝胥邀丁立钧、吴学廉等听戏。

初二,沈曾植访郑孝胥。郑孝胥赴黄绍箕宴,朱铭盘在座。

初三,沈曾植访李慈铭。郑孝胥赴王仁堪招饮,丁立钧、吴学廉、王仁东、林开謩等在座。

初四,郑孝胥宴丁立钧、朱铭盘、王仁东、林开謩、吴学廉等。

初五,朱铭盘访郑孝胥。郑孝胥谒李鸿章、翁同龢,不值。郑孝胥访缪佑孙。

初六,郑孝胥、丁立钧、王仁东、吴学廉宴集。

初七,郑孝胥过冯煦,同访朱铭盘。

初十,郑孝胥入城,晤黄绍箕。

十二日,沈曾植访李慈铭。冯煦访郑孝胥。

十三日,郑孝胥、王仁堪、王仁东、黄绍箕、吴学廉等宴集。

十六日,沈曾植赴广和居宴集,沈曾桐、李慈铭、王彦威在座。

十七日,郑孝胥、吴学廉同访丁立钧,共游天宁寺、南河泡。

十八日,林开謩、林天民访郑孝胥。

二十一日,郑孝胥、濮子潼访沈曾植,观张裕钊楷书,沈曾植亦出己书示郑孝胥。

二十二日,张謇抵京,住蒯光典宅,郑孝胥、沈曾植、袁昶访张謇。袁昶宴沈曾植、郑孝胥、吴庆坻①等。

二十三日,沈曾植赠郑孝胥《六祖坛经》。沈瑜庆抵京。张謇访沈曾植。

二十四日,郑孝胥晤沈瑜庆,谈久之。

二十五日,沈曾植访李慈铭。

二十六日,郑孝胥访丁立钧、张謇。

二十八日,张謇、丁立钧、吴庆坻访郑孝胥。

二十九日,郑孝胥访吴庆坻、张謇、吴保初、沈瑜庆等。郑孝胥与林天民同游长椿寺。

三月

初二,吴保初访郑孝胥。

初三,黄绍箕宴郑孝胥、张謇、文廷式等于义胜居。

初五,郑孝胥、沈瑜庆同至琉璃厂买书。

初八,郑孝胥、沈瑜庆参加会试。

初九,沈曾植过李慈铭谈。

十六日,郑孝胥赴黄绍箕宴,初晤孙诒让②。

十七日,郑孝胥、张謇同访沈曾植。郑孝胥于浴室晤陈衍、张謇。③浴毕,郑、张同访沈曾植。

---

① 吴庆坻(1848—1924),字子修,号悔余生,晚号补松老人。浙江钱塘(今杭州市)人。光绪二年(1876)中举,十二年成进士,改翰林院庶吉士。十五年授编修,充会典馆帮总纂。十七年充顺天乡试同考官。二十三年简四川学政。二十九年署云南学政。三十二年授湖南提学使,东渡日本考察学制。在湘五年,兼署布政使、提法使。宣统三年(1911)乞休。辛亥革命后移家至沪。著有《补松庐诗录》八卷、《悔余生诗》五卷、《补松庐文录》八卷、《蕉廊脞录》八卷等。

② 孙诒让(1848-1908),字仲容,号籀顾居士。浙江瑞安人。与俞樾、章太炎并称清末三学者。孙诒让博学精深,从十三岁著《广韵姓氏刊误》、十八岁著《白虎通校补》至六十一岁辑《籀顾述林》,一生共著述三十五部,在经学、文字学、甲骨学、金石学、校勘学、目录学、文献学等方面都有很高成就,历来为海内外学者所尊崇。他又是一位教育家、改革家,他目睹清廷腐败、外族入侵、国势衰危、民智晦盲,毅然放弃旧学,投身教育改革,兴办学堂,创立实业,培育人才,以应时需,是近代浙江教育的开拓者与奠基人。

③ 按:陈衍《海藏楼诗叙》云郑孝胥:"乙酉后,渡海游台北,沂江湖游湖南,亦遂变其前诗。一日遇君与季直于骡马市,相将入浴室,君解衣探夹袋,出残稿数纸,则游摄山者,皆七言,予以为神思樊榭……"当指此时。

十八日,郑孝胥访沈瑜庆、郭曾炘①等。丁立钧宴郑孝胥等。

十九日,郑孝胥与王仁堪游冯园,遇文廷式、志锐②、志钧③。

二十二日,郑孝胥访沈瑜庆,遇陈衍,谈久之。郑孝胥访冯煦、张謇。

二十三日,郑孝胥访宝廷、张謇。

二十五日,张謇访郑孝胥。

二十六日,陈衍访郑孝胥。郑孝胥、陈衍同至湖南馆听戏。

二十八日,沈曾植访郑孝胥。

四月

初一,郑孝胥访沈曾植。郑孝胥、陈衍、沈瑜庆、丁立钧同游南下洼。夜,郑孝胥赴王锡邕宴。

初二,郑孝胥至下斜街,晤文廷式。郑孝胥、林开謩同访张謇。

初三,林天民、林开謩、陈衍、沈翊清访郑孝胥。郑孝胥访沈瑜庆。

初四,王仁堪过郑孝胥。

初五,郑孝胥访张謇,谈久之。郑孝胥夜宿丁立钧寓所。

初六,郑孝胥访朱铭盘,观其文。

初七,郑孝胥至下斜街,晤张謇。

初九,沈曾植宴郑孝胥等于全浙馆。

初十,郑孝胥谒宝廷,贺娶妇。郑孝胥与丁立钧访张謇。郑孝胥与

---

① 郭曾炘(1855—1928),字春榆、号匏庐,晚号福庐山人。光绪六年(1880)进士,选庶吉士。散馆,授礼部主事。九年,上疏力赞以明儒黄宗羲、顾炎武、王夫之从祀孔庙。十七年,任军机章京。历迁礼部郎中、内阁侍读、光禄寺卿。二十六年,八国联军陷北京,慈禧与光绪西迁,郭曾炘随后驰赴西安,授通政使。回京后,历署工部、户部、礼部侍郎。宣统元年(1909),充实录馆副总裁。清亡后,仍追随溥仪。工诗,初不多作,辛亥后始致力于诗。有《匏庐诗存》九卷。

② 志锐(1853—1912),字公颖,瑾妃、珍妃之胞弟。世居扎库木,隶满洲正红旗。陕甘总督裕泰孙。父长敬,四川绥定府知府。志锐幼颖异,光绪六年(1880)成进士,选庶吉士,授编修。与黄体芳、盛昱辈相励以风节,数上书言事。累迁詹事,擢礼部右侍郎。中东事起,上疏画战守策累万言。自请募勇设防,称旨,命赴热河练兵。未逾月,以其妹瑾、珍两妃贬贵人,降授乌里雅苏台参赞大臣,释兵柄。又数年,改授宁夏副都统,疏请发帑二十万疏城外故渠,获沃壤数千顷。频上疏,多言人所不敢言。宣统二年,迁杭州将军。明年,调伊犁将军,加尚书衔。武昌起义后为革命军所杀。

③ 志钧(1854—1900),字仲鲁,号陶安。光绪九年(1883)进士。二十一年,列名强学会。二十六年,任散秩大臣。八国联军进入北京,与妻儿自缢死。

王仁东访郭曾炘。是日,文廷式中式。郑孝胥、张謇皆报罢。

十一日,郑孝胥、王仁东同访张謇,谈久之。郑孝胥访沈曾植,不值,与沈曾桐谈,还吴熙载书屏。

十二日,郑孝胥陪黄体芳饭。郑孝胥、沈瑜庆、陈衍、丁立钧、王仁东、林开謩等宴集福隆堂。

十三日,冯煦、陈衍访郑孝胥。

十四日,沈曾植访袁昶。陈衍访郑孝胥,同车出城。郑孝胥、张謇同谒丁立钧。

十五日,王仁堪、王仁东过郑孝胥。张謇访郑孝胥。沈瑜庆宴郑孝胥、张謇等。袁昶赠张謇五言古诗。

十六日,沈曾植、沈瑜庆、林开謩等访郑孝胥。郑孝胥夜宿张謇寓所,"太夷夜宿寓所深谈,定元白结邻之约,为皮陆唱和之诗。"

十七日,郑孝胥至下斜街,遇沈瑜庆。张謇、郑孝胥同访沈曾植。夜,郑孝胥、张謇同访丁立钧。袁昶赠郑孝胥诗一首。

十八日,郑孝胥访张謇。

十九日,郑孝胥作诗答袁昶。

二十日,郑孝胥至下斜街,晤张謇、黄绍箕。

二十一日,郑孝胥、王仁堪、王仁东送张謇南归。沈曾植有诗赠张謇。郑孝胥访沈曾植。夜,丁立钧访郑孝胥。

二十二日,陈衍、袁昶访郑孝胥。

二十五日,沈曾植疾,郑孝胥往视。郑孝胥、丁立钧同听戏。

二十六日,晨,郑孝胥作五律致沈曾植问疾。

二十八日,丁立钧访郑孝胥。

二十九日,王仁堪、林开謩访郑孝胥。

五月

初二,王鹏运赠郑孝胥所刻词十种。

初三,沈曾桐访郑孝胥。

初四,吴保初访郑孝胥。郑孝胥访宝廷、沈曾植、丁立钧等。

初七,陈璧①访郑孝胥。

初十,郑孝胥访郭曾炘。

十一日,郑孝胥与林开謩同游太平湖。

十二日,林开謩、王仁东过郑孝胥。

十三日,丁立钧访郑孝胥。

十四日,王仁堪访郑孝胥,欲重修《会要》。郑孝胥观李慈铭诗。

十六日,沈曾植过李慈铭。王仁东、林开謩过郑孝胥。

十七日,陈寅恪生。

十九日,王仁堪、王仁东、丁立钧、林开謩过郑孝胥。郑孝胥作致严复书。

二十日,郑孝胥答严复书。②

二十三日,王仁东、林开謩访郑孝胥。

二十四日,沈曾植、王仁堪访郑孝胥。

二十五日,黄绍箕访郑孝胥。

二十六日,郑孝胥晤文廷式。

二十九日,沈曾植、郑孝胥赴王仁堪宴,缪荃孙、黄绍箕、黄绍第等在座。

三十日,林天民、林开謩过郑孝胥。

是月,严复致函郑孝胥,转寄眼镜。

是月,沈瑜庆南归过津,谒李鸿章,李予一函使谒曾国荃,为其谋差。委会办江南水师学堂。

六月

初二,郑孝胥阅《宋诗钞》。

---

① 陈璧(1851—1928),字玉苍。福建福州人。光绪三年(1877年)进士。历任内阁中书、御史、太仆寺少卿、顺天知府、户部侍郎、邮传部尚书兼参预政务大臣等官职。曾在福州创办苍霞精舍,兴学育人。有《望岩堂奏稿》。

② 郑孝胥《与严幼陵书》:"幼陵仁兄大人足下:去冬过津,惊闻足下丁内艰归。适稷臣昆仲亦以闻疾南旋,驱车悃悃,遂复入都。今春报罢,归止无成,婆娑城南,聊以永日。年月徂迈,学业寡就,勉自料理,而会计所得,致不足言。昨奉手书,承转寄眼镜,即以收到。详味语气,若憾契阔之太久者……然足下、弦龛之于我,非泛然交游之列,相重之雅,又非山川之所能疏也。纵暌违老大,相隔泥云,宁改故时之尔我哉……"《郑孝胥日记》,第183页。

初四，寿富访郑孝胥。

初七，沈曾植赴文廷式宴，蒯光典、黄绍箕、黄绍第、江标、曾广钧、缪荃孙等在座。

初十，王仁堪、林开謩过郑孝胥。

十三日，文廷式访郑孝胥，座谈至日暮。

十四日，袁昶访郑孝胥谈诗："自言近日始悟平生笔性与诗不近，如王阮亭之告方望溪，昔犹护前，今不护己短矣。"

十五日，王仁堪、林开謩过郑孝胥。

十六日，郑孝胥访沈曾植，谈久之。郑孝胥访王鹏运。

二十二日，张元奇①访郑孝胥。郑孝胥赴王仁堪宴，王仁东等在座。

二十三日，缪荃孙邀沈曾植、王仁东、费念慈②等小酌。

三十日，缪荃孙借沈曾植书。丁立钧、林开謩、陈璧过郑孝胥。

七月

初三，郑孝胥阅《范石湖诗钞》。

初十，王仁堪、林开謩过郑孝胥。郑孝胥访沈曾植小坐。

十三日，寿富访郑孝胥，不值。

十四，郑孝胥访寿富、富寿兄弟。

十六日，郑孝胥赴黄绍箕、黄绍第邀至长椿寺吃斋。郑孝胥访沈曾植。

十八日，丁立钧访郑孝胥。张謇作答袁昶诗。

十九日，张謇作答沈曾植诗，《寄酬沈子培曾植郎中，被放时子培方病，临发之晨，柬诗一首，盖中夜而作者。车中往复，凄动心脾，子培真能以风人敦厚之旨施与朋友矣。其韵误兼萧肴，因析为二诗寄之》。

---

① 张元奇（1858—1922），字君常、珍午，号姜斋。福建侯官人，吴清源外祖。光绪十一年(1885)进士，授编修，曾主福建凤池书院、鳌峰书院，历官湖南岳州知府、奉天锦州知府。张元奇清末曾弹劾权贵，有直声，民国后，任内务部次长、福建民政长、奉天巡按使、经济调查局总裁等，晚岁避居天津以终老。有《洞庭集》《辽东集》《知稼轩诗》等。

② 费念慈(1855—1905)，字屺怀，号西蠡。江苏武进人。光绪十五年(1889)进士，授翰林院庶吉士。散馆，授编修。十七年，任浙江乡试副考官。"为言路指摘，遂弃官归"，居苏州，与文廷式、江标等声气标榜。精鉴赏，工书法，善画山水，又兼诗歌。著有《归牧集》。

二十五日,夜,郑孝胥、沈曾植、黄绍箕等畅谈。

二十七日,张謇寄王仁堪《闻下斜街旧裕银雨尽圮,寄可庄、勘臧兼示苏龛聘耆两舍人》诗。

八月

初一,陈宝璐访郑孝胥,谈久之。

初三,端方①访郑孝胥。

初五,张謇《作初秋偶兴》寄郑孝胥。

初八,晨,沈曾植访郑孝胥,谈至午。

初九,郑孝胥与王仁东访郭曾炘。

十二日,林开暮、丁立钧访郑孝胥。

十四日,郑孝胥、沈曾植晤唐景崇。郑孝胥接陈衍函。

十五日,郑孝胥以诗送王仁堪观之,王答诗一首。黄绍箕访郑孝胥。

十七日,王鹏远以扇请郑孝胥录诗。

十八日,沈曾植、郑孝胥、王仁堪、王仁东、李慈铭等宴集长椿寺,席散,已日暮,沈曾植、郑孝胥过王仁堪。缪荃孙还沈曾植书。

二十日,郑孝胥与林开暮至全浙馆,贺黄绍箕堂庆。

二十二日,郑孝胥作字与沈曾植借《莳石斋诗集》。沈曾植、郑孝胥赴同人招饮,为黄绍第饯行,王仁堪、王仁东、沈曾桐、刘家立、刘家荫等在座。

二十三日,郑孝胥阅钱载诗。

二十四日,郑孝胥接张謇信及诗。

二十七日,郑孝胥访王仁堪,谈久之。

二十八日,郑孝胥访王鹏运,告以将南行,王示词一首。

九月

初一,晨,王仁东、林天民过郑孝胥。

初二,寿富访郑孝胥。

---

① 端方(1861—1911),字午桥,号陶斋。满洲正白旗人。光绪八年(1882)举人。历任陕西按察使、布政使、护理巡抚、湖北巡抚、湖广总督、江苏巡抚、两江总督、四川总督。

初三,王仁堪过郑孝胥。

初四,王仁堪、王仁东过郑孝胥。

初五,郑孝胥过丁立钧、沈曾植。

初六,郑孝胥与友人宴集,王仁堪、王仁东、林开謩、林天民、顾儒基等在座。

初七,郑孝胥、沈曾植、袁昶应黄绍箕、丁立钧邀至陶然亭雅集,王仁堪、林开謩、刘家立、刘家荫、冯煦等同游。

初八,冯煦访郑孝胥。郑孝胥赴友人宴,王仁堪、王仁东、林开謩、吴保初在座。

初九,郑孝胥与王仁堪等同游报国寺。

初十,郑孝胥过冯煦、丁立钧。

十一日,王仁堪过郑孝胥。

十八日,沈曾植、沈曾桐兄弟宴樊增祥①、袁昶、缪荃孙、许景澄等。

是月,郑孝胥回福建。

十月

初二,缪荃孙宴沈曾植、袁昶、樊增祥、黄绍箕等。

是月,范当世抵安福。

十一月

陈衍游金陵,寓沈瑜庆宅。

郑孝胥将北上入李鸿章幕,至听水斋访陈宝琛,同坐赏月。

十二月

初一,沈曾植至会典馆,晤唐景崇、蒯光典、黄绍箕、冯煦等。

初二,沈曾植过李慈铭谈。

初三,晚,沈曾植赴广和居樊增祥招饮。

---

① 樊增祥(1846—1931),字嘉父,号云门、樊山,别署天琴老人、身云居士。湖北恩施人。同治六年(1867)中举,张之洞荐其为潜江学院山长。其后与张之洞交往甚密,亦受张之洞影响,转向经史致用之学,悉焚其诗词旧作。光绪三年(1877)中进士。二十六年,简授皖北道道员。累官至陕西布政使、江宁布政使、护理两江总督。辛亥革命后以遗老自居。袁世凯执政时期曾为参政院参政。著有《樊山集》二十八卷、《樊山续集》三十二卷。樊增祥为晚清名诗人,中晚唐诗派的代表。

初六,沈曾植过李慈铭谈。

初九,沈曾植赴王彦威招集台州馆。

十一日,郑孝胥寄赠李慈铭七律一首。

十二日,沈曾植过黄国瑾、濮子潼、王仁东。

十四日,晚,沈曾植赴广和居,张预、濮子潼、盛宣怀、吴庆坻等在座。

十五日,沈曾植过李慈铭长谈。

十九日,晚,沈曾植赴李慈铭招集,做东坡生日,王彦威、樊增祥等在座。

二十一日,沈曾植作诗和樊增祥。

二十三日,沈曾植招同人于全浙馆作消寒第三集,沈曾桐、黄体芳、樊增祥、丁立钧、王彦威、黄绍箕在座。

二十四日,沈曾植书题画诗四首赠丁立钧。

二十五日,沈曾植与同人吊丧于法源寺,袁昶、丁立钧、黄绍箕、周福清同往。

二十七日,沈曾植过李慈铭祝寿。

是年春,陈三立与郭嵩焘、张祖同、左孝同、罗正钧、李祯、李辅耀等交游。

是年,陈三立在张之洞幕府结交汪康年①。

是年,郑孝胥在北京,充镶红旗学堂教习。冬,在金陵。

是年,陈衍会试不售,经王仁堪识冯莘垞,转介入上海江南制造局刘

---

① 汪康年(1860—1911),字穰卿、毅伯。浙江钱塘(今杭州市)人。光绪十五年(1889)中举。十六年,应两湖总督张之洞之招,课其孙,旋于自强学院任编辑,又充两湖书院史学斋分教。十八年,赴京会试,中式第二十七名。二十年,补殿试。二十二年,于上海设《时务报》,任经理。二十三年,赴日本考察。二十四年,于上海设《时务日报》,后易名为《中外日报》。三十年,赴京补应朝考,授内阁中书。三十一年,学部聘充谘议官。宣统二年(1910),在北京创办《刍言报》。存有《汪穰卿遗著八卷》、《汪穰卿笔记》。"(汪康年—引者)会试报罢,应两湖总督张孝达本年,尚书(之洞)之招课其孙刚孙道孙两兄弟,旋在自强书院任编辑事,又充任两湖书院史学斋分教,一时名流之在张尚书幕中及官于武昌者,先生皆与之交纳,时有武进屠敬山……义宁陈伯严(三立)……诸君先生之至好也。"《汪穰卿先生传记》,民国二十七年,杭州汪氏刻本。

麒祥幕,兼方言馆汉文教习。始识萧穆、何维朴①等。是岁治礼学,成《考工记辩》三卷,补疏一卷。

光绪十七年 辛卯（1891年）

正月

初一,沈曾植作《辛卯元旦试笔》诗。

初二,沈曾植过李慈铭。

初三,沈曾植、袁昶赴黄体芳招饮,李慈铭、黄绍箕、樊增祥、王彦威、沈曾桐、徐定超②、王仁东等在座。

初七,沈曾植赴陆廷黻招饮,为李慈铭补做生日,鲍临、吴讲、王彦威、樊增祥、沈曾桐、黄绍箕在座。

十四日,沈曾植寄示李慈铭诗作。

十八日,沈曾植招同人集全浙馆,李慈铭、张预、沈曾桐、樊增祥、陆廷黻、鲍临、吴讲在座。

二十三日,沈曾植赴樊增祥寓所雅集,黄体芳、李慈铭、张预、王彦威、沈曾桐、黄绍箕、濮子潼在座。

二十四日,沈曾植赴江苏馆同人宴集,李慈铭、张预、吴讲、樊增祥、陆廷黻、鲍临等在座。

二十五日,沈曾植赴濮子潼招饮全浙馆,李慈铭、黄体芳、黄绍箕、王

---

① 何维朴(1844—1925),字诗孙,晚号盘止,亦号盘叟,又号秋华居士、晚遂老人,室名颐素斋、盘梓山房。湖南道县人。何绍基孙。以山水画著称,宗娄东派,书摹其祖何绍基亦得其形似。同治六年(1867)副贡,官内阁中书,协办侍读,江苏候补知府,清末任上海浚浦局总办。辛亥革命后寓上海,以书、画自给。收藏古印甚多,有《颐素斋印存》六卷。

② 徐定超(1845—1918),字超伯,一字班侯。浙江永嘉人。清光绪二年(1876)中举,九年成进士,签分户部广东司主事,旋任户部则例馆纂修。十七年,任顺天乡试内收掌官。二十五年,京师大学堂开办医学馆,被聘为教习。二十七年十一月,西太后召见,提补陕西司主事,赏加五品衔。二十八年,任施医局内诊。秋,升江南司员外郎。二十九年夏,以员外郎传考御史,得记名,并充国史馆协修。三十二年八月,兼任旅京浙学堂监督。同月简授山东道监察御史。次年四月,转江西道监察御史。宣统元年(1909)九月,丁继母忧回里。十一月,出任杭州浙江两级师范学堂监督。二年七月,以两浙师范监督名义电告温州府中学堂监督:"路危,浙危,乞转各团体电咨议局议争。"三年春,被举为浙省学务议长。有《徐侍御遗稿》、《伤寒论讲义》和《灵枢素问讲义》等。

仁堪、王仁东、樊增祥、张预、沈曾桐在座。

二十六日,沈曾植招同人粤东馆观戏,李慈铭、沈曾桐、濮子潼、张预、吴庆坻、樊增祥、黄体芳在座。

二十八日,沈曾植赴杨崇伊招饮,黄体芳、李慈铭在座。

是月,范当世偕夫人归里,有诗作。

二月

初六,沈曾植赴江苏馆同人雅集,王仁堪、冯煦、王颂蔚、黄绍箕、江标在座。

初七,李慈铭致函沈曾植并寄诗。

初八,沈曾植赴紫藤精舍雅集,饯樊增祥、王仁堪、蔡右年,李慈铭、濮子潼、吴庆坻、黄绍箕、王仁东在座。

初九,午,沈曾植、袁昶赴李文田招饮粤东馆,黄体芳、黄绍箕、沈曾桐、费念慈、江标、蒯光典等在座。晚,沈曾植赴李慈铭招饮,樊增祥、王彦威、吴讲、余诚格①、徐琪、鲍临等在座。

初十,沈曾植、袁昶赴王彦威招饮,樊增祥、王仁堪、李慈铭、沈曾桐、陆廷黻在座。

十一日,沈曾植、袁昶赴同人雅集,李文田、黄体芳、冯煦、杨崇伊、沈曾桐等在座。

十二日,沈曾植、袁昶赴全浙馆李慈铭招饮,黄体芳、吴庆坻、沈曾桐、王仁堪、王仁东、樊增祥、濮子潼、黄绍箕等在座。

十三日,沈曾植与李慈铭、沈曾桐、吴庆坻、冯煦、濮子潼等同观戏。

十六日,沈曾植过李慈铭问疾。

二十六日,沈曾植赴王彦威招饮,李慈铭、黄体芳在座。

二十九日,沈曾植生日,李慈铭来贺,不值。

三十日,沈曾植过李慈铭。

是月末,范当世至天津,课李鸿章次子李经迈。

---

① 余诚格,字寿平。安徽望江人。光绪十五年(1889)进士。历官编修、会试同考官、广西按察使、湖北布政使、陕西巡抚、湖南巡抚。

三月

初五,傍晚,沈曾植过李慈铭看花。

十四日,沈曾植、袁昶赴法源寺公祭黄国瑾,沈曾桐、黄绍箕、江标、吴庆坻、叶昌炽、王懿荣等皆至。

十五日,沈曾植过李慈铭。

十七日,袁昶招饮同人于全浙馆,沈曾植、李慈铭、黎庶昌、叶昌炽、徐琪、冯煦、缪佑孙等在座。

二十八日,沈曾植、袁昶赴紫藤精舍雅集,黄绍箕、徐琪、濮子潼等在座,日暮方散。

是月,沈瑜庆抵京。

四月

初一,午后,沈曾植、袁昶赴李慈铭宴集,李文田、张荫恒、蔡右年等在座,沈曾植、袁昶谈至暮方散。

初六,沈曾植、沈曾桐兄弟招同人饯蔡右年于全浙馆,袁昶、李慈铭、王彦威、黄绍箕、吴庆坻等在座。

十四日,郑孝胥过薛庐,作别顾云,与王仁堪登船。沈瑜庆被吏部带领引见。

十五日,沈曾植过李慈铭。

十六日,郑孝胥同刘家立至招商局。

十七日,沈曾植与同人宴集,李慈铭、沈曾桐、陆廷黻、鲍临、吴讲、王彦威、周福清在座。夜,郑孝胥赴王仁堪招饮。

十八日,郑孝胥与王仁堪道别,赴招商局。王仁堪赋诗送别郑孝胥:"年年钟阜难为别,又作乘槎万里行。并代著书期用世,吾曹励志太劳生。青山北向江山远,初日东来海气平。定使轩波惊向若,昨宵真见客星明。"

十九日,郑孝胥抵沪。

二十日,沈曾植赴安徽观同年团拜,翁同龢、李慈铭、黄绍箕、徐琪、王懿荣等在座。

二十二日,郑孝胥自上海赴日本。

二十六日,沈曾植赴天宁寺同人宴集。

三十日,郑孝胥结识黎汝谦①,纵谈学术,极为投缘。郑孝胥晤吕增祥②、黄书霖③、林介弼④。使日期间,郑孝胥与吕、黄、林等过从甚密。沈曾植过李慈铭。

是月,中旬,郑孝胥在南京。下旬,至日本,任驻日本使馆书记官。

五月

初一,黄书霖以所作文及诗三首示郑孝胥。夜,林介弼、陶大钧访郑孝胥。

初三,沈曾植过李慈铭谈。

初四,林介弼、黄书霖、陶大钧过郑孝胥。吕增祥过郑孝胥。

十三日,郑孝胥过黄书霖借《诗韵》。

十七日,午后,黄书霖邀郑孝胥游横滨。

十八日,午后,吕增祥过郑孝胥。黄书霖以李商隐诗请郑孝胥选之。

十九日,郑孝胥与黄书霖、林介弼、陶大钧观花市。

二十四日,郑孝胥与吕增祥、林介弼、黄书霖于红叶馆宴李经方。黎汝谦访郑孝胥。

二十六日,吕增祥、林介弼、黄书霖、陶大钧过郑孝胥。

二十八日,沈曾植过李慈铭长谈。

是月,沈瑜庆试用期满,署江督沈秉成檄总办江南水师学堂。

---

① 黎汝谦(1852—1909),字受生。贵州遵义人。黎庶昌之侄。幼时酷爱读书,受到姑丈郑珍器重。光绪元年(1875)举人。八年,随黎庶昌出使日本,任横滨领事。三年后任满回国,以知府分发广东。后罢官,寓居贵阳。有《夷牢溪庐文集》、《夷牢溪庐诗钞》等。

② 吕增祥,字秋樵。安徽滁州人。光绪举人。历任海军公所会办、直隶临城、天津等地知县,所至有惠政,因脑瘤卒于官。吕增祥长女嫁翻译家伍光建,次女嫁严复长子严璩。使日期间,郑孝胥与吕增祥相交至笃,有诗云:"除却秋樵差可语,东来谁复更论诗。"《郑孝胥日记》,第366页。

③ 黄书霖(1859—1932),字峙青。安徽舒城人。李鸿章门人。光绪举人。曾出使日本,任北海道第一任领事,历官浙江候补道、严州知府。民国时期曾任安徽财政司长。辑有《二十四史九通政典类要合编》、《合肥李文忠公墨宝》等。

④ 林介弼(1854—1935),字幼丞,号通石山人。安徽怀远人。光绪十年(1884)中江南解元,后授内阁中书,协办侍读。十六年,出使日本。任满回国,历署江西宁都、直州和广信府知府。民国初年,徐世昌任大总统时,被委为顾问。有《解元文集》、《溉园诗集》等。

六月

初二,郑孝胥晤樊棻。郑孝胥、吕增祥、林介弼、陈恩焘等宴集。

初三,郑孝胥、吕增祥、黄书霖、林介弼等宴丁汝昌。

初四,刘步蟾访郑孝胥,请其书扇。晚,郑孝胥邀吕增祥、黄书霖、林介弼、陶大钧、李维格①至上野观荷。樊棻将归国,访郑孝胥,郑孝胥托其致书沈瑜庆。

初七,郑孝胥、吕增祥、黄书霖等宴集。

初十,李慈铭过沈曾植,不值。

十二日,晨,郑孝胥过黄书霖借《古韵》。

十四日,沈曾植过袁昶谈。

十七日,郑孝胥过吕增祥,邀其看荷。

二十二日,张謇得王仁堪信,邀往镇江。

二十七日,李慈铭为沈曾植画少陵诗意图。

二十八日,沈曾植过李慈铭长谈。

是月,陈三立与杨锐、易顺鼎等宴集晴川阁。②

七月

初一,黄书霖邀郑孝胥、吕增祥等游湖心亭。

初二,沈曾植赴王彦威招饮广和居,李慈铭、吴庆坻、黄绍箕等在座,二更始散。

十一日,沈曾植、袁昶赴全浙同乡团拜会。

十六日,沈曾植夫人生日,沈曾植于粤东馆设宴款待宾朋,沈曾桐、李慈铭、王仁东、吴庆坻、黄绍箕、张预等在座。

二十四日,黎汝谦赠郑孝胥书三种。

二十七日,袁昶过沈曾植,晤吴庆坻。

八月

初一,夜,吕增祥、黄书霖过郑孝胥。

---

① 李维格(1867—1929),字一琴。祖籍江苏,生于上海。早年赴英留学,光绪二十二年(1896)任汉阳铁厂总翻译。二十四年,参与创办《湘报》。我国近代钢铁专家,汉阳铁厂的主要开拓者。

② 易顺鼎:《晴川引六月望日谢提督杨舍人陈吏部宴集作》,《琴志楼诗集》,卷九。

初二,沈曾植晤缪荃孙。

初六,郑孝胥作书与张謇。

初八,郑孝胥接顾云函。

二十二日,郑孝胥接郑孝柽、李宗言①函及宝廷讣文。

二十四日,李慈铭过沈曾植,谈至晚归。

九月

初一,沈曾植还缪荃孙书。

初九,郑孝胥与吕增祥等至三缘亭登高。

十一日,郑孝胥、吕增祥共论钱载诗。

十二日,郑孝胥与吕增祥逛书坊,买《宋诗钞》、《刘后村诗》各一部。

十三日,郑孝胥阅《后村诗》。伍光建②访郑孝胥。

十六日,李慈铭过郑孝胥,至暮方归。

十九日,郑孝胥作《形》、《影》、《神》五律三首。

二十三日,郑孝胥与吕增祥同游。

二十五日,郑孝胥作诗一首答黎汝谦。

二十五日,李慈铭以诗柬沈曾植。

二十七日,郑孝胥晤伍光建。

是月底,陈与冏卒。

十月

初二,袁昶、李慈铭过沈曾植。

初六,夜,吕增祥、林介弼过郑孝胥。

初八,郑孝胥过黎汝谦谈文。

---

① 李宗言,字畲曾,号偕园。福建闽县(今福州)人。光绪八年(1882)举人。历官户部郎中、江西广信府知府、安徽候补道。李宗言与郑孝胥、陈衍、沈瑜庆等均有深交。

② 伍光建(1867—1943),原名光鉴,号昭扆,笔名君朔。广东新会人。早年就读于天津北洋水师学堂。光绪十二年(1886)毕业后,被派赴英国格林威治皇家海军学院研习军事科学。次年转读伦敦大学。十八年回国。历任出使日本大臣随员、出洋考察政治大臣头等参赞、学部咨议官、海军处顾问、军枢司司长等。宣统二年(1910)清廷赏文科进士出身。翌年与张元济、张謇等发起组织中国教育会,任副会长。民国成立后,历任南京临时政府财政部顾问、盐务署参事、复旦大学教授等。生平以翻译知名,系我国用白话翻译外国作品的开创者。著有《中国英文读本》等,译有《侠隐记》、《二京记》、《悲惨世界》、《列宁与甘地》等。

初九,伍光建、黎汝谦过郑孝胥。

初十,沈曾植致函李慈铭,李慈铭过沈曾植。

十二日,瞿鸿禨、曾广钧至武昌,陈三立邀其宿藩署。郑孝胥接沈瑜庆函。

十五日,陈三立与瞿鸿禨、杨锐①、屠寄、汪康年、曾广钧等于两湖书院楼上为诗钟会。

十六日,沈曾植过李慈铭长谈。

十八日,陈三立与瞿鸿禨、曾广钧过江看铁政局。

二十四日,郑孝胥与吕增祥等游红叶馆。

二十六日,郑孝胥闻陈与冏噩耗。

十一月

初四,郑孝胥过吕增祥。

初五,吕增祥过郑孝胥畅谈。

初八,夜,林介弻过郑孝胥。

初十,陈三立唔缪荃孙。

十三日,袁昶过沈曾植,不值。

十五日,陈三立与易顺鼎、缪荃孙、汪康年、杨锐等两湖书院宴集。陈方恪生。

二十一日,李慈铭过沈曾植,至暮方归。

十二月

初三,沈曾植、袁昶赴王颂蔚招饮,李慈铭、黄绍箕等在座。吕增祥过郑孝胥。

初八,袁昶招饮同人于全浙馆,沈曾植、李慈铭、黄体芳、黄绍箕、王

---

① 杨锐(1857—1898),字叔峤、钝叔。四川绵竹人。年十九始应童子试,为诸郡县冠。时任四川学政的张之洞邀入幕,命一意读古书,毋事帖括。光绪元年(1875)入尊经书院肄业。张之洞升两广总督,招其办奏牍文字。后又随张之洞入楚佐湖广总督幕,前后十余年,为张之洞所倚重。十一年,中顺天乡试举人。十五年,授内阁中书。后又授总理衙门章京。甲午战起,感愤国事,与康有为过从甚密,参与强学会。二十四年,首开蜀学会于京师,又创蜀学堂。戊戌变法中,以陈宝箴密荐,加四品京衔充军机章京。戊戌变法失败,遇难。有《杨叔峤先生文集》一卷,《说经堂诗集》二卷。

颂蔚、沈曾桐、左绍佐①、吴庆坻、朱福诜在座。

十七日,沈曾植赴王彦威招饮,李慈铭、黄体芳、黄绍箕、徐定超、朱福诜在座。

十八日,沈曾植、袁昶赴全浙馆同人宴集,黄体芳、李慈铭、朱福诜、王彦威、沈曾桐、黄绍箕等在座。

二十二日,沈曾植赴全浙馆宴集,李慈铭、沈曾桐、吴庆坻、朱福诜、王彦威、王仁东在座。

二十七日,李慈铭生日,沈曾植往贺。

是月下旬,郑孝胥回国,奔吴太夫人丧。

是年春、夏之间,陈三立与易顺鼎、梁鼎芬共游庐山。

是年,陈衍与林纾、林葵、周长庚、李宗言、李宗祎②、高凤歧、王允皙等十九人结为福州支社,一月数集,专赋七律,以相唱和。

是年,沈瑜庆改官道员,指分江苏试用。

光绪十八年 壬辰（1892年）

正月

初二,沈曾植过李慈铭贺年。沈瑜庆、顾云、陈宗濂过郑孝胥。

初四,郑孝胥访顾云,携《湘绮楼诗》及《桦湖诗钞》归。

初五,郑孝胥、沈瑜庆、陈宗濂作诗钟。

初六,午后,郑孝胥过沈瑜庆。陈宗濂过郑孝胥,言顾云邀斗诗事,共拟凡例,送交顾云。顾云以诗相返。郑孝胥诵旧作数篇。

十二日,郑孝胥过顾云、秦际唐。

十三日,郑孝胥与陈宗濂赴顾云约,晤翁铁梅等。

---

① 左绍佐(1846—1927),字芬卿、竹芬。湖北应山人。弱冠受知于张之洞。调经心书院高材生。光绪六年(1880)进士。授刑部主事。先后官法曹三十年。庚子,两宫西狩,随扈。旋转御史,掌福建监察道。简广东南绍廉道。辛亥后,避居海上。后出山,官民国。

② 李宗祎(1857—1895),字次玉,号佛笙。福建闽县人。李宗言弟,李宣龚父。官候补员外郎。善画,工草隶。有《双辛夷楼词钞》、《福建画人传》。

十四日,沈瑜庆过郑孝胥。

十五日,午后,郑孝胥赴秦际唐约,顾云在座。郑孝胥与顾云散步湖畔。

十七日,沈瑜庆、陈宗濂、翁铁梅过郑孝胥。夜,郑孝胥访陈宗濂。

十八日,郑孝胥等十三人于沈瑜庆寓所作诗钟,三鼓始散。

十九日,陈宗濂过郑孝胥。夜,沈瑜庆过郑孝胥。

二十二日,郑孝胥抵上海,过郑孝柽。

二十四日,郑孝胥阅黄庭坚诗,作五古一首送郑孝柽。沈曾植过李慈铭谈。

二十五日,郑孝胥晤林开謩。

二十六日,郑孝胥过郑孝柽,晤林开謩。

二十八日,沈曾植招同人宴集,李慈铭、沈曾桐、黄体芳、吴品珩、王彦威、徐定超、左绍佐在座。

二十九日,袁昶过沈曾植。郑孝胥与郑孝柽、林开謩游愚园、张园。

二月

初四,郑孝胥至镇江。

初五,郑孝胥过王仁堪,晤刘家立。

初七,晚,郑孝胥赴刘家立宴于招商局。

初八,郑孝胥与王仁堪畅谈。

初十,郑孝胥赴王仁堪宴。文廷式过郑孝胥,示诗数首,谈至二鼓始去。

十二日,晚,沈曾植赴同人宴集,李慈铭、鲍临、吴讲、周福清、沈曾桐、王继香在座。郑孝胥与王仁堪谈洋务。午后,郑孝胥同林开謩至招商局。

十三日,林开謩为郑孝胥饯行。

十四日,郑孝胥抵南京。沈瑜庆过郑孝胥,谈至暮。郑世恭卒。

十五日,夜,郑孝胥访沈瑜庆,晤林旭①。

十六日,沈瑜庆、陈宗濂过郑孝胥。郑孝胥过沈瑜庆。

十七日,郑孝胥过沈瑜庆,同步至桥上。

十八日,沈曾植赴安徽馆同年团拜,翁同龢、李慈铭、王颂蔚、庞鸿书等在座。沈瑜庆、郑孝胥过陈宗濂,观所改时文。

二十日,陈宗濂过郑孝胥。郑孝胥过沈瑜庆,谈久之。

二十一日,郑孝胥至沈瑜庆宅取钱谦益集。午后,郑孝胥骑驴访顾云,观张謇诗百余首。

二十二日,沈瑜庆访郑孝胥。

二十三日,顾云访郑孝胥。夜,沈瑜庆宴郑孝胥、陈宗濂等。李慈铭过沈曾植。

二十四日,秦际唐访郑孝胥。沈瑜庆过郑孝胥,示七古《送徐州道沈君》。

二十五日,沈瑜庆过郑孝胥。

二十六日,郑孝胥过沈瑜庆。

二十七日,郑孝胥、沈瑜庆等聚于沈葆桢祠。

二十八日,郑孝胥访沈瑜庆,以诗示之。

三月

初一,午后,郑孝胥送诗与顾云、秦际唐。郑孝胥、沈瑜庆过陈宗濂,观沈葆桢奏折等。

初二,顾云、沈瑜庆和郑孝胥诗。郑孝胥访沈瑜庆。

初三,沈曾植访张謇长谈。是时张謇入都应试,袁昶、沈曾桐为同考官。郑孝胥、沈瑜庆过陈宗濂,同游毗卢寺。

初四,秦际唐和郑孝胥诗。

初六,郑孝胥过顾云、秦际唐。沈瑜庆过郑孝胥,以林旭和诗示之。

初七,夜,沈瑜庆过郑孝胥。

---

① 按:此系林旭初晤郑孝胥。郑孝胥与林旭祖父林福祚亦有世谊。林福祚,字畴九,道光二十八年(1848)举人,以办团练著有劳绩,任安徽东流知县,颇有政声。沈葆桢总督两江时,对其甚为器重,曾打算上疏举荐之。

初八,沈瑜庆邀郑孝胥长谈。袁昶参加会试。

初九,沈瑜庆示郑孝胥《送子朋》诗。顾云示郑孝胥《留别山斋》诗四首。

初十,郑孝胥、顾云同过沈瑜庆。郑孝胥作诗一首赠顾云。

十一日,郑孝胥过沈瑜庆,同步河畔。郑孝胥接郑孝柽、丁立钧、寿富函。午后,沈瑜庆过郑孝胥,示会试题。

十二日,晨,郑孝胥过沈瑜庆。

十三日,沈曾植过李慈铭,谈至三鼓始去。郑孝胥过沈瑜庆。郑孝胥以诗寄顾云。

十四日,陈宗濂过郑孝胥。午后,郑孝胥、沈瑜庆与陈宗濂同观桃花。夜,沈瑜庆过郑孝胥,示林旭诗二首。

十五日,夜,林旭访郑孝胥。

十七日,沈曾植、丁立钧访张謇,索观文稿。

十九日,郑孝胥访沈瑜庆,诵所作诗。

二十四日,郑孝胥为沈瑜庆作《夜识亭记》。

三十日,张謇借抄沈曾植《秘阁续贴考》。

是月,沈曾植补授刑部贵州司主事。

四月

初二,午后,郑孝胥过沈瑜庆。

初四,午后,顾云过郑孝胥。夜,沈瑜庆过郑孝胥。

初六,夜,郑孝胥、沈瑜庆赴吴学廉宴。

初七,郑孝胥过沈瑜庆。

初八,晨,郑孝胥过沈瑜庆。午后,郑孝胥诣顾云新居,秦际唐、翁铁梅等在座,秦请郑写其诗。夜,郑孝胥题秦际唐诗后云:"十年建业偕秦顾,顾去秦留我亦东。何日清凉山下路,三人重话雪泥鸿?"

初九,郑孝胥、沈瑜庆过顾云送别。

十二日,沈曾植、袁昶过张謇,谈闽中事。

十三日,袁昶过沈曾植晚饭。

十五日,午后,郑孝胥过陈宗濂。

十六日,林旭访郑孝胥,赠诗二首。

十九日,郑孝胥过沈瑜庆。

二十日,袁昶过沈曾植。

二十一日,袁昶宴沈曾植、张謇、汪康年、沈曾桐、黄绍第、王颂蔚、汪大燮等,二更始散。秦际唐过郑孝胥。林旭访郑孝胥。

二十二日,沈曾植赴费念慈广和居招饮,沈曾桐、冯煦、缪荃孙、曹元弼在座。缪荃孙观沈曾植《高植》《刁遵》拓本。沈瑜庆、郑孝胥过陈宗濂。夜,沈瑜庆、陈宗濂饯郑孝胥。

二十三日,夜,郑孝胥、沈瑜庆赴陈宗濂招饮。

二十五日,郑孝胥至上海。张謇晤沈曾植。

二十七日,张謇与沈曾植、沈曾桐、文廷式久谈。

二十九日,林贺峒①访郑孝胥,以林则徐墨迹请题。

五月

初二,郑孝胥为林贺峒题诗二首。

初四,沈翊清过郑孝胥。

初五,陈衍邀郑孝胥、沈翊清至一家春。

初八,郑孝胥赴日。沈曾植、沈曾桐招袁昶宴集。

十三日,沈曾植、袁昶赴翁同龢寓所观书画碑拓,李慈铭、陶濬宣、沈曾桐、黄绍箕、费念慈在座。

二十日,沈曾植过叶昌炽。

六月

初二,缪荃孙访沈曾植。

初十,郑孝胥与吕增祥宴邓世昌等。

十二日,郑孝胥回拜邓世昌。

二十九日,沈曾植与袁昶谈。

三十日,叶昌炽过郑孝胥。

闰六月

初八,郑孝胥、吕增祥等宴集。

---

① 林贺峒,字访西。林则徐长孙。历官广东候补道、福州教育局督学。

十八日,沈曾植赴李文田招饮天宁寺,沈曾桐、冯煦、费念慈、文廷式、缪荃孙、黄绍箕、志锐、王颂蔚、叶昌炽、李盛铎、缪佑孙等在座。

二十五日,沈曾植招同人饮于广和居,沈曾桐、陶濬宣、黄绍箕、朱福诜、叶昌炽在座。

二十九日,袁昶过沈曾植。

七月

初四,袁昶过沈曾植。

初五,袁昶招沈曾植、沈曾桐等为汪康年饯行。

初八,郑孝胥阅郑珍诗。郑孝胥与吕增祥谈郑珍及其他诗人。

初九,郑孝胥阅郑珍诗。夜,黎汝谦访郑孝胥谈诗。

二十二日,沈曾植、沈曾桐邀江标①、缪荃孙、费念慈、屠寄、刘家立等饮于广和居。

二十九日,郑孝胥阅梅尧臣诗。

三十日,郑孝胥阅王安石诗。

八月

初一,叶昌炽过郑孝胥久谈,沈曾植示新得拓本。

初四,翁同龢、文廷式过沈曾植。

初七,沈曾植赴翁同龢招阅试卷。

十一日,缪荃孙访沈曾植谈。

十六日,午后,沈曾植过叶昌炽。

---

① 江标(1860—1899),字建霞,号师郘,又自署詄笴。江苏元和(今吴县)人。光绪十五年(1889)进士。十六年由庶吉士改授翰林院编修。二十年,任湖南学政。当时湖南守旧势力强大,极力诋毁西学。他毅然以"变风气,开辟新治为己任",坚决整顿校经书院;以舆地、掌故、算学、方言试士,选拔真正有科学知识、有真才实学的人才。还十分重视时务教育。二十三年,积极协助湖南巡抚陈宝箴规划新政,赞设矿务、学堂、报馆、南学会、保卫局等,并与谭嗣同、黄遵宪、唐才常等在长沙创办《时务学堂》,成立校经学会,办《湘学新报》,以介绍西学。因此,横遭王先谦等的攻讦。二十四年,值维新运动,受命四品京堂,在总署章京上行走。尚未就职,新政失败,随即被革职永不叙用,并交地方官严加管束。次年卒于家乡。通小学,喜金石,并能书法、篆刻,又精于鉴赏书画及鉴别版本。有《灵鹣阁稿》、《红蕉蔗词》、《沅湘通艺录》等,编有《灵鹣阁丛书》、《唐贤小集五十家》等。

十八日，郑孝胥谒汪凤藻①。

十九日，郑孝胥晤汪凤瀛②。

二十三日，郑孝胥赴李经方邀。

二十四日，沈曾植赴缪荃孙招饮江南馆，沈曾桐、左绍佐、费念慈、李盛铎、王颂蔚在座。郑孝胥与李经方谈。

二十六日，郑孝胥署筑地副领事。

二十八日，郑孝胥与李经方谈。

三十日，沈曾植、袁昶、沈曾桐招同人宴集，黄体芳、李慈铭、黄绍箕、吴庆坻、王彦威、王仁东、李咏霓在座。

九月

初二，沈曾植过李慈铭问疾。

初三，李慈铭致函郑孝胥，赠书二本。

初四，郑孝胥作答袁昶诗："足迹宣南阔，情怀海外孤。佳书能见及，妍语故多殊。岛族滔新法，宾僚局腐儒。默惭袁伯业，勤力久过吾。"

初七，沈曾植、袁昶赴吴庆坻招饮，李慈铭、黄体芳、黄绍箕、沈曾桐、袁昶、王彦威、王咏霓③、徐定超在座。黎汝谦赠郑孝胥郑珍诗五种。

初九，王闿运致书陈三立。沈曾植、袁昶赴叶昌炽招饮江苏馆，缪荃孙、文廷式、柯逢时、李盛铎、王颂蔚等在座，文廷式携《赵东潜集》与观。

初十，沈曾植赴友人招饮，沈曾桐、李慈铭、黄绍箕在座。郑孝胥作

---

① 汪凤藻，字芝房、云章。江苏元和人，同文馆英文班毕业生。曾为译书纂修官，撰有英文语法书《文法举隅》一册，并译《万国公法》《英文文法》《政治经济学》等书。光绪九年（1883）选翰林院庶吉士。十七年，以翰林院编修赏二品顶带署理驻日钦使。十八年正式任为驻日钦使。二十年七月二十五日，中日战争爆发。七月二十九日，清廷电令汪凤藻撤旗归国。汪凤藻本系"词臣"，性情淡雅，对日交涉皆一本于政府授意，自己虽有嘉言善计，终不得用。回国后绝意仕途，"家居不再出"。

② 汪凤瀛（？—1925），字荃台，江苏元和人。凤藻弟。从学于黄以周，通群经大义，拔贡国子监，入粟得中书舍人，随兄出使日本，娴习外交。返国后，入湖北蔡锡勇幕，撰治文书，都能曲中肯繁。时张之洞任湖广总督，见其文，询知为汪手笔，请他入幕，他尚未答应，"庚子拳乱"发生，张之洞便径予札委督署洋务文案，外交事件由他总其成。其女春绮为陈衡恪继室。其子荣宝亦为晚清著名诗人。

③ 王咏霓（1839—1916），字子裳，号六潭。浙江黄岩人。光绪六年（1880）进士，历官刑部主事、凤阳知府，曾随许景澄出使欧洲。有《函雅堂集》。

诗一首答黎汝谦。

十五日，沈曾植赴同人宴集，李慈铭、黄体芳、盛昱、王彦威、沈曾桐、吴庆坻、徐定超在座。

二十日，袁昶过沈曾植，沈言："黄涪翁文积理厚深，读之使人性气厚。酝酿独到处，文品在长公之右。翁覃溪评黄诗如岭南大榕树然，叶落粪其根，子茁还抽干，渗漉融接，灵液浸灌，生气往来不息，其行文亦然。"

二十四日，袁昶过访沈曾植。

二十五日，沈曾植赴同人宴集，李慈铭、黄体芳、吴庆坻、徐定超、沈曾桐等在座。郑孝胥与汪凤藻、汪凤瀛谈。郑孝胥得伍光建书及诗。郑孝胥作诗答伍光建："秋来足风雨，已自负重阳。佳日天公妒，黄花异国香。郎当游亦壮，调笑意殊狂。我辈人谁识，胡姬倘不忘。"

是月，鄂督张之洞招陈三立及梁鼎芬、杨锐等八旗馆登高。

十月

初一，郑孝胥答袁昶书。

初六，沈曾植赴黄体芳消寒第一集，黄绍箕、沈曾桐在座。

初九，郑孝胥作书与沈瑜庆。

十一日，伍光建过郑孝胥。

十二日，郑孝胥过吕增祥视疾。

十三日，李慈铭过沈曾植，不值。

二十二日，郑孝胥与吕增祥等宴集。

二十三日，沈曾植赴李慈铭招消寒第二集，黄体芳、冯煦、王彦威、吴庆坻、沈曾桐、徐定超、王仁东、黄绍箕在座，午后饮于轩翠坊，至夜乃散。郑孝胥过黎汝谦。

二十五日，郑孝胥作成《杂作》示吕增祥。

二十七日，郑孝胥阅曾国藩诗。

二十九日，缪荃孙访沈曾植。

三十日，郑孝胥过吕增祥。

是月，林旭娶沈瑜庆女沈鹊应。

十一月

初二,沈曾植、文廷式访缪荃孙。

初三,缪荃孙访沈曾植。

初五,沈曾植过李慈铭。

初六,郑孝胥以《醴泉铭》借与汪凤瀛。

初十,沈曾植赴李传元①招饮广和居,缪荃孙在座。

十六日,沈曾植与沈曾桐、文廷式、黄绍箕、缪荃孙、李盛铎、志锐等宴集全浙馆。郑孝胥阅《曾文正公文集》。

十八日,汪凤瀛访郑孝胥,谈及陈庆年。

二十日,沈曾植、袁昶赴徐定超招消寒第四集,李慈铭、黄体芳、黄绍箕、冯煦、沈曾桐在座。

十二月

初三,沈曾植招同人作消寒第五集,袁昶、黄体芳、黄绍箕、李慈铭在座。

初五,汪凤瀛访郑孝胥。郑孝胥晤黎汝谦。

初八,郑孝胥邀吕增祥、汪凤瀛等至红叶馆赏雪。

十六日,袁昶招同人作消寒第五集,沈曾植、黄体芳、黄绍箕、李慈铭在座。

十七日,吕增祥、汪凤瀛访郑孝胥,汪出五律二首。夜,郑孝胥作七古一首。

十八日,郑孝胥观吕增祥、汪凤藻诗。午后,郑孝胥以诗寄权经农。

十九日,缪荃孙访沈曾植。

二十三日,沈曾植过李慈铭。

二十四日,沈曾植、袁昶与沈曾桐、冯煦、吴庆坻、黄绍箕、王仁东、徐定超、朱福诜等至黄体芳寓所,为李慈铭做生日。

---

① 李传元(1854—?),字仲均,号桔农。江苏新阳人。沈曾植内弟。光绪十五年(1889)成进士,授编修。官至浙江提法使。有《净严诗草》、《芬陀利馆诗余》。

是年春，沈曾植擢江苏司郎中。

是年，陈三立随侍父亲在湖北。春夏之间，与易顺鼎、梁鼎芬共游庐山。冬，与程颂万①、范钟、易顺鼎等燕集乃园。张之洞先后邀三立及汪康年、易顺鼎、杨锐、梁鼎芬等集两湖书院、凌霄阁。

是年，两江总督刘坤一檄调沈瑜庆办宜昌加抽川盐厘局。

光绪十九年 癸巳（1893年）

正月

初四，沈曾植、袁昶赴李文田招饮，沈曾桐、冯煦、黄绍箕、蒯光典、江标、缪荃孙、李盛铎等在座。吕增祥过郑孝胥。

初八，沈曾植、袁昶赴吴庆坻招消寒第七集，李慈铭、黄体芳、黄绍箕、沈曾桐、盛昱、冯煦、徐定超在座。

十一日，沈曾植赴安徽馆宴请李文田、袁昶，沈曾桐、蒯光典、王颂蔚、黄绍箕、王懿荣、叶昌炽在座。

十二日，郑孝胥过吕增祥谈。

十三日，沈曾植赴缪荃孙宴，李慈铭、黄绍箕、沈曾桐、叶昌炽在座。

十五日，郑孝胥赴汪凤藻宴，权经农等在座。

十九日，郑孝胥署神户领事。

二十日，郑孝胥观权经农诗。

二十六日，郑孝胥与吕增祥宴汪凤藻、权经农等。

二十七日，汪凤瀛留郑孝胥午饭。

二十八日，郑孝胥和权经农诗。

是月，陈衍回福州。

二月

初一，沈曾植过李慈铭。郑孝胥过黎汝谦，留饭。

---

① 程颂万（1864—1932），字子大，号十发居士。湖南宁乡人。少孤，就学于从兄颂藩。后入湖广总督张之洞幕府，提调自强学堂。曾任湖南岳麓书院山长。辛亥革命后，邀游各地，诗酒自娱。曾与易顺鼎、袁绪钦、何维棣、王景峨等结湘社于长沙蜕园，辑社友诗词刊为《湘社集》四卷。生平著述数十种，合刊为《十发居士全集》。

初三,李慈铭过沈曾植。

初四,郑孝胥赴吕增祥、汪凤瀛等宴于红叶馆。

初五,汪凤瀛赠郑孝胥诗,郑和之。

初六,沈曾植赴朱福诜招作消寒第九集,李慈铭、黄体芳、徐定超、吴庆坻、沈曾桐、黄绍第在座。

初十,郑孝胥与吕增祥同看梅。

十三日,沈曾植赴宋育仁①宴,柯劭忞、文廷式、缪荃孙等在座。

十八日,郑孝胥赴汪凤藻宴,为郑饯行。

十九日,郑孝胥过黎汝谦辞行。

二十一日,缪荃孙还沈曾植书。

二十六日,沈曾植过李慈铭。

二十七日,沈曾植、袁昶赴江苏馆同人雅集,叶昌炽、李盛铎、江标、志锐、缪荃孙、丁立钧、冯煦、左绍佐、王颂蔚、蒯光典、柯劭忞等在座。

二十八日,沈曾植邀缪荃孙、李慈铭、鲍照、吴讲观戏。

是月,沈曾植补总理衙门章京。

三月

初一,李慈铭访沈曾植,不值。

初二,沈曾植赴同人招饮,李慈铭、黄绍箕、沈曾桐、吴庆坻、孙宝琦、孙宝瑄、朱福诜在座。

初三,沈曾植赴全浙馆饯袁昶,李慈铭、朱福诜、沈曾桐、何文澜等在座。

初六,缪荃孙访沈曾植谈。

初九,沈曾植、袁昶赴全浙馆宴集,沈曾桐、缪荃孙、黄绍箕、王仁东、朱福诜、黄体芳在座。

---

① 宋育仁(1858—1931),字芸子、芸岩。四川富顺人。肄业于成都尊经书院,为四川学政张之洞所赏。光绪十二年(1886)成进士。散馆,授编修。二十年,任出使英、法、意、比四国公使参赞。次年归,参加强学会。二十二年,被保举回川办理商务、矿务,发起蜀学会,创办《渝报》。二十四年兼长尊经书院。戊戌政变后被革职。光绪末,入直隶总督杨士骧幕。辛亥革命后,任清史馆修纂。民国五年(1916)任成都国学院院长,兼四川通志局总纂。有《问琴阁丛书》。

十一日,范钟访谭献①,谭"以诗词日记写本质之,并与陈伯严礼部②商榷也"。

十四日,夜,沈曾植过袁昶,赠其北齐造像一龛。

二十日,陈三立、梁鼎芬访谭献,久谈,"客中得同气数辈倾谈,文行非他邦所可得也"。

二十二日,郑孝胥接黎汝谦函,劝其考军机。

二十四日,沈曾植过李慈铭问疾。

二十九日,沈曾植赴缪荃孙招饮,沈曾桐、况周颐、恽毓鼎等在座。

是月,沈曾植升任安徽司员外郎。

四月

初三,夜,沈曾植过李慈铭饮,黄绍箕、吴讲、王继香、陈学良在座。

初五,沈曾植考御史。

初七,翁同龢过沈曾植,不值。

初十,李慈铭致函沈曾植,沈过李谈。

十九日,郑孝胥作书与伍光建。

二十七日,李慈铭过沈曾植。

二十八日,缪荃孙访沈曾植。沈曾植移居袁昶旧宅。

二十九日,沈曾植赴友人招饮,李慈铭、沈曾桐、黄绍箕、黄绍第、庞鸿文在座。

是月,陈三立与易顺鼎、范钟、罗运崃等游庐山。

五月

初三,沈曾植晤翁同龢长谈。沈曾植赴丁立钧招饮,文廷式、冯煦、沈曾桐、江标、叶昌炽在座。

十五日,沈曾植过李慈铭。

---

① 谭献(1832—1901),原名廷献,字涤生,更名后字仲修,号复堂,自号半厂居士。浙江仁和(今杭州)人。同治六年(1867)中举。次年会试报罢,选署秀水教谕。光绪十六年(1890),张之洞延主湖北经心书院,越二年,病辞。有《复堂类集》二十一卷。其弟子徐珂辑其论词言辞为《复堂词话》。生平事迹见《清史稿》卷四八六。谭献为近代词学名家。

② 按:当为"吏部"之误——笔者。

是月,沈曾植晤翁同龢长谈。

是月,康有为南归,途经天津,拜见范当世。

六月

初一,陈三立与张之洞、梁鼎芬、谭献、汪康年等宴集。①

初四,沈曾植赴先哲祠雅集,沈曾桐、叶昌炽、吴庆坻、丁立钧、费念慈、刘世安、江标、黄绍第、文廷式在座。

初六,沈曾植过李慈铭。

十四日,郑孝胥初晤许鼎霖②。

十八日,沈曾植过李慈铭。

二十日,沈曾植赴长椿寺黄体芳招饮,李慈铭、王彦威、沈曾桐、王仁东、黄绍箕等在座。

二十八日,汪凤瀛访郑孝胥。

七月

十六日,沈曾植母黄太夫人生日,沈曾植于全浙馆宴李慈铭等。晚,沈曾植与李慈铭、王仁东、刘家荫等看山楼。

十七日,沈曾植过李慈铭。

十九日,沈曾植访缪荃孙。

二十二日,沈曾植过李慈铭。

二十八日,缪荃孙访沈曾植。

---

① 谭献:"赴南皮先生之招,同星海、伯严、穰卿、香骢集饮。自午正至酉初,谈宴始终。虽文酒清集,究非多事封疆之所宜也。"《复堂日记》,第370页。

② 许鼎霖(1857—1915),字九香。江苏赣榆县人。光绪八年(1882)中举,十六年,授内阁中书。十九年,为秘鲁领事官。二十二年起,历任安徽盐运使、庐州知府、署理凤阳知府、大通税监、安徽道员,代理芜湖道署务、浙江省洋务局总办。宣统二年(1911)初任本溪湖煤铁公司督办、盐政正监督、奉天交涉使。许鼎霖曾参加"君主立宪"运动,光绪二十二年,组织预备立宪公会任会董,宣统元年筹办江苏省咨议局任总会办,宣统二年又充任北京资政院议员。宣统三年任资政院总裁数日。民国二年初加入国民党,为江苏省议会议员。光绪三十一年(1905)八月,许鼎霖和南通的张謇创办耀徐玻璃公司,和严信厚等在海州创办海丰面粉公司。宣统二年,许鼎霖创办赣丰机器油饼厂。此外,又分别与张謇、严信厚合伙经营镇江开成铅笔罐厂、赣榆海赣垦牧公司、上海同利机器纺织洋线麻袋公司、上海大达外江轮船公司,并向北京博利呢革厂、景德镇江西瓷业公司等企业投资,被誉为实业界"江北名流"。清政府多次予以嘉奖。许鼎霖与郑孝胥乃乡试同年,日后联系密切。

二十九日,郑孝胥作诗一首寄怡舅。

八月

初二,沈曾植赴黄绍箕全浙馆招饮,沈曾桐、盛昱、缪荃孙、钱恂、汪大燮、王大钧、孙宝琦等在座。

初三,缪荃孙过沈曾植借书。

初四,郑孝胥收到王仁东、沈曾植、丁立钧信及诗数首。

十八日,沈曾植、沈曾桐招饮王仁堪、丁立钧、缪荃孙、黄体芳、刘家荫等。

二十六日,沈曾植赴义胜居雅集,黄绍箕、盛昱、王仁东、沈曾桐、丁立钧、刘家荫在座。许珏①访郑孝胥。

九月

初一,沈曾植访叶昌炽。

初三,郑孝胥作书与顾云,邀其东游②。

十一日,郑孝胥作《登高》诗。

十三日,沈曾植赴缪荃孙寓所小饮。

十四日,沈曾植赴缪荃孙招饮,叶大庄、刘家立、刘家荫、叶昌炽、余诚格等在座。

十七日,汪凤瀛访郑孝胥,甫自上海至。

二十七日,郑孝胥作《述菊》诗。

十月

初三,郑孝胥、吕增祥同饮。

初四,沈曾植过李慈铭。

十二日,沈曾植、黄绍箕、王仁东、沈曾桐等宴李文田,柯凤孙、叶昌炽、缪荃孙、王颂蔚、柯劭忞作陪。

---

① 许珏(1843—1916),字静山,号复庵。江苏无锡人。光绪八年(1882)举人。其生平事业,除策划于幕府,出使至泰西之外,主要倾注于禁烟,有《复庵遗集》、《复庵先生集》。

② 郑孝胥:"……兄过沪时,能宽二十日之期,则东游非难,路费十元,舟行五日立至。此间有山、有海、有温泉、有名酒、有东道主,于兄之意若何也?果来,则十日之聚亦足穷人世之乐矣!兄非万不自主者,则亦何惮而不为此哉?"《郑孝胥日记》,第375页。

十六日,王闿运得陈三立书。

十八日,郑孝胥作《望月怀子培》诗。

二十日,王仁堪卒于苏州知府任上。

二十九日,郑孝胥得王仁堪噩耗,"涌泪之下,又拊床大叫"。

二十五日,伍光建访郑孝胥。

二十六日,黎汝谦访郑孝胥。

二十八日,郑孝胥为黎汝谦饯行。

十一月

十五日,沈曾植赴黄体芳招作消寒第一集,李慈铭、沈曾桐、黄绍箕、盛昱、王继香、徐定超、林开謩、缪荃孙在座。

二十二日,郑孝胥作《伤忍龛》诗。

二十七日,张謇得王仁堪卒讯。

十二月

初五,缪荃孙还沈曾植书。

初七,张謇赴苏州吊王仁堪之丧。

十八日,友人约沈曾植、沈曾桐、丁立钧、李慈铭、黄绍箕、缪荃孙等作消寒第二集。

十八日,沈曾植赴鲍临招作消寒第三集,盛昱、李慈铭、黄体芳、沈曾桐、丁立钧、王继香、徐定超、黄绍箕在座。王同愈①访郑孝胥,甫自上海至。

二十四日,陈宗濂卒。

是月,陈衍成《礼记辨证》五卷。

是年,陈宝琛与严复以诗相酬答。

---

① 王同愈(1855—1941),字栩园,号胜之。江苏吴县(今苏州)人。清光绪十五年(1889)进士,选翰林院庶吉士。历官翰林院编修、顺天乡试同考官、湖北学政、江西提学使等。他以文出仕,虽久居官场,但官声为学名所掩,在他身居官场时,时人就以能得到他的书画为幸事。辛亥革命后,退出政坛,隐居于嘉定(今上海)南翔镇,杜门谢客,潜心学问,以收藏、课徒为乐。藏书室典籍充栋,编有《栩园藏书目》、《栩园随笔》等。

是年，陈三立在武昌住湖北按察使官署。春，与易顺鼎等常聚于乃园。秋，与杨锐、屠寄、汪康年、汪恰年等有黄州之游。

是年，陈衍在上海，与叶大庄过从甚密。秋，游武昌，识陈三立、梁鼎芬、屠寄等。

是年，沈瑜庆在湖北学政行辕，与张之洞、陈宝箴等诗酒流连。

光绪二十年 甲午（1894年）

正月

初九，郑孝胥闻陈宗濂噩耗。

十二日，郑孝胥接许珏函。

十三日，郑孝胥择壬辰年以来所作诗，拟寄沈曾植。

十四日，沈曾植赴缪荃孙约于云自在龛作消寒第五集，黄体芳、沈曾植、沈曾桐、李慈铭、盛昱、丁立钧、林开謩、王继香在座。

十五日，夜，郑孝胥宴同人，感叹连丧知己。

十六日，黄书霖访郑孝胥。夜，郑孝胥宴黄书霖。

二十二日，缪荃孙还沈曾植《泥雪词》。

二十二日，午后，唐绍仪[①]访郑孝胥。

二十四日，郑孝胥答拜唐绍仪。

二十六日，沈曾植、沈曾桐邀黄绍箕、李慈铭、盛昱、丁立钧、缪荃孙、

[①] 唐绍仪（1860—1938），字少川。生于广东香山（今中山市）。同治十三年（1874）被清政府选派到美国留学。光绪十一年（1885）到天津税务衙门任职。随后被派往朝鲜办理税务，成为清政府驻朝鲜大臣袁世凯的书记官和得力助手。三十年，以清政府议藏约全权大臣身份，先后两次与英国办理交涉，签订《续订藏印条约》，使英国确认中国对西藏地方的领土主权。武昌起义后，充当袁世凯内阁全权代表，于宣统三年（1911）底开始与民军全权代表伍廷芳举行议和谈判，达成在湖北、陕西、安徽、江苏、奉天等地的停战协定。后继续与伍廷芳秘密磋商关于清帝退位的优待办法，以及孙中山的辞职和由袁世凯继任的各项问题。袁世凯就任临时大总统后，为第一任内阁总理。经孙中山同意，加入同盟会。民国元年（1912）到南京组织新内阁。唐力图推行责任内阁制，同袁世凯的意图不能相容，被迫弃职离京。民国六年（1917）参加广州护法军政府，任财政总长，后为七总裁之一。曾参与北京政府代表举行的议和谈判。民国十一年后退居家乡。九一八事变后，任国民党中央监察委员、国民政府委员。民国二十一年任西南政务委员会常务委员，兼中山县县长。日本侵占上海、南京后，策动其出任伪政权首脑，未成事实。后在上海寓所被国民党军统特务刺杀身亡。

林开暮、徐定超、鲍临等作消寒第六集。

二月

初六,李芝楣借郑孝胥《简斋诗》。

初七,沈曾植与沈曾桐、黄绍箕、李慈铭、盛昱、林开暮、缪荃孙等作消寒第七集。

初八,沈曾植赴缪荃孙招饮,夏孙桐①等在座。郑孝胥寄沈曾植、丁立钧、冯煦信。

十三日,张謇寄袁昶、郑孝胥信。

十六日,沈曾植赴盛昱邀作消寒第八集,沈曾桐、黄绍箕、黄绍第、林开暮、缪荃孙、鲍临、王继香在座。

十八日,郑孝胥接丁立钧函,劝其入都。

十九日,叶昌炽访郑孝胥。

二十二日,郑孝胥得张謇、王仁东所寄信。

是月,陈三立与陈炽游庐山。

是月,陈衍至沪。

三月

初一,郑孝胥作陈宗濂挽联。

初二,沈曾植赴丁立钧、林开暮邀至浙江馆作消寒第九集,沈曾桐、黄绍箕、李慈铭、盛昱、鲍临、黄绍第在座。沈曾植又赴江苏馆同人雅集,叶昌炽、缪荃孙、王颂蔚、费念慈、江标、黄绍箕、吴士鉴、端方、李盛铎、文廷式等在座。

初三,沈曾植、沈曾桐、黄绍箕邀缪荃孙湖广馆观剧。

初六,郑孝胥接许珏函。

初十,沈曾植赴黄体芳招作消寒第十集,沈曾桐、李慈铭、盛昱、丁立钧、林开暮、缪荃孙等在座。

---

① 夏孙桐(1857—1941),字闰枝,一字悔生,晚号闰庵,别号悔龛。江苏江阴人。光绪十八年(1892)成进士,选翰林院庶吉士,授编修,历任湖州、宁波、杭州知府。辛亥革命后,辞官归里。民国初入清史馆,嘉、道、咸、同四朝臣工列传及循吏、艺术两汇传,凡一百卷,并出其手。又佐徐世昌辑《晚晴簃诗汇》及《清儒学案》。有《观所尚斋文存》及《悔龛词》二卷。

四月

十一日,友人送郑守廉书画扇面与郑孝胥。

二十七日,沈曾植与缪荃孙、费念慈、陈同礼等至蒯光典处看字画。

三十日,缪荃孙访沈曾植。

是月,范当世辑成《通州范氏诗钞》。

五月

十一日,缪荃孙过沈曾植取书。

十四日,沈曾植、沈曾桐招饮缪荃孙、杨锐、顾印愚于广和居。

十五日,沈曾植赴叶昌炽、江标广和居招饮,沈曾桐、缪荃孙、杨锐、屠寄在座。

二十日,沈曾植还缪荃孙书。

是月,沈瑜庆为陈衍出资刊行《元诗纪事》。

六月

二十二日,郑孝胥为日人折田作诗集序。

二十七日,沈曾植晤张謇。

二十九日,沈曾植谒翁同龢长谈。

七月

初一,缪荃孙晤陈三立。

初四,梁鼎芬招饮陈三立、沈瑜庆、余肇康、志锐、缪荃孙、杨锐等,作诗钟。

初五,沈瑜庆约陈三立、余肇康、缪荃孙、杨锐等至安徽会馆作诗钟。

初九,张謇、丁立钧访沈曾植。

十二日,张謇寄郑孝胥信,邀其北上。

十三日,郑孝胥离神户。

十五日,张謇于沈曾植、沈曾桐、丁立钧、黄绍箕、文廷式谈。

十六日,郑孝胥抵上海。

二十二日,郑孝胥至南京。

是月,余联沅弹劾康有为,沈曾植与同人营救无效。

八月

初五,夜,郑孝胥赴秦际唐宴。

十四日,张謇访沈曾植,谈至三更。

二十一日,晨,秦际唐过郑孝胥,谈及平壤战事。

九月

初五,沈曾植与张謇、黄绍箕、丁立钧等商议联络英、德以拒日。秦际唐访郑孝胥。严复致书陈宝琛论国事。

十五日,沈曾植、沈曾桐、黄绍箕、丁立钧访张謇谈。

十七日,张謇访沈曾植,与黄绍箕、丁立钧等商议分道进兵朝鲜。缪荃孙访沈曾植。

二十二日,陈庆年①访郑孝胥。

二十六日,郑孝胥至善后局访陈庆年,不值。

二十七日,陈庆年过郑孝胥。

是月,张之洞委沈瑜庆总办筹防局。沈瑜庆荐郑孝胥、叶大庄,均充文案委员。沈瑜庆亦邀陈书入幕。时李宗祎亦客筹防局幕。

十月

初三,郑孝胥移居教敷营。

初六,翁铁梅过郑孝胥。

初七,沈曾植、沈曾桐招饮汪康年、黄绍箕、叶昌炽、丁立钧、费念慈、缪荃孙等于义胜居。

初十,严复复陈宝琛书。

十一日,沈曾植赴王颂蔚宴于广和居,沈曾桐、黄绍箕、冯煦、叶昌炽、屠寄、缪荃孙等在座。沈瑜庆随张之洞至南京。

十二日,沈瑜庆过郑孝胥。

---

① 陈庆年(1863—1929),字善馀。江苏丹徒人。光绪八年(1882)补县学生员,是年秋乡试,与沈曾植交游。十二年,肄业于南菁书院,又与唐文治、赵剑秋、孙师郑等为同学,并为王先谦、黄以周所器重。十四年,中优贡生。后入张之洞幕,居武昌,任译书局总纂,兼两湖书院分教。后赴湘,任高等学堂监督,兼提调湖南全省学务。又赴江南,端方委以江楚编译局、江南图书馆差。民国十年(1921),唐文治创办无锡国学专修馆,延其主讲,以病未成行。著有《横山乡人类稿》十三卷、《古香研经室笔记》、《横山乡人丛钞》等。

十三日,午后,辜鸿铭①过郑孝胥,谈日本事。郑孝胥谒见张之洞,张先询文学,后询倭情。

十四日,沈瑜庆过郑孝胥。

十六日,沈瑜庆邀郑孝胥、梁鼎芬、杨锐、志钧游。

十七日,辜鸿铭访郑孝胥。梁鼎芬、杨锐访郑孝胥。

十八日,晚,沈瑜庆过郑孝胥。

十九日,易顺鼎访郑孝胥,示所作七律。

二十二日,叶大庄、沈瑜庆过郑孝胥,叶赠郑孝胥《写经斋诗》。张之洞委办郑孝胥洋务文案。

二十三日,袁昶赠郑孝胥诗一首。

二十五日,叶大庄赠郑孝胥诗一首。

二十七日,郑孝胥访袁昶,袁赠以《翻译名义》。夜,辜鸿铭访郑孝胥。

是月,陈宝琛晤张佩纶于沪上。

是月,沈曾植上书恭亲王奕䜣、大学士李鸿章,请速订定练兵事宜以备战守。

是月,范当世以嫁女省亲为名偕姚夫人离津,送长女孝娥赴江夏湖北按察使署适陈衡恪。

是月,张之洞署两江总督。

十一月

初二,郑孝胥阅梁鼎芬诗稿。

初五,郑孝胥为梁鼎芬评诗数十首,题赠一诗。

初七,郑孝胥晤陈书、陈衍。

---

① 辜鸿铭(1857—1928),名汤生,以字行。福建同安(今厦门)人。十岁左右赴英国读书。二十一岁入爱丁堡大学攻读英国文学。光绪三年(1877)获文学硕士学位。又赴德、法、意、奥等诸国游学,获哲学博士、土木工程博士及奥国工程师等文凭。光绪七、八年之交,随英国探险队至广州。十一年,粤督张之洞聘为幕僚,又随至湖广、两江总督任所。历任外务部员外郎、郎中、左丞。民国成立后,当选国会议员。民国二年(1913)任五国银行翻译。六年应蔡元培聘,为北京大学英文研究所主任。晚年应日本东方文化学会聘,赴日本讲学三年。有《读易草堂文集》、《张文襄幕府纪闻》。

初九,郑孝胥、陈衍、陈书、沈瑜庆等谈诗,陈书自谓诗可匹韩愈,郑曰:"君何一似东方朔,殆滑稽之雄耶?"

初十,郑孝胥赴叶大庄宴,梁鼎芬在座。

十二日,郑孝胥以《盍山诗文录》赠梁鼎芬。

十三日,林旭至南京,过郑孝胥。

十五日,梁鼎芬赠李慈铭诗集与郑孝胥,并示己作多首。

十六日,沈曾植谒翁同龢。辜鸿铭邀郑孝胥于煦园观月。

十七日,郑孝胥至筹防局,晤陈书。

十七日,郑孝胥阅梁鼎芬诗稿毕,梁取去。

二十四日,李慈铭卒。

二十五日,郑孝胥至筹防局,晤林旭、李宗祎等。

十二月

初三,林旭访郑孝胥,借《后山诗》。

初五,陈书为郑孝胥子诊病。林旭访郑孝胥。

初七,郑孝胥至筹防局,晤陈书。

初八,梁鼎芬示郑孝胥七古数首及陈三立、易顺鼎所作《庐山诗录》。

初十,夜,郑孝胥、沈瑜庆畅谈。

十二日,郑孝胥、沈瑜庆、陈书晤于筹防局。

十三日,郑孝胥至筹防局,与陈书、林旭谈久之。

十五日,郑孝胥借叶大庄《校邠庐抗议》。

十六日,郑孝胥往视梁鼎芬疾。

十八日,陈三立、缪荃孙、志锐等宴集。

二十日,蔡锡勇访郑孝胥辞行。张通典访郑孝胥。

二十一日,郑孝胥过张通典谈。

二十二日,郑孝胥、沈瑜庆谈议和事。

二十四日,郑孝胥托友人荐张謇主钟山书院讲席。

二十七日,沈瑜庆、郑孝胥过吴学廉,同至草堂散步。

二十八日,郑孝胥过王仁东。

二十九日,夜,郑孝胥得梁鼎芬来书,言陈三立盛称郑诗,"叹为绝手"。

是年,沈曾植好友李慈铭病故,临殁前以日记七十余册托付。沈曾植上书恭亲王、李鸿章等,请速订练兵事宜以备战。

是年,陈衍《元诗纪事》刊行,沈瑜庆出资相助。

是年,夏敬观中乡试第十四名举人。

光绪二十一年 乙未（1895 年）

正月

初二,陈衍、郑孝胥至筹防局。

初七,午后,郑孝胥从沈瑜庆处借唐景崧《请缨日记》。王秉恩①访郑孝胥。

初八,沈曾植赴蒯光典安徽馆招饮,王颂蔚、冯煦、沈曾桐、文廷式、费念慈、叶昌炽在座。郑孝胥访杨锐。

初九,郑孝胥作《幕府枇杷》诗。

十一日,杨锐、王秉恩访郑孝胥。夜,黄遵宪访郑孝胥。②

十二日,黄遵宪访郑孝胥。

十三日,郑孝胥往视王仁东疾。

十四日,陈三立与梁鼎芬宴余肇康、志锐、邹代钧、缪荃孙等。

十六日,辜鸿铭访郑孝胥。沈曾植与翁同龢深谈。

十七日,郑孝胥过叶大庄,观其所藏书画。夜,叶大庄宴郑孝胥、沈瑜庆等。

二十一日,郑孝胥访杨锐。

---

① 王秉恩(约1841—约1923),字息存,一作雪岑、雪澄、雪丞、雪城,号茶盦。四川华阳(今双流)人。同治举人。曾官广东按察使。精校勘目录学。被张之洞聘至广雅书局刻书,任提调。辛亥革命后,闲居上海,晚年多以古书、字画、金石换米度日。喜谈论金石、校勘学,推崇贵州郑珍、莫友芝二人。工书法,隶承汉魏,行ього晋人。著有《养云馆诗存》,与罗文彬合撰有《平黔纪略》。按:此为郑孝胥初晤王秉恩,王时任营务处及筹防局会同总办。王民国后寓居上海,同陈三立、沈曾植、沈瑜庆等亦往还甚洽。

② 按:此为郑孝胥初晤黄遵宪。

二十四日,陈书、林旭访郑孝胥长谈。

二十五日,陈三立与梁鼎芬、缪荃孙等宴集。

二十六日,郑孝胥访黄遵宪。

二十九日,缪荃孙宴陈三立、梁鼎芬等。午后,郑孝胥访黄遵宪,谈良久,"其人甚黠,颇有才气"。郑孝胥过筹防局,晤陈书。

三十日,余肇康招饮陈三立、梁鼎芬、缪荃孙、邹代钧等。

二月

初四,陈三立与余肇康、缪荃孙等宴集,为梁鼎芬送行。袁昶访郑孝胥。

初五,杨锐、沈瑜庆过郑孝胥。袁昶访郑孝胥,赠诗文杂著六本,约游后湖。

初六,陈三立邀梁鼎芬、夏曾佑、汪康年、缪荃孙等游琴台。郑孝胥回拜袁昶。夜,袁昶访郑孝胥,袁盛称郑诗。

初八,沈瑜庆邀郑孝胥作诗钟,郑辞之。

初九,郑孝胥还袁昶诗文稿。袁昶托沈瑜庆赠郑孝胥四十金。张之洞邀郑孝胥、杨锐、王秉恩、叶大庄晚饭,谈时事。郑孝胥迁居棉侠营。

十一日,陈庆年访郑孝胥。

十二日,陈书过郑孝胥,谈久之。

十三日,缪荃孙访陈三立。黄遵宪请郑孝胥作隶联。午后,郑孝胥过陈书谈。夜,沈瑜庆邀郑孝胥过谈。

十四日,陈书、郑孝胥同至花园观梅。夜,林旭访郑孝胥。

十五日,郑孝胥应梁鼎芬邀于其寓所作诗钟。

十七日,黄遵宪送诗与郑孝胥。

十八日,陈庆年访郑孝胥。郑孝胥过黄遵宪,谈良久。郑孝胥作《题黄公度诗后》诗。

二十日,郑孝胥至沪。夜,沈翊清访郑孝胥。

二十一日,郑孝胥晤李宣龚。

二十三日,郑孝胥晤杨锐、顾印愚[①]等。

二十五日,陈三立访缪荃孙。

二十六日,郑孝胥至杭州。

二十七日,郑孝胥作《泛湖》诗。

三月

初四,陈三立晤缪荃孙、汪康年等。郑孝胥抵上海。

初十,郑孝胥至筹防局,晤沈瑜庆、王仁东、李宗言等。

十四日,郑孝胥至筹防局,与王仁东、沈瑜庆、陈书谈。

十六日,陈三立送缪荃孙书三种与观。

十七日,梁鼎芬宴郑孝胥、黄遵宪等。黄遵宪题郑孝胥诗稿曰:"纡徐淡妙,将来可自成一家,为国朝诗派所无。"郑孝胥甚不喜黄遵宪其人其诗。

二十日,沈瑜庆、陈书、王仁东访郑孝胥,谈至日暮。

二十八日,郑孝胥上张之洞书,主张毁约迁都,联英拒日。

二十九日,郑孝胥再上张之洞书,重申前意,反对与日讲和。

三十日,郑孝胥访梁鼎芬,晤纪钜维。

是月,陈衍入都。陈衍与林纾、卓孝复、高凤歧等上书都察院,争辽南割地事。

四月

初五,陈三立宴黄遵宪、夏曾佑、汪康年、邹代钧、缪荃孙等于两湖书院。沈曾植与丁立钧访翁同龢。

初九,郑孝胥过筹防局,晤陈书。

初十,梁鼎芬访郑孝胥,示诗十余首。

十三日,汪康年招饮陈三立、黄遵宪、邹代钧、缪荃孙、夏曾佑等于曾公祠。

---

① 顾印愚(1855—1913),字印伯,又字蔗孙,号所持。四川成都人。光绪五年(1879)中举。屡应礼部试不售。张之洞任湖广总督时,入其幕。历任武昌府通判、武昌县知县。光绪二十九年,充湖北乡试同考官。宣统二年(1910),与程颂万在北京互相唱和,结闲山社。辛亥革命后穷困潦倒,卒于北京。后人辑有《成都顾先生诗集》。

十七日,缪荃孙邀陈三立、黄遵宪、邹代钧、夏曾佑、张通典小酌。

二十四日,林旭自京返。

二十五日,郑孝胥访沈瑜庆,谈良久。

二十七日,王仁东、林旭访郑孝胥。

二十八日,陈三立与黄遵宪、夏曾佑、缪荃孙、叶瀚等至自强学堂小饮。

是月,陈三立为黄遵宪《人境庐诗草》作跋。

五月

初一,黄遵宪招饮陈三立、夏曾佑、邹代钧、张通典、缪荃孙等。

初三,郑孝胥至上海,晤郑孝柽、顾云。

初九,郑孝胥返南京。

十二日,沈瑜庆、陈书、林旭访郑孝胥。

二十五日,黄遵宪示郑孝胥所作五言古诗。顾云示郑孝胥诗数首。夜,沈瑜庆宴郑孝胥、文廷式、梁鼎芬、蒯光典、王秉恩等。

二十八日,郑孝胥、沈瑜庆、黄遵宪、蒯光典、梁鼎芬、文廷式、王秉恩等宴集。

是月,马关条约签订,陈三立致电张之洞,请诛李鸿章。

是月,陈衍返沪,与顾云、梁鼎芬、蒯光典、顾印愚等交往。

闰五月

初五,陈三立、缪荃孙宴集。

初七,沈曾植谒翁同龢。

十五日,郑孝胥访顾云。

十六日,沈瑜庆示易顺鼎致张之洞书与郑孝胥,易顺鼎时在台湾。

十八日,沈曾植谒翁同龢谈日本条约内商务事。

二十二日,王仁东访郑孝胥。

六月

初四,黄遵宪送郑孝胥诗二册,并借郑珍诗。郑孝胥不喜黄遵宪诗:"其诗骨俗才粗,非雅音也。"

初五,郑孝胥送《巢经巢诗》与黄遵宪。

初九,沈曾植赴张孝谦广和居宴,袁世凯、吴士鉴、叶昌炽、沈曾桐在座。

十三日,郑孝胥往视李宗言病。黄遵宪示郑孝胥所议通商事宜六条。

十四日,沈瑜庆宴郑孝胥、陈书等。

十四日,张謇与俞明震①谈台湾事。

十五日,郑孝胥还黄遵宪诗卷及条陈。

十六日,沈瑜庆访郑孝胥。

十七日,袁世凯访沈曾植,不值。沈曾植致函黄绍箕。李传元过沈曾植。

十八日,郑孝胥闻张謇至南京。

二十日,张謇访郑孝胥。晚,黄遵宪邀郑孝胥等饮。

二十一日,邹代钧、张通典招饮陈三立、缪荃孙、叶瀚等于自强学堂。郑孝胥答拜张謇。黄遵宪访郑孝胥,借王安石、姚鼐诗集。

二十四日,郑孝胥邀张謇、沈瑜庆、顾云等谈。

二十五日,郑孝胥、张謇等宴集。

二十六日,沈瑜庆宴张謇。郑孝胥视张謇疾。

二十七日,顾云宴郑孝胥等。

二十九日,午后,郑孝胥、沈瑜庆、张謇、顾云等同至吴氏草堂,谈至暮。

七月

初二,郑孝胥宴张謇、沈瑜庆、顾云等。

初五,沈曾植谒翁同龢。

---

① 俞明震(1860—1918),字恪士,号觚斋,晚号觚庵。浙江山阴(今绍兴)人。光绪十六年(1890)进士。以翰林改官刑部,外任道员。甲午中日战争时,在台湾佐唐景崧幕。次年,台湾民主国成立,入阁为内务大臣。后随唐景崧返大陆,居江南。二十八年,为江南水师学堂总办。次年,赴上海参与查办《苏报》案。宣统二年(1910)任甘肃提学使,署布政使。晚归江南,筑室南京西溪与杭州西湖,与陈三立、陈曾寿等诗酒酬唱。著有《觚庵诗存》四卷。陈三立对其诗评价很高:"觚庵诗感物造端,摄兴象空灵杳蔼之域,近益托体陈简斋,句法追钱仲文。"见陈三立:《俞觚庵诗集序》,《散原精舍诗文集》,第944页。

初六,汪康年、邹代钧等招饮陈三立、易顺鼎、缪荃孙等于自强学堂。

初七,陈三立招饮易顺鼎、汪康年、缪荃孙、邹代钧等于自强学堂。

十二日,郑孝胥作《闻怡舅卒述哀》诗一首。晚,沈瑜庆宴郑孝胥、王仁东等。

二十二日,陈三立与缪荃孙、杨守敬①、叶瀚②、邹代钧、张通典、吴奇清等宴集自强学堂。

二十八日,陈三立晤汪康年、缪荃孙。

二十九日,沈瑜庆邀郑孝胥、柯逢时等游鸡鸣寺。

是月,康有为筹组强学会,沈曾植与陈炽为正董。

八月

初一,袁昶访郑孝胥。

初二,袁昶赠郑孝胥所刻书数种。

初五,郑孝胥访袁昶。

初六,郑孝胥与沈瑜庆长谈。

初七,袁昶请郑孝胥作字三匾。陈三立与汪康年、邹代钧、缪荃孙、吴季清、张通典、叶瀚等宴集。

初九,陈三立与汪康年、邹代钧、缪荃孙、张通典、叶瀚等于安徽馆作

---

① 杨守敬(1839—1915),字惺吾,号邻苏,晚年自号邻苏老人。湖北宜都人。有83种著作传世,名驰中外。同治元年(1862)中举,四年考取景山宫学教习,十三年考取国史馆誊录。光绪六年至十年任驻日钦使随员,归国后先后任黄冈教谕、两湖书院教习、存古学堂总教长。宣统元年(1909)被举为礼部顾问官,次年兼聘为湖北通志局纂修。他用毕生的精力和学识,运用金石考古等多种方法研究《水经》、《水经注》,历经四五十年,集我国几百年水经研究之大成,撰写有巨著《水经注疏》,编绘有《历代舆地沿革图》、《历代舆地沿革险要图》和《水经注图》等。杨守敬是金石学家,又对目录版本学造诣颇深。撰著有《湖北金石志》、《日本金石志》、《望堂金石录》等。编辑有《寰宇贞石图》、《三续寰宇访碑录》等。目录版本方面的著作有《日本访书志》、与人合辑的《古逸丛书》等,都颇受当时学者名流的推重。杨守敬的书法、书论驰名中外,于楷、行、隶、篆、草诸书俱长,撰有《楷法溯源》、《评碑记》、《评帖记》、《学书迩言》等多部书论专著。

② 叶瀚(1861—1936),字浩吾。浙江余杭人。光绪二十一年(1895)在上海与汪康年创办《蒙学报》。二十六年,在上海参加保皇活动。二十八年,与蔡元培、章太炎等发起成立中国教育会,次年与蔡元培等人组织对俄同志会,积极参加拒俄运动。三十一年,与蔡元培、杜亚泉等创办理科通学所。辛亥革命后,曾任北京大学历史系教授兼研究所国学门导师。有《清代地理学家传略》。

赏秋第一集。郑孝胥送所作匾字与袁昶。

初十,郑孝胥访顾云。

十二日,张之洞邀袁昶、沈瑜庆、郑孝胥等午饭。

十三日,郑孝胥见康有为《新学伪经考》,甚恶之,"类病狂者之所为"。

十四日,沈瑜庆邀郑孝胥、陈书等饮。

十九日,沈瑜庆访郑孝胥。

二十日,郑孝胥访陈书,"伯初留余读其诗卷,间有佳处。阅竟,戏题之曰:'淘气集',其伎俩可知矣。"沈瑜庆访郑孝胥。

二十一日,夜,郑孝胥过黄遵宪久谈。

二十三日,陈三立、汪康年访缪荃孙。

二十四日,郑孝胥抵上海。严复访郑孝胥,谈良久,同至雅叙园晚饭。

是月下旬,徐桐、褚成博欲弹劾康有为,沈曾植劝其速离京师。

九月

初六,缪荃孙约陈三立、汪康年、邹代钧、张通典、叶瀚等饮于云自在龛。

初七,沈曾植至总署,归途口占两诗。

十五日,郑孝胥至京。

十六日,丁立钧访郑孝胥,"相见悲喜,约夜谈而去"。郑孝胥访沈曾植,"相见悲喜如叔衡"。夜,郑孝胥、沈曾植至丁立钧处晚饭,纵谈至三更。

十八日,丁立钧访郑孝胥,以《请练陆军条目》示郑。

十九日,沈曾植、沈曾桐、文廷式访郑孝胥,宴集广和居。

二十日,郑孝胥、丁立钧同访沈曾植。郑孝胥、丁立钧等同游陶然亭。夜,郑孝胥、丁立钧、沈曾植、沈曾桐宴集便宜坊。

二十一日,郑孝胥访文廷式,于座中晤杨锐。

二十三日,杨锐宴郑孝胥、文廷式、丁立钧、沈曾桐、王秉恩于广和居。梁鼎芬招饮陈三立、黄绍箕、况周颐、蒯光典、宋育仁、徐乃昌、缪荃孙等。

二十四日，王盛铎招饮陈三立、沈瑜庆、康有为、况周颐、蒯光典、缪荃孙、徐乃昌、刘世珩等于画舫。是日，陈三立赴南京，沈瑜庆送之。吴保初访郑孝胥。

二十五日，沈曾桐、吴保初、文廷式访郑孝胥。

二十六日，丁立钧访郑孝胥，言谒翁同龢事。

二十七日，郑孝胥谒见李鸿章，晤于式枚。吴保初送吴昌硕《缶庐诗》与郑孝胥。

二十八日，左绍佐访郑孝胥，谈良久。

二十九日，郑孝胥访吴保初久谈。

是月，陈三立抵上海，晤康有为、黄遵宪，并预上海强学会事。

是月，沈曾植与丁立钧怂恿郑孝胥往谒翁同龢。

十月

初四，郑孝胥、丁立钧谒翁同龢。

初六，吴保初宴郑孝胥、左绍佐等于寓宅。

初九，郑孝胥作诗赠丁立钧。

初十，沈曾植、吴保初访郑孝胥。

十一日，丁立钧宴郑孝胥、杨文会、欧阳锜等。

十三日，陈炽宴郑孝胥、沈曾植、文廷式等。

十九日，沈曾植、郑孝胥与沈曾桐、杨锐、王鹏运、刘家立、刘家荫等宴集广和居。

二十日，李文田卒。

二十二日，郑孝胥访杨锐。

二十六日，吴保初访郑孝胥。

二十七日，沈曾植、丁立钧、徐世昌访郑孝胥。

二十八日，郑孝胥访王鹏运。

二十九日，吴保初访郑孝胥。沈曾植以诗招郑孝胥来谈，至三鼓乃散。

十一月

初一，陈璧访郑孝胥。夜，徐世昌宴郑孝胥、张权等于广和居。徐世昌请郑孝胥题《北江旧庐图》。席散，郑孝胥过丁立钧谈。

初二，夜，杨文会宴郑孝胥等于同丰堂。郑孝胥与丁立钧同归寓，谈久之。

初三，郑孝胥为王鹏运题五律一首。陈璧访郑孝胥，请其代草《请派大员草办船政疏》。

初四，沈曾植、郑孝胥与沈曾桐、丁立钧、王鹏运等宴集广和居。

初五，沈曾植赠郑孝胥诗数首。

初九，寿富访郑孝胥，示所作诗。

初十，沈曾植过翁同龢长谈，倡开学堂、设银行，并力荐郑孝胥。

十二日，郑孝胥、沈曾植、沈曾桐、丁立钧同照相。沈曾植邀郑孝胥至强学书局。夜，郭曾炘宴郑孝胥于广和居。

十三日，郑孝胥访沈曾植。

十四日，文廷式、吴保初访郑孝胥。丁立钧访郑孝胥，言沈曾植极力推荐郑孝胥于翁同龢。

十五日，杨锐访郑孝胥。郑孝胥作《答子培见访夜谈之作》。

十六日，吴保初、丁立钧访郑孝胥。

十七日，郑孝胥被引见于乾清宫。

十八日，沈曾植、曾桐兄弟宴郑孝胥、吴庆坻、宋育仁等于广和居。

十九日，徐仁铸宴郑孝胥、文廷式、吴庆坻、瞿鸿禨等于江苏馆。郑孝胥访林开暮。夜，丁立钧访郑孝胥。

二十日，郑孝胥访丁立钧长谈。

二十一日，于式枚、吴保初、陈璧访郑孝胥。郑孝胥、丁立钧、沈曾植、沈曾桐晤谈。

二十二日，丁立钧、欧阳锜等送郑孝胥出京。

是月，沈曾植升任江苏司郎中。

十二月

十五日，郑孝胥抵南京，晤吴学廉，访沈瑜庆。

十六日,夜,沈瑜庆访郑孝胥,谈至三鼓。

十七日,沈瑜庆邀郑孝胥至筹防局晚饭。

十九日,郑孝胥、沈瑜庆、钱恂、顾云、吴学廉等雅集,贺东坡生日。

二十日,郑孝胥过顾云小坐。

二十二日,郑孝胥过筹防局,晤陈书,陈书示诗稿数页。林旭自上海至南京,访郑孝胥。

二十三日,李宣龚、林旭访郑孝胥。

二十五日,郑孝胥往贺吴学廉生日。沈瑜庆、郑孝胥与梁鼎芬、顾印愚、况周颐等作诗钟。

二十七日,陈书、陈衍、李宣龚访郑孝胥。

二十九日,沈瑜庆访郑孝胥久谈。

是月,范当世应张之洞之招至江宁。

是年,郑孝胥在江宁,移居棉侠营。冬间北上,由上海乘舟,经烟台至天津,入都引见。

光绪二十二年 丙申(1896年)

正月

初二,郑孝胥访顾云。

初五,梁鼎芬访郑孝胥。午后,郑孝胥访袁昶。

初七,顾云约郑孝胥、陈衍、林旭、梁鼎芬、顾印愚、蒯光典等雅集。

初八,陈衍访郑孝胥,携其诗及郑珍诗去。

初九,郑孝胥充洋务局提调及商务局差。

初十,陈衍访郑孝胥,谈至夜半。

十四日,郑孝胥、沈瑜庆与顾云、吴学廉等吴园宴集。

十六日,汪康年访郑孝胥。

十八日,郑孝胥、袁昶等陪张之洞登采石矶,游彭杨祠。

十九日,郑孝胥献张之洞《游彭杨祠》七律一首,张之洞称赏久之。

二十四日,沈曾植晤翁同龢。郑孝胥随张之洞至汉口。

二十五日，郑孝胥访梁鼎芬、汪康年等。

二十六日，梁鼎芬宴郑孝胥、谭献、缪荃孙等。

二十八日，郑孝胥返回南京。

二月

初三，黄遵宪嘱郑孝胥初五移入洋务局。

初五，袁昶访郑孝胥，携张之洞诗稿及郑孝胥四诗去。

初七，郑孝胥送黄遵宪赴沪。

十一日，郑孝胥访顾云。

十九日，张謇访郑孝胥，不值。

二十一日，郑孝胥访张謇。

二十五日，夜，郑孝胥访张謇，示以沈曾植往复诸诗。

二十七日，郑孝胥访顾云。

三月

初一，郑孝胥访张謇。

初三，郑孝胥约张謇、顾云、蒯光典修禊吴园。张謇时应张之洞聘主讲文正书院。

初九，张謇约郑孝胥谈。

初十，张謇约郑孝胥午饭。

十一日，张謇访郑孝胥，郑孝胥语张謇兴"工艺之学"的重要性。

十四日，午后，郑孝胥过张謇，同赴友人之约。

十六日，郑孝胥、张謇等作修禊诗。

十八日，张謇邀郑孝胥、缪荃孙、蒯光典、顾云等饮。

二十日，郑孝胥过张謇，同赴友人之约。

二十四日，郑孝胥、张謇同至夫子庙，照相。

三十日，顾云邀郑孝胥、张謇等宴集。

是月，沈曾植致函袁昶，并寄见怀之作。

四月

初一，郑孝胥、顾云访张謇。

初二，郑孝胥为张謇书其父寿序。

初四，午后，郑孝胥、张謇同游采石矶，郑孝胥复过文正书院，谈至薄暮而返。

初五，午后，郑孝胥、张謇、蒯光典晤谈于吴氏草堂，抵暮乃散。

初六，郑孝胥约张謇吴园观花。沈瑜庆至南京。

初八，张謇遗郑孝胥诗三首。

初九，张謇、郑孝胥访沈瑜庆，同至文正书院饭，谈至日斜。

初十，郑孝胥邀沈瑜庆、张謇等泛舟，至夜乃散。

十一日，午后，张謇、沈瑜庆访郑孝胥。

十二日，夜，郑孝胥访张謇。

十四日，郑孝胥访张謇，晤顾云、缪荃孙等。沈曾植致函汪康年。

十七日，午后，郑孝胥访张謇，同诣蒯光典晚饭。

二十日，郑孝胥过张謇谈，示所作诗。

二十五日，夜，郑孝胥访张謇。

二十六日，郑孝胥赴龙蟠里顾云之约。

二十九日，午后，郑孝胥访张謇。

五月

初二，夜，郑孝胥访张謇。

初八，郑孝胥为章曼仙作《题章价人铜官感旧图》五古一首。

十九日，沈瑜庆谒翁同龢，"门人沈爱沧瑜庆来谈。此人识略极好，且有断制。不愧为沈文肃之子"。

二十二日，顾云示郑孝胥二诗及与缪荃孙诗。郑孝胥得陈衍书。

二十三日，郑孝胥作《答子朋》诗。

二十五日，郑孝胥以陈衍寄《元诗纪事》赠顾云，并托觅售。

二十七日，汪康年访郑孝胥，将往湖北。

是月，沈瑜庆赴京引见。

六月

初三，缪荃孙致沈曾植函。

十一日，郑孝胥与顾云、况周颐、缪荃孙、徐乃昌等愚园雅集，作欧阳修生日。沈瑜庆谒翁同龢。

二十四日,缪荃孙宴郑孝胥、梁鼎芬、况周颐、徐乃昌等。

二十七日,郑孝胥、梁鼎芬同游钟山定林寺。午后,郑孝胥等宴梁鼎芬于舟中。夜,梁鼎芬宴郑孝胥等。缪荃孙致函沈曾植。

七月

初三,郑孝胥作《愚园欧公生日》诗一首。

初七,丁立钧将出守沂州,沈曾植与沈曾桐、徐世昌、王鹏运、杨锐、陈田、吴庆坻、鹿瀛理等公饯于天宁寺。郑孝胥访顾云。缪荃孙访郑孝胥,以《时务报》十本嘱代劝售。

初九,郑孝胥作《晚凉》诗。

十三日,缪荃孙、蒯光典、徐乃昌等公宴袁昶,郑孝胥作陪,船泊吴园,二鼓乃散。

十九日,郑孝胥访袁昶。

二十一日,沈瑜庆自沪抵宁。

二十二日,郑孝胥诣局,晤黄遵宪。

二十四日,黄遵宪邀郑孝胥谈。午后,郑孝胥访顾云。

二十六日,郑孝胥诣局,与黄遵宪久谈。

二十七日,郑孝胥送黄遵宪。

是月,沈曾植等饯丁立钧于天宁寺。

八月

初三,郑孝胥访张謇,张始自上海至宁。

初四,郑孝胥、顾云、张謇等宴集吴园。

初七,午后,郑孝胥访张謇。

十一日,郑孝胥至文正书院访张謇。冯煦访郑孝胥。叶昌炽过沈曾植。

十二日,郑孝胥回拜冯煦。

十五日,郑孝胥、张謇同邀顾云、缪荃孙、蒯光典等游吴园。

十九日,午后,郑孝胥访张謇谈。

二十三日,郑孝胥访张謇久谈。

二十五日,郑孝胥访张謇。

二十八日,郑孝胥访张謇。

是月,沈瑜庆赴杭州扫墓。

九月

初一,午后,郑孝胥访张謇,留谈,夜饭乃返。

初六,午后,顾云访张謇。

初九,缪荃孙招郑孝胥、顾云、蒯光典、徐乃昌、傅春官、陈杏孙等鸡鸣寺登高,分韵赋诗。①

初十,沈瑜庆访郑孝胥。郑孝胥作《重九》诗。

十一日,郑孝胥访沈瑜庆。

十二日,郑孝胥与张謇访汇文书院美国教士。午后,沈瑜庆访郑孝胥,久谈。

十八日,郑孝胥、顾云等宴集。

二十一日,午后,沈瑜庆访郑孝胥。日斜,郑孝胥访沈瑜庆。

十月

初一,郑孝胥得张謇来柬,言昨晚到。夜,郑孝胥访张謇。

初四,郑孝胥访张謇。

初六,郑孝胥访张謇。

十二日,午后,郑孝胥过张謇谈。

十三日,张謇邀郑孝胥同至汇文书院访美国教士福开森②。

十七日,午后,郑孝胥访张謇。

十八日,夜,郑孝胥访张謇。

十九日,午后,郑孝胥同郭秋屏访张謇,商纱厂事宜。

二十二日,张謇邀郑孝胥商谈纱厂事。

---

① 郑孝胥有《鸡鸣寺登高分韵得家字》诗,见《郑孝胥日记》第574页;顾云有《丙申九日,小山先生招集鸡鸣寺,已登北极阁,即事分得落字,录暨同人指疵》诗,缪荃孙《艺风堂友朋书札》,第762、763页,上海古籍出版社,1981年版。

② 福开森(1866—1945),美国人。毕业于波士顿大学。光绪十四年(1888)至南京传教,创立汇文书院。历任南洋公学监督、淞沪铁路会办,刘坤一、张之洞、盛宣怀、端方顾问,中国红十字会董事、副会长。主持《新闻报》、《上海泰晤士报》。民国后,任北洋政府总统顾问、国民政府行政院顾问、故宫博物院鉴定委员会委员。民国三十一年(1942)返美。

二十三日,郑孝胥至文正书院,与张謇久谈。

二十六日,张謇邀郑孝胥过谈。

二十九日,张謇过郑孝胥。

十一月

初一,欧阳锜访郑孝胥。夜,张謇访郑孝胥,示纱机合同,郑孝胥欲辞官董。

初二,郑孝胥作《濠堂落成》诗。

初三,郑孝胥答访欧阳锜。

初四,欧阳锜访郑孝胥久谈。

初五,欧阳锜赠郑孝胥《骆文忠公年谱》。

初七,陈衍致信郑孝胥,嘱为谋出洋,又寄示林旭《晚翠轩诗》二本。

十四日,欧阳锜访郑孝胥,抵暮乃去。欧阳锜谈张之洞评郑孝胥诗:"苏龛诗虽出宋人,然竟是苏龛之诗也。其诗胜于文。"

二十二日,午后,欧阳锜访郑孝胥,至夜乃去。

二十八日,郑孝胥闻刘坤一举荐事。欧阳锜访郑孝胥,谈至夜乃去。

十二月

初九,郑孝胥作《濠堂落成》诗。

十三日,顾云宴郑孝胥等。

十八日,顾云访郑孝胥。

二十四日,易顺鼎邀郑孝胥作诗钟,郑辞之。

二十六日,郑孝胥访谭嗣同、易顺鼎,不值。

二十八日,郑孝胥邀顾云等饮于濠堂。

是年,陈三立在湖南长沙,襄助其父进行变法。

是年,袁昶官安徽宁池太广道。

是年,刘坤一檄调沈瑜庆办理皖北督销局,驻正阳,与陈冯庵、林旭日课一诗,成《正阳集》。

光绪二十三年 丁酉（1897年）

正月

初六，沈曾植晤王同愈。

十七日，蔡元培访沈曾植，商定分签李慈铭日记。

十九，郑孝胥作《江楼雪后晓坐》诗。

二十一日，陈衍过郑孝胥。

二十四日，陈衍过郑孝胥。

二十六日，汪康年、梁启超邀郑孝胥等饮于一品香。

二十七日，郑孝胥、郑孝柽兄弟过汪康年，晤马相伯。

是月，沈曾植以京察一等引见。

二月

初一，梁启超访郑孝胥。

初十，郑孝胥与谭嗣同、杨文会、蒯光典等聚饮。

三月

初一，郑孝胥答沈曾植诗。

二十二日，谭嗣同约郑孝胥等于杨文会宅中。

二十六日，张之洞、王文韶、盛宣怀等会衔奏请调用"学通中西，虑周识远之士"，指名四人，中有郑孝胥。

四月

初二，谭嗣同访郑孝胥，谈《时务报》中黄遵宪欲逐汪康年事。

初九，郑孝胥访文廷式。

初十，文廷式访郑孝胥。

十二日，郑孝胥、张謇合请文廷式、杨文会等。

五月

初三，郑孝胥、张謇同泛舟。

初五，郑孝胥与谭嗣同、缪荃孙、张謇、顾云、徐乃昌、杨文会、郑孝柽等同游。

十七日，郑孝胥过谭嗣同。

十九日，张謇置酒为郑孝胥饯行。

二十二日,谭嗣同过郑孝胥。

二十七日,郑孝胥至上海。

二十八日,郑孝胥过《时务报》馆,晤梁启超、汪康年、麦梦华①等。

三十日,文廷式访郑孝胥。

六月

初六,梁启超、汪康年宴郑孝胥等于鸿运楼。

十七日,林旭、沈瑜庆访郑孝胥。

十八日,林旭示郑孝胥所作诗。

十九日,林旭、沈瑜庆过郑孝胥。郑孝胥为林旭《晚翠轩诗集》题诗一首。

二十日,林旭过郑孝胥。

二十一日,沈瑜庆过郑孝胥夜谈。

二十二日,林旭过郑孝胥,过雅叙园晚饭,逢沈瑜庆、梁鼎芬、汪康年等。

二十四日,郑孝胥返南京。

二十六日,郑孝胥过谭嗣同。

七月

初一,郑孝胥抵上海。

初四,梁启超、汪康年过郑孝胥。

初五,郑孝胥与梁启超、汪康年等饯黄遵宪。

---

① 麦孟华(1875—1915),字孺博,号蜕庵。广东顺德人。光绪十七年(1891)入万木草堂,成为康有为的忠实弟子。十九年与康有为同科中举。二十一年春与康有为、梁启超一起进京应试。梁、麦同寓,时常"相与规划救国政略,并助南海先生奔走国事"。将订《马关条约》的消息传到北京后,受康有为嘱咐,鼓动在京各省举人上折拒和,参加"公车上书"。同年夏在康有为创办的《万国公报》任撰述和编辑。二十三年与梁启超、汪康年等创不缠足会于上海,任董事,并为《时务报》等撰写文章,主张"尊君权,抑民权",意在变光绪帝为有绝对权力之皇帝。二十四年春与梁启超等联合各省举人上书,反对租让旅大给俄国。同年参加康有为等创立的保国会。戊戌政变后,逃亡日本,协助梁启超创办《清议报》。次年代梁主持该报,撰写三百二十余篇宣扬保皇的文章,提倡学习日本维新,增强国力以救亡。曾代理东京高等大同学校校长。二十八年任《新民丛报》撰述。民国二年(1913)在康有为创办的《不忍》杂志任编辑。后充任冯国璋幕僚,相与谋倒袁。有《蜕庵诗词》三卷。

初十,林旭过郑孝胥。

十一日,林旭夜访郑孝胥。张謇至沪,访郑孝胥。

十二日,夜,林旭过郑孝胥。

十三日,沈瑜庆过郑孝胥。

十六日,郑孝胥返回南京。

十八日,谭嗣同过郑孝胥,谈《矿务报》事。

二十七日,郑孝胥到上海。

是月,陈衍等开办《求是》杂志。

八月

初三,陈衍过郑孝胥。

初四,郑孝胥过《求是》杂志社,陈衍为该报主笔。

二十五日,陈衍过郑孝胥谈。

二十六日,陈衍过郑孝胥。

二十九日,林旭访郑孝胥。

九月

初一,林旭过郑孝胥。

初二,夜,林旭过郑孝胥。

初九,郑孝胥过长春栈视杨锐。

十月

初三,郑孝胥过梁启超,梁欲初七往湖北。

十二日,夜,康有为过郑孝胥谈。

十四日,汪康年邀郑孝胥、张謇、吴保初、罗振玉等饮于万年春。

二十三日,吴保初访郑孝胥。

十一月

初四,陈三立应易顺鼎之邀游岳麓山,同游者江标、梁启超、熊希龄等。

初八,郑孝胥至《求是报》馆,晤陈衍,观陈宝琛诗。

二十二日,陈衍过郑孝胥,同至大马路。

是月中旬,陈三立赴江西办学堂。

是月,易佩绅、易顺鼎父子为诗坛之集,陈三立、陈衡恪与焉。

十二月

十五日,郑孝胥抵汉口。在汉口期间,郑与梁鼎芬、周家禄等交往频密。

二十六日,郑孝胥返回上海。

二十七日,郑孝胥得张之洞电,约陈衍赴湖北。

二十九日,郑孝胥赴盛宣怀邀,江标在座。

是年,陈三立在长沙,襄助其父推行新政。

是年,陈衍与他人集资开办《求是》杂志,任主笔,多译格致实学以及法律规则之书。周星贻访陈衍于高昌庙寓所。

光绪二十四年 戊戌(1898年)

正月

初一,郑孝胥作《海藏楼诗》。

初三,陈衍过郑孝胥。午后,郑孝胥过何嗣焜,不值。郑孝胥至农学报馆,晤蒋黼。

初五,陈衍过郑孝胥谈,登船赴鄂。

初六,沈瑜庆自苏州至上海,过郑孝胥。

初八,郑孝胥、何嗣焜、李维格等宴集万年春。

初九,陈衍至鄂,居梁鼎芬寓所。

初十,郑孝胥赴何嗣焜邀饮。陈衍谒张之洞。

十一日,郑孝胥过李维格,晤汪康年。

十六日,沈琬庆至上海,过郑孝胥。

十八日,郑孝胥接张謇函。蒯光典过郑孝胥,不值。

二十日,郑孝胥奉札委造册处总办。郑孝胥过沈瑜庆,晤陈季同①、沈琬庆。

二十一日,沈瑜庆过郑孝胥谈。

二十二日,夜,沈瑜庆招郑孝胥饭。

二十三日,沈瑜庆过郑孝胥。郑孝胥赴汪康年约,高梦旦②在座,高将赴杭州。

二十四日,夜,郑孝胥赴罗振玉、蒋黻招,叶瀚、欧云樵在座。沈瑜庆、沈琬庆过郑孝胥。

二十五日,郑孝胥赴谢筱亭招于聚丰园,胡琪、龚景张等在座。

二十六日,郑孝胥过沈瑜庆,晤汪康年,汪欲请郑为《时务报》总主

---

① 陈季同(1852—1907),字敬如,号三乘槎客。福建福州人。同治六年(1867)考入船政学堂制造专业,授都司(正四品)。十一年派赴欧洲参观学习。光绪元年(1875)被选派为随洋监督,赴欧洲游历考察,翌年回国。将游历所见写成《西行日记》,为沈葆桢赏识,保举为参将。三年,当选为第一届留学生,任文案,赴法学习政治法律。学成后任驻德、法使馆翻译官。四年,升任驻法参赞,代理驻法公使兼驻比利时、奥地利、丹麦、荷兰四国参赞,升副将,加总兵衔。精通多国文字与法律,成为一名重要外交官。他将《红楼梦》等中国文学著作译成法文,在法国刊行,加深了中外文化交流。十年,中法战争爆发前,由德赴法参加谈判。和谈失败后,归国随巡抚刘铭传赴台,以副将职参加指挥抗法战争,保卫台湾。十五年再度出国任职,无故受诬,愤而辞职归家。冤案昭雪后官复原职,在北洋海军任职。二十年,中日战争爆发,他奉命赴朝协同处理海防事务。次年,以副将身份到台湾筹划防务,日本出兵占澎湖,切断大陆对台湾的支援。为保住台湾,他参与策划成立"台湾民主国",决心保台,反对清政府向日本割让台湾。在日军进攻下他的保台计划终告失败,心灰意懒地回上海闲居。他曾翻译了雨果的六部主要作品,包括《九三年》、《钟楼怪人》等。罗曼·罗兰在其1889年2月18日日记中描绘陈季同道:"在索邦大学的阶梯教室里,在法语联盟的课堂上,一位中国将军——陈季同在讲演。他身着紫袍,高雅地端坐椅上,年轻饱满的面庞充溢着幸福,他的演讲妙趣横生,非常之法国化,却更具中国味,这是一个高等人和高级种族在讲演。透过那些微笑和恭维话,我感受到的却是一颗轻蔑心:他自觉高于我们,将法国公众视作孩童……着迷的听众,被他的花言巧语所蛊惑,报之以疯狂的掌声。"关于陈季同的生平事迹,可参阅李华川《陈季同生平史事考》,《清史论丛》,2002年。

② 高梦旦(1870—1936),原名高凤谦,字梦旦,晚年以字行。福建长乐人。曾应童子试,补博士弟子员。因厌学八股,放弃举业,以笔耕自给。光绪二十二年(1896),随长兄凤歧赴杭州入林启幕。二十八年,任浙江大学堂教习。翌年,任浙江大学堂留日学生监督,乘便考察日本。同年冬回国,被聘为上海商务印书馆编译所国文部部长,后任编译所所长。曾翻译日本《法规大全》,编辑《涵芬楼古今秘籍珍本》,编纂《词源》和《新字典》等。民国八年(1919),梦旦推举王云五接任,自己转任出版部长。十三年,得悉王云五研究汉字号码检字法,便毫无保留地把自己长期刻苦钻研的资料、稿件送其参考,王据以改进补充,创出"四角号码检字法"。十七年,辞去出版部长职,只任董事会董事。

笔,郑允之。夜,郑孝胥赴叶瀚招。

二十七日,夜,郑孝胥赴江标邀,江未至。

二十八日,郑孝胥致函江标。沈瑜庆过郑孝胥。

三十日,沈瑜庆过郑孝胥。

是月,陈三立自江西返长沙,时梁启超、皮锡瑞、王闿运、易顺鼎、黄遵宪、江瀚①、俞明震、谭嗣同、邹代钧等云集长沙,讨论时事,商议办学及创设南学会事。

二月

初一,沈瑜庆过郑孝胥。

初二,沈瑜庆过郑孝胥,示诗十余首。

初三,郑孝胥至时务报馆。陈季同过郑孝胥。

初四,郑孝胥、沈瑜庆同看戏。

十一日,陈衍自湖北至上海,过郑孝胥。

十二日,夜,郑孝胥赴汪康年、罗振玉招,江标、叶曼卿在座。

十四日,郑孝胥过刘世珩。午后,王仁东、刘世珩过郑孝胥。

十六日,沈曾植访张荫桓,张留午饭。

十七日,沈瑜庆、刘世珩过郑孝胥。

十八日,高凤岐过郑孝胥。午后,郑孝胥至东文学社,晤罗振玉、蒋黻。夜,刘世珩邀郑孝胥访罗、蒋于农会报馆。沈瑜庆宴郑孝胥等。

十九日,郑孝胥、沈瑜庆至公司,晤王仁东、刘世珩等。

二十日,沈瑜庆过郑孝胥。

二十一日,郑孝胥赴王仁东邀饮。

二十二日,郑孝胥赴刘世珩约游张园。

---

① 江瀚(1853—1935),字叔海,别号石翁山民。福建长汀人。光绪十四年(1888)入易佩绅幕。易佩绅调任苏藩,随赴苏州。十八年主持重庆东川书院。二十二年赴致用书院讲学。二十三年受聘于长沙校经堂。三十年赴日考察教育。三十一年任江苏高等学堂监督。翌年四月,任清政府学部总务司行走。三十三年升学部参事官。宣统二年(1910)年任京师大学堂文科教授,兼女子师范学堂经理。民国元年(1912)年任京师图书馆馆长。三年任北京政府政事堂礼制馆总编纂。四年任参政院参政。五年任总统府顾问。十七年后任故宫博物院理事,接任理事长。有《慎所立斋诗文集》、《孔宗篇》、《孔学发微》等。

是月，张之洞使梁鼎芬促陈衍入都会试，陈衍辞以无意科名，张之洞不悦，谓尚未中年，岂意过于自弃。陈衍乃决意入都赴试。

三月

初一，郑孝胥过江瀚。

初六，丁立钧至上海，郑孝胥往视之。

初七，罗振玉、汪荣宝①、朱克柔②同过郑孝胥。王仁东、张美翊过郑孝胥。

初九，郑孝胥与丁立钧过叶曼卿。

初十，郑孝胥过丁立钧。

十一日，丁立钧、叶曼卿过郑孝胥。郑孝胥游龙华。

十二日，郑孝胥作《龙华》诗。郑孝胥赴王仁东约，黄绍箕、黄绍第、文廷式、志锐、罗振玉、江瀚、王司直在座。

十四日，丁立钧过郑孝胥。

十五日，文廷式过郑孝胥。

十七日，王仁东过郑孝胥，言沈瑜庆署徐州道。江瀚过郑孝胥。

十九日，沈曾植至上海，与汪康年同访郑孝胥。

二十日，陈书至上海。郑孝胥访陈书。夜，沈曾植、郑孝胥、汪康年过丁立钧谈。

二十一日，文廷式过郑孝胥谈。

二十五日，郑孝胥过丁立钧。

二十六日，夜，郑孝胥赴陈季同约。

二十七日，郑孝胥过丁立钧谈。

---

① 汪荣宝(1878—1933)，字衮父，号太玄。江苏吴县人。光绪二十三年(1897)拔贡。二十四年应朝考，以七品小京官入兵部任职。二十六年入南洋公学堂。后赴日本留学，入早稻田大学和庆应义塾。在东京加入国民义勇军。回国后，仍在兵部任职。三十二年任京师译学馆教习，旋改任巡警部主事。巡警部改民政部补参事，仍兼译学馆教习。三十四年任民政部右参议，兼宪政编查馆正科员。宣统元年(1909)任简字研究会会员。二年，任资政院议员。民国时期历任临时参议院议员、国会众议院议员、驻比利时公使、驻瑞士公使、驻日本公使。民国二十年(1931)回国后，旋赴北平，任陆海空军副司令部行营参议，外交委员会委员长。有《清史讲义》、《法言义证》、《法言疏证》、《思玄堂诗集》、《歌戈鱼虞模古读考》等。

② 朱克柔，字强甫。浙江嘉兴人。诸生。有《朱强甫集》。

三十日,刘树屏过郑孝胥。

是月,沈曾植丁忧,出京南归。

是月,陈衍入都。林旭常至陈衍寓所谈艺谈国事。

是月,林纾始见林旭于李宣龚京师寓所,时李宣龚官内阁中书。

闰三月

初一,翁铁梅过郑孝胥。

初二,文廷式过郑孝胥,议立亚细亚协会。

初四,文廷式过郑孝胥。

初五,江标、刘树屏过郑孝胥。郑孝胥访张謇。

初六,午后,张謇、文廷式过郑孝胥,同访郑观应,开亚细亚协会。

初七,张謇过郑孝胥。江标邀郑孝胥、汪康年、刘树屏一品香晚饭。

初八,晨,郑孝胥约张謇、何嗣焜同照相。郑孝胥与文廷式、张謇、刘树屏晤谈。

初十,张謇过郑孝胥辞行。

十一日,顾云、傅春官、缪荃孙自南京至上海,访郑孝胥,夜,郑宴之于聚丰园。

十二日,郑孝胥过顾云、傅春官。缪荃孙、文廷式过郑孝胥。

十三日,顾云过郑孝胥辞行。

十九日,丁立钧自苏州至上海,过郑孝胥。程仪洛①过郑孝胥。

二十日,郑孝胥接张之洞电,邀同入都。沈曾植自苏州至上海,过丁立钧,晤郑孝胥,纵谈至暮。

二十一日,丁立钧过郑孝胥。

二十二日,郑孝胥过丁立钧、沈曾植谈。

二十三日,丁立钧、文廷式、郑观应过郑孝胥。

二十四日,陈衍过郑孝胥。夜,汪康年过郑孝胥。

二十五日,沈曾植、郑孝胥过丁立钧久谈。

---

① 程仪洛,字雨亭。浙江山阴人。历任两淮盐运使、山西布政使。光绪二十八年(1902)创办扬州仪董学堂,这是扬州第一所官立中学。

二十六日,晨,郑孝胥谒张之洞,晤费念慈。郑孝胥、沈曾植、何嗣焜等送丁立钧。

二十七日,林旭、李宣龚过郑孝胥。郑孝胥过沈曾植,晤文廷式。郑孝胥谒张之洞于楚材兵轮。

二十八日,李宣龚、林纾、高凤岐过郑孝胥。

二十九日,何嗣焜、郑孝胥过沈曾植,同至雅叙园饭。李宣龚、林纾、高凤岐、郑孝柽过郑孝胥。郑孝胥上兵轮,晤钱恂,张之洞欲郑同游焦山。

四月

初一,郑孝胥过林纾、高凤岐久谈。

初三,顾云、傅春官至上海,郑孝胥往视。①

初四,郑孝胥作一诗赠顾云。

初五,郑观应过郑孝胥,约明日张园宴集。

初六,郑孝胥与郑观应、盛宣怀、姚文藻等于张园宴日人。

初七,缪荃孙过郑孝胥。

初八,郑孝胥、沈曾植与盛宣怀、郑观应久谈。

初九,文廷式、陈季同过郑孝胥。

初十,李宣龚、林旭、郑孝柽、林纾同游杭州。郑孝胥、林旭等宴集。夜,林旭过郑孝胥。

十二日,汪康年、陈书、郑观应过郑孝胥。郑孝胥过沈曾植谈。

十三日,罗振玉、蒋黻、郑观应过郑孝胥。沈曾植将赴扬州,邀郑孝胥等至雅叙园,郑未至。

十五日,郑孝胥至农会报馆,晤罗振玉、藤田丰八。

十六日,王仁东、文廷式过郑孝胥。

十七日,郑孝胥过汪康年久谈。

二十日,林纾过郑孝胥。

二十一日,林旭、林纾过郑孝胥。

---

① 时顾云同傅春官、缪荃孙作杭州之游途经上海。《艺风老人日记》,第3402页。

二十二日,郑孝胥、林纾、林旭至日升楼小坐。夜,郑孝胥、林旭、汪康年等饮于一品香。

二十三日,郑孝胥送林纾登船。

二十五日,郑观应过郑孝胥。

二十六日,郑孝胥与何嗣焜谈学堂事。

二十八日,郑孝胥作《题季直荷锄小照》诗。

是月,陈衍至武昌,仍寓纺纱局。

五月

初一,晨,郑孝胥过罗振玉,道逢高梦旦。

初五,郑孝胥过罗振玉。

初七,林旭过郑孝胥。

初九,陈季同过郑孝胥。

十三日,夜,郑孝胥赴郑观应约。

十五日,郑孝胥过汪康年,不值。

二十一日,陈书过郑孝胥,示沈鹊应词。郑孝胥过汪康年。夜,陈书复过郑孝胥。

二十二日,沈鹊应过郑孝胥,请书小屏。

二十八日,郑孝胥赴柯鸿年①约。

二十九日,郑孝胥赴盛宣怀约,何嗣焜在座。郑孝胥过汪康年。

三十日,郑孝胥过樊棻。

是月,沈曾植应张之洞聘主讲两湖书院史席。至武昌,与陈衍同住纺纱局西院,始相识,自此常夜谈诗。

六月

初二,郑孝胥赴何嗣焜一家春约,辜鸿铭等在座。江瀚、陈季同、汪康年过郑孝胥。

初三,郑孝胥作《论西人擅杀华人》一文送汪康年。

---

① 柯鸿年,字贞贤。福建福州人。马江船政学堂出身。久客京师。民国时期曾任华北银行经理、京汉铁路参赞、京汉铁路局局长。善作山水,颇清雅。

初九,蒋黻、汪康年过郑孝胥。

初十,蒋黻、施滋卿过郑孝胥。

十二日,张謇至上海,郑孝胥访之。夜,郑孝胥赴张謇邀饮聚丰园。

十三日,晨,郑孝胥过蒋黻,晤汪康年。郑孝胥过张謇,张诵其诗作。

十四日,江瀚过郑孝胥。

十五日,郑孝胥送别张謇。郑孝胥得张之洞电,令进京预备召见。

二十三日,郑孝胥至汉口,晤汪凤瀛、钱恂。

二十四日,郑孝胥、沈曾植、陈衍晤谈。

二十五日,郑孝胥、沈曾植赴张之洞宴,梁鼎芬、钱恂在座。

二十六,郑孝胥赴张之洞抱冰堂邀谈。郑孝胥、沈曾植赴梁鼎芬招饮,钱恂等在座。

是月,陈书赴正阳关沈瑜庆处。

七月

初一,郑孝胥抵沪。

初六,汪康年过郑孝胥,为其送行。

初十,郑孝胥至京。

十一日,郑孝胥晤张美翊、柯鸿年等。郑孝胥过陈懋鼎、黄绍箕等。林旭、林开謩、陈季同访郑孝胥。

十二日,郑孝胥访寿富、福寿兄弟。

十四日,林开謩、林旭、陈懋鼎、郭曾炘过郑孝胥。

十五日,陈懋鼎、郭曾炘过郑孝胥。夜,林旭过郑孝胥,询招商、电报、铁路事。黄遵宪抵武昌,沈曾植与之见面。

十六日,郑孝胥晤杨锐、郭曾炘等。

十八日,叶大遒①过郑孝胥。

十九日,沈曾植应陈宝箴之聘,主讲校经书院。

二十,光绪帝召见郑孝胥。黄绍箕过郑孝胥久谈。

---

① 叶大遒(1845—1907),字敷恭,号铎人。大焯弟。光绪六年(1880)进士,选庶吉士,授编修。历任广东督粮道、高廉钦兵备道、琼崖兵备道。二十五年,代理广州粮道。后染瘴病回家乡,被聘主持正谊书院,热心培育人才。

二十一日,林旭访郑孝胥。

二十二日,林开謩过郑孝胥。

二十三日,午后,郑孝胥赴欧阳锜伏魔寺招,晤严金清。郑孝胥与严复谈,观其《上皇帝书》。林旭访郑孝胥,郑戒其勿泄枢廷事。

二十四日,钱恂过郑孝胥。郑孝胥、江标被任命于总理衙门章京上行走。

二十五日,郑孝胥过严金清。郑孝胥至总理衙门,晤张元济等。沈曾植与陈宝箴等长谈。

二十六日,严金清、徐定超、张元济、林开謩、郭曾炘过郑孝胥。

二十八日,林旭、林开謩访郑孝胥。

二十九日,夜,郑孝胥应叶大遒约。

三十日,严金清、陈懋鼎、黄绍第过郑孝胥。

八月

初一,郑孝胥与严复长谈。

初二,张謇"知太夷诏对后赏道员,充总理各国衙门章京,甚喜"。

初三,郑孝胥至通艺学堂听严复演说《西学门径》,以诗示严复。

初五,严复、林旭访郑孝胥。

初六,戊戌政变难作。

初八,林旭访郑孝胥,谈良久,林自言不得以康党相待。

十三日,林旭等"戊戌六君子"遇难。沈曾植离湘返鄂。

二十一日,陈宝箴、陈三立父子被革职,永不叙用。

二十八日,郑孝胥作《哀畹谷》诗。

二十九日,郑孝胥晤张元奇。

九月

初九,范当世登广州白云山绝顶,与山僧能仁久谈,吊燕市诸人,有诗。

十五日,郑孝胥过严复,长谈。

二十二日,郑孝胥抵上海。缪荃孙发湖北沈曾植信。

二十八日,沈曾植抵沪。

二十九日,郑孝胥过沈曾植。

十月

初五,郑孝胥抵汉口,邀陈衍长谈。

初六,郑孝胥晤易顺鼎。郑孝胥与陈衍过自强学会,晤汪凤瀛、汪凤藻等,郑、陈同登黄鹤楼。晚,汪凤瀛过郑孝胥、陈衍,谈至十点。

初七,郑孝胥过陈衍。张曾畴过郑孝胥。

初八,陈衍过郑孝胥。郑孝胥赴梁鼎芬宴,易顺鼎、顾印愚、徐次舟等在座。

初九,郑孝胥移入铁路局,晤王寿昌①、柯鸿年等。

初十,陈衍过郑孝胥。郑孝胥接严复函及诗。

十一日,张美翊过郑孝胥。

十二日,郑孝胥作诗答严复。

十四日,汪凤瀛过郑孝胥久谈。

十五日,杨绥卿、张美翊过郑孝胥。

二十一日,郑孝胥作《触忆》诗。

是月,陈宝琛抵沪。

十一月

初八,郑孝胥、陈衍久谈。

初九,沈曾植舟中晤张謇,彻夜长谈。

十五日,郑孝胥自湖北至南京。

十二日,晨,郑孝胥过张謇。郑孝胥与蒯光典、柯逢时②同谒刘坤一。郑孝胥过顾云,晤缪荃孙、陈作霖、吴瞻菁③。

---

① 王寿昌(1864—1926),原名王晓,字子仁,号晓斋主人。福建人。我国早期的留学生和外交官,通法文,口译《巴黎茶花女遗事》等,由林纾笔译。

② 柯逢时(1845—1912),字懋修,号巽庵。湖北鄂城人。光绪九年(1883)进士。授翰林院编修。历任陕西督学使、江西按察使、湖北布政使、广西巡抚、江西巡抚、户部右侍郎等。近代著名藏书家。先后纂修《湖北通志》、《武昌县志》等。

③ 吴瞻菁,字翘士。安徽泾县人。同治十二年(1873)举人。光绪十九年(1893)曾出使朝鲜。

十二日，缪荃孙、张謇、吴瞻菁、吴瞻莪①、徐乃昌等过郑孝胥。

十四日，郑孝胥过张謇。郑孝胥访刘世珩久谈，晤傅春官。夜，郑孝胥赴缪荃孙招。

十五日，郑孝胥过张謇。郑孝胥赴傅春官约。

十六日，郑孝胥赴顾云草堂约，张謇、缪荃孙、蒯光典、徐乃昌、吴怡泉在座。

十七日，郑孝胥赴张謇、刘世珩约，缪荃孙、徐乃昌在座。

十八日，午后，刘坤一召见郑孝胥，询京师八月间情形。郑孝胥过蒯光典。

十九日，郑孝胥至龙蟠里访顾云。郑孝胥至文正书院访张謇，商招洋股事。

二十一日，郑孝胥抵沪。

二十二日，晨，郑孝胥过何嗣焜，晤恽祖祁②。郑孝胥购得《天演论》，拟献张之洞。

二十三日，郑孝胥答拜恽祖祁。

二十四日，郑孝胥过张元济。

二十六日，缪荃孙接沈曾植信。

二十七日，何嗣焜过郑孝胥。

是月中旬，沈曾植自扬州赴武昌，在湖广总督府下榻。

十二月

初二，张元济过郑孝胥。

初三，郑孝胥赴郭秋屏约，萨镇冰等在座。

初四，汪康年过郑孝胥。午后，郑孝胥过郭秋屏，晤何嗣焜。

初七，郑孝胥阅《天演论》终卷。

---

① 吴瞻莪，字彬士。安徽泾县人。曾任临江知县、复州知州。

② 恽祖祁，字莘耘。江苏武进人。曾入张之洞幕，历官江西候补道、兴泉永道。光绪三十一年(1905)，与张謇、赵凤昌等倡议发起江苏学会，任副会长。三十二年，创办常州第一家银行和慎银行。

初八,郑孝胥与徐家干①谈。

初十,郑孝胥抵汉口。

十一日,沈曾植、郑孝胥过陈衍新居。

二十日,沈曾植、陈衍过郑孝胥,宿郑处,约暇时相督为律诗。

十六日,郑孝胥拜汉黄德道俞钟颖②、汉阳知府余肇康。

十八日,程仪洛过郑孝胥。

二十日,沈曾植、陈衍、朱克柔过郑孝胥,夜,郑孝胥留宿沈、陈。③

二十一日,午后,沈曾植、郑孝胥赴俞钟颖约,吴宗濂④、刘家立在座。

二十二日,郑孝胥拜岑春蓂⑤。

二十三日,郑孝胥拜汪凤藻、汪凤瀛、钱恂、程仪洛、王秉恩等。

二十四日,沈曾植离武昌赴扬州度岁,郑孝胥前往送行。

二十五日,郑孝胥过俞钟颖。

二十七日,郑孝胥赴余肇康约。

二十八日,晨,郑孝胥过俞钟颖拜寿。

是月,范当世自广州还上海。

是月,郑孝胥被张之洞委总办汉口铁路。

---

① 徐家干,字稚苏。江西义宁人。举人。历官湖北候补道、荆州知府。有《苗疆见闻录》等。时任武昌武备学堂提调。

② 俞钟颖(1847—1924),字君实,晚号城南渔隐。江苏常熟人。翁同龢甥。同治拔贡,历官总理各国事务衙门章京、荆宜施道、汉黄德道、江汉关道、河南布政使。

③ 沈曾植:《借石遗渡江》,《海日楼诗注》卷二。

④ 吴宗濂(1856—1933),字挹清,号景周。江苏嘉定人。光绪二年(1876)入上海广方言馆,次年入北京同文馆学法语和俄语。毕业后任京汉铁路局法文翻译。后经总理各国事务衙门保奏,候选中书科中书,擢候补道,旋调入外务部。九年,随李鸿章去沙俄订立边界条约。十六年,任驻英钦差龚心湛随员。是时,著有《随轺笔记》,其中记有孙中山伦敦蒙难事件,尤其是对西方文化介绍记述颇详。二十三年回国,就职于芦汉铁路稽查会。二十七年在上海广方言馆任法语教习。三十四年,署外务部左参议、右丞。宣统元年(1909)奉派出任驻意大利钦差大臣。民国元年(1912)留任。三年,回国,任北京大总统府外交谘议。七年,当选为安福国会参议员。十四年,任上海法租界市政会议委员。十九年起,任国民政府条约委员会委员。卸任后,居上海,任法租界公董局董事。有《随轺笔记》四卷。

⑤ 岑春蓂,字尧阶。广西西林人。岑春煊弟。历官湖北按察使、贵州巡抚、湖南巡抚。他与郑孝胥相识于武昌,后为挚交。

是年，瞿鸿禨举荐陈三立等为经济特科。

是年，冒广生经林旭介绍访陈衍于莲花寺。

光绪二十五年 己亥（1899年）

正月

初一，郑孝胥过陈衍。

初五，吴宗濂过郑孝胥。

初六，福开森过郑孝胥。午后，郑孝胥过俞钟颖，晤汪凤瀛。

十一日，郑孝胥诣俞钟颖。

十三日，陈衍示郑孝胥诗四首。梁鼎芬、汪凤藻过郑孝胥。

十五日，郑孝胥录诗寄陈衍。

十六日，郑孝胥、陈衍赴易顺鼎约至琴台，顾印愚、朱克柔、汪鸾翔① 在座。

十七日，沈曾植赴蒯光典招饮，王仁东、何嗣焜、缪荃孙、王季烈等在座。

十八日，沈曾植与缪荃孙、王秉恩谈。

十九日，沈曾植离上海赴嘉兴。

二十日，郑孝胥应张之洞招赴武备学堂，梁鼎芬等在座。

二十一日，刘家立过郑孝胥。沈曾植致函汪康年。

二十五日，郑孝胥过陈衍小坐。

三十日，郑孝胥赴徐家干约，梁鼎芬等在座。

二月

初一，陈衍访郑孝胥，郑避榻让之，郑夕不能寐，作五绝四首。

初二，郑孝胥晤朱克柔。吴宗濂过郑孝胥，送二月份薪水及学堂经费。

初十，陈衍过郑孝胥。

---

① 汪鸾翔，字巩庵。广西人。广雅书院毕业。曾入张之洞幕府。民初任清华大学教授。三十年代任溥仪的家庭教师。

十三日,夜,郑孝胥、陈衍、朱克柔宴集纺纱局楼上。

十五日,郑孝胥宴陈衍、梁鼎芬、顾印愚、朱克柔、陈立村。

十六日,郑孝胥、梁鼎芬陪张之洞两湖书院看桃花,张之洞称郑孝胥《观梅》诗出笔不凡。

十七日,郑孝胥作五言诗呈张之洞,并示梁鼎芬。

十八日,王秉恩过郑孝胥,谈商务局事。

十九日,俞钟颖过郑孝胥。

二十一日,汪凤瀛过郑孝胥。夜,钱恂赴日本,郑孝胥为其送行。

二十五日,刘家立过郑孝胥。

二十七日,刘家立过郑孝胥,言将送眷赴江西。

二十八日,夜,郑孝胥约刘家立、李苇杭饭。

二十九日,郑孝胥、陈衍、张曾畴、双松如同游洪山宝通寺。

三月

初一,郑孝胥接林纾函。

初二,郑孝胥复林纾函。

初四,吴庆坻致函沈曾植。

初五,郑孝胥过俞钟颖,约初七晚饭。

初六,夜,郑孝胥为吴宗濂送行。

初七,夜,郑孝胥宴俞钟颖等。

初九,午后,陈庆年过郑孝胥。郑孝胥过岑春蓂,晤梁鼎芬。

初十,俞钟颖过郑孝胥,言将回荆宜施道本任。

十二日,汪凤藻过郑孝胥。

十三日,郑孝胥接李宣龚、郑孝柽、柯鸿年函。

十四日,郑孝胥、陈衍等赴陈立村宴。

十六日,岑春蓂过郑孝胥。

十九日,沈曾植自嘉兴启程往上海。

二十一日,陈衍过郑孝胥。

二十二日,陈庆年赠郑孝胥地图二册。

二十四日,金鼎过郑孝胥。

二十六日,刘家立过郑孝胥。

三十日,洪超过郑孝胥。

四月

初四,郑孝胥、陈立村过陈衍。郑孝胥赴张之洞约谈,王秉恩在座。

初五,陈庆年过郑孝胥久谈。

初六,岑春蓂过郑孝胥。

初七,李宣龚自上海抵汉口。丁国桢过郑孝胥。

初八,金鼎过郑孝胥。

初九,丁国桢、王寿昌过郑孝胥。

十二日,徐家干过郑孝胥。郑孝胥、陈衍过陈立村谈。

十九日,四川按察使张曾㬬①访郑孝胥。夜,郑孝胥赴张之洞约,梁鼎芬、程仪洛、王秉恩、张曾㬬在座。

二十日,郑孝胥答拜张曾㬬。

二十四日,金鼎、刘齐滋过郑孝胥。

二十五日,岑春蓂过郑孝胥。

二十六日,郑孝胥渡江视沈曾植,沈留饭,谈至日斜。郑孝胥访张曾㬬贺嫁女。

二十七日,夜,郑孝胥赴岑春蓂邀饮。

是月初,沈曾植至鄂,寓文昌门内发羊巷。

五月

初一,郑孝胥为何嗣焜题"南洋公学上院"匾。

初二,周家禄过郑孝胥,云将归通州。

初四,余肇康过郑孝胥。

初六,张曾㬬过郑孝胥辞行。岑春蓂过郑孝胥。

初九,黄体芳卒。

初十,张之洞委郑孝胥农务学堂差。

---

① 张曾㬬(1852—1920),字筱帆、小帆、润生、抑仲。直隶南皮人。同治十年(1871)进士,历官福建盐法道、按察使,四川按察使,山西、浙江巡抚。

十一日,郑孝胥晤陈衍。

十二日,郑孝胥作《题茶花女遗事》诗一首。

十三日,郑孝胥接何嗣焜函。

二十日,朱克柔过郑孝胥。

二十四日,严寿民过郑孝胥。

二十六日,郑孝胥得林纾函。

六月

十三日,陈庆年过郑孝胥。

十五日,沈曾植致函汪康年。

十六日,沈曾植、郑孝胥、陈衍等同至安徽会馆观荷。夜,郑孝胥过沈曾植,晤沈曾桐,谈久之。

十七日,夜,岑春蓂过郑孝胥,商洋务月课事。

二十二日,汪凤瀛过郑孝胥。

二十四日,岑春蓂过郑孝胥。

二十五日,沈曾植致函汪康年。洪超过郑孝胥。

二十八日,陆宗舆①过郑孝胥。

二十九日,夜,郑孝胥赴岑春蓂宴,余肇康等在座。

七月

初四,陈衍过郑孝胥。

初六,程仪洛过郑孝胥。夜,郑孝胥过岑春蓂。

初七,郑孝胥得张謇纱厂求增股启。

初八,郑孝胥渡江,晤程仪洛、王秉恩、陈衍、沈曾植、沈曾桐。

---

① 陆宗舆(1876—1941),字润生。浙江海宁人。光绪二十五年(1899)赴日本早稻田大学学习。二十八年归国后,任进士馆及警官学堂教习、巡警部主事。三十三年调任奉天洋务局总办兼管东三省盐务。次年升任候补四品京堂。宣统元年(1909)进京任宪政编查馆馆员。二年,被选为资政院议员。次年秋任交通银行协理、印铸局局长。武昌起义后,任度支部右丞并代副大臣。后任中华民国袁世凯总统府财政顾问。民国二年(1913)当选为参议院议员。同年任驻日公使。四年,由袁世凯派遣,与陆徵祥、曹汝霖一起与日方代表日置益谈判,签订"二十一条"。六年,任中日合办的中华汇业银行总理,多次经手向日本借款。八年,任察哈尔龙阳铁矿(今属河北)公司督办。十四年后一度出任临时参政院参政。二十九年,汪伪国民政府成立,被聘为行政院顾问。

初九,汪凤瀛过郑孝胥。

初十,岑春蓂过郑孝胥。

十六日,郑孝胥致张謇函。

十九日,沈曾植致函汪康年。荆宜施道俞钟颖弃官归养,至汉口,以诗四首赠郑孝胥。岑春蓂过郑孝胥。

二十日,郑孝胥约沈曾植、沈曾桐兄弟来谈,夜半乃寝。王同愈过郑孝胥。

二十一日,郑孝胥为俞钟颖饯行。高而谦①过郑孝胥。沈曾植渡江遇险。

二十三日,高而谦、刘家立、岑春蓂过郑孝胥。沈曾植赴梁鼎芬招饮,沈曾桐、刘家立、罗振玉、钱恂、王同愈等在座。

二十六日,陈夔麟过郑孝胥久谈。

二十八日,夜,岑春蓂过郑孝胥谈。

八月

初二,高而谦过郑孝胥。

初三,郑孝胥过张曾敭,贺其授福建布政使。郑孝胥过沈曾植、沈曾桐久谈。郑孝胥与张之洞、梁鼎芬等谈诗,张之洞称郑孝胥诗沉雄宕逸。

初六,吴保初访郑孝胥。

初八,夜,岑春蓂过郑孝胥,托拟洋务课题,郑拟以"开源节流孰急论"。

初九,郑孝胥赴梁鼎芬约至两湖书院,晤张权、张曾敭。

初十,岑春蓂、徐家干过郑孝胥。

十三日,郑孝胥赴朱克柔约。

十六日,岑春蓂过郑孝胥,请代约高而谦入道署。

十七日,张曾敭、周家禄、吴保初、余肇康过郑孝胥。郑孝胥为张曾敭送行。夜,郑孝胥过岑春蓂。

---

① 高而谦(1863—1919),字子益。福建长乐人。高梦旦兄。举人。历任外务部右丞、云南交涉使、驻意大利公使、四川布政使。民国后,官至外交部次长。

十八日，汪凤瀛过郑孝胥。

二十日，郑孝胥渡江谒张之洞，晤钱恂。郑孝胥访陈树屏，不值。

二十一日，岑春蓂过郑孝胥。

二十三日，沈曾植至两湖书院，梁鼎芬招饮。

二十四日，夜，沈曾植、郑孝胥、沈曾桐宴集一品香，郑孝胥为二沈饯行。

是月，吴保初至鄂，与沈曾植互有酬唱。

是月，范当世拟赴广州，未果，遂滞留上海，居王欣甫署中。

九月

初二，罗振玉过郑孝胥。

初三，郑孝胥接顾云函，约游匡庐。

初七，汪康年、汪洛年过郑孝胥。

初九，沈曾植自扬州抵武昌，过郑孝胥，借船渡江。

十一日，郑孝胥过沈曾植，晤朱克柔。夜，郑孝胥赴张之洞招，梁鼎芬、汪凤藻在座。

十三日，岑春蓂过郑孝胥。

十五日，郑孝胥过陈夔麟。

十七日，沈曾植疾，郑孝胥往视。

二十五日，陈衍过郑孝胥。郑孝胥过沈曾植。夜，郑孝胥赴张之洞招，程仪洛在座。

二十六日，沈曾植以诗柬周家禄。

二十八日，陈夔麟过郑孝胥。梁鼎芬过郑孝胥。夜，郑孝胥过岑春蓂。

是月上旬，沈曾植在扬州送五弟北上，遂返武昌。

是月，沈曾植居武昌城南水陆街姚园，与陈衍时相唱和。

是月，吴保初访陈衍。

十月

初二，郑孝胥赴张之洞招作陪日本近卫公爵，张之洞、岑春蓂等在座。夜，陈庆年过郑孝胥。

初三,夜,郑孝胥过陈庆年。

初四,陈庆年访沈曾植。

初七,吴保初过郑孝胥。

初十,沈曾植、郑孝胥过郑篯久谈。午后,郑孝胥过程仪洛、陈庆年。

十一日,陈衍、郑篯过郑孝胥。

十二日,岑春蓂、高而谦过郑孝胥。

十三日,郑孝胥复严复函。

十四日,沈曾植以诗柬陈衍。

十七日,陈衍示郑孝胥诗。夜,汪凤瀛、陈庆年过郑孝胥。

二十三日,宗方小太郎过郑孝胥。

二十七日,郑孝胥晤徐家干、黄忠浩、汪凤瀛等。

二十八日,郑孝胥作《哀江建霞》诗。

二十九日,郑孝胥、梁鼎芬赴岑春蓂宴,梁诵其《八月十三日哭杨叔峤》诗。

十一月

初一,午后,郑孝胥过沈曾植,沈示诗数十首。

初三,高而谦过郑孝胥。

十七日,沈曾植寄沈曾桐七古一首。

二十日,范当世访张謇。

二十一日,范当世、张謇同游狼山。

二十三日,张謇和范当世游狼山诗。

二十四日,郑孝胥过岑春蓂。

二十五日,郑孝胥过沈曾植。

二十九日,午后,郑孝胥过陈衍、沈曾植。

十二月

初一,刘冠雄过郑孝胥。

初七,沈曾植致函陈衍。陈庆年过郑孝胥。

初九,夜,郑孝胥作答沈曾植七古一首。

十一日,高而谦过郑孝胥。

十四日,午后,郑孝胥过沈曾植、陈衍。

十五日,郑孝胥与沈曾植同至铁路局,文廷式访沈曾植、郑孝胥,畅谈竟日。

十六日,沈曾植归武昌。高而谦过郑孝胥。

十七日,陈庆年过郑孝胥,将归镇江。

十八日,岑春煊过郑孝胥,示张之洞函,邀郑二十一日往青山观操练军队。

十九日,郑孝胥邀岑春煊至局。

二十日,沈曾植致函梁鼎芬。

二十一日,沈曾植、郑孝胥陪同张之洞赴青山观操练军队,梁鼎芬、张权、纪钜维、岑春煊等同往。

二十六日,郑孝胥过岑春煊。

二十八日,午后,陈衍、郑孝胥过沈曾植久谈。

三十日,郑孝胥过汪凤瀛。夜,沈曾植过郑孝胥。

是月初,沈曾植过郑孝胥,不值,归以诗柬之,郑有答诗。①

是月初,沈曾植雪中招陈衍观沈周山水长卷。②

是月,范当世于沈瑜庆席上结识林纾,并赠诗二首。

是年,陈三立侍父南昌。

是年,郑孝胥任京汉铁路南段总办,兼办汉口铁路学堂,居汉口。

是年,陈衍在武昌与沈曾植论学时提出"三元说"。

光绪二十六年 庚子(1900 年)

正月

初四,郑孝胥赴岑春煊约。徐家干等过郑孝胥。

初五,郑孝胥过沈曾植,示新诗数首。郑孝胥赴陈立村之约,晤辜鸿

---

① 沈曾植:《诣太乙新居不遇归后简之》,《海日楼诗注》卷二;郑孝胥:《答沈子培见访湖舍不遇》,《海藏楼诗》卷四。

② 陈衍:《乙庵雪中招饮观沈石田山水长卷》,《石遗室诗集》卷三。

铭、邱屏孙。

初九,程仪洛、辜鸿铭过郑孝胥。

初十,郑孝柽自沪至鄂。岑春蓂过郑孝胥。

十二日,郑孝胥访沈曾植、梁鼎芬。

十三日,郑孝胥约沈曾植、陈衍、梁鼎芬、岑春蓂十八日琴台午饭。陈树屏过郑孝胥。

十四日,沈曾植、陈衍过郑孝胥。

十六日,岑春蓂过郑孝胥。

十八日,郑孝胥宴沈曾植、梁鼎芬、陈衍、岑春蓂于琴台。

十九日,夜,郑孝胥、沈曾植同赴张之洞约,谈至三鼓。

二十日,郑孝胥送郑孝柽登船。

二十一日,李宣龚致函郑孝胥请销差。高而谦过郑孝胥。

二十二日,况周颐过郑孝胥。

二十四日,沈瑜庆自南京至汉口。夜,郑孝胥、沈瑜庆同食西餐。

二十五日,郑孝胥送沈瑜庆渡江。梁鼎芬约郑孝胥明日观梅。

二十六日,郑孝胥过沈曾植,晤王秉恩。夜,郑孝胥赴梁鼎芬约观梅,二鼓始返。范当世在上海,与张謇谈。

二十七日,岑春蓂过郑孝胥,言张之洞令郑兼办枪炮厂。郑孝胥送沈瑜庆登船。

二十九日,郑孝胥题《定林访碑图》七律一首。郑孝胥接陈宝琛函。

二月

初一,余肇康过郑孝胥。夜,郑孝胥过岑春蓂。

初四,张之洞、郑孝胥过沈曾植。

初八,岑春蓂过郑孝胥。

初十,郑孝胥接许珏函,言将归无锡办戒烟事。

十一日,陈衍、郑孝胥过沈曾植。

十二日,钱恂过郑孝胥。

十四日,岑春蓂过郑孝胥。郑孝胥作《盟鸥榭》诗一首。

十八日,沈曾植约同人,郑孝胥、张之洞、梁鼎芬、钱恂、纪钜维在座,张之洞询郑孝胥近作，郑呈《盟鸥榭》诗，张曰："子诗，自明以来皆不及也"。

十九日，沈曾植、郑孝胥赴岑春蓂约，纪钜维、梁鼎芬在座。

二十一日，郑孝胥作诗一首寄丁立钧。

二十五日，郑孝胥访沈曾植，观张謇《荷锄图》。郑、沈同赴张之洞之约。李宣龚自信阳归。

二十六日，陈庆年过郑孝胥。

二十九日，岑春蓂过郑孝胥。

三十日，午后，沈曾植招郑孝胥等看海棠，王仁俊、朱克柔、纪钜维、梁鼎芬在座。

是月，陈衍移居水陆街，作诗示沈曾植。

三月

初二，郑孝胥过程仪洛、况周颐。

初五，程仪洛过郑孝胥辞行。夜，郑孝胥登船送程仪洛，又过岑春蓂久谈。

初九，郑孝胥访陈衍、沈曾植等。夜，郑、沈同赴张之洞约，钱恂在座。

初十，郑孝胥约陈衍、高而谦、陈立村等午饭。

十二日，沈曾植过郑孝胥，借船渡江，因风大未行。

十三日，岑春蓂过郑孝胥。

十四日，沈曾植夜访郑孝胥。

十五日，郑孝胥送沈曾植百金。沈、郑同登晴川阁，上大别山。沈曾植晚登船离鄂赴扬。

十七日，张曾畴荐刘成禹于郑孝胥，求为铁路附学生。

十九日，郑孝胥接郑孝柽函，言严复事。

二十日，夜，郑孝胥过岑春蓂。沈曾植至扬州。

二十三日，高而谦、王寿昌过郑孝胥。

二十六日，郑孝胥、岑春蓂同游。

是月，范当世自上海返里。

四月

初一,郑孝胥过王秉恩送行。

初三,陈庆年赠郑孝胥《兵法史略课程》。

初四,夜,郑孝胥过岑春蓂。

初六,陈衍过郑孝胥,与高而谦同饭。沈曾植至常熟访翁同龢。

十二日,夜,郑孝胥邀高而谦饭。

十三日,沈曾植至沪。

十八日,沈曾植、张謇为黄绍箕送行。

二十日,岑春蓂过郑孝胥。

二十三日,高而谦、王寿昌过郑孝胥。

是月,沈曾植留沪与盛宣怀、沈瑜庆、汪康年商中外互保。

五月

十二日,沈曾植自扬州抵汉口,过郑孝胥。

十四日,郑孝胥、沈曾植谒张之洞,与黄绍箕等同留饭。夜,郑孝胥赴黄绍箕约。

十六日,梁鼎芬设宴饯沈曾植。

十八日,沈曾植访过孝胥,示《同登大别山》诗二首。

二十日,郑孝胥、李宣龚渡江,访沈曾植。

二十一日,沈曾植、郑孝胥赴张之洞邀,梁鼎芬、黄绍箕在座。

二十四日,郑孝胥作诗送沈曾植。夜,送沈曾植登船。

二十六日,张謇赠陈三立诗。

二十七日,陈衍访郑孝胥。晚,郑孝胥、陈衍、李宣龚渡江。

三十日,沈曾植至武昌,住纺纱局。陈三立与张謇议易西而南事。

是月,陈衍寄沈曾植书并诗一首《用苏龛韵送子培时子培有弟余有兄有子均在北方乱中》。

六月

初四,陈衍过郑孝胥。郑孝胥、陈衍、李宣龚渡江。

初五,郑孝胥谒张之洞,晤梁鼎芬、黄绍箕。陈庆年过郑孝胥。

初七,高而谦过郑孝胥。

初九,岑春蓂过郑孝胥。

初十,郑孝胥得陈宝琛函。

十一日,郑孝胥、李宣龚渡江。

十二日,高而谦过郑孝胥。

十五日,郑孝胥得林纾函。

二十一日,辜鸿铭过郑孝胥。

二十八日,郑孝胥、陈衍至福建会馆贺万寿。

是月,沈曾植在扬州。

是月,范当世偕夫人往桐城吊岳父姚浚昌之丧,于桐城得见马其昶。

七月

初二,沈曾植抵沪。

初三,袁昶、许景澄被慈禧太后杀。

初四,陈衍访郑孝胥。

初八,岑春蓂、高而谦过郑孝胥。

初九,沈曾植约张謇赴沪。

十七日,沈曾植、沈瑜庆、张謇谈竟日。

十八日,沈曾植、张謇、何嗣焜[1]宴集一品香。

十九日,沈瑜庆约张謇至张园。

二十日,郑孝胥奉札委湖北全省营务处。

二十六日,范当世访张謇。

八月

初三,郑孝胥得沈曾植函。范当世晤张謇。

初九,郑孝胥晤岑春蓂、徐家干、余肇康等。

十二日,高而谦过郑孝胥。

十五日,郑孝胥赴张之洞邀至姚园看月。

十九日,黄绍箕过郑孝胥。

---

[1] 何嗣焜(1844—1901),字眉孙、梅生。江苏武进人。光绪年间历参张树声、盛宣怀幕府。后任南洋公学监督。

二十四日,岑春蓂过郑孝胥。

二十五日,高而谦过郑孝胥。

二十八日,夜,郑孝胥过岑春蓂。

三十日,张之洞委郑孝胥为武建军监操官。

是月,范当世乘车至上海,欲北上拜谒李鸿章。

闰八月

初三,程仪洛过郑孝胥。

初五,高而谦过郑孝胥。

初七,张之洞询郑孝胥能文之士,郑举高梦旦等。

初八,张曾畴过郑孝胥。

初九,岑春蓂过郑孝胥。

十一日,郑孝胥过程仪洛。

十二日,高而谦过郑孝胥。

十五日,岑春蓂过郑孝胥。

十九日,孙宝琦、吴品珩过郑孝胥。

二十日,郑孝胥答拜孙宝琦、吴品珩。

二十三日,高而谦过郑孝胥,示高凤岐书,云寿富、福寿兄弟自尽事。

二十六日,郑孝胥作《感愤》诗。

二十九日,陈树屏过郑孝胥。

是月,范当世至江西新建吊陈宝箴,并应陈三立之请撰写墓志铭。

九月

初一,夜,郑孝胥过岑春蓂。

初二,余肇康过郑孝胥。

初三,郑孝胥赴张之洞招,梁鼎芬、程仪洛在座。

初四,夜,郑孝胥登船送程仪洛。

初六,郑孝胥谒张之洞,座中晤易顺鼎、梁鼎芬,观易顺鼎《和〈秋兴八首〉诗》。

初八,欧阳锜自扬州抵鄂,过郑孝胥。

十一日,沈曾植自扬州抵鄂。欧阳锜过郑孝胥谈竟日。

十二日,高而谦过郑孝胥。

十三日,张之洞留沈曾植、郑孝胥饭。

十六日,陈衍自上海抵鄂。晚,郑孝胥宴陈衍、高而谦、王寿昌。

十七日,郑孝胥过江访沈曾植、欧阳锜。

二十三日,夜,郑孝胥宴高而谦、高梦旦。

二十四日,郑孝胥渡江,视沈曾植、陈衍。高而谦、高梦旦过郑孝胥。

二十五日,李宣龚宴陈衍、郑孝胥、高而谦、高梦旦等。

二十六日,郑孝胥与陈衍渡江。

二十八日,高而谦、高梦旦、岑春蓂过郑孝胥。

是月,范当世返扬州。

十月

初五,夜,郑孝胥宴高而谦、高梦旦等。

初八,郑孝胥至文昌庙访沈曾植,不值。夜,高而谦、高梦旦过郑孝胥。

初九,夜,郑孝胥宴高而谦、高梦旦、王寿昌等。

十一日,郑孝胥过欧阳锜。

十四日,陈衍、欧阳锜过郑孝胥,饭后,与李宣龚、高梦旦同游大别山。夜,陈衍宴高梦旦、欧阳锜。

十八日,郑孝胥、李宣龚、高而谦、高梦旦渡江。

二十一日,沈曾植过郑孝胥谈。

二十九日,郑孝胥赴张之洞邀,晤梁鼎芬、陶葆廉。

是月,范当世乘船经上海回通州。

十一月

初二,郑孝胥作《哀伯弗、仲弗》诗。郑孝胥渡江,至沈曾植、陈衍处小坐。郑孝胥与张权久谈。张謇得沈曾植书,"有拟东南士民与政府书,意行新政。"

初三,高而谦、岑春蓂过郑孝胥。

初四,陶葆廉过郑孝胥,遗所撰《求己录》。

初八,金家骥访郑孝胥,郑谈时务及文章:"时务新译诸书,多是前数年事,今列国以日新为事,计惟阅报,久之自能贯串耳。又桐城法为古文,于唐人以上皆绝不相通,其蹊径太狭。贤欲为文,宜稍博取古人,就其性所近者为之,久则自成风格,不可随人作计也。"

初九,郑孝胥视沈曾植疾。

十一日,欧阳锜过郑孝胥。

十二日,陈衍示郑孝胥《次子声渐哀辞》,郑孝胥为作律诗一首。

十六日,郑孝胥渡江视沈曾植。

二十一日,陈衍、欧阳锜过郑孝胥。

二十三日,郑孝胥渡江,过沈曾植。

是月,两江总督刘坤一荐举陈宝琛、郑孝胥、沈曾植等。

十二月

初一,郑孝胥至纺纱局访沈曾植、陈衍。

初二,岑春蓂过郑孝胥。

初七,夜,郑孝胥过岑春蓂。

十四日,高梦旦过郑孝胥。

十五日,郑孝胥至纺纱局,访沈曾植、郑孝胥、邹代钧、欧阳锜等。

十八日,陈衍、郑孝胥、欧阳锜送沈曾植归扬州。

二十日,陈庆年送郑孝胥《史略学》改订本。

二十一日,陈庆年过郑孝胥。

二十二日,郑孝胥至农务局,与罗振玉久谈。①

二十三日,郑孝胥、高而谦、高梦旦、李宣龚同照相。

二十六日,吴品珩至鄂,郑孝胥访之,询西安情况。

二十八日,王彦威过郑孝胥,将赴西安。郑孝胥过黄绍箕。梁鼎芬过郑孝胥。

二十九日,郑孝胥过黄绍箕、王彦威。

三十日,郑孝胥得何嗣焜、张謇书,寄示《通海领垦海滩拟集公司议》,邀其共经营通海垦荒事。郭曾炘至鄂,过郑孝胥。

---

① 光绪二十六年冬,罗振玉应张之洞招赴鄂,任农务局总理兼农务学堂监督。

是年,仿宋椠《山谷内外集》刊成,陈三立作序。

是年,陈衍译成《货币制度论》、《商业经济学》。

光绪二十七年 辛丑(1901年)
正月

初一,陈树屏过郑孝胥贺年。

初三,郭曾炘过郑孝胥。

初五,罗振玉过郑孝胥,赠《教育刍言》及《再续寰宇访碑录》。

初六,何嗣焜致电沈曾植,盛宣怀约晤谈。

初七,陈衍、欧阳锜、邹代钧同过郑孝胥,谈至夜,饭讫乃去。吴敬修①过郑孝胥。

初八,夜,郑孝胥、梁鼎芬、吴敬修等宴集。

初十,邹代钧赠郑孝胥《黄山谷诗》,杨守敬仿宋版刻于武昌。

十一日,王季烈②、王彦威过郑孝胥。

十二日,何嗣焜卒,沈曾植与张謇,"相见而哭"。

十三日,郑孝胥赴张之洞招谈,黄绍箕在座。沈曾植、张謇、汤寿潜作公祭何嗣焜文,电告郑孝胥,使速来沪。

十四日,郑孝胥接沈曾植、张謇函,知何嗣焜卒:"吾党为之短气,失一巨子,伤哉!"

十六日,郑孝胥接盛宣怀函:"梅生猝故,子培、季直、蛰仙待兄公祭。南洋公学、铁路公司两事无人,应如何办法,敬待驾临商办。"

十七日,缪荃孙访陈三立。

二十一日,郑孝胥至上海,与郑孝柽同至大生纱厂账房,晤沈曾植、张謇。

---

① 吴敬修(1862—?),字鞠农、菊农,号悱庵。河南光州(今潢川)人。光绪二十年(1894)进士,散馆授编修,升吏部左参议,候补三品京堂。二十七年,督广西学政。民国时,任肃政厅肃政使。

② 王季烈(1873—1952),字晋余,号君九。江苏苏州人。王颂蔚子。光绪二十年(1894)中举,在上海《蒙学报》任职,后到上海江南制造局。二十六年到汉阳制造局,入张之洞幕府兼学校教习。三十年成进士,在北京创办五城学堂。长期从事昆曲的理论研究,精通曲律。

二十二日，晨，郑孝胥往哭何嗣焜。张元济过郑孝胥。午后，郑孝胥谒盛宣怀，知南洋公学事众皆举其接办。

二十三日，郑孝胥过张謇，晤余诚格、汪康年、汤寿潜，郑、汪、汤同至雅叙园，沈曾植、黄绍第亦至。郑孝胥访严复。夜，郑孝胥赴盛宣怀招，晤劳乃宣。

二十四日，汪荣宝、汪康年、金世和过郑孝胥。午后，郑孝胥、郑孝柽、施炳燮同游张园。夜，沈曾植与张謇赴南京。

二十五日，严复访郑孝胥，晚，同饭、观戏。沈曾植访缪荃孙。缪荃孙送沈曾植书。

二十六日，郑孝胥过劳乃宣，同往南洋公学访福开森。张元济邀郑孝胥观上院、中院。沈曾植、张謇谒两江总督刘坤一。

二十七日，夜，郑孝胥赴费念慈约观字画，王仁东、赵凤昌、杨文骏①等在座。

二十八日，沈曾植赴缪荃孙招饮，张謇、蒯光典、刘世珩、徐乃昌、傅春官②等在座。夜，郑孝胥、沈瑜庆、王仁东登船，晤汤寿潜。

二十九日，郑孝胥观沈瑜庆《春申集》。

二月

初一，缪荃孙送沈曾植书。沈瑜庆与王仁东抵南京。

初二，蒯光典招沈曾植、沈瑜庆、张謇、汤寿潜、缪荃孙等观剧。

初三，沈曾植、沈瑜庆与张謇、王仁东、杨守敬、蒯光典、徐乃昌、傅春官、缪荃孙等宴集。郑孝胥抵汉口。

初四，欧阳锜、高梦旦、岑春蓂过郑孝胥。

初五，沈曾植赴徐乃昌招饮，张謇、张仲炘③、蒯光典、缪荃孙等在座。沈曾植应盛宣怀之招，自扬州至上海。

---

① 杨文骏，字彝卿。曾任香山知县、南洋公学监督、广东按察使。
② 傅春官，字苕生。江宁（今南京）人。曾任浔阳观察、江西劝业道尹、浔阳道尹等。有《金陵历代建置表》《金陵兵事本末》《晦斋笔记》《百无可斋近体诗》。刻有《金陵丛刻》。
③ 张仲炘，字慕京，号次珊，又号瞻园。湖北江夏（今武昌）人，光绪三年（1877）年进士，授翰林院编修，官至通政司参议。文名昭著。有《瞻园词》。

初六,缪荃孙访沈曾植、沈瑜庆。陈衍过郑孝胥。夜,郑孝胥与高而谦、李宣龚同饭。

初九,郑孝胥与张之洞、黄绍箕同登山亭。

初十,郑孝胥至商务报馆,晤陈衍、高梦旦等。缪荃孙访沈曾植谈。

十五日,沈曾植、俞明震访缪荃孙。朱克柔过郑孝胥。

十六日,缪荃孙访沈曾植。夜,郑孝胥赴梁鼎芬邀陪张之洞于广雅书院。

十八日,郑孝胥作《金口青山堤闸告成》七古一首献张之洞。沈曾植、汪康年访缪荃孙。缪荃孙送沈曾植回扬州。沈瑜庆访张謇,晤缪荃孙。

十九日,沈曾植自沪赴扬州。张之洞盛赞郑孝胥诗。

二十日,王司直自沪抵鄂,过郑孝胥。

二十三日,徐乃昌招饮俞明震、缪荃孙等于灵谷寺。

二十四日,张謇寄郑孝胥信,嘱告张之洞,以有垦事不能去鄂。

二十八日,郑孝胥邀罗振玉、朱克柔、陈庆年、高梦旦、王司直午饭,饭讫同照相。

二十九日,郑孝胥录诗赠严复。

二十九日,沈曾植自嘉兴启程回上海。

是月,陈三立至南昌西山上冢,作《崝庐述哀诗》五首。

三月

初一,俞明震、缪荃孙等宴集。

初二,陈三立与毛庆藩、缪荃孙等赴陆师学堂看操。罗振玉、王司直、高而谦、陈庆年过郑孝胥。

初五,汪凤瀛、濮子潼、黄绍第过郑孝胥。

初七,陈三立、俞明震、蒯光典等游留园。

初九,陈衍、欧阳锜过郑孝胥。

初十,郑孝胥答拜黄绍第。夜,郑孝胥与张之洞、黄绍箕久谈。

十六日,俞明震、濮文暹①、缪荃孙、蒯光典等宴集。

十七日,夜,郑孝胥赴张之洞招,黄绍箕在座。

二十日,郑孝柽寄郑孝胥《原富》十部。

二十二日,岑春蓂过郑孝胥,郑赠其《原富》。

二十三日,俞明震、徐乃昌、刘世珩、缪荃孙等宴集。

二十四日,郑孝胥以《原富》献张之洞。

二十五日,魏瀚过郑孝胥。

二十六日,陈三立访缪荃孙。郑孝胥宴魏瀚、高而谦、高梦旦、王寿昌等。

二十七日,陈衍过郑孝胥。

二十八日,郑孝胥、陈衍渡江。缪荃孙诣陈三立谈。李希圣②过郑孝胥。

二十九日,郑孝胥访李希圣。

是月,范当世乘船北上,过京口,遇杨圻。月末,范当世至淮安沈瑜庆淮扬道署为葬父谋款。

四月

初一,沈曾植抵沪,寓铁路总公司。

初二,郑孝胥渡江谒张之洞,与梁鼎芬同饭。

初三,高而谦、高梦旦、欧阳锜、魏瀚过郑孝胥。

初七,郑孝胥赴岑春蓂邀晚饭,李一琴、魏瀚、高而谦、何文德在座。

初八,蒯光典宴陈三立、俞明震、缪荃孙等。

初九,夜,郑孝胥赴梁鼎芬邀饮,沈曾桐、杨守敬、黄绍箕、黄绍第、张

---

① 濮文暹(1830—1910),字青士,初名守照,晚号瘦梅子。江苏溧水人。补县学生。随父任至蜀。咸丰九年(1859)中举。同治四年(1865)成进士。官刑部主事,补提牢厅,迁至郎中。光绪九年(1883)简放潼关道,未至任,补授南阳府知府。在南阳十余年,积劳加三品衔,以道员在任升用。晚年守制家居,杜门不出,被延为府学堂总教习。淹通经史,工诗古文辞,并善鼓琴。有《见在盦集》、《石话杂记》等。见陈作霖《钦加三品衔河南升用道南阳府知府濮公行状》。

② 李希圣(1864—1905),字亦元,号卧公。湖南湘乡人。光绪十八年(1892)进士,官刑部主事,荐举经济特科。有《雁影斋诗》。

权、卞薇阁在座,同观字画。

初十,郑孝胥过魏瀚久谈。夜,欧阳锜过郑孝胥。

十一日,盛宣怀致函郑孝胥,邀其主持南洋公学。陈衍、高梦旦、欧阳锜过郑孝胥谈。

十二日,郑孝胥与黄绍箕、黄绍第、沈曾桐同观枪炮厂。

十六日,陈衍托郑孝胥代为请假两月。郑孝胥过陈衍。陈树屏过郑孝胥久谈。

十七日,夜,郑孝胥约魏瀚、高梦旦共饭。郑孝胥得盛宣怀书,商讨铁厂及南洋公学事,郑孝胥荐汤寿潜①。

二十日,上谕令张之洞所保郑孝胥、梁鼎芬、徐世昌、王同愈、劳乃宣、汤寿潜等进京引见。

二十一日,郑孝胥过恽祖祁、李希圣。夜,郑孝胥、李宣龚、高梦旦共饭。

二十二日,陈三立访缪荃孙。

二十三日,蔡元培访沈曾植。郑孝胥渡江谒张之洞谢保。

二十六日,郑孝胥邀魏瀚共饭。岑春蓂过郑孝胥。

二十七日,郑孝胥渡江谒张之洞,留饭,梁鼎芬在座,郑出示《答长冈护美》律诗三首。

二十八日,张謇于上海晤沈曾植。

二十九日,陈衍、欧阳锜、沈曾桐、黄绍第等访郑孝胥,黄绍箕亦至,食西餐,同出照相。

是月,陈三立以衡恪上学事托汪康年为之审定学校。

是月,范当世返通州,主东渐书院。

五月

初二,郑孝胥过岑春蓂。

初三,李希圣过郑孝胥,看郑孝胥诗,以王士祯、朱彝尊相拟。

---

① 按:郑孝胥荐汤寿潜,汤不就,改荐沈曾植为南洋公学监督。《交通大学大事记》;转引自《汤寿潜研究资料》,第722页。

初五，陈衍父子过郑孝胥。

初六，欧阳锜过郑孝胥。

初七，褚德彝①、岑春蓂过郑孝胥。欧阳锜送陈锐诗与郑孝胥。

初八，郑孝胥渡江谒张之洞，黄绍箕、梁鼎芬在座。

初九，陈树屏过郑孝胥久谈，饭讫乃去。

十二、十三日，张謇致函沈曾植。

十五日，郑孝胥过梁鼎芬送行。郑孝胥与罗振玉久谈，询学生赴日本入农科大学情形。

十六日，陈三立访缪荃孙。

十七日，郑孝胥过罗振玉。

十八日，夜，郑孝胥与魏瀚共饭。

十九日，蔡元培访沈曾植，不值。郑孝胥至两湖书院为梁鼎芬饯行，张之洞、纪钜维、王司直在座。

二十一日，夜，郑孝胥邀魏瀚、高梦旦、林清愉共饭。

二十三日，沈曾植应张之洞招赴鄂，商复新政谕旨并筹新学事。沈曾植乘江裕轮启程，郑孝柽、王鹏运同舟。

二十四日，罗振玉过郑孝胥。

二十五日，高而谦、王寿昌过郑孝胥。

二十五日，沈曾植与张謇、缪荃孙会面，同赴武昌。

二十七日，沈曾植与张謇、郑孝柽同舟抵汉口，晤郑孝胥。

二十八日，沈曾植、黄绍箕、梁鼎芬、张謇、缪荃孙等谒张之洞，张留饭。

六月

初一，友人招饮沈曾植、缪荃孙等于黄鹤楼。

初二，沈曾植赴瞿绍延招饮，张謇、梁鼎芬、王秉恩、缪荃孙等在座。严震过郑孝胥。

---

① 褚德彝(1871—1942)，原名德义，避宣统讳更名德彝，字松窗、守隅等，号礼堂，又作里堂，别号汉威、舟枕山民等。浙江余杭人。近代篆刻名家。有《金石学续绿》、《竹人录续》、《松窗遗印》等。

初三，沈曾植、张謇、罗振玉过郑孝胥。沈曾植赴王秉恩招饮，张謇、梁鼎芬、黄绍箕、缪荃孙等在座。

初五，缪荃孙、严震过郑孝胥。

初九，李维格过郑孝胥言吕增祥卒讯。

十三日，郑孝胥作《哭秋樵》诗。

十六日，陈庆年过郑孝胥。陈毅过郑孝胥久谈，陈肄业于两湖书院，时在自强学堂任教习。

二十日，郑孝胥谒端方久谈。

二十一日，郑孝胥署学务处总办。

二十二日，陈三立访缪荃孙，送朱彝尊藏本使观之。郑孝胥与岑春蓂久谈。许星翼过郑孝胥。

二十六日，陈三立借缪荃孙书。王季烈过郑孝胥。

二十七日，郑孝胥赴张之洞邀至两湖书院，观《石经》三本。

二十九日，沈曾植自扬至沪。

是月中，沈曾植在扬州，致长函与张之洞，论行新政，献美芹四策，并评议东西各国变法之利钝，期张之洞为天下倡。

七月

初一，陈三立、俞明震、缪荃孙等小饮。陈树屏过郑孝胥。

初二，郑孝胥渡江谒张之洞，留饭，端方、梁鼎芬在座。

初三，陈三立还缪荃孙书。

初六，梁鼎芬过郑孝胥。

初十，许星翼过郑孝胥辞行。

十一日，郑孝胥过许星翼送行。

十三日，沈曾植至南洋公学，清谈竟日而返。

十四日，沈曾植致函盛宣怀，谈南洋公学事。

十五日，濮子潼、岑春蓂、吴品珩过郑孝胥。

十六日，夜，陈宝琛访陈衍于叶大庄旧居，送之归鄂。

十七日，吴品珩过郑孝胥。

十九日，沈曾植至南洋公学，晤盛宣怀。

二十日，晨，郑孝胥谒端方久谈。沈曾植至南洋公学。

二十一日，新委商务局会办李葆恂过郑孝胥。

二十三日，沈曾植致函盛宣怀。郑孝胥渡江谒张之洞，谈学堂事，黄绍箕在座。

二十四日，沈曾植致函盛宣怀，称道蔡元培。郑孝胥致电卓孝复，劝寿富眷来鄂。

二十五日，沈曾植至南洋公学。

二十六日，沈曾植致函盛宣怀。沈曾植访蔡元培不值。

二十七日，王季烈过郑孝胥。李宣龚归自江西，赠郑孝胥《王临川集》。郑孝胥答拜李葆恂。

二十八日，陈衍过郑孝胥。

二十九日，沈曾植致函夫人。

三十日，蔡元培访沈曾植。郑孝胥渡江谒张之洞，留饭，端方、黄绍箕在座。

是月，陈三立、俞明震游镇江，登焦山、北固山，同游者为李希圣、陶沈甲等。

八月

初一，陈衍访郑孝胥。

初二，郑孝胥邀高而谦、高梦旦、魏瀚共饭，为高梦旦饯行。夜，郑孝胥送高梦旦登船赴浙江。

初三，李维格访沈曾植。郑孝胥与魏瀚渡江，贺张之洞寿辰。午后，郑孝胥与张之洞、黄绍箕、纪钜维至两湖书院宴集。

初四，沈曾植赴一品香宴集，张美翊、蔡元培、李维格在座。郑际平、岑春蓂访郑孝胥。

初六，缪荃孙访沈曾植长谈。继昌过郑孝胥。夜，郑孝胥过岑春蓂。

初七，费念慈宴沈曾植、张元济、缪荃孙等。

初八，友人招饮沈曾植、文廷式、缪荃孙等。盛宣怀招饮沈曾植、张元济、蔡元培、费念慈、缪荃孙、李维格等于一品香。

初九，沈曾植与张元济、汤寿潜、缪荃孙等宴集九华楼。李宣龚、郑孝胥同观陈衍所录陈宝琛诗。

初十,沈曾植、沈曾桐、文廷式、费念慈、汤寿潜、缪荃孙等宴集九华楼。友人招饮沈曾植、沈曾桐、文廷式、志锐、费念慈、缪荃孙等于寓所。郑孝胥得吴学廉《秋感》二律。

十一日,郑孝胥和《秋感》诗。

十二日,张元济宴沈曾植、沈曾桐、费念慈、缪荃孙等。缪荃孙访沈曾植小坐。

十三日,王盛铎招饮沈曾植、沈曾桐、文廷式、费念慈、缪荃孙等。

二十二日,郑孝胥作《汉阳视嫂侄》诗。

二十四日,郑孝胥赴张之洞琴台约,端方、黄绍箕、李葆恂在座。

九月

初一,李宣龚、李宣威过郑孝胥。

初二,郑孝胥渡江谒张之洞,钱恂在座。饭讫,郑孝胥过钱恂,晤陈庆年,久谈。沈曾植、费念慈等集丁立钧寓所,观冒广生①所藏其先人冒辟疆先生菊饮诗卷。

初三,周家禄过郑孝胥。

初四,沈曾植于沪晤张謇。

初五,缪荃孙邀陈三立、俞明震、陈锐等小饮于云自在龛。

初六,郑孝胥渡江谒张之洞,黄绍箕、钱恂在座。

初七,沈曾植与张謇别于丁立钧寓所。陈衍过郑孝胥。

初九,陈三立于扫叶楼宴俞明震、文廷式、缪荃孙、薛华培、傅春官、刘世珩、茅子贞等。

初十,缪荃孙送《考画集》与陈三立。湖北候补道钱绍桢过郑孝胥。

---

① 冒广生(1873—1959),字鹤亭,号瓯隐,亦号疚斋。江苏如皋人。年十二,从外伯祖周星誉受词章学。又十年,从外祖周星诒受校雠、目录学。光绪二十年(1894)中举,考官黄绍第赏其才,选为婿。戊戌变法时期,与康有为、梁启超、林旭、徐珂等维新人士往来密切,列名"保国会",参与"公车上书"。历官刑部、农工商部郎中。辛亥革命后,任瓯海(温州)、镇江、淮安等地海关监督,南京考试院考选委员、高等典试委员、国史馆纂修。30年代末,任教中山大学。1949年以后,被聘为上海文物保管会特约顾问。著有《小三吾亭文甲集》、《诗集》四卷、《词集》二卷、《冒巢民先生年谱》等。

十三日,郑孝胥答拜钱绍桢。陈衍、王司直过郑孝胥谈。夜,郑孝胥赴张之洞招,黄绍箕、钱恂在座。

十四日,陈三立、俞明震、缪荃孙、张謇、文廷式、陈锐、志锐、薛华培、茅子贞、王盛铎等宴集。余肇康过郑孝胥辞行。

十六日,郑孝胥渡江谒张之洞,饭讫同登高,黄绍箕、钱恂同行。

十七日,缪荃孙发上海沈曾植信。

十八日,沈曾植致函盛宣怀,请求辞职,荐缪荃孙接任。王同愈、汪凤瀛过郑孝胥。

二十二日,郑孝胥宴陈衍、陈庆年、汪荣宝、李维格、王季烈。

二十六日,陈衍过郑孝胥,同出照相。

二十八日,谢谦过郑孝胥,请荐于张之洞。缪荃孙至鄂,过郑孝胥。

二十九日,郑孝胥答拜谢谦。

三十日,郑孝胥答拜缪荃孙。郑孝胥赴张之洞招夜谈,黄绍箕、钱恂在座。

十月

初一,沈曾植致函盛宣怀,商公学事务。郑孝胥邀谢谦饭。

初三,沈曾植致函盛宣怀,谈及郑孝柽薪水事,"苏龛意欲稍加稚辛薪水,原三十金,酌加十金不为过,第由植辈定,恐援例以请,论议滋多,须以公一言行之乃妥耳。"

初四,郑孝胥渡江至学务处,张之洞留饭,缪荃孙在座。

初六,缪荃孙过郑孝胥,将赴南京。

初七,郑孝胥、陈衍、李宣龚过吴博泉,送其赴岐亭同知任。易顺鼎访郑孝胥,赠所作诗二本。

初八,易顺鼎过郑孝胥。

初九,易顺鼎和郑孝胥《盟鸥榭》诗。

初十,郑孝胥过易顺鼎。

十二日,郑孝胥饯高梦旦于盟鸥榭。

十三日,钱恂过郑孝胥辞行。夜,郑孝胥登船送钱恂。

十四日,郑孝胥渡江谒张之洞,易顺鼎在座。易顺鼎以《东归诗稿》

示郑孝胥。李希圣寄诗与郑孝胥。

十五日,费念慈、易顺鼎过郑孝胥。郑孝胥作诗一首送易顺鼎。

十八日,郑孝胥晤梁鼎芬。

二十日,沈曾植致函盛宣怀、丁立钧,致丁:"季直、蛰仙专力垦牧,谓留四百亩以待鄙人,鄙固无力,分半以属公可乎?"夜,黄绍箕过郑孝胥。

二十四日,郑孝胥致书陈宝琛,请作《考功词》序。

二十五日,郑孝胥至武备学堂,晤周家禄、李钟珏等。郑孝胥赴张之洞约夜谈,费念慈、梁鼎芬、黄绍箕在座,费出示苏轼楷书《金刚经》等。

二十七日,邹代钧、陈庆年过郑孝胥。郑孝胥作《赠旭庄》诗。

二十八日,郑孝胥渡江至学务处,张之洞留饭,费念慈、黄绍箕、梁鼎芬在座,同观汉碑数十种。

二十九日,沈曾植致函盛宣怀,恳请辞职。

十一月

初五,郑孝胥渡江至学务处,与黄绍箕同在抱冰堂饭,张之洞曰:"今欲行新政,得数人亦可举耳:陈璧、张百熙、李盛铎、钱恂及座间郑、黄二君。用此六人,可成小贞观矣!"

初八,陈树屏、王季烈、李维格过郑孝胥。

初九,郑孝胥渡江至学务处,张之洞留饭,端方、费念慈、黄绍箕在座,同观字画。

初十,费念慈、王季烈、朱克柔过郑孝胥。夜,郑孝胥登船送费念慈。

十二日,郑孝胥渡江谒张之洞,梁鼎芬、黄绍箕在座。陈衍赠郑孝胥《商律》二卷。

十五日,盛我彭[①]、王季烈过郑孝胥。

十七日,陈衍过郑孝胥。

十八日,郑孝胥邀陈衍、高而谦、林东明午饭。易顺鼎过郑孝胥。

十九日,郑孝胥谒张之洞,晤易顺鼎、王秉恩。

二十一日,易顺鼎过郑孝胥,遗所作诗词。岑春蓂过郑孝胥。

---

① 盛我彭,盛宣怀之侄。

二十二日，郑孝胥过易顺鼎，不值。

二十三日，缪荃孙接沈曾植信。

二十四日，王季烈过郑孝胥。

二十五日，易顺鼎访郑孝胥。

二十六日，陈三立访缪荃孙。

二十七日，沈曾植致函周家禄，请其就任南洋公学文课总教习。

二十八日，沈曾植致函盛宣怀，恳请辞职。郑孝胥邀李宣龚、高而谦、魏瀚午饭。

二十九日，缪荃孙送诗与陈三立。夜，郑孝胥过岑春蓂。郑孝胥复沈瑜庆书。

三十日，郑孝胥谒张之洞，晤黄绍箕。

是月，外务部调沈曾植回京当差。

是月，范当世送弟钟至河南。

十二月

初一，江翰自四川至鄂，访郑孝胥。郑孝胥登船送江翰赴苏州。

初二，沈曾植致函盛宣怀，剖陈公学流弊，拟延姚文栋、周家禄为分总教习。易顺鼎访郑孝胥。

初三，郑孝胥过陈树屏。夜，郑孝胥赴张之洞招，黄绍箕在座。罗振玉东渡日本考察教育事务，致函沈曾植。

初四，缪荃孙发沈曾植信。郑孝胥得罗振玉自日本来书，内有《教育赘言》八条。

初七，郑孝胥借《黑奴吁天录》与端方。

初九，沈曾植、汤寿潜约张謇赴沪，沈曾植将入都。徐家干过郑孝胥。

初十，郑孝胥渡江谒张之洞，与黄绍箕、王秉恩、梁鼎芬同留饭。

十一日，沈曾植离沪赴扬州。

十七日，夜，郑孝胥谒张之洞，黄绍箕、陈庆年在座。沈曾植自扬州返沪，致函盛宣怀，约明日商公学事。

十九日，张謇、汤寿潜、蔡元培等十九人饯沈曾植于辛园。

二十一日,郑孝胥作《岁暮》诗一首。

二十八日,沈曾植抵镇江,致函丁立钧。

是月,范当世偕二弟抵清江浦,寓沈瑜庆淮阳道署。中旬,范当世乘船返通州。

是年秋,丁惠康、文廷式至宁,常与陈三立来往。时陈锐亦在金陵,常与陈三立诗酒往还。冬,陈三立再抵南昌谒墓,年底归金陵寓园,途中晤易佩绅等。黄遵宪戊戌后归里,自本年与三立始有信札往来。陈三立移居江宁后,与端方过往甚密。

光绪二十八年 壬寅（1902年）

正月

初一,魏瀚过郑孝胥。

初二,郑孝胥谒张之洞,留饭,黄绍箕、梁鼎芬在座。

初六,郑孝胥赴张之洞约,端方、黄绍箕在座。沈曾植独游金山江天寺。

初七,黄绍箕过郑孝胥。

初九,郑孝胥赴张之洞招登黄鹤楼,端方、梁鼎芬、王司直在座。

初十,郑孝胥作《登黄鹤楼》诗。

十一日,汪凤瀛过郑孝胥。

十三日,郑孝胥邀李宣龚、高而谦共饭。

十五日,蒯光典招饮陈三立、俞明震、顾云、缪荃孙、陈锐、王以慜等于薛庐。

十六日,郑孝胥赴端方宴,张之洞、李盛铎在座。

十七日,李盛铎过郑孝胥。

十八日,郑孝胥登舟为李盛铎送行。王秉恩过郑孝胥。

十九日,沈曾植离沪赴京。

二十日,沈曾植抵京。郑孝胥渡江谒张之洞,王存善、梁鼎芬在座。

二十五日,陈衍过郑孝胥。

二十八日,郑孝胥邀高而谦、陈衍共饭。

三十日,岑春煊过郑孝胥。

二月

初三,陈三立晤缪荃孙。

初四,郑孝胥渡江至学务处,晤罗振玉。郑孝胥谒张之洞,晤吴敬修。

初六,陈三立访缪荃孙。

初九,缪荃孙约陈三立游秦淮。

初十,陈三立与缪荃孙、江瀚游扫叶楼,过薛庐,与顾云小饮。

十一日,陈三立、顾云招饮俞明震、陈锐、张通典、缪荃孙、江瀚等。

十二日,郑孝胥收到陈衍所寄《海藏楼诗叙》。

十四日,罗振玉过郑孝胥。

十五日,郑孝胥与罗振玉晤谈。

十六日,郑孝胥送罗振玉赴南京。

十七日,吴敬修访郑孝胥。

十八日,郑孝胥答拜吴敬修。

二十一日,郑孝胥赴张之洞约,晤易顺鼎、金蓉镜①。

二十二日,易顺鼎过郑孝胥。

二十九日,郑孝胥邀魏瀚、高而谦、王子沅饭于盟鸥榭。

三月

初四,陈衍过郑孝胥。夜,郑孝胥宴陈衍等于盟鸥榭。陈毅过郑孝胥。

初五,郑孝胥答拜余肇康、顾印愚。

初八,郑孝胥接盛宣怀电,令其赴沪议商约。

---

① 金蓉镜(1854—1927以后),字甸丞,号潜父、潜庐、香严。浙江秀水人。光绪十五年(1889)成进士,官户部主事,在军机处行走。二十七年,丁父忧归里。服阙,改官湖南,任靖州知州。后任彬州知州。辛亥革命后,以遗老自居,一度供职通志局,与沈曾植交尤密。其前期诗不多作,改官湖南后,与王闿运、王先谦相唱酬。后问诗于沈曾植,遂为"同光体"诗。著有《潜庐全集》一十三卷,《滮湖遗老集》四卷,《续集》四卷。

十一日,郑孝胥渡江谒张之洞,梁鼎芬在座。

十三日,郑孝胥过陈庆年久谈。

十四日,王司直、张曾畴过郑孝胥。

十五日,缪荃孙送陈三立书。

十八日,郑孝胥抵沪,晤张元济。郑孝胥过盛宣怀,晤柯鸿年。

十九日,郑孝胥过赵凤昌。郑孝胥、黄绍箕、费念慈、张仲炘等宴集九华楼。

二十日,文廷式过郑孝胥。夜,郑孝胥赴费念慈邀,黄绍箕、黄绍第、文廷式、樊棻、祝承桂、沈兆祉、赵凤昌在座。

二十一日,郑孝胥晤汪凤藻。郑孝胥赴祝承桂约,费念慈、黄绍箕、文廷式、赵凤昌在座,同观字画。夜,郑孝胥赴文廷式招,杨文骏在座。

二十三日,陈三立与黄绍箕、易顺鼎、王仁东、志锐、缪荃孙、徐乃昌等宴集。

二十四日,午,郑孝胥赴张元济万年春约,汤寿潜、蔡元培、沈兆祉在座。

二十八日,晨,郑孝胥过罗振玉、汤寿潜、张元济。晚,郑孝胥赴刘树屏约,张元济、汤寿潜、赵凤昌在座,席散,同往听戏。

二十九日,上海道袁树勋访郑孝胥。

三十日,赵凤昌过郑孝胥。夜,郑孝胥赴杨文骏约。

四月

初一,郑孝胥答拜袁树勋。夜,郑孝胥赴袁树勋洋务局约,汤寿潜、赵凤昌、张美翊等在座,席散,汤、赵、张过郑孝胥谈。

初二,郑孝胥至译书局,晤徐珂。郑孝胥过张美翊。罗振玉过郑孝胥,不值,留赠《扶桑两月记》二册。

初三,友人招饮陈三立、缪荃孙、濮文暹、薛华培等。郑孝胥赴赵凤昌约,刘树屏、杨文骏在座。

初四,晨,郑孝胥至澄衷学堂访刘树屏,饭讫乃返。郑孝胥约赵凤昌至张园,晤王存善、周家禄、吴保初等。晚,郑孝胥与刘树屏、赵凤昌、张美翊、郑孝柽宴集九华楼。

初六,张美翊过郑孝胥。

初十,郑孝胥答拜吴保初、陈诗。

十一日,郑孝胥与张美翊、沈兆祉、赵凤昌、乔茂轩宴集。夜,郑孝胥赴袁树勋洋务局约。

十二日,易顺鼎、曾广铨过郑孝胥。

十三日,郑孝胥访易顺鼎,晤黄嗣东。张通典、黄钺过郑孝胥,不值。夜,郑孝胥赴赵凤昌约,易顺鼎、乔树楠①、曾广铨、盛我彭在座,席散,郑孝胥与赵凤昌、张美翊、金月梅久谈。

十四日,晨,郑孝胥过张通典、黄钺。

二十日,郑孝胥赴王仁东、张美翊约。

二十四日,郑孝胥抵汉口。

二十五日,郑孝胥渡江至学务处,晤王同愈、黄绍第、黄以霖。郑孝胥过陈庆年。

二十六日,陈衍过郑孝胥。

二十九日,岑春蓂过郑孝胥。

五月

初四,郑孝胥晤陈庆年、邹代钧、陈毅等。

初十,郑孝胥谒张之洞,黄绍箕在座。郑孝胥访陈庆年。

十一日,陈衍访过郑孝胥,小饮薄醉。

十三日,陈庆年过郑孝胥。夜,郑孝胥邀李维格、汪凤瀛、高而谦共饭。

十四日,范当世访张謇。

十五日,黄以霖过郑孝胥。

十七日,郑孝胥谒张之洞,留饭,黄绍箕、梁鼎芬在座。高而谦、魏瀚过郑孝胥久谈。

二十日,陈三立访缪荃孙。郑孝胥邀陈衍、邹代钧、陈庆年、陈毅午饭。

---

① 乔树楠,字茂轩。四川华阳人。官至御史,学部左丞。

二十四日,郑孝胥渡江谒张之洞,留饭,黄绍箕、梁鼎芬在座。郑孝胥过陈衍小坐。

二十五日,李宣龚过郑孝胥。

二十六日,李宣龚赠郑孝胥丝带墨盒。

二十七日,郑孝胥、李宣龚送高而谦登船,李宣龚言,严复谓郑孝胥举哲学入诗,自古所无。

二十八日,郑孝胥谒云南巡抚林绍年①。午后,林绍年过郑孝胥。

六月

初一,郑孝胥邀陈衍、魏瀚等宴林绍年于盟鸥榭。

初三,郑孝胥过陈衍。

初四,郑孝胥过商务报馆陈衍处小坐。

初五,陈衍过郑孝胥。

初七,乔茂臻、缪荃孙邀陈三立游秦淮。

初八,缪荃孙邀陈三立游莫愁湖。

初十,陈三立招饮缪荃孙、志锐、薛华培、何维朴等。

十一日,薛华培招饮陈三立、志锐、缪荃孙、王盛铎等。

十五日,晨,郑孝胥饯李宣龚。杨文骏过郑孝胥。夜,郑孝胥饯王同愈、杨文骏。

十八日,郑孝胥渡江,过陈衍。

十九日,郑孝胥赴汤寿潜函。郑孝胥饯柯鸿年于盟鸥榭。

二十一日,郑孝胥答丁立钧函。陈毅过郑孝胥久谈。

二十三日,陈毅过郑孝胥。夜,郑孝胥赴张之洞约,黄绍箕、梁鼎芬在座。

二十五日,陈庆年、陈毅过郑孝胥。蒋楷过郑孝胥。

---

① 林绍年(1849—1916),字赞虞,晚号健斋。福建闽县(今福州)人。同治十三年(1874)进士,选庶吉士,散馆,授编修。充乡试、会试同考官。授御史,疏请罢颐和园,忤慈禧太后,被严饬。后官云南昭通府知府、贵州按察使、云南布政使、云南巡抚、军机大臣、邮传部尚书、度支部右侍郎、河南巡抚、民政部右侍郎、学部右侍郎、弼德院顾问大臣等。陈三立有《清故弼德院顾问大臣民政部右侍郎军机大臣上行走林文直公神道碑铭》,见《散原精舍诗文集》,第951—953页。

二十七日,郑孝胥接袁树勋来函。郑孝胥接樊棻函。

二十八日,夜,郑孝胥约魏瀚、王寿昌等共饭。

二十九日,李维格过郑孝胥。

七月

初二,袁思亮过郑孝胥。

初三,陈衍过郑孝胥午饭。

初七,郑孝胥赴张之洞约谈,黄绍箕、梁鼎芬在座。

初八,岑春煊过郑孝胥。

初九,郑孝胥作书与沈瑜庆。

初十,郑孝胥得高梦旦自神户来书。

十三日,陈衍过郑孝胥,共饭。郑孝胥过岑春煊。

十四日,夜,郑孝胥过张之洞谈,汪凤瀛、黄绍箕、黄以霖等在座。

十五日,王允晳①访陈宝琛,夜同泛舟。

十六日,郑孝胥邀魏瀚等午饭。

十八日,郑孝胥过陈衍。广西学政汪颂年访郑孝胥,不值。

十九日,郑孝胥答拜汪颂年。

二十六日,郑孝胥邀魏瀚、王寿昌午饭。

二十七日,丁立钧卒。

二十八日,陈衍、陈毅过郑孝胥。

八月

初一,陈衍过郑孝胥。

初二,郑孝胥应张之洞邀陪日本教育家加纳治五郎。

初六,郑孝胥过陈衍小坐,遂入督署。

初七,郑孝胥与高而谦、魏瀚、王寿昌共饭。

初八,郑孝胥饯邹代钧于盟鸥榭,高而谦、陈衍作陪。

初九,高而谦、李维格过郑孝胥。郑孝胥过岑春煊。

---

① 王允晳(1867—1926),字又点、幼点,号碧栖,又号碧楼。福建长乐人。光绪十一年(1885)举人。曾任安徽婺源县知事。有《碧栖诗》。

十二日,陈毅过郑孝胥。郑孝胥、陈毅、魏瀚、高而谦共饮。

十六日,陈衍午后访郑孝胥,谈至暮。陈衍示郑孝胥诗一首。郑孝胥作《苦热述事》诗一首。

二十日,郑孝胥谒张之洞,与黄绍箕、钱恂等同留饭。

二十二日,俞明震宴陈三立、范当世、陶森甲、缪荃孙、日人嘉纳天野等。郑孝胥宴林绍年于盟鸥榭,陈衍、陈毅、魏瀚等在座。夜,陈衍留宿盟鸥榭。

二十三日,林葆恒过郑孝胥。夜,郑孝胥赴林绍年邀饮。郑孝胥答拜蔡乃煌、俞明颐①。

二十四日,郑孝胥赴张之洞招陪林绍年午饭,魏瀚、俞明颐在座。

二十六日,林葆恒过郑孝胥。夜,郑孝胥与林绍年、陈衍谈至十时。

是月,范当世赴江宁,送范罕乡试。

九月

初一,郑孝胥复程先甲书。夜,郑孝胥作《挽丁叔珩》诗二首。

初四,郑孝胥赴张之洞招,黄绍箕、梁鼎芬在座。

初六,郑孝胥得张謇书。

初七,郑孝胥得张元济书。

初八,陈衍访郑孝胥,同渡江。张之洞调署两江总督,郑孝胥往贺。夜,张之洞邀郑孝胥等黄鹤楼登高。

初九,郑孝胥赴张之洞招黄鹤楼登高,黄绍箕、梁鼎芬、汪凤瀛等在座。

初十,陈衍、陈毅过郑孝胥。

十一日,郑孝胥复李宣龚信。

十四日,徐乃昌过郑孝胥。

十五日,郑孝胥过陈毅、徐乃昌,不值。

十九日,夜,郑孝胥过陈衍小坐。

二十日,郑孝胥、刘世珩晤谈。

---

① 按:俞明颐时赴湖南办辰州教案。

二十二日,刘世珩过郑孝胥。陈衍、陈毅宴沈曾桐于安徽馆。

二十三日,陈衍访郑孝胥,饭后乃去。

二十三日,陈三立、陈锐访缪荃孙。陈衍过郑孝胥。

二十六日,陈三立、缪荃孙、徐乃昌诣两广公所。刘世珩过郑孝胥。

二十九日,郑孝胥邀陈衍、陈毅、陈庆年、魏瀚等共饭。

是月,范当世返通州。

十月

初二,张之洞赴两江总督任,郑孝胥随行。

初三,沈曾植致书陈衍。

初六,郑孝胥抵南京,访吴鉴泉,同步鉴园,沈瑜庆亦至。

初七,郑孝胥、沈瑜庆、李宣龚、严璩、王允皙等于吴园座谈良久。沈瑜庆示陈三立题郑孝胥诗七律一首,陈三立柬云:"苏堪诗,真后山复生也。"

初八,郑孝胥访顾云,视其案头,已有《喜苏堪将至》诗。

初十,郑孝胥访陈三立,犹卧未起。郑孝胥访李宣龚、王允皙。夜,郑孝胥晤俞明震等。

十一日,夜,郑孝胥得张謇字,云已到,郑孝胥访之。

十二日,郑孝胥与黄绍箕过张謇。

十三日,郑孝胥赴上海。

十四日,郑孝胥舟中晤周学渊。夜,郑孝胥赴周学渊宴。日本学者内藤湖南①访沈曾植,是为二人相识之始。

十五日,郑孝胥访罗振玉、汤寿潜,不值。

十六日,郑孝胥过汪康年、张元济,不值。内藤湖南访沈曾植,笔谈一日。晚,夏曾佑访沈曾植。

十七日,张謇访陈三立。周学渊过郑孝胥。

十八日,张元济过郑孝胥谈南洋公学事。汪康年宴郑孝胥于一家

---

① 内藤湖南(1866—1934),日本秋田县人。早年任东京《明教新志》主编及《台湾日报》主编。光绪二十五年(1899)后多次来华。曾任京都帝国大学东洋史教授。有《内藤湖南全集》。

春。周学渊过郑孝胥。

二十日,郑孝胥返南京。

二十二日,郑孝胥抵汉口。

二十三日,郑孝胥与魏瀚至信阳迎袁世凯。

二十五日,郑孝胥晤袁世凯。

二十七日,陈衍、陈毅访郑孝胥。日本学者狩野直喜过郑孝胥。沈曾植补外务部员外郎。

二十九日,郑孝胥邀陈衍、陈毅、陈庆年、狩野直喜共饮。

是月,范当世至江宁,送陈三立回江西省墓。居宁期间,与刘世珩①、梁公约、柳诒徵②等交往。

十一月

初一,郑孝胥谒端方,盛称陈庆年、陈毅。

初二,陈毅、岑春蓂过郑孝胥。

初五,施炳燮过郑孝胥。

初六,郑孝胥、李宣龚等赴沈公祠拜沈葆桢生日。郑孝胥阅简斋诗,夜,作诗一首。

初七,张之洞招郑孝胥午饭,谈诗至日落。

初八,郑孝胥以诗四十部托官书局代售。张之洞委郑孝胥总办两江营务处。夜,张之洞召郑孝胥谈,郑曰:"朝廷奄奄不能自振,但依附湘淮残部,以迄于亡而已。日来盛传年内将行废立大事,果有此举,则腐败之

---

① 刘世珩(1875—1937),字聚卿,号葱石。安徽贵池人。光绪二十年(1894)举人。官至度支部参议。富收藏,辑有《聚学轩丛书》、《贵池先哲丛书》。

② 柳诒徵(1880—1956),字翼谋,号劬堂、知非等。江苏丹徒人。十七岁中秀才,宣统元年(1909)优贡,先后肄业于南京钟山书院、江阴南菁书院,曾从王先谦、缪荃孙游,后入三江优级师范学堂,拜李瑞清为师。毕业后,得其师缪荃孙之助东渡日本。庚子事变后,张之洞命缪荃孙主江南编译局,柳诒徵从之。复历任教于江南两级商业学堂、江南高等实业学堂、两江师范学堂等。清末任镇江府中学堂教席。民国元年(1912),学堂改为江苏省立第六中学,任校长。民国五年,受聘国立南京高等师范国文史地部教授。十年,南京高师改为国立东南大学,改聘为历史学教授,讲授中国文化史、中国史等。十一年,参与创办《学衡》杂志。十四年后,任教北京女子师范大学、东北大学,后返南京,再任教中南大学,从事教育四十年。解放后任上海市文物保管委员会委员。著有《中国文化史》、《国史要义》等。

政府岂足当此波澜,天下志士皆有蹈海入山、北胡南越之意,乱其作乎!"

初九,张权过郑孝胥,邀郑、黄绍箕、卞薇阁等共饭。

初十,郑孝胥过李宣龚,小坐而返。夜,蒯光典访郑孝胥谈良久。

十一日,缪荃孙访陈三立、范当世。

十六日,郑孝胥赴张之洞招,蒯光典在座。夜,郑孝胥赴张之洞招,缪荃孙在座。

十九日,郑孝胥抵上海。

二十日,郑孝胥谒盛宣怀,晤赵凤昌。

二十二日,郑孝胥晤王允晳、李宣龚、王仁东等,夜,郑孝胥宴诸人于双清馆。

二十二日,郑孝胥晤罗振玉。

二十三日,陈三立、郑孝胥、俞明震、陈锐、徐乃昌、缪荃孙宴集。

二十四日,郑孝胥与王仁东、王允晳、李宣龚同至耀华照相。

二十六日,郑孝胥访罗振玉。李宣龚、王允晳等送郑孝胥赴南京。

二十八日,郑孝胥抵南京。

是月,夏敬观入江宁布政使李有棻幕,办理清赋督垦局。

十二月

初三,郑孝胥至汉口。

初十,郑孝胥招陈衍、陈毅、陈庆年、魏瀚等于盟鸥榭共饭,论辟师弟名分之习。

十一日,郑孝胥邀魏瀚、王寿昌等同饭。

十二日,陈衍、陈庆年访郑孝胥,同照相。郑孝胥奉札委任上海制造局总办。

十五日,陈衍访郑孝胥,久谈。

二十日,郑孝胥至南京。

二十一日,郑孝胥过魏瀚。

二十二日,郑孝胥谒李有棻,不值。李宣龚邀陈三立、郑孝胥、缪荃孙、陈锐、夏敬观、徐乃昌、魏瀚等饮于一枝春。

二十四日,俞明震示郑孝胥诗十数首,郑孝胥以为颇有才气,类似黄石斋。

二十五日,俞明震访郑孝胥,谈至夜半乃去。

二十八日,郑孝胥访毛庆藩谈。

三十日,郑孝胥访罗振玉,于座中晤汪康年。午后,张元济访郑孝胥。

是年,陈衍受聘于湖北两湖师范学堂国文教授,并兼方言学堂国文教授。

光绪二十九年 癸卯（1903 年）
正月

初一,晨,郑孝胥访徐庆沅。郑孝胥过张元济,不值。郑孝胥赴毛庆藩邀饮。吴庆坻、左绍佐、冒广生等访沈曾植。

初二,郑孝胥过张美翊小坐。郑孝胥访赵凤昌、汪康年。

初三,徐庆沅过郑孝胥。郑孝胥宴毛庆藩。

初五,陈三立、陈锐、顾云、徐乃昌、曾广镕、缪荃孙等宴集。郑孝胥与毛庆藩晤谈。罗运崃①、张美翊②过郑孝胥。

初七,毛庆藩、李维格、徐庆沅过郑孝胥。

初八,郑孝胥至上海拜客。

十一日,郑孝胥至南京,过李宣龚。郑孝胥过袁树勋久谈。

十二日,郑孝胥、沈瑜庆、李宣龚赴吴学廉宴于鉴园,顾云、刘世珩等在座。

十三日,郑孝胥晤汪凤瀛、李有棻。

十四日,郑孝胥晤李宣龚、俞明震等。

十五日,郑孝胥赴刘厚生邀谈,晤刘树森。夜,刘厚生、刘树森过郑孝胥。

---

① 罗运崃,字达衡。时任江苏制造局总办。参见陈三立所作墓志铭。
② 张美翊(1857—1924),字让三、骞叟。浙江鄞县人。随薛福成出使欧洲诸国。入盛宣怀幕。曾任上海宁波旅沪同乡会会长,两任上海南洋公学总理。

十九日,郑孝胥被派赴四川:"岑春煊奏'川省商务、矿务请派大员督办'一折,四川商、矿各务,关系重要,仍责成岑春煊督办。江苏候补道郑孝胥,著发往四川,随同办理。"

二十日,郑孝胥抵汉口。

二十一日,郑孝胥接到上谕,岑春煊奏调其至四川办理商务、路矿。沈曾植授江西广信府知府。

二十三日,冒广生访沈曾植。

二十四日,陈衍、岑春蓂过郑孝胥。

二十五日,陈毅过郑孝胥。

二十六日,陈庆年、王季烈过郑孝胥。岑春蓂过郑孝胥,劝其赴蜀。

二十八日,郑孝胥自金陵归汉口,卸铁路事。

二月

初一,郑孝胥赴南京舟中晤梅光远①。

初二,郑孝胥谒张之洞,荐张謇及李维格自代。郑孝胥晤俞明震、程颂万等。

初三,陈三立、郑孝胥聚于顾云宅。

初四,陈三立邀郑孝胥、俞明震、吴学廉、何维朴、程颂万、陈锐、顾云、曾广镕、梅光远等游秦淮,"招妓纵酒,至十一点乃散"。

初七,郑孝胥抵沪。

初十,郑孝胥过赵凤昌久谈。郑孝胥过汪康年,不值。

十一日,樊棻过郑孝胥。

十三日,高凤岐、方家澍②过郑孝胥。

十四日,高凤岐、方家澍过郑孝胥。郑孝胥赴张元济、汤寿潜约于一家春,高梦旦、赵凤昌、汪康年、张美翊在座。

十六日,高凤岐、方家澍过郑孝胥久谈。刘齐滋过郑孝胥。

十七日,郑孝胥答拜赵渭卿于义昌洋行,晤黄绍箕、樊棻。郑孝胥、

---

① 梅光远,字斐漪。江西南昌人。梅启照之子,文廷式之甥,李有棻之婿。
② 方家澍(1875—1908),字雨亭。福建侯官(今福州)人。光绪八年(1882)举人。官兵部主事。善画山水。

高凤岐、方家澍至双清馆。郑孝胥得周家禄来函,索《海藏楼诗》。

十八日,郑孝胥访周家禄。赵渭卿、李本和过郑孝胥。午后,高凤岐、方家澍过郑孝胥。

十九日,郑孝胥为袁树勋题小照。

二十日,郑孝胥道逢王寿昌。

二十三日,郑孝胥接岑春煊电,托其代约张元济、罗振玉入蜀。

二十四日,郑孝胥宴张元济、李维格于一家春。夜,郑孝胥赴王寿昌邀饮。

二十五日,郑孝胥访张元济、罗振玉,商入蜀事。

二十六日,郑孝胥得张謇信,请其留三个月,暂督师范学堂。

二十八日,郑孝胥、李维格同访汤寿潜。

二十九日,郑孝胥得张謇来书,求借枪为师范学堂演操用。

三十日,郑孝胥得张詧①书,荐人随其入蜀。

是月,范当世与夫人共赴桐城,往吊吴汝纶,奈病不可支,至江宁,遂遣姚夫人代吊,只身留江宁。

是月,梁鼎芬聘陈衍充两湖师范学堂国文兼伦理学教习。

三月

初一,杨钟羲②访沈曾植。

---

① 张詧(1851—1939),字叔俨,号退庵、退翁。江苏海门人。张謇三兄。历任江西贵溪知县、江西学政。宣统元年(1909),任江苏农工商局总办。民国三年(1914)创办大晋、大豫公司。

② 杨钟羲(1865—1940),原名钟广,字悫庵、子晴、芷晴、子勤,号留坨,晚号圣遗居士。正黄旗汉军籍。出身世宦之家,为盛昱表弟。少随父宦居武昌。光绪十一年(1885)应京兆试,中举,出翁同龢、潘祖荫门下。十五年,成进士,选庶吉士。散馆,授编修。二十年,充顺天乡试考官。二十一年,充会试考官。二十五年,保送知府,分发浙江。二十九年荐试经济特科,不应。返湖北,授襄阳、安陆知府。三十四年,补授淮安知府,又授江宁知府。辛亥革命后,避地沪上,与沈曾植、李宣龚、陈曾寿、金蓉镜等相唱酬。十二年(1923),谒见溥仪,与王国维等同被任命为南书房行走。民国二十一年东游日本,归国后被溥仪任命为"国立图书馆馆长"。著有《圣遗诗集》《雪桥词》《雪桥诗话》《雪桥诗话续集》《白山词介》等。

初二,郑孝胥晤新提调李钟珏①。

初三,郑孝胥致电高而谦,托为请假数月,秋后或与罗振玉同入蜀。

初六,陈宝琛访郑孝胥,谈郑守廉遗事,"相与雪涕,日斜乃去"②。

初七,郑孝胥作诗赠陈宝琛。

初十,郑孝胥赴周金箴③约,张美翊、沈兆祉在座。

十一日,郑孝胥赴张美翊招于一品香,钱恂、陈季同、汪康年在座。

十二日,郑孝胥访周金箴、江瀚、缪荃孙、徐乃昌等。晚,郑孝胥赴樊棻约,志钧在座。

十三日,晨,徐庆沅过郑孝胥。郑孝胥访江瀚、刘世珩。午后,胡峻、周凤翔过郑孝胥。夜,郑孝胥分赴陈季同、赵凤昌约。

十四日,宋澄之、江瀚访郑孝胥。

十五日,赵凤昌过郑孝胥。

十六日,郑孝胥赴徐庆沅邀饮。

十八日,陈宝琛抵沪,郑孝胥往视,不值。

十九日,陈宝琛、郑孝胥共饮雅叙园。

二十日,郑孝胥过沈兆祉、邹代钧。郑孝胥、陈宝琛共饮雅叙园,同照相。郑孝胥赴沈兆祉约。

二十一日,郑孝胥与邹代钧同饮。

二十二日,晚,郑孝胥赴李钟珏约,闻李维格言岑春煊调补两广,"蜀行可罢,真乐事也"。郑孝胥得岑春煊电,招其赴粤。

---

① 李钟珏(1854—1927),原名安曾,后改钟珏,字平书。上海人。同治十二年(1873)考入上海龙门书院,后以优贡入仕。先后署广东陆丰、新宁、遂溪等县知县。光绪二十六年(1900)入张之洞幕,二十九年任江南制造局提调,兼任中国通商银行总董、轮船招商局董事。二十九年至宣统三年(1911),在上海主持一系列社会改良活动,如创立医学会,筹办中西女子医学堂等,光绪三十一年任上海城厢内外总工程局总董,致力于上海地方自治活动。宣统三年与陈其美结交,武昌起义后,参与上海起义的筹划、组织。上海光复后出任民政总长,旋兼任江苏民政司长。二次革命失败后流亡日本,民国五年返回上海。

② 陈宝琛有《沪上晤苏盦出示新刊考功词并海藏楼诗卷感赋留赠》诗,见《沧趣楼诗文集》,第59页。

③ 周金箴(1847—?),号晋镳。浙江慈溪人。光绪十四年(1888)与严信厚等创办华新纺织新局。三十四年,在电报总局任职,同年与李云书、虞洽卿、陈子琴集资创办四明银行。民国元年(1912)任上海总商会第一任总理。

二十三日,缪荃孙访陈三立。

二十五日,吴品珩过郑孝胥。晚,郑孝胥赴张元济约于万年春。

二十六日,郑孝胥过吴品珩谈。午后,郑孝胥访张元济谈。

二十七日,郑孝胥邀吴品珩、周廷弼①、张元济、赵凤昌、徐庆沅、李维格等共饮九华楼。

二十八日,汤寿潜访郑孝胥,同至雅叙园,饭毕,同至张园。夜,郑孝胥应胡琪约。

是月,陈衍访沈瑜庆于清江,时沈瑜庆官淮扬道观察使。陈衍与沈瑜庆同至扬州。

是月,陈宝琛抵上海,晤郑孝胥,郑出示郑守廉词及所著《海藏楼诗》卷。

是月,范当世返通州。

四月

初一,郑孝胥访徐庆沅,购美国金矿股票。

初二,郑孝胥答拜宋育仁。郑孝胥赴樊棻约,杨文骏等在座。

初三,晨,郑孝胥过杨文骏、汤寿潜。汪康年过郑孝胥。郑孝胥、汤寿潜同至愚园。

初四,郑孝胥过陈树屏、赵凤昌。

初五,郑孝胥赴余诚格约于一品香。午后,郑孝胥、汪康年、汪钟霖同至愚园,傍晚乃返。

初七,沈曾植至天津,周家禄来访。

初九,胡琪过郑孝胥。

初十,郑孝胥赴刘树森约。

十二日,郑孝胥、郑孝柽同至张园,晤辜鸿铭、张元济、赵凤昌、金蓉

---

① 周廷弼(1851—1923),字舜卿。江苏无锡人。初为上海利昌铁号学徒。光绪四年(1878),英人设震昌五金煤铁号,被委为经理。不久他设升昌铁行,从代销洋行商品中获大量利润,并在汉口及江浙等地和日本长崎开设分行。自二十二年起又先后投资开设上海永泰丝厂、无锡保昌典当、上海信成银行等企业。二十九年捐候补道衔。三十一年随五大臣出洋考察宪政。历任上海商务总会董事、资政院议员。

镜、汪康年、濮子潼、陈树屏等。

十三日,郑孝胥过濮子潼、金蓉镜,晤张元济、汪康年。沈曾植抵上海。

十四日,濮子潼、金蓉镜过郑孝胥。郑孝胥宴沈曾植于九华楼。金蓉镜访沈曾植。

十五日,郑孝胥、汪康年宴沈曾植、金蓉镜、濮子潼于九华楼。

十六日,罗振玉、杨士琦过沈曾植。

十七日,陈三立与陈锐、顾印愚、何维朴、缪荃孙同饮。沈曾植赴嘉兴。

十八日,郑孝胥过张元济。

二十日,郑孝胥闻张謇抵沪,往访之,郑、张、汤寿潜、赵凤昌宴集九华楼。郑孝胥于中外日报馆逢俞明震。

二十一日,樊棻约郑孝胥、张謇、汤寿潜、赵凤昌等至义昌洋行。夜,郑孝胥、俞明震、张謇、汤寿潜同饮雅叙园。

二十二日,郑孝胥为俞明震书扇。郑孝胥、俞明震赴汤寿潜宴于万年春。郑孝胥、俞明震、张謇同照相。山西巡抚张曾敭访郑孝胥。

二十三日,郑孝胥答拜张曾敭,不值。郑孝胥赴张謇约。俞明震邀郑孝胥听戏。

二十四日,沈曾植返上海。郑孝胥访沈曾植、张謇。张美翊、汤寿潜宴沈曾植、郑孝胥、张謇等。王存善过沈曾植。

二十五日,沈曾植赴九华楼赵凤昌、汪洵招饮,郑孝胥在座。

二十六日,沈曾植过郑孝胥。张謇赴日本考察,沈曾植、郑孝胥、汤寿潜等与之话别,并送至舟。晚,沈曾植离沪赴任。

二十七日,郑孝胥过张謇,不值。

二十八日,沈曾植至扬州。

二十九日,黎汝谦过郑孝胥。

三十日,郑孝胥过黎汝谦。

是月,通州师范学校典礼,范当世演说建校宗旨。

五月

初一,张曾敭过郑孝胥。陈衍访郑孝胥,将应特科。

初二,陈衍、陈树屏访郑孝胥。

初四,郑孝胥过赵凤昌久谈。陈衍、郑孝柽过郑孝胥。

初五,郑孝胥赴汉口。

初八,郑孝胥抵汉口,晤魏瀚、岑春蓂、高而谦、黄绍箕。夜,郑孝胥赴王寿昌约,萨镇冰在座。

初九,陈毅过郑孝胥。夜,郑孝胥邀萨镇冰、魏瀚、丁平澜、陈立村宴集。

初十,郑孝胥赴陈毅、陈庆年招午饭,高而谦在座。夜,郑孝胥、陈毅、陈庆年同听戏。

十一日,郑孝胥随岑春煊赴两广总督任。

十三日,郑孝胥作五古一首赠萨镇冰。

十六日,郑孝胥晤高凤岐、方家澍,高凤岐亦入岑春煊幕,同赴粤。

十七日,王鹏运过沈曾植。郑孝胥与高凤岐、高而谦谈。

十八日,高凤岐过郑孝胥,观其诗作。

二十日,程仪洛过沈曾植。

二十四日,郑孝胥抵广州,晤周善培①。

二十五日,郑孝胥接沈瑜庆来电。郑孝胥与周善培久谈。沈琬庆入岑春煊幕府。

二十六日,蒯光典、罗振玉过沈曾植。郑孝胥赴岑春煊邀饮,余诚格

---

① 周善培(1875—1958),号孝怀。原籍浙江诸暨县。随父宦游至川。光绪二十五年(1899)东渡日本,考察学校、警校、实业等,居四月返川。二十七年奉命带学生二十名赴日本留学,并聘回日本教习来成都开设私立东文学堂。不久,赴泸州任川南经纬学堂学监。二十八年任警察传习所总办。后赴粤,任督署副总文案兼广东将弁学堂监督。锡良任川省总督后回川任警察局总办。先设巡警教练所,继而在成都建幼孩教育厂、乞丐工厂、老弱废疾院,并力戒鸦片烟,改造监狱,预防火灾,破除封建迷信。三十四年任川省劝业道总办,通令各属普设劝业局,培训劝业员,大力资助民族工商业的发展。任内多次举办展销商品的工商赛会、商业劝工会,还在成都设立劝业场,推动了四川近代工商业的发展。还倡导和督促成立川江轮船公司,参与讨袁护国运动。国民政府成立后,潜心治学,不问政事。解放初任民生公司董事长、全国政协委员。有《周易杂卦正解》。

在座。

二十八日,陈三立访缪荃孙。岑春煊委郑孝胥洋务处督办、营务处总办。郑孝胥晤王之春。

闰五月

初一,郑孝胥与高凤岐、周善培陪同岑春煊出巡。

十日,沈曾植自扬州启程。

十二日,郑孝胥致函汤寿潜、陈庆年、陈毅。

十五日,沈曾植抵南昌。

十八日,陈三立抵西山扫墓。①

二十二日,沈曾植谒江西巡抚柯逢时。

二十四日,陈三立自西山扫墓归,至南昌访沈曾植。

二十七日,午,沈曾植赴傅春官招饮江南会馆。

二十九日,郑孝胥接端方电。

是月,陈衍入都,谒张之洞。

六月

初六,俞明震宴陈三立、顾云、濮文暹、缪荃孙等。

初九,陈三立招饮俞明震、濮文暹、缪荃孙等。

十一日,岑春煊委郑孝胥为武建军统领。

十三日,友人招饮陈三立、俞明震、顾云、缪荃孙、濮文暹等于鸡鸣寺。

十四日,郑孝胥、周善培、高凤岐久谈。

十五日,岑春煊、周善培、高凤岐送郑孝胥赴龙州任。

十七日,郑孝胥接陈衍信。

十八日,夜,郑孝胥与高而谦谈。

十九日,郑孝胥过徐绍桢。

二十四日,夜,郑孝胥赴沈琬庆邀饮。

二十五日,徐绍桢赠郑孝胥刀。

---

① 陈三立:《闰五月十八日入西山谒墓抵崝庐宿》,《散原精舍诗文集》。

是月,陈衍在京师与沈曾桐、张元奇、程颂万、曾广钧、冒广生、陈毅、曹元忠等交往。

七月

初四,郑孝胥抵浔州,谒岑春煊。

初五,郑孝胥与高凤岐谈。

初九,上谕,朝廷命郑孝胥以四品京堂督办广西边防事务。

初十,郑孝胥作《伏波庙》诗。

十二日,夜,陈宝琛、王允皙同登南台山。①

十九日,郑孝胥抵南宁,拜左江道余诚格。

二十一日,郑孝胥过余诚格辞行。

是月,陈衍归里,与伯兄陈书相处数月。

是月,陈三立至沪,常往张园游玩。

八月

十八日,郑孝胥接李宣龚电,贺捷。

二十八日,郑孝胥接高而谦电。

是月,内藤湖南致函沈曾植,并托李宣龚等寄《东国通鉴》一部。

是月,夏敬观赴海门。

九月

初七,郑孝胥致函陈毅、陈庆年。

十三日,张謇晤俞明震。

十四日,萧穆至南昌,访沈曾植于府署。夜,沈曾植宴萧穆,陈凤翔、陈世荣在座。

十五日,沈曾植与萧穆晤谈。

十六日,沈曾植与萧穆、傅春官议刊《章实斋遗书》。

十七日至二十一日,沈曾植过萧穆晤谈。

二十三日,沈曾植致函萧穆,并馈金以送行。

---

① 陈宝琛:《七月十二夜同幼点登南台山》,《沧趣楼诗文集》,第62页。

二十四日,沈曾植与萧穆晤谈。沈曾植为萧穆事致书吴士鉴①。陈三立访缪荃孙。

二十五日,萧穆为沈曾植题《萧尺木山水卷子》。

二十六日,沈曾植过萧穆。

二十七日,沈曾植过萧穆,同游东花园,登春晖楼。

二十九日,沈曾植代吴士鉴赠萧穆书及路费。

是月末,陈三立赴西山谒墓,途中至南昌访沈曾植。至西山后,陈三立以赤色稻饷沈曾植。

十月

初二,陈三立访沈曾植。

初三,沈曾植过萧穆。

初四,萧穆过陈三立。沈曾植以《感蝗赋》示萧穆并请题跋。

初五,沈曾植过萧穆,并馈物品。

初九,沈曾植与萧穆话别。

是月,范当世赴江宁,任三江师范学堂总教习。

十一月

初四,陆荣廷②过郑孝胥。

---

① 吴士鉴(1868—1933),字䌹斋,号公督。吴庆坻子。光绪十八年(1892)进士,授编修。充武英殿协修、国史馆协修,会典馆协修、纂修。二十三年,奉命在南书房行走。次年,充会试同考官。二十五年,充武英殿总纂,简江西学政。三十四年,补翰林院授读。宣统二年(1910),充资政院议员。民国三年(1914),任《清史稿》总纂。寻归里,专心著述。著有《补晋书经籍志》、《含嘉室诗文集》等。

② 陆荣廷(1858—1928),原名亚宋,字干卿。广西武鸣人。壮族。光绪八年(1882)投军。十二年被裁汰后成为绿林头目。二十年冬接受清政府招抚后,历任健字前营管带、统领及荣字营统领、左江镇总兵等职。宣统三年(1911)任广西提督。武昌起义爆发,陆为大势所迫,在南宁宣布承认独立,出任广西副都督。民国初年任都督后,不断网罗旧官僚、旧军人,逐步扩充实力,形成桂系军阀集团,并成为该集团首领。民国六年(1917)任两广巡阅使。护法战争爆发,派兵入湘同北洋军作战。桂系部队控制湖南后,陆拒不执行孙中山继续北伐的指示,拥兵不前,并向北洋集团妥协,使护法联军招致失败。还指使桂系军阀、广东督军莫荣新等阻挠、破坏护法运动,策动改组护法军政府,排挤孙中山,终使护法夭折。民国九年秋,发动粤桂战争,令驻粤桂军向支持孙中山的粤军进攻。次年,所部被粤军陈炯明等部击败后,由南宁逃往龙州。民国十三年通电下野,离桂去沪,后移居天津、苏州。陆荣廷为郑孝胥任龙州边防大臣时下属,民国后与郑联系密切,互通声气。

初五,陆荣廷过郑孝胥谈。

初六,严复赠郑孝胥所译《群己权界论》,由商务印书馆代寄。

初七,郑孝胥接陈庆年函。

初八,郑孝胥复高凤岐、高而谦、王允皙书。

初十,易顺鼎赴广西右江道任,致电郑孝胥,邀谈。

十二日,易顺鼎自龙州访郑孝胥。

十三日,郑孝胥、易顺鼎同游玉洞,易作五律三首赠郑孝胥。

十四日,易顺鼎归龙州。

二十二日,易顺鼎致函郑孝胥。

二十三日,郑孝胥复易顺鼎函。王闿运抵赣,沈曾植往访。

二十五日,沈曾植、王闿运、傅春官、王以慜①等宴集。

二十七日,沈曾植邀王闿运、王以慜、傅春官、周学铭②、赵椿年③等游娱园、集郡斋。

二十八日,沈曾植宴同人,傅春官等在座。

二十九日,郑孝胥抵龙州,易顺鼎过谈。

是月,范当世做东宴请三江学堂日本籍教习,并发表演说。

是月,武昌府立师范学堂聘陈衍充教授。

是月,夏敬观入江宁布政使李有棻幕。

---

① 王以慜(1855—1921),又名以敏,字梦湘,一字子捷。湖南武陵(今常德市)人。同治十二年(1873)中举,曾佐河帅及山东抚幕。光绪十六年(1890)成进士,选庶吉士,授翰林院编修,留京任职。二十年(1894)任甘肃乡试正考官。后为御史,官京邸九年。改任江西抚州、南康、瑞州知府。辛亥革命爆发,弃官回家。隐居在常德农村,不与外界交往。易名文梅,字古伤。梦湘为人伉爽任气、刚直不挠,议论古今事,多有创解。自早岁才名籍甚一时,英彦乐与之交。有《檗坞诗存》。

② 周学铭(1859—1911),字味西。安徽建德(今东至县)人。周馥次子。光绪十四年(1888)中顺天副榜第七名。十八年成进士,选庶吉士,散馆,赴四川省蓬溪任知县,改江西候补道,再署江西按察使。三十年,因父官两江总督,循例回避,改任湖南候补道。

③ 赵椿年(1869—1942),字剑秋,晚署坡鄰。江苏武进人。光绪进士。宣统元年(1909)受命在农工商部议上行走,旋被推选为资政院议员。民国后,曾任农商部参事。民国四年(1915)任袁世凯总统府财政顾问,支持袁称帝,授为上卿。次年升财政部部长。帝制失败后辞职。民国六年张勋复辟,任农工部侍郎。后为审计院副院长。民国十七年后辞职闲居。工书,能诗。有《覃研斋诗存》。

十二月

初一,郑孝胥过陆荣廷。郑孝胥赴易顺鼎约。沈曾植至江南馆与王闿运、周学铭、赵椿年等同照相。

初四,易顺鼎访郑孝胥。

十四日,缪荃孙访范当世、陈三立。

二十二日,郑孝柽等至龙州。

二十七日,陆荣廷、易顺鼎过郑孝胥。

光绪三十年 甲辰（1904 年）

正月

初一,魏籀、张通典访陈三立。

初二,郑孝胥过易顺鼎,不值。

初四,易顺鼎访郑孝胥。

初九,陆荣廷过郑孝胥。

十二日,沈曾植致函陈衍。

十一日,缪荃孙发南昌沈曾植信。恽毓鼎与其大兄合请沈瑜庆、左孝同、何润夫等在座。

十六日,晤缪荃孙访陈三立。

二十四日,陈三立访缪荃孙。

二十五日,陈三立借缪荃孙《巢经巢诗》。

二十八日,郑孝胥访易顺鼎。

是月,陈三立与薛华培、陈锐等泛舟青溪,饮于水榭。江瀚赴广西巡抚幕,经江宁访陈三立,共饮酒楼、同游鉴园。

二月

初六,郑孝胥作诗一首示郑孝柽。

初九,易顺鼎访郑孝胥。

二十五日,郑孝胥、易顺鼎同应税务司嘉兰贝之约。

是月,范当世整理诗集。

三月

十一日,郑孝胥访易顺鼎。

十二日,易顺鼎访郑孝胥,互有酬唱。

十九日,郑孝胥宴易顺鼎。

二十四日,郑孝胥寄吴学廉、顾云、陈三立信,以相片寄顾云、陈三立。

二十五日,易顺鼎访郑孝胥,谈太湖洞庭西山之胜,郑孝胥因吟陈师道诗"平湖绕舍山无盗,官事长闲俸有金。安得终身为御寇,不辞儿女作吴音"。

四月

初五,易顺鼎过郑孝胥辞行。

初六,郑孝胥答拜易顺鼎。

初七,易顺鼎过郑孝胥。

初十,沈曾植、陈三立等访王闿运。

十八日,陈三立与张之洞、缪荃孙等雅集,观字画。

二十六日,沈曾植访王闿运。

二十七日,王闿运访沈曾植,夜,沈、王等宴集。

二十九日,王闿运访沈曾植。

是月,陈三立与文廷式同舟回武昌。

是月,范当世延冯煦宇为儿孙授读,并请为缮写诗稿。

五月

初八,陈三立访缪荃孙。

初九,沈曾植访王闿运。

十三日,友人招饮陈三立、缪荃孙等。

十七日,陈三立招饮俞明震、李葆恂[①]、刘世珩、缪荃孙、志锐等。

---

① 李葆恂(1859—1915),字叔默、文石,号猛庵,晚号凫翁。义州(今辽宁义县)人。河南巡抚李鹤年第三子。光绪十八年(1892)佐东河总督幕,累劳保知府,擢道员。二十八年,湖广总督张之洞调其入鄂。端方督两江,奏调至江南,委充湘鄂两岸淮盐督销局员。有《击楫集》一卷,《读画诗》二卷,《然犀录》十卷。生平事迹见陈三立《义州李君墓表》。

十八日，顾云致函郑孝胥。

二十日，诏赦陈三立恢复原职。

二十七日，张謇致函沈曾植。

六月

十一日，郑孝胥接陈璧函。

十二日，郑孝胥复陈璧函。

是月，陈衍赴南昌，居沈曾植府署七日，将游庐山，沈曾植馈金四十饼为游资。陈衍作诗寄沈曾植，沈有诗报之。

七月

初三，沈曾桐、恽毓鼎等宴客，沈瑜庆作陪。

初四，陈三立、俞明震、濮文暹乘舟纳凉。

十一日，陈三立、易顺鼎招饮缪荃孙、刘世珩等于吴园。

二十九日，陆荣廷过郑孝胥。

八月

初三，陆荣廷过郑孝胥辞行，赴南宁。

十七日，沈瑜庆宴恽毓鼎等。

二十四日，文廷式卒。

九月

初九，陈衍与李葆恂、陈庆年等武昌登高。

初十，郑孝胥宴陆荣廷，为其饯行。

十一日，陆荣廷过郑孝胥辞行。

十五日，范当世访张謇。

二十一日，郑孝胥作《行城》诗。

二十九日，沈瑜庆宴恽毓鼎等于顺天府署。

十月

初九，郑孝胥作《文芸阁》诗。

二十七日，陈隆恪、陈寅恪赴日留学，陈三立送至上海。

十一月

二十六日，魏繇兄弟访陈三立，三立有诗相赠。

三十日,张謇往视范当世。

是月,范当世肺病加剧,陈三立、姚永概等电邀其就医上海。抵沪,寓铁马路前李氏祖舍。

十二月

初五,范当世病剧,张謇往视。

初十,范当世卒。

二十四日,沈曾植与王以慜、赵椿年等城南宴集。

是月,陈三立抵西山谒墓,归途拜访易佩绅。

是年夏,陈三立与张之洞同游瞻园、燕子矶。秋,陈三立与易顺鼎、俞明震、王乃徵①、赵伯彀、曾广钧等游。

是年冬,易顺鼎至闽,陈宝琛邀至听水斋,叠韵酬唱。

是年,沈瑜庆、沈曾桐、黄绍箕、冒广生等时常聚会,谈艺论文。

光绪三十一年 乙巳(1905年)

正月

初五,沈瑜庆宴恽毓鼎等。

初七,夏敬观访张謇。

初七,顾云招饮陈三立、俞明震、缪荃孙、徐乃昌、张通典、刘世珩等。

十四日,吴学廉招饮陈三立、俞明震、顾云、张通典、陶森甲、缪荃孙等。

十五日,刘慎诒、梁公约②访陈三立。

十六日,汪颂年③致函致电郑孝胥,谈师范讲习所事,郑孝胥复电:

---

① 王乃徵(1861—1933),字病山,晚年号潜道人。四川中江人。光绪十六年(1890)进士。后简放江西抚州府知府,查民生疾苦,修水利,惩滑吏,有政声。擢湖北布政使,宣统年间任河南布政使。辛亥革命后,侨寓海上,与陈三立、朱祖谋过从甚密。著有《嵩洛吟草》《病山遗稿》等。汪辟疆:《光宣以来诗坛旁记》,《汪辟疆文集》,第489页。

② 梁公约(1864—1927),原名葵,字公约,以字行,又字慕韩,号饮真。江苏江都人。诸生。

③ 汪颂年时任广西提学使。

"欲择文行较优者,急送日本学师范。即讲习所亦须有通知科学各门为之教授,方能切实也。"

十八日,汪颂年致电郑孝胥,商谈选送学生留学事,郑孝胥复之。

十九日,汪颂年致电郑孝胥。

二十二日,陈三立至通州为范当世送葬。

二月

初四,陈三立招饮俞明震、张謇、顾云、徐乃昌、刘世珩、缪荃孙等。

初六,郑孝胥接沈瑜庆电。

初八,孟森至龙州,入郑孝胥幕。

初九,郑孝胥宴孟森等。

十三日,缪荃孙邀陈三立、张通典、薛华培、张仲炘、徐乃昌等小饮。

二十日,俞明震访缪荃孙。李瑞清①缪荃孙诣陈三立。

二十二日,徐乃昌招饮陈三立、丁惠康、薛华培、缪荃孙等。

二十三日,黄遵宪卒。

二十七日,陈三立、缪荃孙等宴集。

三月

初六,同人公请沈瑜庆于龙树寺。

初九,张元奇宴恽毓鼎等于福州馆。

十八日,恽毓鼎于沈曾桐处见沈瑜庆七绝四首,"自是诗家当行之笔"。

是月,陈衍至鄂,开刻诗集。

四月

十三日,郑孝胥寄沈曾植书。

---

① 李瑞清(1867—1920),字仲麟,号梅庵。江西临川人。光绪十七年(1891),举湖南乡试副榜第一人,以不合例注销。光绪十九年(1893),成进士。二十年殿试,选庶吉士。寻丁内艰,服阕,改官道员,分江苏,总办两江师范学堂及宁属高等学堂,三署江宁提学使。辛亥革命爆发时,布政使樊增祥逃逸,李瑞清署布政使,拒绝革命军江苏都督程德全的挽留,将库存银两悉数交付江宁士绅,孑身走沪上。临行前,将自己仅有的一辆马车卖掉,得到的钱全部赠给家境窘迫的学生。居沪后,易道士装,匿姓名,自署曰清道人,鬻书画自给。李瑞清文诗均宗汉魏,书备各体,传世者以北魏碑体,其字画在民国享有盛誉。有《清道人遗集》4卷。

二十八日,张謇致函沈曾植。郑孝胥将自龙州归,张謇欲以渔业公司属之。

二十九日,郑孝胥接严璩函,将赴龙州。

三十日,郑孝胥复严璩函。

七月

初五,张謇致函沈曾植。

十三日,庄蕴宽①致电郑孝胥,欲留孟森。

十八日,陈三立赴张仲炘招饮,缪荃孙、徐乃昌、薛华培等在座。

八月

十五日,陈三立在江西。

十九日,陈书卒。

二十二日,郑孝胥得沈曾植信及诗一首。

是月,陈三立与缪荃孙、梁鼎芬、汪康年作赏秋之会。

九月

初九,陈三立与张之洞于洪山宝通寺饯梁鼎芬,送其之官襄阳道。郑孝胥卸广西边防任。

十六日,庄蕴宽至龙州,接郑孝胥任。

十七日,郑孝胥答拜庄蕴宽。

十八日,庄蕴宽过郑孝胥谈边事。

二十日,郑孝胥卸龙州任。

---

① 庄蕴宽(1866—1932),字思缄。江苏武进人。出身江南望族,科名成就后,初服官广东,后任广西梧州府知府、浙江布政使等。光绪二十七年(1901),两广总督陶模檄调赴桂,主持督练公所,筹练新兵,广收优秀学生,并亲赴日本,聘请留日陆军士官学校毕业生,如纽永健、赵正平、方声涛等,皆为同盟会员,自此结交革命党人,并庇护之。继任龙州边防督办,黄兴化名潜入广西,与之来往密切,不久,辞督办职。宣统三年(1911),出任上海商船学校监督,八月,武昌起义后,与张謇、汤寿潜、赵凤昌等共商南北和议问题。民国元年(1912),苏督程德全卧病租界,奉命代理江苏都督。四月,辞代理江苏都督,与章太炎、张謇等合组一党,任参事。三年,袁世凯成立平政院,任肃政厅都肃政史。同年,当选约法会议议员。四年,帝制运动公开,请求取消筹安会。五年,辞肃政史。翌年,帝制取消,国务院成立,任审计院院长。十七年,纽永健礼聘主修江苏省志。

是月,陈三立晤易顺鼎、于式枚。陈三立与易顺鼎有诗唱和。① 陈三立《赠陈石遗监督》诗约作于此时。

十月

初一,郑孝胥抵广州,晤沈瑜庆。

初三,沈瑜庆宴郑孝胥、朱祖谋②、于式枚、王秉恩等,朱祖谋赠郑孝胥折扇,自书《暗香》词。

初五,郑孝胥赴王秉恩约。

初七,沈瑜庆过郑孝胥。

初九,郑孝胥、高凤岐过沈瑜庆。

十二日,郑孝胥舟中晤朱祖谋、蔡钧。

十六日,郑孝胥抵上海。

十八日,沈曾植自京抵沪,与缪荃孙、徐乃昌同寓。

十八日,张謇宴沈曾植、郑孝胥、郑孝柽、朱祖谋、钱恂③等于一枝香。

十九日,郑孝胥晤沈曾植。

二十一日,郑孝胥晤陈宝琛。

二十六日,陈宝琛、郑孝胥、张謇等同往吴淞观渔业公所。陈宝琛、郑孝胥、王仁东、赵凤昌、樊棻等观复旦学校,晤马相伯。晚,郑孝胥赴汪钟霖约于蒙学报馆,夏曾佑、伍光建、魏允恭在座。陈三立赴友人招饮,

---

① 见《散原精舍诗文集》,第163页;按:此时易顺鼎在张之洞幕府,见《易顺鼎年谱长编》,《琴志楼诗集》,第1574页。

② 朱祖谋(1857—1931),原名朱孝臧,字古微,号沤尹,又号彊邨。浙江归安人。光绪八年(1882)中举。次年成进士,选庶吉士,授翰林院编修,历充国史馆协修,会典馆总纂总校。十四年,充江西乡试同考官。二十四年,充会试同考官。擢侍讲,充日讲起居注官、侍讲学士。义和团运动起,两次上书请阻止攻击外国驻华使馆,以直言敢谏闻名朝野。二十七年,迁迁少詹事、内阁学士、礼部侍郎兼署吏部侍郎。三十年,出任广东学政。与总督龃龉,称病去职。宣统二年(1910),授弼德院顾问大臣,未就。辛亥革命后,以遗老自居。著有词集《彊邨语业》二卷、补刻一卷,编有《彊邨丛书》一七九种。陈三立有《光禄大夫礼部右侍郎朱公墓志铭》,见《散原精舍诗文集》,第1095—1097页。

③ 钱恂(1853—1927),字念劬,别号受兹室主人、积跬步斋主人。浙江乌程人。光绪十六年(1890),随薛福成出使欧洲诸国。三十一年,任赴东洋考察宪政大臣参赞。三十三年,任出使荷兰大臣,次年改意大利。民国后任总统府顾问、参政院参政。

缪荃孙、薛华培、沈琬庆、陶炳南等在座。

二十七日,郑孝胥至制造局,晤萨镇冰。郑孝胥访张謇。

二十八日,郑孝胥赴黄受谦约,熊元锷在座。

三十日,陈宝琛、郑孝胥等至三山会馆商铁路事。

是月,陈宝琛抵上海,晤严复,时严在上海以卖文为活,陈劝其早作归计。陈宝琛又晤陈三立,自江西一别已二十四年。

十一月

初一,陈三立、郑孝胥赴袁树勋约,陈三立示其诗稿。

初二,郑孝胥赴赵凤昌约。夜,郑孝胥赴熊元锷约。

初三,郑孝胥赴刘锦藻约于洋务局。夜,郑孝胥等为王仁东、江瀚做生日。

初四,夜,郑孝胥赴恽祖祁约。

初八,李宣龚过郑孝胥。夜,郑孝胥应赵凤昌、王寿昌约。

初九,张謇过郑孝胥。夜,郑孝胥赴王仁东约。

初十,郑孝胥宴客于一品香。

十一日,陈宝琛约郑孝胥等至一品香,商四省铁路联会事。夜,郑孝胥赴杨文骏约。

十二日,沈曾植招饮张謇于九华楼。夜,郑孝胥赴李宣龚、曾铸约。

十三日,朱祖谋约郑孝胥斗牌。

十五日,郑孝胥至张园,与熊元锷打球。

十六日,张謇过郑孝胥。

十七日,郑孝胥、张元济、张謇、麦惠农至一家春,议日本学生罢学事。陈宝琛、郑孝胥登船赴闽,陈毅等送行。

十八日,沈曾植晤缪荃孙。

二十日,陈宝琛、郑孝胥抵福州。

二十二日,陈三立抵上海。

二十三日,夜,陈宝琛示郑孝胥江督、闽督电,为日本留学生事。沈曾植与缪荃孙、徐乃昌同访刘世珩。

二十六日,林炳章①过郑孝胥,求书林则徐祠御祭碑文。陈懋鼎过郑孝胥。

二十八日,郑孝胥由书坊觅得《梅宛陵诗集》及《陈简斋诗》。

十二月

初二,缪荃孙访陈三立。

初三,缪荃孙访陈三立。

初五,王允皙访郑孝胥。陈宝琛约郑孝胥、郭曾炘、何冈德、叶在琦等于师范学堂。沈曾植、王清穆招同人饮九华楼,张謇在座。

初十,郑孝胥阅《梅尧臣集》。

十二日,郑孝胥抵沪。郑孝胥、高而谦、高梦旦同至张园,夜,诸人宴集九华楼。

十三日,周善培过郑孝胥。郑孝胥宴高而谦、高梦旦、严复等。

十四日,郑孝胥答拜陈恩焘、周善培。夜,徐庆沅过郑孝胥。

十七日,郑孝胥过严复,晤张元济。

十八日,陈恩焘、萨镇冰过郑孝胥。

十九日,郑孝胥、陈恩焘、萨镇冰等宴集。

二十日,陈衍致书郑孝胥,属写《石遗室诗》签。

二十一日,郑孝胥过商务印书馆,晤张元济。留日学生过郑孝胥,述东京罢学始末,归沪学生欲公立学堂,问策于郑。

二十二日,赵凤昌过郑孝胥,同赴洋务局。夜,郑孝胥过周善培送行。

---

① 林炳章(1874—1923),字惠亭。福建侯官人。林则徐曾孙。陈宝琛之婿。光绪二十年(1894)恩科进士,特点翰林,后累迁至翰林院编修。二十九年,委为钦差大臣,回闽考察宪政。三十一年,投资十万元,兴建福州电力公司。翌年,任福建师范学堂副监督。不久,转任福建高等学堂监督,兼任"去毒总社"社长,负责组织戒除鸦片烟毒。后赴北京任邮传部丞参。辛亥革命后,出任福建军政府盐政督办。民国三年(1914),主持兴办福州市政及水利。五年,任福建省财政厅厅长,至七年秋辞职。十一年,再任福建省财政厅厅长。

二十三日,郑孝胥答拜孙宝琦①。

二十四日,郑孝胥赴严复一枝香招饮,张元济、夏曾佑、孙宝琦等在座。

二十五日,友人招饮陈三立、俞明震、李瑞清、缪荃孙等。沈曾植致函陈衍。

二十七日,郑孝胥过孙宝琦。袁思亮过郑孝胥。郑孝胥、袁思亮、樊棻、熊元锷、严复、徐庆沅、赵凤昌等宴集庆余堂。

二十八日,留日学生唐葆厚、刘棣英访郑孝胥,请其出任校长,郑谢绝,捐助一千元。夜,郑孝胥赴徐庆沅雅叙园约。

二十九日,郑孝胥为黄受谦书联。

三十日,高梦旦过郑孝胥。

是月,陈三立赴九江,登庐山,值易佩绅八十岁生日,宿琴志楼。岁暮,抵西山谒墓。

是年秋,与陈三立游处者还有曾广钧、曾广镕、黄嗣东②、于式枚、叶德辉等。继由南昌经九江抵武昌,筹议南昌至九江铁路事。回南京前曾写信给汪康年,诉办路之苦。

是年,陈三立得湖南绅商两万元资助,在俞明震寓所附近的头条巷建造平房十数间,仍以"散原精舍"命名,亦称"金陵别墅"。

是年,陈衍《石遗室诗集》刻竣。

---

① 孙宝琦(1867—1931),字幕韩。浙江杭州人。光绪十二年(1886)后,历任候补直隶道台、军机处官报局局长、驻法公使等职。三十一年署顺天府尹。三十三年任驻德公使。宣统元年(1909)回国,任津浦路公办,后升山东巡抚。武昌起义后,一度宣布山东独立,任都督。民国二年(1913)任外交总长。次年代国务总理。四年日本提出"二十一条"后,即辞职。次年出任审计局长,此后历任财政总长兼盐署督办,经济调查局总裁。十三年任国务总理兼外交委员会委员长,任内与苏联建立外交关系,向德国索赔成功。后任汉冶萍钢铁公司及招商局董事长,中法大学董事长。

② 黄嗣东(1846—1910),字小鲁,号鲁斋,晚号鲁叟,又称靖道先生。湖北汉口人(祖籍浙江余姚)。陈衍《近代诗钞》选载其诗。有《鲁叟诗存》、《道学渊源录》。黄嗣东为陈三立挚友。

光绪三十二年 丙午（1906年）

正月

初一，高梦旦过郑孝胥。

初三，罗诚过郑孝胥。郑孝胥与高梦旦游张园，晤赵凤昌、刘树屏①。夜，郑孝胥赴樊棻约。严复示郑孝胥诗一首。

初四，郑孝胥作诗一首示严复。盛宣怀过郑孝胥。夜，孙宝琦邀郑孝胥过谈。

初六，夜，郑孝胥赴严复约，孙宝琦在座。

初七，顾云招饮陈三立、缪荃孙、张仲炘、刘世珩、张通典等。

初八，刘世珩招饮陈三立、缪荃孙、况周颐、顾云等。

初八，高梦旦过郑孝胥。

初九，孟森过郑孝胥。郑孝胥赴李维格一枝香约，徐庆沅在座。

初十，郑孝胥与孟森、刘厚生、傅纬平同饮九华楼。

十一日，陈三立赴缪荃孙招饮，顾云、况周颐、刘世珩等在座。郑孝胥阅《简斋诗》。

十四日，陈三立招饮顾云、缪荃孙、刘世珩、陶森甲、陈伯陶等。

十七日，陈三立赴友人招饮，缪荃孙、刘世珩、顾云等在座。

二十一日，郑孝胥收到陈衍所寄《石遗室诗》。

二十五日，袁思亮过郑孝胥，不值。

二十六日，郑孝胥过徐庆沅久谈，示徐家汇地基图两块，赠郑意大利石画一方。

二十七日，徐庆沅、袁思亮过郑孝胥。

---

① 刘树屏（1857—1917），字葆良。江苏武进人。刘树森兄。光绪十六年（1890）进士，选庶吉士，散馆，授检讨，官安徽候补道。甲午战后，提倡改革教育，改龙城书院为致用精舍。后调任安徽，集资创办皖南中学，曾任安徽高等学堂总办。旋任上海澄衷学堂校长，代理南洋公学监督。

二十八日,陈玉澍①过郑孝胥,谈奏请两宫出洋游历稿。

二十九日,郑孝胥答拜陈玉澍,陈出示《请改朝仪折》。

是月,沈曾植署江西盐法道。时南昌教案起,沈曾植与按察使余肇康应对得当。

二月

初一,郑孝胥赴张謇宴,袁思亮、赵凤昌、樊棻等在座,席散,郑孝胥与赵凤昌至颐园小坐。

初二,郑孝胥赴张謇约午饭,袁思亮、赵凤昌、樊棻、罗诚、曾铸等在座,席散,郑孝胥与赵凤昌至颐园。

初三,高梦旦、张謇过郑孝胥。

初四,罗诚过郑孝胥。

初五,赵凤昌、汤寿潜、宋育仁过郑孝胥。

初六,郑孝胥过熊元锷视疾。郑孝胥赴张謇邀饭,同观渔业陈列所。郑孝胥与张謇同照相。夜,郑孝胥赴魏允恭约于一品香,张謇、辜鸿铭、李哲浚、何维朴等在座。

初七,郑孝胥赴袁树勋②邀饮。夜,郑孝胥与友人公饯袁树勋于颐园,张謇、赵凤昌等在座。

初八,金城③、金绍基④兄弟访郑孝胥。

初九,郑孝胥答拜瑞澄、宋育仁。郑孝胥至浙江铁路公司,晤汤寿潜、张美翊、张謇、赵凤昌、金城等。

---

① 陈玉澍(1852—1906),字惕庵。江苏盐城人。光绪十二年(1886),毕业于南菁书院,师从黄以周。十四年中举。后倾心于历史、政治、掌故的研究。其文驰骋博喻,援证古今,大多为忧国忧民之作,引起社会的广泛注意。他非常关心地方公益事业。主持纂修《盐城县志》。二十九年,又应两江总督周馥聘,任三江师范教务处长数月,后又去广东一年。有《尔雅释例》、《后东塾集》、《教育刍言》等。

② 按:时袁树勋调署顺天府尹。

③ 金城(1878—1926),名绍城,后更名城,字巩北、拱北、巩伯,号北楼,又号藕湖。浙江吴兴人。幼即嗜画,兼工书法、篆刻及古文辞。留学英国习法律。毕业归国,道经美、法诸邦,考察法制兼及美术。任上海会审公廨襄谳委员,旋改京曹,赴美充英国监狱改良会代表。民国成立,任众议院议员,国务院秘书,筹设古物陈列所。工画山水、花卉,精于摹古。有《藕庐诗草》、《北楼论画》等。

④ 金绍基,字叔初。金城弟。曾任北京大学教授。

初十,郑孝胥至中国公学观行开校礼,校方请郑孝胥作演讲。郑孝胥晤李登辉。郑孝胥、高梦旦游张园,晤狄葆贤、寄禅等。夜,郑孝胥过郭曾炘。

十一日,郑孝胥过郭曾炘。

十三日,郑孝胥赴高梦旦约于九华楼,张元济、严复、王仁东、蔡元培、郑孝柽在座。

十四日,郑孝胥赴袁树勋约,晤杨士琦,席散,郑孝胥过杨士琦谈。郑孝胥过严复。夜,郑孝胥赴宋育仁约。郑孝胥捐中国公学洋1000元。夜,郑孝胥赴宋育仁约。

十五日,午后,郑孝胥与张元济同赴中国公学。夜,郑孝胥赴辜鸿铭约。张謇与沈曾植电,询南昌教案情况。

十六日,郑孝胥与赵凤昌同赴汤寿潜约于愚园,晤吕景端。郑孝胥作《送柽弟》诗二首。

十七日,郑孝胥过沈同芳,同访吕景端、刘树屏。夜,郑孝胥赴杨文骏、赵凤昌约。

十八日,郑孝胥与汤寿潜同赴中国公学。夜,郑孝胥宴赵凤昌、狄葆贤、袁思亮、刘树屏、吕景端、许苓西、朱祖谋,谈笑甚欢。

十九日,郑孝胥过陈衍,同访朱祖谋,遂至九华楼为张元济饯行,席散,郑孝胥、陈衍同游愚园、张园。

二十日,陈衍过郑孝胥。杨士琦过郑孝胥。

二十一日,袁树勋过郑孝胥谈。郑孝胥赴李伯行、杨士琦约,王存善在座。

二十二日,郑孝胥过吕景端。夜,郑孝胥赴严复宴,张元济、瑞澄在座。

二十三日,朱祖谋、赵凤昌过郑孝胥。

二十四日,李瑞清访郑孝胥,李时任两江师范学堂监督。① 吕景端过郑孝胥。

---

① 按:此为李瑞清初晤郑孝胥。

二十五日,俞明震访郑孝胥。郑孝胥过李瑞清,不值。

二十六日,陈宝琛、王允晳过郑孝胥。

二十七日,郑孝胥为严复题《江亭饯别图》五言古诗一首。郑孝胥过陈宝琛,谈铁路事。

二十八日,郑孝胥访李瑞清。陈衍、高梦旦、王允晳过郑孝胥。郑孝胥赴袁思亮约。

二十九日,郑孝胥宴陈宝琛、严复、王允晳、高梦旦等。

三十日,郑孝胥过孟森,逢于道,晤孟昭常。夜,郑孝胥赴沈若愚约。

三月

初一,陈宝琛邀郑孝胥等议四省合办铁路学堂事。

初二,郑孝胥答拜何维朴、何维棣。夜,郑孝胥赴张美翊约。

初三,沈曾植作《宋刘松年九老图卷跋》。郑孝胥过金城。

初五,孟森、孟昭常过郑孝胥。郑孝胥至浙江铁路公司议大亿公司事,张謇、袁树勋、袁思亮、樊棻、金城、恽禹九等在座,郑孝胥当选公司董事、总理。

初七,李宣龚过郑孝胥。郑孝胥送孟森、孟昭常赴日本。

初八,李宣龚过郑孝胥。郑孝胥过樊棻。赵凤昌过郑孝胥。

初九,陈宝琛、王允晳、李宣龚过郑孝胥。郑孝胥答拜许珏。郑孝胥分赴张謇、袁树勋、樊棻、狄葆贤、王寿昌约。

初十,陈宝琛与王寿昌离沪。夜,郑孝胥赴刘锦藻、张美翊约。

十一日,中国公学庶务员王敬芳[①]、张邦杰过郑孝胥,谈刘棣英辞职及学费事。

---

① 王敬芳(1876—1933),字抟沙。河南巩县人。光绪二十八年(1902)中举。三十一年留学日本。因不满日本政府颁布的《取缔清国留学生规则》,于当年冬返回上海,并任归沪留学生招待代表。他与秋瑾、姚宏业、于右任等在上海筹办中国公学,于三十二年租屋开学,开创了中国民间自办新学的先河。后任河南学务公所豫西议董。不久,辞职回巩县,与刘连青等人力行男剪发、女放足。民国四年(1915),成立中原煤矿公司。五年,出资在本村王氏祠堂创办抟沙小学。八年,任中国公学校长。翌年,将中国公学所办的商科改办为大学。十一年,任中州大学(河南大学前身)董事。是年,任陕西宣抚使,与陕西督军冯玉祥合作,实施善政,建树颇多。十八年,蒋介石任命翁文灏接任中原煤矿公司经理,王离职寓居北平。

十四日,郑孝胥、夏曾佑、徐沅①、吴怡泉同往龙华观桃花。郑孝胥过制造局访黄益斋,不值。夜,郑孝胥赴黄益斋约于雅叙园。

十五日,夜,郑孝胥宴夏曾佑、徐沅、黄益斋、高梦旦,谈笑甚欢。

十六日,郑孝胥为金城题《可读庐印存》五绝二首。郑孝胥接陆荣廷函。

二十一日,午,郑孝胥赴狄葆贤约,晤马相伯,谈考察日本情形。

二十三日,中国公学职员过郑孝胥,谈姚宏业投水事。

二十五日,郑孝胥赴樊棻约。

二十六日,郑孝胥赴辜鸿铭约。

二十九日,熊元锷卒,郑孝胥"往观大殓且哭之"。陈三立有《哭季廉》诗。中国公学张邦杰、王敬芳、黄兆祥过郑孝胥。

四月

初一,张邦杰、王敬芳过郑孝胥,示《申报》所登攻讦公学文。

初二,金城、张謇、唐景崇②、唐浩镇、唐际治过郑孝胥。

初三,郑孝胥答拜唐景崇等。郑孝胥赴赵凤昌约于一品香。袁思亮、严复过郑孝胥。

初四,郑孝胥作《哀熊季廉》诗。

初五,陈三立在江西,唤船至西山。郑孝胥过袁树勋,尚未归,与袁思亮久谈。午后,郑孝胥赴熊元锷追悼会,复旦公学等到者二百余人。

初六,郑孝胥赴姚宏业追悼会。姚永概过郑孝胥。夜,郑孝胥赴严复约。

初七,郑孝胥答拜姚永概。

---

① 徐沅,字芷生。江苏吴县人。曾任直隶永道、津海关道。
② 唐景崇(？—1914),字春卿。灌阳人。唐景崧胞弟。清贫好学。同治十年(1871)成进士,授编修,由侍读四迁至内阁学士。光绪二十一年(1895)主持会试,历官兵部侍郎、礼部侍郎、左都御史、浙江学政。二十六年丁母忧回籍。义和团事起,命督办广西团练。次年团练局并入保甲局,交差回京。二十九年任工部侍郎,江苏学政。三十二年回京供职。旋调吏部侍郎,充筵讲官。宣统二年(1910)升学部尚书。次年改为内阁学务大臣,兼弼德院顾问大臣。辛亥革命后称病引退。民国二年(1913)任袁世凯参政院参议。生平喜治史,对《新唐书》纠谬补注。

初八,熊元鳌、熊元鋆过郑孝胥。

十一日,赵凤昌邀郑孝胥看新购地基,郑托代购三亩,同至袁树勋宅久谈。

十二日,郑孝胥赴狄葆贤约,金城、袁思亮、志钧在座。夜,郑孝胥赴朱祖谋约。

十三日,袁树勋、高梦旦、赵凤昌、李宣龚过郑孝胥。

十四日,陈诗访郑孝胥。

十五日,郑孝胥访李宣龚、朱祖谋。

十六日,袁树勋过郑孝胥。郑孝胥过赵凤昌。

十七日,郑孝胥过《时报》馆,晤狄葆贤、陈诗。

十八日,郑孝胥过梅光远。郑孝胥过朱祖谋,同访狄葆贤。

二十日,沈曾植简安徽提学使,留署江西按察使。

二十日,郑孝胥过赵凤昌久谈。李登辉过郑孝胥。

二十一日,郑孝胥过袁树勋、汤寿潜、朱祖谋。

二十二日,郑孝胥访罗振玉。夜,郑孝胥赴高梦旦约于一品香。

二十三日,熊希龄、狄葆贤过郑孝胥。

二十四日,郑孝胥过罗振玉。郑孝胥访熊希龄,晤麦孟华。

二十七日,郑孝胥至中国公学观熊希龄欢迎会。夜,郑孝胥赴李岳瑞约。

二十八日,郑孝胥赴金城约。

二十九日,袁树勋、江瀚、罗振玉、蒋黼①过郑孝胥。

是月初,陈三立入西山扫墓,宿崝庐数日。归途经南昌、九江至武昌,晤沈曾植、易顺鼎,继由汉口乘汽车于本月下旬至保定。陈三立此行的原因,乃是袁世凯授意陈的好友直隶布政使毛庆藩、保定知府罗正钧及寓居天津的吴保初邀其北上。陈三立窥知袁世凯意在笼络,拒不进京。

闰四月

初一,郑孝胥过江瀚。

---

① 蒋黼(1866—1911),字伯斧。江苏吴县人。与罗振玉同创办农学会和《农学报》。

初二，陈三立与毛庆藩保定莲花池宴集。江瀚过郑孝胥，同访罗振玉、蒋黻，晤高梦旦、王国维①。夜，郑孝胥赴袁树勋约，熊希龄、胡元倓②、张美翊在座。

初三，李宣龚过郑孝胥。郑孝胥过胡元倓，不值。

初四，胡元倓、黄书霖过郑孝胥。李宣龚过郑孝胥借钱。

初五，郑孝胥过张謇久谈。夜，郑孝胥宴袁树勋、熊希龄、胡元倓、张謇、赵凤昌于颐园。

初七，张邦杰、王敬芳过郑孝胥，言已见瑞澄，愿扶助公学。狄葆贤过郑孝胥。

初九，许鼎霖过郑孝胥。

初十，郑孝胥过袁树勋送行。

十一日，郑孝胥过赵凤昌、张謇。

十二日，郑孝胥、汤寿潜同过浙江铁路公司。郑孝胥与袁思亮言章炳麟事。

十五日，郑孝胥赴张謇、许鼎霖邀饮九华楼，饯袁树勋。

十八日，胡元倓过郑孝胥，求为湖南明德学堂代借银六千两。

十九日，刘锦藻过郑孝胥，郑商借其西湖别墅，将赴杭州避暑。夜，胡元倓过郑孝胥，郑告以若袁树勋能于两月内认还此款，则郑与张謇当各为代借三千。

二十日，郑孝胥过胡元倓、刘锦藻。

二十四日，麦孟华过郑孝胥。郑孝胥作《哀子朋》诗。中国公学张邦杰、朱剑托郑孝胥商张謇让六十亩地为公学学舍。

二十五日，郑孝胥至大生账房，晤张美翊、廉泉。张邦杰过郑孝胥谈吴淞官地事。

二十六日，严复偕其子访郑孝胥。

二十七日，夜，郑孝胥晤伍光建。

---

① 按：此为王国维初晤郑孝胥。

② 胡元倓（1872—1940），字子靖，号耐庵。湖南湘潭人。早年留学日本。光绪二十九年（1903）在长沙创办明德学堂。曾出任民国参政会参议员。

二十八日,陈衍自福州至上海。郑孝胥过伍光建。郑孝胥宴陈衍、伍光建、高梦旦、徐沅。

二十九日,严复访郑孝胥。通州师范教习江谦①过郑孝胥。唐景崇过郑孝胥。

三十日,郑孝胥答拜唐景崇。

是月,陈三立过天津,折回保定,再至汉口,登江舟还江宁。

五月

初二,郑孝胥答拜何冈德、江谦。

初三,郑孝胥过朱祖谋、高梦旦。

初四,郑孝胥过张元济。高梦旦过郑孝胥。

初五,郑孝胥答姚永概书。张元济过郑孝胥。

初九,陈三立访郑孝胥。

初十,郑孝胥访陈三立,陈示近诗稿本及访郑孝胥五律:"生还真自负,杂处更能安。狂到无人觉,诗留与世弹。所哀都赴梦,可老得加餐。吐语深深地,吹裾海气干。"

十一日,朱祖谋过郑孝胥,饭毕,同访郑孝胥,不值。

十三日,郑孝胥赴张邦杰约。

十四日,陈三立、郑孝胥赴许苓西约,张元济、瑞澄、徐珂②在座。

十五日,郑孝胥接李宣龚函。

十八日,午后,郑孝胥过赵凤昌。王敬芳过郑孝胥,将入都。

---

① 江谦(1876—1942),字易园,号阳复。安徽婺源(今属江西)江湾人。就读婺源紫阳书院二年后,受业于南京文正书院,为山长张謇所赏识。光绪二十八年(1902),张謇在南通创办通州师范学堂,邀江谦共事,担任校长一职达十四年。江谦倡俭朴学风,传"明德新民"之教,使通州师范校誉日隆。宣统三年(1911)张謇去看望下野后的袁世凯,所带人中就有江谦。后安徽学界公推江谦为安徽省教育会会长,江苏省复指命他为江苏省教育司司长。民国三年(1914),韩国钧委任江谦为南京高等师范学校校长。八年因疾辞职,推荐郭秉文继任。中年后潜心佛学。

② 徐珂(1869—1921),初字仲玉,改字仲可。浙江余杭人。光绪十五年(1889)中举。师事谭献。数应会试不第,考授内阁中书,改同知。袁世凯在小站练兵时,曾人幕,为将校讲授经史大义。戊戌政变后归里,整理谭献《复堂词话》。二十七年,移居上海,任职商务印书馆,为《辞源》编辑。曾加入南社和新南社。著有《真如室诗》、《清稗类钞》等。

二十日,郑孝胥过陈三立、朱祖谋。

二十一日,郑孝胥过陈三立、朱祖谋,宴于一品香。夜,郑孝胥赴陈三立约。张謇过郑孝胥。

二十三日,郑孝胥应朱祖谋约。夜,郑孝胥赴樊棻、麦孟华约,曾习经①、方尔谦②在座。

二十四日,曾习经过郑孝胥。午后,郑孝胥过严复。夜,郑孝胥赴狄葆贤约。

二十五日,严复、陈三立过郑孝胥。夜,陈三立宴郑孝胥、严复等。姚永概寄郑孝胥诗稿一本。张鹤龄③过郑孝胥。

二十六日,缪荃孙访陈三立。

二十七日,陈三立、何维朴、缪荃孙等小饮。郑孝胥答拜张鹤龄、缪荃孙。

二十八日,陈三立约郑孝胥、张元济至愚园,议维持复旦学校事。

二十九日,缪荃孙、王仁东过郑孝胥。

六月

初一,陈三立赴南京,郑孝胥前往送行。郑孝胥过赵凤昌久谈。

初三,熊腾保访郑孝胥,谈复旦公学款事,出示扬州运使及马相伯文

---

① 曾习经(1867—1926),字刚甫、刚父,号蛰庵。广东揭阳人。肄业于广雅书院,为梁鼎芬弟子。光绪十五年(1889)举人,次年会试中式,十八年,补殿试,成进士,授户部主事,迁员外郎。清末改官制,擢度支部左参议,晋右丞,历官税务处ober调、印刷局总办、宪政编查馆学部咨议等。辛亥革命后,于清帝宣布逊位前一天先行引退,以示始终。袁世凯欲罗致,拒不出。购田于河北宁河县,从事垦辟。晚境窘迫。著有《蛰庵诗存》一卷。

② 方地山(1873—1936),原名方尔谦,字地山。江苏省江都(今扬州市)人。初治经学,娴于辞章,擅长书法,对金石书画和古籍版本诸学多所精通,书法挺俏,有山林气。光绪十二年(1886年)中秀才,后在北洋武备学堂教书,常在天津《大公报》上发表文章,文名渐著,被直隶总督袁世凯看中,重金聘为家馆西席,教授袁氏几个儿子诗词作文,并和袁克文成为莫逆之交和儿女亲家。居天津二十年,以精研泉学著称于世。

③ 张鹤龄(1867—1908),字长孺,号筱圃。江苏武进人。光绪十八年(1892)进士,选庶吉士,授户部主事,历官奉天提学使、湖南布政使。近代教育家。光绪二十九年(1903)冬,任南洋公学总理。次年二月,日俄战争爆发,张鹤龄就此事与张美翊、已离开南洋公学到商务印书馆任职的张元济及赵凤昌、吕景瑞等人紧急磋商:"诚恐以后各国大会媾和,始终置我局外,尽失主权",议定由张美翊收集巴黎及柏林和会资料,呈送盛宣怀,并拟请盛约端方、吕海寰电告清廷。

一件,并银二千两,乃南洋协助复旦公学款。傅增湘①过郑孝胥。

初四,张謇、陈庆年过郑孝胥。夜,郑孝胥赴端方约,戴鸿慈②、缪荃孙、张謇、张元济、陈庆年、王仁东、瑞澂、恽祖祁等在座。

初五,郑孝胥移居谦吉东里四百八十一号。

初六,张邦杰、王敬芳过郑孝胥。

初七,郑孝胥答拜傅增湘、陈庆年。午,郑孝胥赴王仁东约。

初八,郑孝胥过严复。晚,郑孝胥、张元济、熊希龄等同赴中国公学约。

初九,郑孝胥过狄葆贤。

十一日,郑孝胥赴胡琪约。郑孝胥为中国公学拟呈学部稿。

十二日,夜,郑孝胥赴端方约,张謇、黄绍箕、许鼎霖、王仁东在座。

十三日,王敬芳过郑孝胥取信。

十四日,李宣龚过郑孝胥。

十五日,郑孝胥过李宣龚、高梦旦,晤吴曾祺。夜,郑孝胥赴高梦旦雅叙园约。

十六日,狄葆贤过郑孝胥。郑孝胥携家人至留园,晤沈瑜庆。

十七日,郑孝胥过沈瑜庆。林葆恒过郑孝胥。夜,郑孝胥赴许苓西约,周学渊在座,席散,郑、周同至张园久谈。

十八日,郑孝胥答拜秦炳直,晤何维朴,秦新授江西按察使。郑孝胥

---

① 傅增湘(1872—1950),字润沅、沅叔,别署双鉴楼主人、藏园居士等。四川泸州人。早年入保定莲池书院从吴汝伦学。光绪二十三年(1897)任杭州求是书院教习。二十四年成进士,入翰林院为庶吉士。后任直隶提学使,先后创办天津北洋师范学堂、京师女子师范学堂。武昌起义后,曾参加唐绍仪和谈代表团,任顾问。民国三年(1914)任袁世凯御用机构约法会议议员。四年后任肃政厅肃政史。六年,任教育总长。五四运动中,因抵制北京政府罢免蔡元培的命令受牵连而被免职。十六年任故宫博物院图书馆馆长。辛亥革命后,开始大规模搜访中国古籍,致力于版本目录学研究。有《藏园东游别录》、《双鉴楼杂咏》等。

② 戴鸿慈(1853—1910),字光孺,号少怀。广东南海人。光绪二年(1876)成进士,授翰林院编修,历任礼部、户部侍郎、法部尚书、经筵讲官、参预政务大臣、礼部尚书、协办大学士、军机大臣等职。三十一年(1905),身为户部右侍郎的戴鸿慈作为五大臣之一,出使欧美考察政治。戴大开眼界,认为中国只有改革才有出路,因此,极力主张以立宪政体代替专制政体。改刑部为法部,戴首任尚书。他还提倡中国要富强,必须"固边疆"、振兴实业及开矿、兴学、修铁路等,是清末具有一定开放思想和政治眼光的重臣。

宴李宣龚、高梦旦、吴曾祺、林葆恒于一品香。郑孝胥、沈瑜庆往观沧州别墅。

十九日,郑孝胥、沈瑜庆赴樊棻约,王仁东等在座。

二十日,郑孝胥过汪颂年。夜,郑孝胥赴瑞澄约于洋务局。

二十一日,郑孝胥过沈瑜庆。

二十二日,郑孝胥赴樊棻约,邓孝先、许鼎霖等在座。

二十四日,狄葆贤过郑孝胥。

二十六日,夜,郑孝胥赴瑞澄洋务局约。

二十七日,郑孝胥赴樊棻约,许鼎霖、李钟珏在座。沈曾植致函吴庆坻。

二十八日,郑孝胥为樊棻书澄衷学堂匾额。

二十九日,郑孝胥赴袁树勋约至愚园,晤张謇、许鼎霖。

三十日,郑孝胥宴袁树勋、张謇、许鼎霖等。

七月

初一,郑孝胥赴袁树勋约于辛园。

初二,沈曾植辞江西盐法道、江西按察使任。

初四,郑孝胥过许鼎霖、高梦旦。晚,郑孝胥赴瑞澄洋务局约。

初七,袁思亮、狄葆贤过郑孝胥。

初八,郑孝胥过严复。

十二日,郑孝胥过高梦旦、朱祖谋。

十三日,沈曾植致函沈曾桐。

十四日,陈三立与友朋十几人泛舟东湖看月。沈曾植致函陈衍,称赞陈三立《抱冰宫保七十赐寿诗》"良为健者"。郑孝胥过汤寿潜、袁思亮。

十五日,陆荣廷访郑孝胥。郑孝胥作五古一首致朱祖谋。

十六日,朱祖谋过郑孝胥。

十七日,郑孝胥答拜陆荣廷。郑孝胥过高梦旦、朱祖谋、伍光建。午,郑孝胥宴陆荣廷、伍光建、高梦旦、马云青等。

二十日,郑孝胥应邀赴江苏总学会法政讲习所演讲,晤马相伯。

二十二日,郑孝胥赴刘厚生宴于商学公会,陆尔奎①、白振民②、沈同芳③等在座。陆云岑春煊有信与张謇,欲立法政研究会,愿助开办费一万元。郑孝胥言,上海宜立国民会,会中集股,设科学高等讲习所及大报馆一区,而设法政、交涉、财政、工商各研究所隶于报馆,其宗旨以研治实业、主持清议为主。

二十三日,郑孝胥过狄葆贤谈国民会事。

二十五日,廉泉过郑孝胥,约明日游曹家渡。

二十六日,郑孝胥过陆荣廷、高梦旦。郑孝胥、狄葆贤、辜鸿铭父子、廉泉游曹家渡、吴氏园。

二十八日,郑孝胥至张园,应报馆公会之请,演说预备立宪。

八月

初一,陈宝琛过郑孝胥。寄禅访郑孝胥。

初二,陈宝琛偕其子过郑孝胥。

初三,郑孝胥过寄禅。

初四,郑孝胥过高梦旦、朱祖谋、陈诗、寄禅。

初五,郑孝胥约朱祖谋、寄禅、陈诗等食素。④

初六,郑孝胥赴刘厚生、沈同芳约于商学公会,张謇、李钟珏、王清

---

① 陆尔奎(1862—1935),字浦生,号炜士。江苏武进人。光绪十七年(1891)举人。初在天津北洋大学堂和上海南洋公学任教,后去广西浔阳书院任山长。因学务卓著曾被两广总督岑春煊延为幕宾。后去上海,由蒋维乔介绍入商务印书馆。光绪三十四年(1908)任预备立宪公会董事。光绪三十四年春,正式开始编纂《辞源》。历经八年,终于从十余万卷书籍中采辑完成四百万言的大辞典。这是我国现代第一部较大规模的辞书。

② 按:白振民曾任澄衷学堂总教,与胡适二哥为同学,胡适入澄衷学堂得白振民相助。胡适:"我进的第二个学堂是澄衷学堂。这学堂是宁波富商叶成忠先生创办的,原来的目的是教育宁波的贫寒子弟;后来规模稍大,渐渐成了上海一个有名的私立学校,来学的人便不限止于宁波人了。这时候的监督是章一山先生,总教是白振民先生。白先生和我二哥是同学,他看见了我在梅溪作的文字,劝我进澄衷学堂。光绪乙巳年(1905),我就进了澄衷学堂。"

③ 沈同芳,原名志贤,字幼卿,号越石,一号蠹隐。江苏武进人。光绪二十年(1894)进士,选庶吉士,授唐县知县,赐编修衔。曾入袁树勋幕。有《公言集》、《中国渔业历史》。

④ 寄禅:《八月五日海藏楼主人招余及陈布衣奉陪朱侍郎晚斋赋此致谢》,《八指头陀诗文集》,第187页。

穆、陆尔奎、曾铸①、王同愈，商议立宪政研究会，除曾、李外，余皆署名入会为发起人，各捐五十元为会费。

初七，晨，郑孝胥过陆尔奎、沈同芳、高梦旦、张元济，约张、高入会，二人皆诺。午后，郑孝胥过王清穆。

初十，夜，陈宝琛以铁路募集股款事，将游南洋，郑孝胥饯之。郑孝胥赴李钟珏约。

十一日，夜，郑孝胥与刘树森合请王清穆、陆尔奎、李钟珏、张謇、曾铸、徐沅、顾赓吾于商学公会。

十五日，郑孝胥赴张元济约，严复在座。

十七日，缪荃孙发安徽沈曾植信。

十八日，夏曾佑过郑孝胥。

十九日，午后，郑孝胥过商学公会，为宪政研究会第二次谈判会。

二十日，郑孝胥过何冈德。

二十三日，沈曾植、郑孝胥至江宁。

二十四日，郑孝胥宴沈曾植、张元济、夏曾佑、辜鸿铭、伍光建于九华楼。

二十六日，郑孝胥至江苏铁路局，晤沈同芳、刘厚生、徐沅。

二十八日，晨，郑孝胥过张元济、夏曾佑、樊棻。

三十日，郑孝胥访沈曾植，不值。午，郑孝胥赴狄葆贤约，张謇、王清穆、王同愈、沈同芳、刘厚生、白振民等在座，议宪政研究会事。晚，郑孝胥、沈曾植赴张謇邀饮，钱恂在座。

是月，沈曾植始赴安徽提学使任，遂赴日本考察学务。

九月

初一，郑孝胥赴宪政研究会，晤刘厚生、沈同芳、何震彝。

---

① 曾铸（1849—1908），号少卿，原籍福建同安，后移籍上海。少勤学，博览群籍，尤喜作画，后改行经商。光绪三十年（1904）创设振武宗社，发明草药劝导吸毒者自毁鸦片。三十一年，美国限制华工入境并虐待华工，曾铸在沪提倡抵制美货。曾发起并领导收回沪杭甬铁路运动。任上海商务总会总理。他热心于地方自治，曾多次参加晚清立宪运动。后投资于镇江造纸厂和江西瓷业公司等企业。长期主持上海南市总工程局，为当时的经济发展作出贡献。有《山钟集》。

初二,何震彝过郑孝胥。沈曾植访张謇,不值。

初三,沈曾植过郑孝胥,不值。郑孝胥过白振民。沈曾植赴日本,张謇前往送行。夜,郑孝胥至宪政公会,张謇言学部照会已到,陈宝琛、郑孝胥、刘若曾、张謇、汤寿潜、梁鼎芬、严复、王树枏辟为头等咨议官,陈三立、汪康年等二十五人辟为二等咨议官。

初四,宪政研究会改为预备立宪公会,郑孝胥、张謇议预备立宪公会简章。

初五,郑孝胥过樊棻、胡琪。

初六,陆荣廷过郑孝胥。

初八,郑孝胥过张謇、钱恂。林葆恒约郑孝胥明日虎丘登高。

初九,郑孝胥与林葆恒、陆荣廷、李苇杭同至虎丘。

初十,郑孝胥赴马相伯约。

十一日,陆荣廷过郑孝胥。

十二日,郑孝胥致函陈宝琛,邀入会。晚,郑孝胥赴曾铸约。

十三日,李苇杭谒沈瑜庆。

十四日,陆荣廷过郑孝胥辞行。郑孝胥过陆荣廷,寄林绍年信。郑孝胥至江苏铁路公司,晤王清穆、王同愈。

十六日,白振民过郑孝胥,不值。

十七日,郑孝胥应白振民约为《宪政杂志》作序。

十八日,郑孝胥答拜于式枚。郑孝胥过张謇,晤钱恂、沈同芳。

十九日,郑孝胥作诗一首赠陈诗。

二十日,林葆恒过郑孝胥。

二十一日,郑孝胥过朱祖谋,邀其入会,朱辞之。

二十三日,午后,陈宝琛访邱逢甲。晚,邱逢甲答拜陈宝琛。① 朱祖谋、沈若愚过郑孝胥。

二十四日,郑孝胥邀朱祖谋至春晖里。

二十五日,郑孝胥过澄衷学堂观运动会。午后,郑孝胥答拜汪颂年。

---

① 《邱逢甲集》,第924页。

二十六日,郑孝胥为魏藩实作《王阳明集要三编》序。①

二十七日,张邦杰过郑孝胥商别租公学并举校长事。李宣龚过郑孝胥。

二十八日,李宣龚过郑孝胥。李宣龚邀郑孝胥至张园,夜,同至一枝香饭。沈曾植在东京,与黄绍箕、王式通②等往宫内省图书馆参观。

十月

初一,李宣龚、魏瀚、高梦旦过郑孝胥。夜,郑孝胥应魏蕃实约。

初三,郑孝胥晤于式枚。

初四,郑孝胥过国学保存会观藏书楼,晤黄节。郑孝胥等公宴张元济、伍光建、李维格。

初五,郑孝胥至江苏铁路公司,晤王清穆,出示岑春煊致郑孝胥及汤寿潜、张謇、张元济函,捐款一万两与立宪公会。郑孝胥过岑春煊,高而谦、陆尔奎在座。

初七,高而谦过郑孝胥。

初九,郑孝胥赴狄葆贤约。

初十,夜,郑孝胥赴胡琪约。

十一日,郑孝胥至中国公学,答拜马君武③、张邦杰。午后,郑孝胥过高而谦、严复,于严复处晤卓孝复。郑孝胥过岑春煊,晤于式枚、陆尔奎。夜,郑孝胥与高而谦至高梦旦寓,与魏瀚、卓孝复谈。

十二日,卓孝复过郑孝胥。夜,郑孝胥赴严复约。

十三日,夜,郑孝胥宴严复、高而谦、高梦旦、卓孝复、魏瀚、辜鸿铭

---

① 按:严复是年亦有序。
② 王式通(1863—1931),原名仪通,字志盦,书衡,又号研庐。山西汾阳人。光绪二十四年(1898)进士。授刑部主事,迁大理院少卿。民国后,任司法次长、总长、国务院秘书长、全国水利局代总裁、北京故宫博物院管理委员会副委员长等。有《志盦诗文稿》。
③ 马君武(1881—1940),原名和,字贵公,后以君武名。广西桂林人。早年受康有为影响。光绪二十七年(1901)赴日,逐渐转向革命。同盟会成立后,任广西主盟人。三十二年(1906)任教于上海中国公学。不久,流亡德国,学习冶金。南京临时政府成立,任实业部次长。民国四年(1915)在柏林获得工科博士学位。此后曾历任广州军政府秘书厅长、广西省长、北京临时执政府司法总长、教育总长等职。十五年任广西大学校长,此后即长期从事教育工作。有《马君武诗稿》。

等。

十四日,夜,郑孝胥赴高而谦约。

十五日,郑孝胥晤吴庆坻、黄绍箕、刘厚生、沈同芳等。

十六日,郑孝胥过黄绍箕、王清穆。

十八日,郑孝胥与沈若愚同至徐家汇,归至九华楼,邀徐沅、刘厚生共饭。

十九日,郑孝胥与林葆恒、高而谦同谒岑春煊。

二十日,郑孝胥赴樊棻约。

二十一日,林葆恒过郑孝胥。

二十二日,郑孝胥至立宪公会,与沈同芳、刘厚生、王清穆等编立宪章程底稿。

二十三日,午,郑孝胥赴沈同芳、刘厚生约于一品香。

二十四日,晨,郑孝胥过林葆恒、高而谦。

二十五日,郑孝胥赴汤寿潜、刘树屏约。

二十六日,郑孝胥赴高而谦、高梦旦约。

二十八日,郑孝胥与张謇商大兆公司事。

二十九日,郑孝胥过张謇,同至一家春,汤寿潜、刘锦藻、徐沅等在座。

三十日,郑孝胥赴朱祖谋约,丁惠康、麦孟华等在座。

十一月

初一,预备立宪公会第一次会议于愚园召开,会员、来宾二百余人,马相伯、柯鸿年、伍光建等相继演说,郑孝胥当选会长,张謇、汤寿潜副会长。①

初二,郑孝胥过白振民。

初四,沈曾植归自日本,访郑孝胥。晚,沈曾植、郑孝胥、张謇晤于九华楼,谈久之。

---

① 张謇:"郑孝胥同议设预备立宪公会……公推孝胥为会长,寿潜与余副之。"张謇:《啬翁自订年谱》,民国十四年刻本,上海图书馆藏本。

初五,岑春煊过郑孝胥,示林绍年电,约郑赴汉口。

初六,郑孝胥赴汉口。

初十,郑孝胥抵汉口。

十一日,郑孝胥渡江访陈衍,晤高而谦、林葆恒等于官报馆。

十二日,陈衍、王寿昌、高而谦过郑孝胥。

十三日,沈曾植赴江宁。郑孝胥、陈衍同观劝业场。

十四日,陈衍过郑孝胥。郑孝胥访黄绍箕,晤纪钜维。

十五日,沈曾植访缪荃孙,端方邀沈曾植、缪荃孙、继昌、蒯光典、蔡乃煌①等至陈三立处看字画。郑孝胥作《怀白楼诗》一首与陈衍。

十九日,缪荃孙访沈曾植谈。沈曾植赴缪荃孙邀饮,张謇、许鼎霖、蒯光典、陈伯陶、梁公约、程先甲②、潘陛等在座。郑孝胥至南京。

二十日,郑孝胥谒端方。夜,端方宴郑孝胥。张謇、许鼎霖。

二十一日,晚,沈曾植、郑孝胥赴端方邀饮,张謇、许鼎霖、陈伯陶、袁树勋在座。郑孝胥过继昌、袁树勋。程先甲过郑孝胥。

二十二日,李宣龚、袁树勋过郑孝胥。郑孝胥赴程先甲约,晤缪荃孙、王瓘③等。

二十三日,缪荃孙访郑孝胥,不值。程先甲过郑孝胥。

二十八日,郑孝胥抵沪。

十二月

初一,郑孝胥过高凤岐、高而谦、高梦旦。

初二,张邦杰过郑孝胥,午后,郑、张同过熊希龄。

初四,岑春煊过郑孝胥。

初六,郑孝胥过高梦旦,晤高凤岐、高而谦。胡琪、王敬芳过郑孝胥。

---

① 蔡乃煌(1861—1916),字伯浩。广东番禺人。光绪十七年(1891)举人。三十四年(1908)任上海道台。到任后即盘下《中外日报》,收买沪上舆论。北洋军阀统治期间追随袁世凯,曾任江西、安徽、江苏三省禁烟特派员,民国五年(1916)年被粤军将领龙济光枪杀。

② 程先甲(1871—1932),字鼎丞、一夔。江苏江宁人。光绪十七年(1891)举人。历任江苏教育总会、南京国学专修馆教习。有《程一夔诗文集》、《千一斋全书》、《选雅》等。

③ 王瓘(1847—?),字孝禹、孝玉。辛亥后,以字行。四川铜梁人。工篆刻,亦善山水,所作山水苍浑秀润,能诗,精鉴别,富收藏,以金石书法闻名于世人。

初七,郑孝胥赴高而谦约。

初八,郑孝胥过高凤岐、高而谦。

初九,郑孝胥至吉升栈访陈三立,犹未起,乃去。夜,郑孝胥赴刘锦藻约。

十一日,王仁东过郑孝胥。

十二日,郑孝胥至商务印书馆,晤张元济、高凤岐、高而谦、王仁东、陆尔奎等。

十四日,徐珂过郑孝胥。

十六日,熊希龄访郑孝胥,言端方允拨中国公学常年经费一万五千两,请郑孝胥为校长。

十七日,郑孝胥赴严复约,张元济、伍光建、高凤岐、高而谦、高梦旦在座。

二十日,马君武、袁思亮过郑孝胥。

二十二日,郑孝胥赴徐珂约。

二十五日,陈三立由九江返江宁。

二十九日,陈三立访魏鷖。胡元倓过郑孝胥,请引见于岑春煊。

三十日,郑孝胥过胡元倓,晤白振民。夜,高凤岐、高而谦、高梦旦过郑孝胥。

是年,陈衍受聘于国立图书馆,任纂修。

是年,陈宝琛至广州,居沈瑜庆署,于沈同坐论诗至夜半。

光绪三十三年 丁未（1907年）

正月

初三,郑孝胥过白振民送行。郑孝胥携家人游愚园、张园,晤赵凤昌、李钟珏、麦孟华等。沈曾植致函缪荃孙。

初四,白振民过郑孝胥。郑孝胥与高梦旦、高而谦同游张园。

初五,郑孝胥赴刘树屏兄弟约于愚园。

初六,高啸桐宴郑孝胥。郑孝胥赴张邦杰、王敬芳约。

初七,郑孝胥至中国公学,晤王敬芳等。

初八,缪荃孙接沈曾植信。

初十,高啸桐、高梦旦、张元济访郑孝胥。晚,郑孝胥赴严复约,岑春煊在座。郑孝胥赴张元济约。郑孝胥赴南京,张邦杰、王敬芳等送行。

十二日,郑孝胥至南京,入端方幕。①

十三日,郑孝胥为缪荃孙题诗一首。

十四日,陈三立、郑孝胥赴端方邀饮,辜鸿铭、瑞澂在座。吴廖过郑孝胥。

十五日,李宣龚、吴学廉过郑孝胥。

十七日,郑孝胥邀辜鸿铭、李维格、袁思亮、胡元倓早饭。

十八日,郑孝胥至沪。

十九日,郑孝胥至立宪公会,晤陈璧。郑孝胥赴高梦旦、麦孟华约,高而谦在座。

二十日,郑孝胥与张元济、汤寿潜、夏曾佑、伍光建、徐仁镜②等宴集九华楼。郑孝胥至浙江铁路公司,晤金城兄弟。

二十二日,熊希龄、岑春煊过郑孝胥。

二十三日,夜,郑孝胥与高啸桐、高而谦、严复等同宴陈璧、萨镇冰。

二十五日,李宣龚赴通州。

二十七日,郑孝胥至中国公学。沈曾植致函端方。

二十九日,袁思亮过郑孝胥。

是月初,陈三立与俞明震、夏敬观、李瑞清等宴集。

二月

初一,袁思亮宴郑孝胥、张謇、樊棻、李维格等于一品香。

初二,郑孝胥得严复寄示张通典书。

初四,郑孝胥至立宪公会,出席第一次董事会。夜,郑孝胥赴岑春煊约。

---

① 参郑孝胥:"得鉴泉书,言午帅托余入幕,月束四百金。"《郑孝胥日记》,第1074页。
② 徐仁镜(1870—1915),徐致靖子,徐仁铸弟。官翰林院编修。

初五，郑孝胥约岑春煊午饭。

初六，沈同芳过郑孝胥。

初九，端方致电郑孝胥，请其主持中国公学。

初十，郑孝胥过熊希龄。

十一日，夜，郑孝胥赴中国公学张邦杰、王敬芳约于海天村。

十二日，郑孝胥、张謇、许鼎霖、樊棻等宴集一品香。

十三日，郑孝胥赴南京，舟中逢严复。

十六日，郑孝胥过劳乃宣谈。

十七日，许鼎霖、杨钟羲访郑孝胥。

十八日，郑孝胥过夏敬观、许鼎霖、陈三立等。夜，郑孝胥赴端方邀谈，缪荃孙、况周颐在座。

十九日，张謇访郑孝胥。

二十日，陈三立与郑孝胥谈沈瑜庆事。

二十一日，陈三立过郑孝胥。张謇过郑孝胥。

二十二日，张謇、许鼎霖过郑孝胥。

二十五日，郑孝胥赴端方邀饮，观字画，使郑题之。郑孝胥为吴璆书屏。

二十六日，郑孝胥至雨花台吊顾云。

二十九日，俞明震访郑孝胥。夜，郑孝胥赴缪荃孙宴。郑孝胥赴端方邀谈，蒯光典在座。

三月

初二，郑孝胥抵沪，过岑春煊，晤高凤岐、高而谦。

初三，夜，郑孝胥赴徐沅约，汪康年、李维格、伍光建、温宗尧在座。

初四，夜，郑孝胥与李维格、刘厚生饮于九华楼。

初五，郑孝胥过樊棻，晤张权、赵凤昌。夜，郑孝胥赴李维格约。

初六，孟森、刘厚生过郑孝胥。郑孝胥过孟昭常，晤沈同芳。夜，郑孝胥赴中国公学约。

初七，夏敬观、樊棻过郑孝胥。夜，高梦旦过郑孝胥谈。

初八，郑孝胥至中国公学参加开学典礼。

初九，王敬芳、张邦杰、黄兆祥过郑孝胥，欲送监督津贴月二百元，郑即以充学费。夜，汪康年访郑孝胥。

初十，孟昭常过郑孝胥。

十一日，金焘、金绍堂过郑孝胥。

十六日，杨守敬访郑孝胥。郑孝胥过劳乃宣谈。郑孝胥、俞明震、梅光远、端方、吴璆等宴集。

十八日，程先甲过郑孝胥。郑孝胥过袁树勋、蒯光典。

二十一日，郑孝胥至吴园，晤吴学廉。

二十二日，郑孝胥赴袁树勋约，瑞澂、诸宗元等在座。

二十四日，瑞澂、萨镇冰、吴学廉过郑孝胥。

二十五日，郑孝胥至洋务局，与萨镇冰久谈。郑孝胥过傅春官。

二十六日，郑孝胥晤俞明震、吴学廉。郑孝胥接岑春煊电，邀其赴京。

二十七日，陈三立、郑孝胥赴端方宴。郑孝胥致函高凤岐、高而谦。

是月，陈衍充京师大学堂经学讲席。

四月

初一，陈三立、郑孝胥与况周颐、缪荃孙、杨守敬等宴集莫愁湖。夜，陈庆年过郑孝胥。

初二，傅春官以马车送郑孝胥至下关，登船赴沪，郑晤袁树勋。

初四，郑孝胥邀孟昭常、刘树屏、刘厚生、沈同芳、高梦旦共饮。郑孝胥接岑春煊函，郑与张元济同被保奏在邮传部丞参行走。

初五，夜，郑孝胥赴樊棻约，刘树屏、金焘父子在座。

初六，郑孝胥至中国公学，晤张邦杰。

初七，孟森、张元济过郑孝胥。

初八，陈三立与端方、缪荃孙等宴集。郑孝胥过张元济、高梦旦、樊棻，晤王仁东。孟森过郑孝胥，同至立宪公会，晤张謇、黄绍第、刘树森、刘厚生等。郑孝胥与孟森兄弟同至张园，晤高梦旦、吴曾祺、徐沅。

初九，缪荃孙接沈曾植信。

十一日，郑孝胥赴夏粹芳约于一品香。夜，郑孝胥过盛宣怀久谈。

十二日,缪荃孙发沈曾植信。

十三日,夏敬观、陈诗访郑孝胥。

十四日,郑孝胥至南京。

十五日,郑孝胥与端方、于式枚晤谈。郑孝胥与端方游半山寺。夜,郑孝胥赴端方约谈,罗振玉、陈庆年等在座。

十六日,郑孝胥过杨文会谈。午后,郑孝胥与端方、于式枚、俞陛云、杨钟羲、吴瑮、宗舜年①同照相。郑孝胥赴傅春官约泛舟。夜,端方宴于式枚,郑孝胥作陪。

十七日,郑孝胥宴俞明震、傅春官、吴学廉、宗舜年等。

十八日,傅春官过郑孝胥。夜,郑孝胥赴端方邀饮,张謇、罗振玉在座。

二十日,郑孝胥抵沪。王仁东过郑孝胥。

二十二日,严复至安庆,谒沈曾植,请辞安徽高等学堂监督之职。郑孝胥过高梦旦,同观商务印书馆新造印刷局、编辑局。郑孝胥宴吴曾祺、刘厚生、沈同芳、孟森、孟昭常、长尾雨山。郑孝胥接岑春煊电,云郑署安徽按察使。

二十三日,缪荃孙发沈曾植信。郑孝胥过孟昭常、袁树勋,约至一家春午饭。夜,郑孝胥应樊棻约。

二十四日,郑孝胥过刘锦藻、金绍堂。

二十五日,严复致函沈曾植。

二十七日,郑孝胥署广东按察使。

二十九日,晚,郑孝胥与孟森、沈同芳等作诗钟。

五月

初一,郑孝胥赴樊棻约,晤史念祖、叶景葵。

初二,王敬芳过郑孝胥。夜,郑孝胥、严复等宴集。

---

① 宗舜年(1866—1936),字子戴、子岱,号耿吾。江苏常熟人。宗源翰子,俞樾婿。光绪十四年(1888)中举。曾任浙江金华知府,后入张之洞幕。端方任两江总督,调其掌管奏章,又专门负责与盛宣怀联络事宜。时清廷推行新政,江苏筹办地方自治总局,宗舜年成为四局长之一。为近代著名藏书家,在中国近现代藏书史上颇具影响。

初三,午后,瑞澄过郑孝胥久谈。

初四,林葆恒过郑孝胥,同赴吴曾祺约。

初六,午后,郑孝胥,瑞澄等同赴吴淞谒端方。

初八,郑孝胥赴樊棻约至澄衷学堂,晤叶景葵。

初十,郑孝胥邀张謇、严复、高梦旦、许鼎霖等饮于一枝香。

十一日,郑孝胥决意辞广东按察使职。

十二日,郑孝胥赴张謇、许鼎霖约至立宪公会,晤史念祖、叶景葵。

十三日,李宣龚、魏瀚、刘锦藻过郑孝胥,同至颐园,赴刘厚生约。午后,郑孝胥至张园,晤赵凤昌、伍光建等。李宣龚宴郑孝胥等于一枝香。

十四日,中国公学教员郑权过郑孝胥,求设法出洋留学。胡元倓过郑孝胥,请郑孝胥等作函致学部,为明德学堂索费。

十五日,柯鸿年过郑孝胥。

十七日,郑孝胥邀李宣龚、朱祖谋、严复、刘锦藻、魏瀚、高凤岐、吴博泉饮。

十八日,胡元倓过郑孝胥。

二十二日,郑孝胥赴岑春蓂约,高凤岐、高而谦等在座。晚,郑孝胥、李宣龚赴柯鸿年约,魏瀚、刘锦藻、李宗言等在座。沈曾植为商办安徽高等师范学堂事致函罗振玉。

二十三日,郑孝胥与孟昭常游愚园,晤刘厚生、刘树森。夜,郑孝胥赴沈同芳约。

二十五日,郑孝胥、李宣龚至立宪公会,晤高凤岐。

二十六日,晨,郑孝胥过李宣龚。夜,郑孝胥赴瑞澄约。

二十七日,郑孝胥赴岑春煊约。

二十八日,晨,郑孝胥至中国公学,与王敬芳至广西银号,代马君武领德国留学费一千两。郑孝胥赴孟昭常邀饮。

六月

初一,郑孝胥至南京。郑孝胥与劳乃宣晤谈。夜,郑孝胥赴端方约,李葆恂在座。

初二,郑孝胥过俞明震。郑孝胥赴端方宴,严复在座。熊希龄、陈庆年过郑孝胥。

初五,沈曾植致书吴庆坻,谈及徐锡麟案。郑孝胥返上海。

初六,熊希龄过郑孝胥。

初九,郑孝胥过熊希龄。

十一日,郑孝胥过朱祖谋,同访李宗言,不值。郑孝胥、李宣龚、罗振玉、高凤岐、高而谦、郑孝柽、朱祖谋等宴集雅叙园。郑孝胥赴刘树森约于愚园,与孟森、刘厚生同打球。

十二日,夜,郑孝胥邀徐沅、沈同芳、刘厚生饮。

十三日,郑孝胥赴朱祖谋约,郑孝柽在座。

十四日,李宣龚宴陈宝琛、郑孝胥、王允皙、林葆恒等于一枝香。郑孝胥宴严复、高凤岐、高梦旦、林葆恒于雅叙园。

十五日,郑孝胥过陈宝琛,邀至九华楼饭。夜,郑孝胥、李宣龚、郑孝柽同游。

十六日,缪荃孙发安庆沈曾植信。陈三立由南昌返江宁。

十八日,郑孝胥赴狄葆贤约。

十九日,晨,郑孝胥至中国公学。

二十日,郑孝胥与沈同芳、刘厚生、孟昭常等同游无锡。

二十四日,郑孝胥抵南京。

二十五日,郑孝胥、俞明震晤谈。

二十六日,缪荃孙发沈曾植信。

二十七日,郑孝胥抵沪。

二十八日,柯鸿年、王允皙过郑孝胥。

二十九日,夜,郑孝胥宴客一枝香。

七月

初一,郑孝胥赴孟森、孟昭常约。

初二,郑孝胥过杨文骏、赵凤昌、严复。

初三,郑孝胥与高凤岐、刘树森、樊棻、周舜卿、朱葆三等集于愚园。

初七,蒯光典过郑孝胥。

初八,郑孝胥过蒯光典。郑孝胥赴廉泉约。

初十,郑孝胥作《小万柳堂》诗。郑孝胥过张元济、伍光建。

十二日,夜,郑孝胥赴王清穆约,晤朱祖谋,席散,郑孝胥、朱祖谋同至立宪公会,与孟昭常久谈。

十三日,陈衡恪携汪春绮回江宁探家,陈三立全家在散原别墅摄影。

十九日,郑孝胥接张謇函,邀赴通州。

二十日,郑孝胥与刘厚生、胡琪等赴通州。

二十三日,大生纱厂开股东会,郑孝胥被选为大生有限公司董事。

二十五日,郑孝胥、李宣龚至通州。夜,郑孝胥下榻李宣龚局中。

二十六日,郑孝胥、李宣龚赴如皋。

二十八日,郑孝胥、李宣龚同饮。

八月

初一,郑孝胥、李宣龚游竹林寺。

初二,郑孝胥抵沪。

初五,郑孝胥赴樊棻约。

初六,沈曾植致函缪荃孙。郑孝胥赴狄葆贤、蒋汝藻约。

初八,郑孝胥过柯鸿年,同至立宪公会。郑孝胥过廉泉久谈。

初十,郑孝胥复沈同芳函。王敬芳过郑孝胥。

十一日,陈三立与毛庆藩等后湖观荷。

十二日,樊棻、许鼎霖过郑孝胥。

十五日,缪荃孙接沈曾植信并五十元。

十八日,夏敬观寄诗郑孝胥,以其诗比郑珍。郑孝胥过高凤岐,晤汪康年等。熊希龄过郑孝胥。

十九日,陈三立诣端方。夜,郑孝胥赴沈同芳约。

二十日,郑孝胥过沈同芳。孟昭常过郑孝胥。

二十一日,郑孝胥过熊希龄,不值。

二十二日,缪荃孙发沈曾植信。柯鸿年过郑孝胥,至雅叙园同饭。夜,郑孝胥赴中国公学约于海天村,晤熊希龄。

二十三日,孟昭常过郑孝胥,谈立宪公会事。

二十六日,晨,郑孝胥过汪康年、盛宣怀、孟昭常。郑孝胥至苏路公司,晤张謇、汤寿潜、沈同芳,共饭雅叙园。

二十七日,郑孝胥赴樊棻邀饮。

二十八日,郑孝胥答拜黄遵楷,已赴日本。郑孝胥晤姚文藻。

二十九日,郑孝胥至立宪公会,晤张謇、汤寿潜、孟昭常等。夜,郑孝胥赴汤寿潜邀饮。

九月

初一,郑孝胥过张謇。

初二,郑孝胥作《答夏敬观》诗一首。

初三,郑孝胥晤夏敬观、文公达。夜,郑孝胥宴高凤岐、高而谦于一枝香。

初四,姚文藻寄诗郑孝胥,郑和之。

初五,郑孝胥过朱祖谋。夏敬观、文公达过郑孝胥。

初七,郑孝胥赴柯鸿年招午饭,高凤岐、高而谦在座。郑孝胥与高凤岐、高而谦同至张园观菊花。

初九,郑孝胥过赵凤昌,商澄衷学堂罢学事。郑孝胥至江西会所,晤梅光远、文公达。

初十,王敬芳、袁树勋过郑孝胥。

十一日,郑孝胥过张謇。夏敬观宴郑孝胥、陈诗、朱祖谋、文公达、梅光远于九华楼。

十二日,孟昭常过郑孝胥。

十三日,郑孝胥为杨钟羲题诗。

十四日,杨士琦过郑孝胥。

十五日,郑孝胥答拜杨士琦,晤熊希龄。郑孝胥晤梅光远、夏敬观。夜,郑孝胥赴熊希龄约,樊棻、狄葆贤、宗舜年等在座。

十七日,郑孝胥被选为议汉冶萍事代表。

二十二日,郑孝胥等至汉口。李一琴、高而谦过郑孝胥。

二十三日,郑孝胥晤盛宣怀。

二十五日,黄绍箕过郑孝胥谈杭甬路事。

二十六日,盛宣怀过郑孝胥谈条款事。

十月

初三,郑孝胥抵沪。

初五,郑孝胥过赵凤昌。熊希龄过郑孝胥。

初六,王敬芳过郑孝胥,辞赴河南。

初七,庄蕴宽过郑孝胥。

初十,郑孝胥赴蒋汝藻约。

十一日,郑孝胥过庄蕴宽,不值。

十五日,孟昭常过郑孝胥。

十七日,郑孝胥赴许鼎霖约至一品香谈耀徐玻璃厂事。

十九日,预备立宪公会会议,郑孝胥当选第二任会长。

二十一日,张君劢、黄可权过郑孝胥。

二十四日,张邦杰过郑孝胥,谈张人骏资助中国公学银三千两。朱祖谋、丁惠康过郑孝胥,丁出示何绍基书册及石印本。

二十五日,沈若愚、许鼎霖过郑孝胥。

二十六日,夜,郑孝胥赴朱祖谋约。

二十九日,朱祖谋、陈锐过郑孝胥。

十一月

初一,郑孝胥过毛庆藩、叶景葵。

初二,陈三立同陈凤翔、胡明蕴入西山谒墓。郑孝胥接李宣龚函。

初六,郑孝胥与孟森久谈。

初七,郑孝胥过高而谦,同访岑春煊。郑孝胥邀高凤岐、高而谦、王寿昌、柯鸿年等共饮。

初八,郑孝胥赴汤寿潜邀饮,晤缪荃孙、徐申如。

初十,午后,郑孝胥与徐申如、刘厚生等同观呢厂。夜,郑孝胥与樊棻共宴徐申如、刘厚生等。

十一日,郑孝胥过赵凤昌、张謇。

十六日,翁铁梅过郑孝胥。

十八日,郑孝胥赴汤寿潜约,张美翊、蒯光典等在座。郑孝胥往春阳社观《黑奴吁天录》,"不甚佳"。

十九日,陈仲勉过郑孝胥。郑孝胥赴王清穆约,蒯光典、汤寿潜、辜鸿铭、伍光建、刘树森、赵凤昌、刘锦藻等在座。

二十日,郑孝胥宴陈仲勉等于雅叙园。

二十一日,夜,郑孝胥赴吴曾祺约。

二十二日,夜,陈仲勉过郑孝胥。

二十三日,郑孝胥答拜庄蕴宽。

二十四日,翁铁梅、王仁东过郑孝胥。

二十八日,郑孝胥赴岑春煊约打牌,晤朱祖谋、高凤岐、高梦旦等。

二十九日,郑孝胥过严复,不值。

十二月

初二,郑孝胥赴樊棻约。

初三,张謇过郑孝胥。张邦杰过郑孝胥,谈中国公学事。

初四,郑孝胥过张謇,晤汤寿潜。郑孝胥至苏路公司,与王清穆、刘厚生、沈同芳等久谈。

初六,张邦杰过郑孝胥谈中国公学事。

初八,郑孝胥赴王仁东约,张謇、王清穆、刘锦藻、蒯光典在座。

初九,郑孝胥买《黑奴吁天录》。

初十,郑孝胥赴王清穆约。

十三日,郑孝胥赴狄葆贤约,晤犬养毅等。

十五日,郑孝胥与岑春煊、瑞澂、辜鸿铭等宴集。

十八日,郑孝胥赴孟昭常约。

二十四日,郑孝胥至南京,晤瑞澂、端方、劳乃宣等。夜,郑孝胥招饮劳乃宣、杨钟羲。

二十五日,夜,郑孝胥招饮吴昌硕、章珏等。陈庆年过郑孝胥久谈。

二十八日,沈曾植兼署安徽布政使。

是月,黄绍箕卒。

是年,秋,陈三立在南京养病,俞明震、夏敬观、诸宗元等常过往探病,赠诗谈饮。

是年,陈三立与杨文会等创办南京祇桓精舍。

是年,夏敬观任复旦公学及中国公学监督。

光绪三十四年 戊申(1908年)

正月

初四,郑孝胥访朱祖谋,与朱祖谋同照相,游张园,返,同过岑春煊。

初五,吴曾祺、樊棻、汤寿潜过郑孝胥。

初七,龙璋①、胡元倓访陈三立。沈曾植致电端方,极力推荐沈瑜庆,"爱沧要为今日有力量有思想之政治家"。郑孝胥赴姚文藻约,徐沅、胡琪、宗方奍野等在座,观字画数幅。夜,郑孝胥赴朱祖谋约,蒯光典、徐佛苏②在座。

初十,朱祖谋、沈若愚、岑春煊、倪思九等过郑孝胥。

十一日,郑孝胥至苏路公司,晤王清穆、刘厚生。晚,郑孝胥赴徐佛苏约,马相伯在座。

十二日,沈曾植致函吴庆坻。

十三日,张謇过郑孝胥,托为倪思九致电陈璧。

十五日,沈曾植补安徽提学使、署安徽布政使。

十七日,翁铁梅过郑孝胥,示张裕钊文稿。

十九日,郑孝胥至立宪公会,与高凤岐长谈。

二十日,郑孝胥至商务印书馆,晤高凤歧、高梦旦。夜,郑孝胥与樊

---

① 龙璋(1854—1918),字研仙,号甓勤。湖南攸县人。光绪二年(1876)中举。历任如皋、上元、江宁知县。致力教育事业,曾与胡元倓等在长沙创办明德学堂,资助华兴会、同盟会的革命活动。又参与实业,赞助铁路、汽船公司和瓷业等多项新式工业。辛亥革命后,曾任西路巡按使、提督府民政司长。龙璋对丁文江有知遇之恩。

② 徐佛苏(1879—?),字运奎,一作应奎,号佛公,笔名心斋、文福兴等。湖南善化(今长沙)人。曾任长沙学堂教员。光绪三十年(1904)参加华兴会,进行反清活动,因万福华枪击广西巡抚王之春案被捕。不久获释,东渡日本,转投康有为的保皇会,任《新民丛报》撰述。三十三年,受梁启超委托,企图调和保皇党人与革命党人之间的关系,被革命党断然拒绝。民国后历任大总统府顾问、南北议和代表、币制局总裁、北平民国大学代理校长等职。

荣、赵凤昌共宴李维格、叶景葵、萨镇冰、柯鸿年、金仍珠①等。

二十一日,郑孝胥赴南京,舟中晤金仍珠。

二十四日,夜,郑孝胥赴端方宴,缪荃孙、陈庆年、沈翊清在座。

二十五日,郑孝胥、俞明震赴吴学廉宴,蒯光典、沈翊清等在座。

二十六日,林绍勤过郑孝胥。夜,郑孝胥赴端方邀饮,章珏等在座。

二十七日,郑孝胥过杨钟羲谈。章珏过郑孝胥。

二十八日,杨钟羲、吴学廉、胡元倓过郑孝胥。夜,端方邀郑孝胥谈,俞陛云在座。

三十日,郑孝胥赴吴学廉约于吴园。

二月

初二,郑孝胥抵沪。

初三,沈琬庆、沈若愚过郑孝胥。郑孝胥晤樊荣、柯鸿年。

初四,郑孝胥赴汤寿潜约。张邦杰过郑孝胥,请为中国公学作募捐启。

初五,夏敬观访郑孝胥。郑孝胥、柯鸿年、严复等宴集,严复出示《萨鼎铭寿序》。

初六,郑孝胥答拜夏敬观。夜,郑孝胥赴柯鸿年约。

初七,郑孝胥宴严复、夏敬观、朱祖谋、孟昭常、沈同芳、柯鸿年。

十一日,郑孝胥作《哀惠诗》。

十二日,汤寿潜过郑孝胥。

十三日,高梦旦、岑春煊、王仁东、沈翊清过郑孝胥。

十四日,郑孝胥至商务印书馆编译所,晤高梦旦。

十六日,郑孝胥赴严复约。庄蕴宽访郑孝胥。

十七日,郑孝胥为中国公学致函沈瑜庆。陈毅自南京至上海访郑孝胥。

十八日,郑孝胥访赵凤昌,晤张謇。夜,郑孝胥赴岑春煊约,严复、庄

---

① 金仍珠,江苏上元(今南京)人。金和之子。光绪三十一年(1905)任东三省财政总局会办。民国十二年(1923)任中国银行总裁。

蕴宽等在座。

十九日,郑孝胥至中国公学,晤朱经农等。

二十一日,陈三立至西山谒墓。①

二十一日,郑孝胥递中国公学监督辞呈。

二十二日,郑孝胥过吴学廉,贺其署淮扬道。郑孝胥致中国公学书,报告辞退监督。

二十三日,郑孝胥访杨度。夏敬观、吴学廉过郑孝胥。

二十四日,俞明震访郑孝胥,约明日午饭。

二十五日,俞明震、夏敬观宴郑孝胥、汪康年、李瑞清、蔡乃煌等。郑孝胥赴杨钟羲约,陶葆廉、杨度、林绍勤等在座。

二十六日,陶葆廉过郑孝胥。郑孝胥至吴园,晤吴学廉。

二十七日,郑孝胥宴宗舜年、俞明震、梅光远等。

三月

初一,陈庆年访郑孝胥。

初二,严复寄郑孝胥诗,郑答之。

初三,郑孝胥过编译局,与陈庆年久谈。

初四,郑孝胥、俞明震同车赴沪。

初五,金城、金绍基过郑孝胥。

初六,郑孝胥访张謇,晤马相伯。郑孝胥至吉升栈访俞明震,不值。

初七,王敬芳过郑孝胥,持端方手书,欲郑孝胥再任中国公学监督,郑孝胥劝先立董事会,再定办法。

初八,俞明震访郑孝胥。倪思九过郑孝胥,言已充得上海交通银行总理。

初九,郑孝胥宴俞明震、孟森、孟昭常、严复、柯鸿年等于雅叙园。

初十,郑孝胥赴岑春煊约午饭,程仪洛、濮子潼、李益智等在座。

十一日,郑孝胥答拜李益智、程仪洛。郑孝胥赴严复约,蒯光典、朱祖谋等在座。

---

① 陈三立:《二月二十一日同徐悟阳道长赴西山展墓作》,《散原精舍诗文集》。

初九,夜,汪凤瀛、陈庆年过郑孝胥。

初十,郑孝胥赴端方宴上海商会周金箴、虞洽卿等,商办江宁劝业会事。

十一日,郑孝胥返上海,车中晤严复、虞洽卿等。

十二日,严金清过郑孝胥谈。

十三日,郑孝胥过严金清。夜,高凤岐、高梦旦过郑孝胥谈。

十五日,郑孝胥过严金清、高凤岐。

十六日,夜,郑孝胥赴柯鸿年约。

十八日,严复赠郑孝胥五言古诗。

二十日,郑孝胥作《答严几道》诗。

二十一日,郑孝胥过严金清。

二十三日,郑孝胥过高凤岐,晤王寿昌。

二十四日,严金清过郑孝胥。

二十五日,陈三立至日晖呢厂访郑孝胥。① 夏敬观邀陈三立、郑孝胥、严复等于九华楼。严复言,陈衍在北京出诗人榜,无第一,郑孝胥第二,陈三立第三,陈宝琛第四,易顺鼎第十。

二十七日,严复赠郑孝胥诗一首,郑孝胥作《再答又陵》诗。

三十日,郑孝胥与孟森同访高凤岐、严复。

是月,陈三立抵苏州,与陈锐、郑文焯、朱祖谋、黄嗣东等饮集顾园。继至沪,会郑孝胥、喻兆藩、高凤歧等。

六月

初一,郑孝胥赴樊棻约,王人文②、张謇、熊希龄、叶景葵在座。

初三,王人文观呢厂,郑孝胥作陪。王同愈、刘厚生过郑孝胥。

初五,夏敬观邀郑孝胥等于一枝香,商复旦、中国公学开董事会事

---

① 陈三立有《日晖港织呢厂访太夷》,诗见《散原精舍诗文集》,第239页。
② 王人文(1863—1941),字采臣。云南大理人。光绪九年(1883)进士。历任贵州湄潭、贵筑、开泰县知事,广西南宁平乐府、奉城锦州府知府,广西桂平梧道,广东按察使、提学使,陕西布政使,四川布政使,护理四川总督,川滇边务大臣。民国元年(1912)加入中国国民党。二年,当选为参议院议员。后脱离国民党。国会解散后,离开北京。国会重开,仍任参议院议员。

宜。

初七,郑孝胥与高梦旦、郑孝柽游愚园。

初八,王敬芳过郑孝胥。

十一日,郑孝胥过严金清。

十二日,沈曾植致电端方。

十四日,郑孝胥访严复久谈。

十八日,郑孝胥得端方照会,委其为劝业会总理。

十九日,孟森、朱祖谋过郑孝胥。

二十日,郑孝胥题郑珍《爪雪山樊图》。

二十一日,郑孝胥与朱祖谋、严复、郑孝柽宴集高凤歧寓所。

二十五日,郑孝胥赴虞洽卿约。

七月

初五,李瑞清邀陈三立、易顺鼎、缪荃孙等游鉴园。①

初六,缪荃孙访陈三立、易顺鼎。

初七,王闿运以诗柬沈曾植。

初八,孟森过郑孝胥。

十三日,夏敬观过郑孝胥,示诗二首。

十七日,严金清过郑孝胥。

十九日,郑孝胥访缪荃孙。

二十日,郑孝胥、熊希龄晤谈。

二十三日,郑孝胥过严金清。

八月

初三,沈曾植护理安徽巡抚。

初四,郑孝胥至张园,晤伍光建。

十八日,夏敬观过郑孝胥。郑孝胥等赴一枝香开中国公学董事会,张謇为总董。

十九日,王敬芳过郑孝胥,言借款已定。

---

① 陈三立有《七月五日梅庵饮集鉴园同实甫作》诗,见《散原精舍诗文集》,第243页。

二十一日,夜,夏敬观邀郑孝胥等至一枝香。

二十五日,陈宝琛、王允晳过郑孝胥,陈宝琛取宝廷诗去。陈宝琛、郑孝胥至立宪公会。夜,郑孝胥等赴柯鸿年约。

二十七日,郑孝胥宴陈宝琛等。

二十八日,夜,郑孝胥赴王允晳约。

二十九日,陈宝琛宴郑孝胥等。

九月

初一,郑孝胥为陈宝琛题诗一首。

初二,陈宝琛、郑孝胥赴狄葆贤约,吴保初、陈诗、张謇、辜鸿铭在座。

初五,夏敬观访郑孝胥。郑孝胥至张园,晤高梦旦、郑孝柽、吴保初、陈诗等。夜,郑孝胥赴王清穆约。

初五,郑孝胥、王敬芳、黄兆祥过夏敬观,谈中国公学事。

初六,郑孝胥赴萨镇冰邀午饭。

初七,严复"得木庵、石遗诗集"。

初九,夜,郑孝胥赴夏瑞芳约。

初十,夏敬观、王敬芳、黄兆祥过郑孝胥,欲于报馆登罢学情形,郑止之。

十一日,夜,陈宝琛约陈三立、郑孝胥、梁鼎芬、蔡乃煌、王存善①于洋务局作诗钟。

十三日,郑孝胥宴陈宝琛、陈三立、王允晳、梁鼎芬、王仁东、孟昭常、柯鸿年、王寿昌、吴怡泉。席散,郑孝胥赴梁鼎芬约。

十四日,陈三立邀郑孝胥至燕春楼。

十五日,陈宝琛归福建。郑孝胥过陈三立、梁鼎芬,不值。

十九日,黄兆祥过郑孝胥,示吴淞中国公学校舍图样。

二十日,陈三立招饮缪荃孙等。

二十四日,陈三立与夏敬观、梁鼎芬、樊增祥、杨钟羲、陈伯陶半山亭

---

① 王存善(1849—1916),字子展。浙江仁和(今杭州)人。王克敏父。早年随父至广东,光绪中署知南海,官虎门同知,并管理广州税局。光绪二十六年(1900)迁居上海,因善于理财而受盛宣怀赏识,主持招商局并担任汉冶公司董事,擢保道员。近代著名藏书家。

雅集。①

二十五日,夜,郑孝胥过张元济、高凤岐。

二十九日,李宣龚、庄蕴宽、王敬芳过郑孝胥。夜,郑孝胥宴客一枝香。

二十八日,陈三立、沈瑜庆赴端方招饮,樊增祥、梁鼎芬、缪荃孙等在座。

二十九日,李宣龚访郑孝胥。

十月

初一,李宣龚过郑孝胥。

初三,郑孝胥复黄节②书。郑孝胥、王仁东访沈瑜庆。

初五,郑孝胥赴朱祖谋约于雅叙园,秦树声③、王乃徵在座。

初六,沈瑜庆、朱祖谋、秦树声、王乃徵、王仁东参观日晖呢厂。夜,郑孝胥宴沈瑜庆、朱祖谋、王乃徵、秦树声、王仁东、汪钟霖、樊棻。

初七,郑孝胥、王仁东、樊棻宴沈瑜庆、朱祖谋、岑春煊等。

---

① 梁鼎芬有《九月二十四日同伯严剑丞招樊山子砺小鲁横山留坨仲恂集半山寺》诗,见《节庵先生遗诗》,第245页。

② 黄节(1873—1935),原名晦闻,字玉昆,号纯熙;改名节,别署晦翁、黄史氏等。广东顺德人。曾师事简朝亮两年,又独居云林寺读书十年,学益精进。光绪二十七年(1901)在广州与谢伯英等创办群学社,以启迪民智。次年应乡试落第,与邓实至上海创办《政艺通报》,介绍西方文明。三十一年,与邓实等创办国学保存会与《国粹学报》。三十三年,主讲于两广优级师范学堂。宣统元年(1909)入同盟会。次年入南社。三年,与梁鼎芬等在广州办后南园诗社。武昌起义后,应聘任广东高等学堂监督。民国元年(1912)与谢伯英在广州组织天民社,创办《天民日报》,主张伸民权。六年后应蔡元培之聘,任教北大,讲授文学史及诗学。其间阎锡山聘其为山西教育厅长、王宠惠聘其为北洋政府国务院秘书长,均辞之。十七年一度出任广东教育厅长,旋辞职,复任教于北京大学。十八年兼任清华大学研究院导师。著有《蒹葭楼诗》二卷、《汉魏乐府风笺》十五卷、《鲍参军诗注》四卷、《谢康乐诗注》四卷、《曹子建诗注》二卷、《诗律》六卷、《诗学》一卷。

③ 秦树声(1861—1926),字道风,号右衡,幼蘅。河南固始人。光绪二十二年进士,二十九年举经济特科。官至广东提学使。有《乖庵文录》。

初八,郑孝胥赴夏敬观约于一品香,程德全①在座。

初九,金仍珠、叶景葵过郑孝胥观呢厂。

初十,程德全过郑孝胥。

十二日,郑孝胥过程德全。

十三日,郑孝胥、沈瑜庆、陈立村至雅叙园共饭。夜,郑孝胥作《赠高啸桐》诗二首。

十四日,郑孝胥、赵凤昌同游张园。

十五日,郑孝胥赴福建同乡会访高凤岐,晤程仪洛。

十六日,郑孝胥、沈瑜庆赴岑春煊宴,濮子潼、程仪洛、汤寿潜等在座。

十八日,夜,郑孝胥赴赵凤昌约,晤张曾畴②。

二十日,郑孝胥赴张曾畴约,晤许珏。郑孝胥过程德全。

二十一日,夜,郑孝胥赴张謇约,饭讫,同看戏,晤熊希龄。

二十二日,郑孝胥与程德全等参加中国公学第二次董事会。夜,郑孝胥、沈瑜庆、王仁东、赵凤昌、樊棻、张曾畴等宴集。

二十三日,郑孝胥与张謇、熊希龄、张曾畴同观呢厂。郑孝胥过沈瑜庆,不值。

二十四日,中国新公学学生访郑孝胥,言公学不应改为官办,郑斥之曰:"如学生能自筹款,不借捐款、官款则可。今公立二字久已卖却,复何言乎?"沈瑜庆过郑孝胥。

---

① 程德全(1860—1930),字纯如,号雪楼、本良。四川云阳人。廪贡生出身,光绪十六年(1890)入国子监肄业。二十四年赴黑龙江入副都统寿山幕。二十六年沙俄入侵东北,受命赴前敌督队,积极筹战。二十七年,擢升直隶州知州。二十九年,擢升道员,又赏加副都统衔,署理齐齐哈尔副都统。三十一年,擢升黑龙江将军。宣统二年(1910)调任江苏巡抚,参与预备立宪活动。三年,武昌起义爆发,电请清廷改组内阁,宣布宪法,以抵制革命。后在立宪派劝说下,宣布江苏独立,成立军政府并自任都督,革命军克服南京后,被革命党人推为江苏都督。民国元年(1913),南京临时政府成立后,被孙中山任命为内务部总长,曾经与章太炎等先后组织中华民国联合会、统一党、共和党等。袁世凯任总统后,被任命为江苏都督,程力主恢复秩序。他反对二次革命,主张与革命党人调和,后辞职退出政界隐居上海,闭门诵经。

② 张曾畴,字望屺。江苏无锡人。书法酷似张之洞,长期客张之洞幕府。官候补知府。辛亥革命后,投江而死。

二十五日,沈瑜庆入都。

二十六日,熊成基率众攻安庆,沈曾植登城巡防,一日而事定。

三十日,郑孝胥赴赵凤昌约,许鼎霖、张权在座。

十一月

初一,郑孝胥赴志钧约。

初三,郑孝胥赴姚文藻约。

初四,郑孝胥致函陈宝琛。

初五,午后,郑孝胥过高凤岐。

十二日,程仪洛过郑孝胥,为避溥仪讳,改名陈庆霖。

十三日,郑孝胥过陈庆霖、严复。

十七日,郑孝胥过严金清。

二十日,陈三立赴端方邀游松蝉亭。夜,郑孝胥赴柯鸿年约。

二十四日,郑孝胥、李维格、柯鸿年、施伯安宴集。

二十五日,严金清过郑孝胥。

二十七日,郑孝胥当选立宪公会会长。

二十八日,夜,郑孝胥赴沈若愚约,李维格、熊希龄、汪康年等在座。郑孝胥致书立宪公会辞会长。

十二月

初四,沈曾植致函张謇。

十二日,晚,陈三立诣端方谈,晤缪荃孙等。郑孝胥赴南京。

十三日,郑孝胥入督署,晤汪凤瀛。

十五日,李宣龚过郑孝胥。郑孝胥、夏敬观赴严复约,廉泉在座。

十七日,熊季贞托严复请郑孝胥书熊元锷墓志。李宣龚访郑孝胥。

十八日,李宣龚过郑孝胥。

二十日,高梦旦、孟昭常、李宣龚过郑孝胥。

二十一日,张邦杰、王敬芳过郑孝胥观呢厂。

二十八日,夏敬观、李宣龚过郑孝胥谈。

三十日,郑孝胥过岑春煊、严复。

是年，初春，陈三立在江宁。春，在江宁与陈宝琛、郑孝胥、夏敬观、杨钟羲、沈曾桐、端方、熊希龄、程颂万等游。秋，赴沪，与夏敬观、梁鼎芬、曾广铨等登无锡惠山。

宣统元年 己酉（1909年）

正月

初一，李宣龚过郑孝胥贺年。

初二，端方宴陈三立等。郑孝胥过高凤岐、夏敬观、林炳章。郑孝胥与萨镇冰同过岑春煊。

初四，郑孝胥至日晖账房，与樊棻久谈。

初五，樊增祥宴端方，陈三立、缪荃孙等作陪。

初六，郑孝胥过程德全久谈。郑孝胥阅夏敬观诗。

初七，陈三立作《人日和剑丞沪居见寄》诗。

初八，郑孝胥赴孟昭常约于立宪公会，林炳章等在座。

初九，林炳章过郑孝胥。夜，郑孝胥赴高凤岐约，晤朱祖谋、庄蕴宽等。郑孝胥谒端方，晤赵凤昌、屠寄等。

初十，郑孝胥过朱祖谋、李宣龚。

十一日，朱祖谋过郑孝胥。午后，郑孝胥过南洋路，晤赵凤昌、屠寄、胡元倓。

十二日，郑孝胥陪端方参观日晖呢厂，张謇、李钟珏、章珏等同往。

十四日，郑孝胥、李宣龚、夏敬观、朱祖谋等宴集雅叙园，席散，郑、夏、李至张园，晤熊希龄、汪钟霖。

十五日，郑孝胥赴汤寿潜约。

十六日，郑孝胥过高凤岐。

十七日,李宣龚过郑孝胥,共饭。郑孝胥复廉泉①书。

十九日,郑孝胥过张元济、伍光建,不值。郑孝胥过李宣龚,同至黄埔滩、静安寺、海藏楼、张园。

二十一日,严复致函夏敬观。

二十二日,严复得郑孝胥诗。

二十三日,郑孝胥与张謇晤谈。

二十五日,李宣龚过郑孝胥。严复得郑孝胥诗。

二十六日,郑孝胥过李宣龚。

二十七日,夏敬观过郑孝胥。

二月

初一,郑孝胥过高凤岐。

初三,夏敬观示郑孝胥所作诗四首。

初四,郑孝胥宴严复、萨镇冰、柯鸿年、王寿昌、樊棻等。

初五,郑孝胥赴樊棻约。

初六,郑孝胥复黄节诗。郑孝胥过高凤岐。晚,郑孝胥赴柯鸿年、王寿昌约。

初九,郑孝胥过陈璧。郑孝胥至张园,晤毛庆藩等。夜,郑孝胥赴高

---

① 廉泉(1868—1931),字惠卿,号南湖,又号岫云、小万柳居士。光绪二十年(1894)举人。翌年在京会试时参与康有为的"公车上书"。二十二年任户部主事,翌年升户部郎中。寓京期间,他交游日广,结识了不少革命党人。三十年冬,因不满政府,辞职南归,移居沪上。翌年,在上海曹家渡购地筑园,营造别墅,题名小万柳堂。三十二年,在上海集股创办文明书局,编印新式学堂教科书,出版文学艺术译著等。辛亥革命后,隐居北平潭拓寺,目睹军阀混战,民不聊生,忧时愤世的诗文常见诸报端。民国三年(1914)赴日本,介绍中国书画,与日本文化界名流评读书画,推敲金石,切磋诗文,颇有影响。民国六年从日本回国,曾任故宫保管委员等职。北伐胜利后,曾被任命为江苏省屠宰税局局长,拒不就任。晚年生活十分窘困,因负累甚巨,不得不将杭州和上海的小万柳堂别墅先后易主。精诗文,善书法,嗜书画、金石。有《南湖集》、《潭拓集》、《梦还集》、《梦还遗集》等。

凤岐约,陈璧、萨镇冰、严复、吴曾祺①在座。

初十,郑孝胥陪毛庆藩等参观日晖呢厂。

十二日,郑孝胥赴张元济约至预备立宪公会,晤朱福诜、濮子潼等。

十三日,高凤岐卒,郑孝胥往视。

十四日,郑孝胥赴秦树声宴,朱祖谋、陈诗、李岳瑞在座。是日,上谕,陈宝琛等进京。

十六日,郑孝胥、郑孝柽至张园。程德全过郑孝胥,不值。

十七日,郑孝胥过程德全。

十八日,李宣龚自南京至沪。

二十一日,傅春官过郑孝胥。夜,郑孝胥赴傅春官约于雅叙园。

二十二日,郑孝胥过傅春官。

二十三日,郑孝胥过汤寿潜、高梦旦等。郑孝胥、傅春官、汪钟霖②等同游愚园。

二十四日,李宣龚过郑孝胥。傅春官、程乐庵过郑孝胥,言明日赴南京。

二十五日,郑孝胥过高而谦。

二十八日,郑孝胥过高而谦。

二十九日,郑孝胥作挽高凤岐诗一首。

闰二月

初一,廉泉请郑孝胥书诗以付石印。

初三,廉泉过郑孝胥,赠《李文忠集》一部。郑孝胥过高而谦。

初五,缪荃孙发沈曾植信。

---

① 吴曾祺(1852—1929),字翼亭,亦作朔庭。福建侯官(今福州)人。光绪二年(1876),与其父同时考取举人,历任平和、泰宁等县学教谕,漳州中学堂监督。二十九年(1903),任全闽师范学堂教务长。后受聘上海商务印书馆,主持古今秘籍珍本编辑。其间住该馆涵芬楼,利用楼中数十万卷藏书,摘取精华,于宣统二年(1910)编成《涵芬楼古今文钞》,全书搜罗宏富,严复在序言中誉之为"艺苑巨观"。辛亥末,辞职返里。民国四年(1915),任福建经学会副会长。有《涵芬楼文谈》、《国语国策补注》、《国语韦解补正》、《清史纲要》、《漪香山馆文集》等。

② 汪钟霖(1867—?),字岩徵,号甘卿,一号蟠隐。江苏吴县(今苏州)人。光绪十九年(1893)举人。二十三年与汪康年、叶瀚等在上海创立蒙学公会。次年又列名保国会。后任驻奥使馆二等参赞。民国初年入张勋幕府。晚年寓居南京。

初六，郑孝胥赴虞洽卿等招饮。

初八，郑孝胥过聂其杰①谈。

初十，聂其杰过郑孝胥。午后，郑孝胥赴一品香中国公学董事会，晤马相伯、熊希龄。

十二日，郑孝胥过高而谦、高梦旦，晤王寿昌。

十三日，郑孝胥作《叔孙通》诗。

十四日，郑孝胥过高而谦、高梦旦，不值，晤吴曾祺，久谈。夜，郑孝胥赴李钟珏约。

十五日，廉泉过郑孝胥，遗《楞严经》。

十六日，郑孝胥过高而谦，不值，晤王寿昌。

十八日，郑孝胥至张园，晤高而谦、王寿昌。

十九日，郑孝胥赴孟昭常、樊棻约。

二十日，高而谦、王寿昌过郑孝胥，饭毕乃去。郑孝胥至张园，晤高而谦、王寿昌。

二十二日，郑孝胥赴虞洽卿等招饮。

二十三日，严复晤夏敬观。

二十四日，郑孝胥、端方等宴集雅叙园。晚，郑孝胥与蒋汝藻、樊棻等宴汤寿潜。

二十五日，郑孝胥被举为商务印书馆董事。

二十六日，郑孝胥游愚园，逢夏敬观。郑孝胥、高而谦、王寿昌同游张园。夜，郑孝胥赴柯鸿年宴。

二十七日，午后，郑孝胥赴夏敬观邀至张园。严复访郑孝胥，至海藏

---

① 聂其杰(1880—1953)，号云台。湖南衡阳人。曾国藩外孙。少年时随父聂缉椝居上海。光绪十九年(1893年)回湖南参加童试，中秀才，随即跟外国人学英语、电气、化学工程等新学科。后赴美国留学。三十年任复泰公司经理。三十四年改组华新纺织新局为恒丰纺织新局，出任总经理。民国六年(1917)，与黄炎培等人在上海发起成立中华职业教育社，任临时干事。民国八年兴建恒丰二厂及织布厂，筹建大中华纱厂，任董事长兼总经理。民国九年当选上海总商会会长、全国纱厂联合会副会长。此后，还与人共同创办大通纺织股份有限公司、华丰纺织公司、中国铁工厂、中美贸易公司及上海纱布交易所，分别任董事长、董事和总经理。其间，在长沙开设协丰粮栈。民国十五年，因大病缠身，企业经营不善遂退而成佛教居士。

楼看樱花。樊增祥招饮陈三立、熊希龄、陈庆年、缪荃孙等。

二十九日,陈宝琛过郑孝胥。陈宝琛、郑孝胥、王允晳、林炳直宴集雅叙园。

三月

初一,陈宝琛至南京。

初二,郑孝胥宴陈宝琛、严复、王允晳等于雅叙园。

初四,严复宴陈宝琛、陈三立、郑孝胥等。

初五,陈三立示郑孝胥近作。

初六,郑孝胥阅陈三立诗,认为"其恣肆自得处非时贤所及也"。夜,陈三立、郑孝胥同赴赵凤昌招饮,叶景葵、沈兆祉在座。

初七,郑孝胥赴樊棻约,辜鸿铭在座。

初八,郑孝胥、王允晳同过赵凤昌。郑孝胥、王允晳、王寿昌、黄懋谦、林景行共饭雅叙园。午后,商务印书馆董事局第一次会议,郑孝胥、张元济、高梦旦等八位董事出席。

初十,严复、李宣龚、赵凤昌、樊棻等至愚园为郑孝胥祝寿。夜,郑孝胥赴王寿昌约。辜鸿铭过郑孝胥请署联。

十二日,郑孝胥赴辜鸿铭约。汤寿潜过郑孝胥。

十四日,孟昭常过郑孝胥。

十五日,郑孝胥致书王仁东。张謇、汤寿潜访郑孝胥,观海藏楼。

十六日,张謇、汤寿潜、赵凤昌宴郑孝胥,为其祝寿。夏敬观过郑孝胥,谈至十一点。

十九日,盛宣怀过郑孝胥,不值。

二十日,傅春官致郑孝胥。

二十一日,午后,郑孝胥过盛宣怀,谈招商局事。

二十三日,郑孝胥、严复赴友人约。郑孝胥与狄葆贤[①]同至海藏楼。

---

① 狄葆贤(1873—1921),字楚青、楚卿,别号平等阁主等。江苏溧阳人。光绪举人。主张维新变法,戊戌政变后逃亡日本。光绪二十六年(1900)回国,参与唐才常组织的汉口起义。三十年,在上海创办《时报》,其文学副刊开创报纸文学副刊之先河。后创办《小说时报》《妇女时报》和有正书局。三十四年,任江苏咨议局议员。有《平等阁诗话》《平等阁笔记》等。

二十四日,孟森、王敬芳过郑孝胥。郑孝胥为狄葆贤题《名画集》二绝。

二十五日,岑春煊过郑孝胥。

二十六日,郑孝胥过岑春煊。

二十七日,朱祖谋、樊棻访郑孝胥。

二十八日,郑孝胥过朱祖谋。

三十日,端方邀陈三立等半山亭看雨。

四月

初二,张邦杰将往安庆,托郑孝胥介绍与沈曾植。

初五,张元济访郑孝胥谈印书馆事。郑孝胥赴李钟珏约。

初六,夏敬观送陈三立诗稿六本与郑孝胥,陈三立请郑孝胥选定,将付排印。周学渊过郑孝胥,不值。

初七,郑孝胥过夏敬观,晤周学渊于张园,至雅叙园共饭。

初八,聂其杰过郑孝胥。金邦平①过郑孝胥。

初十,余诚格过郑孝胥。郑孝胥过聂其杰。郑孝胥至商务印书馆,与张元济谈。

十一日,郑孝胥晤余诚格。

十三日,孟昭常过郑孝胥。

十七日,陈宝琛访严复。

十八日,柯鸿年过郑孝胥,饭毕乃去。汤寿潜过郑孝胥。郑孝胥使柯鸿年往访郑观应,筹广东销呢之策。

十九日,郑孝胥赴樊棻招饮。

二十日,郑孝胥赴胡琪②宴,虞洽卿、蒋汝藻、刘厚生等在座。

二十一日,严复在陈衍处作诗钟。郑孝胥赴樊棻约。

---

① 金邦平(1881—?),字伯平。安徽黟县人。郑孝胥之婿。光绪二十五年(1899)留学日本早稻田大学。二十八年毕业回国,任直隶总督兼北洋大臣袁世凯秘书。次年为练兵处参议。后历任宪政编查馆谘议官、资政院秘书长等职。民国成立,任中国银行筹办处总办。民国三年(1914)充政事堂参议。次年改任农商部次长,旋兼全国水利局总裁。五年任段祺瑞内阁农商部总长。二十一年为上海启新洋灰公司经理。

② 胡琪,字二梅。安徽建德人。

二十二日,郑孝胥过郑观应、蒋汝藻、赵凤昌等。夜,郑孝胥宴郑观应、蒋汝藻、樊棻、柯鸿年等于一枝香。

二十三日,陈三立、缪荃孙等陪端方游扫叶楼、翠微亭等,宴集。郑孝胥与郑孝柽、孟昭常、孟森、樊棻、蒋汝藻、柯鸿年、胡琪、刘树森、刘厚生至苏州,游留园。

二十四日,郑孝胥等返沪。

二十五日,聂其杰、曾广钟过郑孝胥。

二十六日,郑孝胥过聂其杰、曾广钟,观曾国藩日记。郑孝胥赴聂其杰宴。

二十七日,午后,郑孝胥至日晖呢厂,郑观应等赴厂参观。胡琪示郑孝胥姚文藻和诗二首。

二十八日,郑孝胥过王允晳、汤寿潜。

三十日,郑孝胥作《陈伯严诗序》。

五月

初一,汤寿潜过郑孝胥。

初三,端方宴樊增祥、陈三立、缪荃孙等于公园。

初四,午后,郑孝胥过郑观应。

初五,陈三立与端方、缪荃孙等宴集公园。

初八,樊增祥招饮陈三立、缪荃孙等。

初九,熊希龄、夏敬观访郑孝胥。

初十,郑孝胥、郑孝柽至张园,晤高梦旦、王寿昌、王允晳、柯鸿年等。

十二日,郑孝胥过蔡乃煌,不值。

十三日,蔡乃煌等赴呢厂参观,郑孝胥作陪。郑孝胥、夏敬观、熊希龄等赴友人约。端方过郑孝胥,不值。

十四日,郑孝胥过郑观应。柯鸿年过郑孝胥。郑孝胥接端方来电,邀劝业会董事赴宁商榷。

十五日,郑孝胥接陈衍函。

十六日,郑孝胥至印书馆编译所,晤高梦旦、孟森等。

十七日,郑孝胥赴高梦旦宴于九华楼,郑孝柽、王寿昌、高颖生在座,席散,同至海藏楼久谈。郑孝胥与劝业会董事十余人赴宁。

十八日,郑孝胥等谒端方。晚,郑孝胥过李宣龚,王仁东亦至。夜,郑孝胥返沪。

十九日,罗公毅过郑孝胥,商新公学学生仍归中国公学事,郑孝胥允与熊希龄商办此事。

二十日,王闿运抵南京。

二十一日,陈三立访王闿运。郑孝胥赴刘树森、刘厚生约至九华楼,汤寿潜、孟昭常在座。

二十三日,陈三立与王闿运、端方、缪荃孙、李葆恂等雅集。①

二十四日,郑孝胥赴岑春煊邀午饭。

二十六日,陈三立等江南文士为王闿运开欢迎会。

二十七日,陈三立与王闿运、易顺鼎、陈锐、陈伯陶等宴集。夜,柯鸿年过郑孝胥。

二十八日,陈三立与王闿运、李瑞清、陈锐等至两江师范学堂雅集。沈曾植遣人迎接王闿运。夜,郑孝胥赴虞洽卿邀。

二十九日,陈三立与王闿运、易顺鼎、樊增祥等半山寺雅集。郑孝胥赴岑春煊邀,晤林长民等。端方邀郑孝胥至焦山。

六月

初一,郑孝胥至镇江。

初二,郑孝胥至焦山,谒端方,同作诗钟。王闿运抵安庆,沈曾植遣人迎接。

初三,沈曾植、王闿运等宴集法政学堂。郑孝胥返沪。

初四,沈曾植宴王闿运。

初五,樊棻过郑孝胥谈日晖事。晚,刘树森、胡琪过郑孝胥。沈曾植送王闿运。

---

① 缪荃孙:"晤王壬秋。年七十八。别二十年,风采如故,真异人也。"《艺风老人日记》,第2186页。

初七,郭则沄①访郑孝胥,郭新授温处道。

初九,郑孝胥答拜郭则沄。午,郑孝胥赴蔡乃煌约于洋务局,郭则沄、俞明颐等在座。夜,郑孝胥宴吴学廉、李宣龚、林绍勤等。

初十,李宣龚、樊棻过郑孝胥。

十一日,张邦杰过郑孝胥,取走中国公学章程及四大字。

十二日,郑孝胥、高梦旦访严复。

十四日,聂其杰过郑孝胥。

十六日,王闿运致函沈曾植,并寄东游诗十首。郑孝胥作《海藏楼诗》四首。

十七日,郑孝胥以新作五诗示赵凤昌。

十九日,夜,孟森、孟昭常同访郑孝胥看月。

二十一日,杨度过郑孝胥,谈京城事,约明日看呢厂。

二十二日,郑孝胥陪杨度、汪康年等参观呢厂。杨度至海藏楼。程德全致函沈曾植,邀游奉天。

二十三日,郑孝胥作四诗,录二首示杨度。

二十四日,聂其杰过郑孝胥。

二十五日,傅春官致函郑孝胥,请寄呢样。

二十七日,郑孝胥得陈衍书。

二十八日,中国新公学学生访郑孝胥。孟森过郑孝胥,谈报馆事。

三十日,柯鸿年过郑孝胥饮。

七月

初一,郑孝胥阅陈三立诗十五、十六卷。聂其杰过郑孝胥。

初三,王仁东招饮陈三立、樊增祥、缪荃孙等。

初四,郑孝胥、汤寿潜、刘厚生、赵凤昌等于赵宅晤谈。

初五,郑孝胥、赵凤昌、汤寿潜晤谈。

---

① 郭则沄(1881—1947),字啸麓,号龙顾山人、蛰云。光绪二十八年(1902)中举,二十九年成进士,选庶吉士。散馆,授编修。曾入东三省总督徐世昌幕。宣统初,授浙江温处道、提学使,创农业学校、贫民习艺所。辛亥革命后,曾任北洋政府国务院秘书长。著有《十朝诗乘》、《龙顾山房集》等。

初八,夜,郑孝胥饯吴曾祺于海藏楼,王寿昌、柯鸿年、高梦旦、郑孝柽、严复在座。

初十,陈三立邀缪荃孙等作诗钟。夜,郑孝胥等宴袁树勋,张謇、汤寿潜、赵凤昌、樊棻在座。

十一日,袁思亮访郑孝胥,谈久之。

十二日,郑孝胥过聂其杰,约明日午饭于海藏楼。赵凤昌、李一琴过郑孝胥。

十三日,夜,郑孝胥宴李一琴、聂其杰。

十四日,陈三立与况周颐、张通典、缪荃孙等宴集。

十五日,樊棻过郑孝胥。聂其杰过郑孝胥,求借海藏楼十六日宴客。赵凤昌过郑孝胥。

十六日,张邦杰过郑孝胥,商电留夏敬观为中国公学监督事,并嘱王敬芳赴南京见张人骏。

十七日,郑孝胥过袁思亮。

十八日,陈三立寄赠郑孝胥诗一首。

二十日,郑孝胥作诗答陈三立。

二十一日,夜,郑孝胥赴高梦旦、王寿昌约,严复在座。

二十二日,王敬芳过郑孝胥。

二十三日,严复将入都,郑孝胥饯之于海藏楼,高梦旦、王寿昌在座。

二十四日,陈三立访缪荃孙。郑孝胥赴柯鸿年约。

二十五日,郑孝胥赴樊棻约。

二十八日,王敬芳过郑孝胥,示瑞澄电,令夏敬观暂兼中国公学监督。夜,郑孝胥宴辜鸿铭等于海藏楼。

八月

初三,郑孝胥过陈三立。陈三立、王敬芳至海藏楼。①

初五,寄禅访郑孝胥。狄葆贤宴陈三立、郑孝胥、寄禅、潘飞声等。辜鸿铭过郑孝胥。晚,郑孝胥宴陈三立、蔡乃煌、赵凤昌。

---

① 按:陈三立《寄题太夷海藏楼》当作于此后不久。《散原精舍诗文集》。

初六，伍光建、蒋汝藻过郑孝胥。

初七，郑孝胥赴汤寿潜、张美翊约于一枝香，张謇在座。郑孝胥过伍光建久谈。

初八，郑孝胥得程德全、熊希龄函，并所汇中国新公学建筑费三千两。郑孝胥过赵凤昌。孟森过郑孝胥。

初九，郑孝胥过樊棻。

初十，郑孝胥赴汤寿潜、赵凤昌约谈，汤寿潜将入都，郑告以当联合满汉为宗旨。

十一日，郑孝胥邀孟森、高梦旦、王寿昌、柯鸿年、郑孝柽至雅叙园共饭，席散，郑孝胥与孟森至立宪公会久谈。

十四日，郑孝胥至立宪公会，与孟昭常久谈。

十五日，郑孝胥过李钟珏久谈。

十八日，李瑞清、梅光远宴陈三立、王仁东、缪荃孙等。郑孝胥赴岑春煊邀游哈同园。

十九日，夜，郑孝胥应王寿昌约。

二十二日，郑孝胥邀岑春煊至海藏楼午饭。

二十一日，陈三立在九江，宿铁路局楼。

二十二日，汤寿潜、赵凤昌过郑孝胥，告以张之洞卒讯，郑作诗二首。

二十三日，郑孝胥赴汤寿潜邀，余诚格在座。

二十四日，郑孝胥赴岑春煊约，汤寿潜、余诚格在座。

二十六日，郑孝胥赴岑春煊邀至哈同园斗牌，辜鸿铭在座。

二十七日，朱祖谋、陈诗、高梦旦、郑孝柽过郑孝胥。

二十八日，王敬芳、李钟珏过郑孝胥。

二十九日，郑孝胥过朱祖谋。

三十日，夜，朱祖谋、陈诗至海藏楼。

九月

初二，聂其杰、曾广钟过郑孝胥。

初四，孟森过郑孝胥，谈请早开国会事。郑孝胥过张园，晤高梦旦、王寿昌、柯鸿年、孟昭常、李钟珏。

初五,郑孝胥至立宪公会,与孟昭常久谈。夜,郑孝胥、虞洽卿等宴集。

初六,郑孝胥赴胡琪约。

初七,郑孝胥至立宪公会,晤高梦旦等。

初八,樊增祥、王仁东约陈三立、朱祖谋、缪荃孙、张仲炘、陈伯陶、杨钟羲等作诗钟。胡朝梁寄诗郑孝胥,郑孝胥作五律一首答之。

初九,陈衍与赵熙①天宁寺登高。陈三立、樊增祥公园宴集。

初十,张仲炘招饮陈三立、朱祖谋、王仁东、缪荃孙等。

十一日,李宣龚、郑孝柽过郑孝胥。

十二日,赵凤昌过郑孝胥。夜,聂其杰过郑孝胥。

十四日,陈宝琛、陈衍、沈瑜庆、梁鼎芬、林纾等宴集。

十八日,陈诗过郑孝胥,示游明陵诗,并赠范当世诗刻本。陈三立、樊增祥、王仁东、缪荃孙、王瓘等宴集。

十九日,樊增祥招饮陈三立、缪荃孙、王仁东、王瓘、顾瑗、杨钟羲。

二十日,郑孝胥过赵凤昌,携归《广雅堂诗》及张之洞遗折。

二十三日,岑春煊过郑孝胥。

二十四日,沈瑜庆宴林纾、梁鼎芬、于式枚于陈宝琛寓所。

二十六日,赵凤昌过郑孝胥。

二十八日,郑孝胥过赵凤昌久坐。

二十九日,夏寿田访陈三立,陈适醉卧。

---

① 赵熙(1867—1948),原名熹,字尧阶,改名熙,字尧生,号香宋。四川荣县人。光绪十七年(1891)中举,次年成进士,选翰林院庶吉士。二十年授翰林院国史馆编修。二十三年至二十五年,主讲于东川书院。二十九年返京,任国史馆协修、纂修。宣统元年(1909),授御史。次年,转江西道监察御史。以敢于弹劾庆亲王、四川总督,为"戊戌六君子"昭雪而称名朝野。宣统三年,四川掀起保路风潮,任京官川南保路代表。辛亥革命后,以遗民自居,以卖文讲学为生。北洋政府及各路军阀屡次征召,皆辞不就。赵熙在文、史、艺术领域均有成就,诗、词、书、画皆有名于时,亦为近代川剧重要剧作家之一。

是月,梁鼎芬招陈宝琛、陈曾寿①等同游广化寺。

十月

初三,郑孝胥过孙雄。

初四,郑孝胥赴聂其杰约,李登辉在座。

初五,郑孝胥至中国公学,新旧公学新生合并开会。孙雄过郑孝胥,郑还其《诗史阁图》,为题一绝。

初六,梁乔山过郑孝胥,郑以程德全捐中国公学银三千两付之。夏敬观至海藏楼访郑孝胥。夜,郑孝胥赴柯鸿年约。

初十,郑孝胥、李宣龚至海藏楼、张园。

十一日,郑孝胥赴樊棻约。

十二日,郑孝胥赴柯鸿年约,高梦旦、王寿昌在座。

十三日,郑孝胥过赵凤昌。夜,郑孝胥赴王寿昌约。

十四日,诸宗元、夏敬观访郑孝胥。夜,郑孝胥宴王寿昌、柯鸿年、高梦旦于海藏楼。

十五日,诸宗元访郑孝胥。

十六日,郑孝胥过聂其杰。郑孝胥赴赵凤昌约于张园。李宣龚过郑孝胥,宿海藏楼。

十七日,胡式嘉约陈三立、樊增祥、王仁东、杨钟羲、缪荃孙作诗钟。诸宗元访郑孝胥。瑞澄过郑孝胥。

十八日,郑孝胥赴瑞澄宴。

二十日,陈宝琛过郑孝胥,示新作各体诗一卷。夜,陈宝琛归闽。

二十三日,孟昭常过郑孝胥。陈衍过郑孝胥,不值。

二十四日,郑孝胥访陈衍,饭于雅叙园。陈衍、沈瑜庆同至海藏楼。

二十五日,郑孝胥、沈瑜庆至雅叙园,晤高梦旦、高而谦、王寿昌等。

---

① 陈曾寿(1878—1949),字仁先,号耐寂、复志、焦庵等。湖北蕲水人。嘉道间诗人陈沆曾孙。少肄业于武昌两湖书院,师从梁鼎芬。年十八,补县学生。光绪二十三年,以选拔贡于朝。二十八岁,与弟曾则、曾矩,同中式乡举。二十九年,成进士,官刑部主事。一度东游日本。是年,召试经济特科,入高等,寻调学部,累迁员外郎、郎中,最后官至学部右侍郎。辛亥革命后归湖北。后筑室于杭州南湖,幽居奉母。与俞明震为近邻,时相酬唱。民国十四年赴天津,追随溥仪,后又至长春。晚年南归。陈曾寿为宋诗派成员。

二十六日，郑孝胥过高而谦、沈瑜庆、孟森。晚，郑孝胥赴樊棻约。

二十七日，郑孝胥、沈瑜庆、高而谦赴岑春煊约。

二十八日，许鼎霖过郑孝胥，谈合作书与陈三立。

二十九日，郑孝胥宴沈瑜庆、高而谦于海藏楼。

三十日，郑孝胥、陈衍、郑孝柽、高而谦、高梦旦、林长民、刘崧生雅集九华楼。

十一月

初二，郑孝胥赴岑春煊约于哈同园。

初三，陈衍访郑孝胥，同至雅叙园，饭讫，陈衍至海藏楼，谈久之。郑孝胥接陈三立、许鼎霖函。

初四，郑孝胥与高而谦、高梦旦同饭雅叙园。

初五，沈瑜庆过郑孝胥，同饭雅叙园。

初六，汤寿潜过郑孝胥，同访赵凤昌。郑孝胥赴张謇约。

初七，郑孝胥邀孟森至海藏楼。

初八，张謇、李宣龚过郑孝胥。

初九，王敬芳过郑孝胥。高梦旦、陆尔奎过郑孝胥，谈立宪公会事。

初十，郑孝胥与孟森至立宪公会。李宣龚遗郑孝胥双栝。

十一日，郑孝胥、沈瑜庆、高梦旦等共饮。

十三日，袁思亮过郑孝胥。郑孝胥等公宴瑞澂于立宪公会。郑孝胥过袁思亮。

十四日，周庆云、蒋汝藻借海藏楼宴瑞澂、赵凤昌等。立宪公会大会，郑孝胥声言不再任正副会长。夜，郑孝胥赴赵凤昌招饮雅叙园，张謇、陶湘①在座。

---

① 陶湘(1871—1939)，字兰泉，号涉园。祖籍浙江慈溪。江苏武进人。和盛宣怀关系密切。历任京汉铁路北路养路处总办、上海三新纱厂总办、天津源纱厂、山东鲁丰纱厂经理等职。辛亥后，任中国银行驻沪监理官及重庆、天津等中国银行分行行长、北京交通银行总经理等职。民国四年(1915)，在北京创立修绠堂书店。晚年迁居上海。为上海近代藏书家之一，以精校精刻闻名，是民国以来著名大刻书家。有《毛氏汲古阁刻书目录》、《涉园藏书明版目录》、《清代殿版书目》、《内府写本书目》、《涉园所藏宋版书影》、《故宫殿本书库现存目》、《武进陶氏涉园精刻印书籍书录》等。

十五日，郑孝胥赴中国公学董事会于一品香，张謇、张元济等出席。

十六日，高而谦、高梦旦过郑孝胥。

十七日，俞明震、陈诗访郑孝胥。郑孝胥过沈瑜庆。夜，郑孝胥宴陈三立、俞明震、陈诗、沈瑜庆、狄葆贤、黄懋谦①于雅叙园。

十八日，沈瑜庆赴南京。俞明震至海藏楼访郑孝胥，谈久之。

十九日，郑孝胥宴陈三立、俞明震。

二十日，诸宗元、邓实至海藏楼，晚，与郑孝胥同过陈三立。

二十一日，郑孝胥访高而谦，晤林长民、王寿昌。

二十三日，赵凤昌过郑孝胥。孟森过郑孝胥。

二十四日，高而谦、高梦旦过郑孝胥，高而谦约郑孝胥赴南京。

二十五日，郑孝胥、高而谦至南京，晤伍光建。

二十六日，郑孝胥谒张人骏。郑孝胥借马车访陈三立，同过樊增祥，于座中晤夏寿田②，夏出诗看之。樊增祥赠郑孝胥诗一部。郑孝胥、陈三立同访吴学廉。③

二十七日，郑孝胥至上海。是日地震。张謇得沈曾植寄相片并诗，"子培僧服，居然一老僧也"。

二十八日，郑孝胥、郑孝柽同过王仁东久谈。胡琪过郑孝胥。

二十九日，樊增祥约陈三立、李瑞清、夏寿田、杨钟羲、张彬、李文石等作诗钟。郑孝胥与高梦旦、王仁东、王寿昌、郑孝柽等宴集雅叙园。

三十日，陈三立再叠前韵和夏寿田。④

---

① 黄懋谦，字默园。福建侯官人。宣统元年（1909）拔贡。历任学部普通司行走、京师大学堂监学、教育部主事、广西巡按使署秘书、政事堂主事。

② 夏寿田（1870—1937），字耕父，一字桂父，号午诒、天畸、直心翁。湖南桂阳人。夏时子。光绪十五年（1889）中举，十八年会试取誊录，任刑部郎中等。二十四年中进士第八名，殿试榜眼及第，历任翰林院编修、学部图书馆总纂。为父辨诬触怒朝廷遭革职。宣统三年（1911）授朝议大夫。民国元年（1912）任湖北省民政长，二年任总统府内史。袁世凯称帝，制诰多出其手，失败后逃匿天津租界，投曹锟，任机要秘书。后定居上海。夏寿田是王闿运弟子，工诗文书法，亦工篆刻，与齐白石友善。

③ 按：陈三立有《太夷自沪至遂携过瞻园读樊夏近句用前韵》诗，见《散原精舍诗文集》，第288页。此前一段时间，三立与樊增祥、夏寿田频频唱和，叠韵之作甚多。

④ 陈三立有《地震后三日雨中倒叠前韵酬午彝兼呈樊山使君》诗，见《散原精舍诗文集》，第289页。

是月,沈曾植因病请开缺。

十二月

初二,郑孝胥作《题子培小影》一诗寄沈曾植、张謇。

初三,陈三立约樊增祥、杨钟羲、夏寿田、缪荃孙等作诗钟。午后,郑孝胥访邓实于国学保存会。蒋汝藻过郑孝胥。

初四,张元济过郑孝胥。梁乔山过郑孝胥,言袁树勋已允助中国公学三千两。

初五,钱恂过郑孝胥。

初六,钱恂过郑孝胥。胡琪过郑孝胥。

初七,郑孝胥过胡琪久谈。

初八,郑孝胥过张元济。

初九,郑孝胥赴预备立宪公会选举,朱福诜为正会长,张謇、孟森副会长。

初十,胡朝梁访郑孝胥。

十一日,陈衍过郑孝胥。

十二日,夜,高梦旦过郑孝胥。

十三日,郑孝胥过高梦旦,晤林长民、王寿昌。郑孝胥过汤寿潜。张謇得郑孝胥寄《题乙盦僧服小影像》诗。

十七日,郑孝胥过王乃徵。郑孝胥作《海藏楼诗》第三十五首。

十九日,廉泉、诸宗元、吴昌硕过郑孝胥,不值。

二十日,诸宗元访郑孝胥。郑孝胥过岑春煊、高梦旦。

二十二日,郑孝胥作诗一首答诸宗元。沈曾植致函李宣龚。夜,郑孝胥赴王寿昌约。郑孝胥赴汤寿潜约,赵凤昌、许鼎霖在座。

二十四日,郑孝胥过熊希龄。郑孝胥赴盛宣怀宴,瑞澄在座。郑孝胥过聂其杰。

二十五日,麦梦华、李宣龚、熊希龄过郑孝胥。

二十六日,张彬约陈三立、樊增祥、王仁东、缪荃孙、夏寿田、杨钟羲等于藩署作诗钟。郑孝胥过叶景葵。张元济、胡琪、樊棻、柯鸿年过郑孝胥。郑孝胥赴奉天,李宣龚、王寿昌、熊希龄至码头送行。

二十九日,严复访陈衍,不值。郑孝胥抵奉天。

三十日,陈宝琛至南京,晤陈三立。郑孝胥谒程德全、锡良。郑孝胥过张元奇。夜,郑孝胥赴程德全、锡良招饮,晤邓邦述①、韩国钧②。

是月,陈三立与樊增祥、夏寿田于瞻园内多次宴集,频相唱酬。

宣统二年 庚戌（1910年）
正月

初一,樊增祥约陈宝琛、陈三立、夏寿田、王仁东、缪荃孙、张彬、徐绍祯等作诗钟。郑孝胥在奉天。张元奇访郑孝胥,赠诗一首及所著诗三集。

初二,郑孝胥阅张元奇《兰台集》《洞庭集》《辽东集》,题以"河鱼正美冰花薄,山茧初乘柞叶稀"一联为压卷。

初三,郑孝胥观陈衍所选《师友诗草》。徐绍祯招饮陈宝琛、陈三立、樊增祥、王仁东、缪荃孙、李瑞清、王瓘于公园。③ 郑孝胥答拜韩国钧、邓邦述。

初四,缪荃孙邀陈宝琛、陈三立、樊增祥、王仁东、李瑞清、夏寿田、徐绍祯等赴图书馆阅书,宴集。

---

① 邓邦述(1868—1939),字正闇,号孝先、沤梦等。江苏江宁人。邓廷桢曾孙。清末民初藏书大家。光绪二十四年(1898)入京师,授编修。后入端方幕府。曾任江宁会试同考官。三十三年任吉林民政使。辛亥革命后居京津十年。晚居苏州。

② 韩国钧(1857—1942),字紫石。江苏省海安镇(原隶泰县)人。光绪五年(1879)中举。先后任行政、矿务、军事、外交等职,清末官至吉林省民政使。辛亥革命后,任江苏民政长、安徽省巡按使、江苏省省长,并一度兼督军。清廉自守,治事勤恪,卓有政声。民国十四年(1925)辞官归里后,仍不遗余力关心桑梓,参与水利,救灾赈济,编纂史志,办教育,维护地方治安。抗战期间,他以高龄之身乡居问政,奔走呼号,致力于"团结对外,扫荡敌氛",称得上"彪炳大义持晚节,浩然正气励后生"(陈毅诗句)。逝世后,陈毅、黄克诚等参加了新四军军部和盐阜各界举行的追悼大会,刘少奇等撰题了挽联,并曾将海安县改名为紫石县。

③ 陈三立:《正月三日徐固卿统制招集公园》,《散原精舍诗文集》,第295页。

初五,奉天提学使卢靖①过郑孝胥。郑孝胥赴张元奇约,卢靖、韩国钧等在座。

初八,沈曾植晤朱家宝。

初九,郑孝胥赴程德全约谈。奉天咨议局议长吴景濂过郑孝胥久谈。

初十,邓邦述过郑孝胥谈。

十二日,张元奇过郑孝胥谈,观《论铁路》文,携郑孝胥五古诗稿去。夜,郑孝胥赴卢靖、齐福田、吴钫约。

十五日,陈三立至俞明震寓宅观梅。

十七日,张元奇过郑孝胥。

十九日,李瑞清招饮陈三立、俞明震、缪荃孙等。邓邦述过郑孝胥谈。

二十一日,韩国钧过郑孝胥谈。

二十三日,陈三立、俞明震与吴保初、陈诗、夏寿田、魏瀶、王瀣、刘慎诒等同游半山亭。

二十四日,郑孝胥赴吴景濂约。

二十五日,郑孝胥作《江侍御奏疏书后》诗。

二十六日,王允晳过郑孝胥。夜,郑孝胥赴张元奇约,王允晳在座。

---

① 卢靖(1865—1948),字勉力,号木斋,晚号知业老人。湖北沔阳(今湖北仙桃市)人。近代数学家、藏书家、图书馆事业家。少时励志苦学,对算学尤感兴趣。光绪初写成《火器真诀释例》,由倪修梅推荐给湖北巡抚彭祖贤,得到赏识,遂为出版,并聘他到书院讲学。光绪十一年(1885)以数学举于乡,经高剑中荐于朝,特旨以知县交直隶总督李鸿章门下任职。后任赞皇、定兴、南宫、丰润等县知县,保定大学堂监督,直隶提学使,奉天提学使等职。重视教育,留心典籍,对近代图书馆事业的发展有特殊贡献。光绪末在丰润所设书院中,附设两所图书馆。后又创办天津、保定、奉天图书馆,捐银数千。辛亥革命后,又出资兴办学校和图书馆。创立师范、法政、农工商矿、美术、水产学堂几十所。民国十六年(1927)捐款10万元兴建南开大学图书馆,又捐出"知止楼"私人藏书6万卷作新馆藏书基础。南开大学为纪念他,命名为"木斋图书馆"。不久他又在北京成立"木斋教育基金会",又创办一所为社会大众利用的"私立木斋图书馆"。重视收集乡邦文献。先后辑有《四库湖北先正遗书丛目》、《湖北先正遗书》、《沔阳丛书》及《慎始斋丛书》等。逝世前,预立遗嘱,遗产不传子孙,用于文化、教育事业。著述有《万象一元演式》、《合声易字》、《叠微分补草》、《割圆术辑要》、《古辞令学》、《代数术补草》、《微积溯源补草》、《代微积拾级补草》等。

二十七日,陈三立访缪荃孙。王允晢过郑孝胥。

二十八日,王允晢过郑孝胥谈,言明日入都。

二十九日,邓邦述、韩国钧过郑孝胥。

二月

初一,友人招饮陈三立、陶森甲、陈庆年、缪荃孙等。

初二,邓邦述过郑孝胥。

初三,樊增祥招饮陈三立、朱祖谋、俞明震、王仁东、梅光远、缪荃孙、吴璆等。郑孝胥至天津。

初四,陈三立、缪荃孙、徐乃昌共请樊增祥、朱祖谋、王仁东、蒯光典等。孟昭常过郑孝胥。

初六,郑孝胥晤林葆恒。

初八,郑孝胥晤吕碧城。

初十,吕碧城馈郑孝胥银杯一对、玉杯一对。

十二日,吕碧城过郑孝胥。

十四日,陈三立、陈庆年到图书馆,晤缪荃孙。

十五日,陈衍招何震彝①、梁鸿志②、朱联沅③、曾念圣、黄濬等饮于小秀野草堂寓所。

十九日,赵熙访郑孝胥。

二十日,郑孝胥答拜赵熙、胡琳章。

二十一日,胡琳章赠郑孝胥诗一首。

---

① 何震彝(约1880—1925),字鬯威,别号穆忞。江苏江阴人。光绪三十年(1904)进士。以中书捐直隶候补道。辛亥革命后任农商部、教育部佥事。参与修清史。

② 梁鸿志(1882—1946),原名仲异,字鸿志,后以字行。福建长乐人。出身仕宦之家,其曾祖父梁章钜,是著名学者,政绩卓著的福建巡抚。梁六岁时,祖父任长崎领事,全家随同去日本两年。光绪二十九年(1903)中举,后入京师大学堂。毕业后历任山东登莱青道署科长,奉天优级师范学堂教员,法制院科员,法制局秘书、佥事、参事,参议院秘书长等职。因从段祺瑞游,故民初段任国务总理,梁为秘书长,成为皖系、安福系的重要成员。直皖战后,被指为安福系十大祸首之一,列名通缉,隐遁大连、上海等处,以诗酒自娱。八一三淞沪战起,东南数省沦陷,日人于华中制造"维新政府",梁鸿志出任行政院长。汪伪政权成立,取代维新政府,梁任监察院长。抗战胜利后,以汉奸罪被判处死刑。著有《爰居阁诗》。诗风宗宋,为宋诗派成员。

③ 朱联沅(1855—1913),字芷青。浙江海盐人。曾任北京高等师范学院管理员兼国文部教员。民国二年(1913)三月三日,梁启超发起京师诗人在万生园修禊,他曾经参加。

二十二日,郑孝胥为吕碧城书字。午后,赵熙、胡琳章访郑孝胥。

二十四日,郑孝胥过赵熙,同至聚丰园饭。

二十五日,郑孝胥宴赵熙、胡铁华、邹怀西父子,郑、赵谈韩柳文,发生激烈争论。郑孝胥以相片赠赵以别。

二十六日,吕碧城访郑孝胥。

二十九日,郑孝胥得张元奇书及诗。

三十日,郑孝胥赴林葆恒约。

是月中,沈曾植因病请假并再请开缺。

三月

初一,郑孝胥作诗一首答张元奇。吴保初访郑孝胥。

初二,沈曾植为张百熙《退思轩诗集》作序。

初三,陈三立抵南昌。郑孝胥过吴保初久谈,观其新作数首。

初五,陆宗舆过郑孝胥。

初八,吴保初过郑孝胥谈。

初九,金邦平借郑孝胥园中宴客,王克敏、林葆恒等在座。

初十,刘世珩过郑孝胥,同至聚丰园饭。

十九日,陈衍、赵熙、胡琳章等至法源寺看丁香。

二十六日,陈三立渡江入西山扫墓,易顺鼎、林开謩同行。

二十七日,缪荃孙收到陈三立函。

是月,黄嗣东卒。

是月,陈宝琛补授内阁学士,兼礼部侍郎衔。

四月

初二,缪荃孙接沈曾植函。

初五,沈曾植致函程朝仪。

初六,汪钟霖过郑孝胥。

初七,陈三立赴杨钟羲招饮,陈庆年、缪荃孙、梅光远等在座。午后,吴保初访郑孝胥,示古钱十数种。刘世珩过郑孝胥。

十二日,郑孝胥与熊希龄等同游昭陵。夜,郑孝胥赴熊希龄约。

十五日,缪荃孙接沈曾植函,邀其游皖。卢靖、张元奇等过郑孝胥。

十六日,缪荃孙致函沈曾植。

十八日,沈曾植致函缪荃孙。刘世珩过郑孝胥,邀郑孝胥至第一楼。

二十二日,郑孝胥返沪。

二十三日,樊增祥约陈三立、缪荃孙、张彬等作诗钟。

二十三日,缪荃孙接沈曾植函。

二十四日,赵凤昌过郑孝胥。

二十七日,夜,郑孝胥赴岑春煊约。

二十八日,郑孝胥赴高梦旦约,商宝兴公司事。郑孝胥作《海藏楼杂诗》第三十六首。

是月,拟恢复安徽存古学堂,沈曾植充学长,延程朝仪为监督,朱孔彰、李详①、姚永概等为教习。

五月

初二,庄蕴宽、麦梦华、罗惇曧②访郑孝胥,不遇。缪荃孙至安庆,与沈曾植在署中天柱楼长谈。

初三,沈曾植宴缪荃孙,姚永概、方守彝、刘廷凤等在座。

初五,缪荃孙观沈曾植所藏黄山谷编年诗等。

初六,缪荃孙过沈曾植借书。

初七,缪荃孙过沈曾植观藏书及藏画。

初八,沈曾植馈缪荃孙百金。

初九,缪荃孙返江宁,致函沈曾植。郑孝胥赴南京,车中晤虞洽卿、

---

① 李详(1858—1931),字审言,又字慎言,号百药生,又号窳生、媿生。江苏兴化人。光绪十一年(1885),黄体芳督学江苏,录为第一名入学。继受知于学使王先谦,复以第一名补廪膳生。端方督两江,聘其充江楚编译局帮总纂,与况周颐撰《陶斋藏石记》。民国后,客居上海。曾任东南大学国学教授。有《选学拾沛》、《世说小笺》、《文心雕龙补注》、《杜诗证选》、《韩诗证选》、《学制斋骈文》等。

② 罗惇曧(1872—1924),字孝遹,号掞东、退宾,世称瘿公。广东顺德人。罗家劭子。幼承家学,聪慧过人。优贡生。早岁在广州万木草堂从康有为学,后入张百熙门下。光绪二十六年(1900)赴京,官邮传部郎中。入民国后历任总统府秘书、参议、顾问、国务秘书等职,又曾为袁克定师。袁世凯称帝,拒不受禄。纵情诗酒,流连剧场,与王瑶青、梅兰芳相交甚密,与程砚秋交尤厚。晚年女死妻狂,贫病交迫,困窘而死。著有《瘿庵诗集》,叶恭绰为之刊行于世。罗惇曧与梁鼎芬、黄节、曾习经并称"岭南四家",其诗风均宗宋。黄濬对罗惇曧的人品评价很高:"瘿宽厚敦笃,而有特操,与项城有故,而始终不受禄,其后尤望望然去之,以是贫病死。"

黄书霖。

十四日,陈三立招同俞明震、吴保初、陈诗、魏繇、柳慎诒等游半山寺。

十八日,沈曾植致函缪荃孙。

二十一日,郑孝胥与俞明震、陈诗等饮于雅叙园。

二十三日,郑孝胥至广智书局,晤麦梦华、罗惇曧。

二十五日,缪荃孙致函沈曾植。

是月,陈三立在江宁,与陈宝琛等作诗钟。

是月,沈曾植复请开缺。

六月

初四,沈曾植致函缪荃孙,又附函及聘书与李详,延其担任安徽存古学堂教习。

十八日,沈曾植致函缪荃孙。严复过郑孝胥。

二十一日,夏敬观访郑孝胥。

二十二日,中国公学董事会,举夏敬观为监督,驻学办事,各教员、职员皆由监督礼聘。郑孝胥晤张謇。

二十三日,郑孝胥约朱祖谋、夏敬观、严复晚饭。

二十四日,张君劢访郑孝胥。

二十六日,林长民访郑孝胥。

二十七日,郑孝胥过朱祖谋、林长民。

是月,沈曾植着僧服与李翊灼、黎养正、谢凤孙同摄影。

七月

初五,吴昌硕[①]访郑孝胥,赠《访海藏楼》诗一首。

十六日,李详访缪荃孙,交沈曾植信。

十九日,陈宝琛、黄懋谦同游翠微、庐师诸寺,宿秘魔崖下。

二十日,郑孝胥抵奉天。

---

① 吴昌硕(1844—1927),初名俊,改名俊卿,字苍硕、苍石、昌硕,别号缶庐、苦铁。浙江吉安人。尝任江苏安东(今涟水)县令,仅一月而辞去。长期寓居上海。以书画知名于世,善画花鸟瓜果。有《缶庐诗》、《缶庐别存》、《缶庐印存》等。

二十三日,郑孝胥抵京,居贤良寺。

二十四日,诸宗元访郑孝胥。

二十七日,李详至安庆,应存古学堂之聘,与沈曾植晤谈,朱孔彰、王咏霓在座。

二十八日,沈曾植离安徽,方守彝送行。

二十八日,诸宗元过郑孝胥,示诗一首。

二十九日,诸宗元过郑孝胥,郑答诸宗元诗一首。

是月,下旬,沈曾植辞官归里,方守彝以诗送行。

八月

初一,沈曾植至沪,寓开封路修得里。林纾、高而谦访郑孝胥,谈至暮,饭毕方归。

初二,陈宝琛过郑孝胥,诵诗数首。

初三,陈衍、赵熙访郑孝胥。

初四,诸宗元过郑孝胥。赵熙赠郑孝胥《浮云集》。

初六,袁思亮访郑孝胥。

初七,郑孝胥过陈衍,同访郑孝胥。

初八,林长民访郑孝胥。郑孝胥、陈衍、林纾同游农事试验场。

初九,郑孝胥赴东北。

十一日,张元奇访郑孝胥。

十三日,陈三立、缪荃孙等同坐火车访友人,宴集。

二十七日,沈曾植晤张謇。沈曾植致函缪荃孙。

二十九日,沈曾植返嘉兴。

九月

初七,沈曾植抵上海。

初八,沈曾植抵江宁,致函缪荃孙。

十一日,沈曾植访缪荃孙,同至林开謩处早饭。

十二日,沈曾植赴缪荃孙邀饮,傅春官、林开謩、李瑞清、朱祖谋、刘体乾、陈庆年、夏荫庭等在座。

十三日,沈曾植过缪荃孙借书。

十四日,沈曾植访缪荃孙看字画,共饭。

十五日,沈曾植过缪荃孙,"交黄集二百廿元来"。

十六日,陈三立、俞明震赴杨钟羲宴,朱祖谋、缪荃孙、张彬、林开謩等在座。

十七日,陈三立、徐绍桢宴沈曾植、俞明震、樊增祥、朱祖谋、缪荃孙、林开謩等。

二十五日,缪荃孙访陈三立辞行。

三十日,沈曾植作《宋刻山谷黄先生大全诗注跋》。

是月,陈三立、沈曾植与杨文会等在江宁创佛学研究会。寄禅访陈三立,晤俞明震。

十月

初八,郑孝胥返回上海。

十四日,沈曾植致函李翊灼。

十七日,沈曾植致函李翊灼,商租屋事。

十九日,沈曾植在上海致函李翊灼。

二十一日,沈曾植接李翊灼函,复之。

二十二日,缪荃孙致函沈曾植。

二十三日,郑孝胥访沈曾植新垃圾桥街寓斋,不得。

二十八日,李瑞清访郑孝胥。陈宝琛招陈衍、赵熙、杨增荦等饮于酒家。

三十日,李宣龚访郑孝胥。

十一月

初一,郑孝胥晤李宣龚、夏敬观等。

初二,方守彝、方守敦访沈曾植于嘉兴,同游鸳鸯湖。

初四,郑孝胥赴苏州,晤朱祖谋、夏敬观等。

初五,郑孝胥返回上海。缪荃孙接沈曾植信。陈曾寿访缪荃孙。

初六,沈曾植致函谢凤孙,邀赴杭州。

初七,沈曾植至杭州。

初九,友人招饮陈宝琛、缪荃孙等。

十二日,郑孝胥抵汉口,晤诸宗元。

十五日,郑孝胥北上。缪荃孙发嘉兴沈曾植信。

十六日,郑孝胥抵京。

二十日,郑孝胥至奉天。

是月,沈曾植与李翊灼、谢凤孙同游西湖,得诗十余首。月中,沈曾植偕李翊灼返嘉兴。

十二月

初二,缪荃孙致函沈曾植。

初九,沈曾植致函罗振玉,称其所创《国学丛刊》。蒯光典卒。

二十四日,沈曾植作《玉兰堂砚铭》。

二十六日,郑孝胥自东北赴京。

是月,陈宝琛、陈衍、陈曾寿赴端方邀至宝华庵雅集,梁鼎芬、林纾、缪荃孙、刘师培、于式枚、傅岳棻、李文石、陈毅、柯绍忞、王式通、劳乃宣[①]等在座。

是年秋,陈三立仍寓居江宁。冬,有武昌之行,继入西山扫墓。

是年秋,俞明震、陈诗访陈衍于京师秀野草堂。

宣统三年 辛亥(1911年)

正月

初一,沈曾植居嘉兴,作元日诗。

初三,缪荃孙发嘉兴沈曾植信。午后,郑孝胥过陈衍,同访林纾,不遇。

初四,缪荃孙致函沈曾植。

初五,郑孝胥访陈宝琛。郑孝胥、陈衍、林纾、端方、于式枚、郭曾炘

---

① 劳乃宣(1843—1921),字季瑄,号玉初,晚号韧叟、韧庵。浙江桐乡人。同治十年(1871)进士。历任吏部主事、杭州求是书院监院、浙江大学堂监督、江宁提学使、京师大学堂总监、学部副大臣、代理大臣。有《桐乡劳先生遗稿》。

等聚于陈衍寓所。①

初七,罗惇曧宴陈衍、郑孝胥、赵熙等于四印斋寓所。②

初八,陈宝琛约郑孝胥、陈衍、严复等作诗钟。

初九,郑孝胥访林纾、赵熙、罗惇曧。陈衍赴友人招饮,罗振玉、王式通、缪荃孙、陈毅等在座。

初十,陈衍、林纾约郑孝胥、孙雄等于上斜街。

十二日,郑孝胥作《赠琴南》诗。

十六日,冒广生宴郑孝胥、胡思敬③、温肃④、赵熙等于广和居。

十七日,郑孝胥过袁思亮、郭曾炘等。

二十日,赵熙宴郑孝胥、陈宝琛、陈衍、林纾、罗惇曧、温肃、冒广生、⑤潘博等于广和居。

二十二日,郑孝胥过陈衍。

二十二日,刘世珩招饮陈宝琛、胡思敬、缪荃孙等。

二十八日,郑孝胥访赵熙。夜,陈毅宴郑孝胥、陈衍、罗振玉、缪荃孙等。

---

① "觞陶斋于寓庐。陶斋评陟食品,某某非福馆所及,某某不及福馆。"陈声暨《侯官陈石遗先生年谱》。

② "至者五人,苏戡丈新自关外至,因以人日题诗寄草堂分韵。此后每集皆畏庐丈绘图,以饷主者。"陈声暨《侯官陈石遗先生年谱》。

③ 胡思敬(1870—1922),字漱堂,号退庐。江西新昌(今宜丰)人。光绪二十年(1895)进士。次年,补殿试,选庶吉士。散馆,改吏部主事。宣统元年(1909),补辽沈道监察御史,转广东道。劾两江总督端方,有直声。辛亥后以遗老自居。张勋复辟,授副都御史,赴任道中,闻事败而返。著有《退庐文集》、《退庐诗集》、《戊戌履霜录》、《国闻备乘》等,合刊为《退庐全集》。

④ 温肃(1878—1939),原名联玮,字毅夫,号檗庵。广东顺德人。光绪二十八年(1902)举顺天乡试第三名举人,二十九年成进士,授翰林院庶吉士,散馆,授编修。二年(1910)授湖北道监察御史。宣统三年,梁鼎芬至京,居温肃宅。入民国,客张勋幕府四年。民国六年(1917)张勋复辟,任都察院副都御史。十一年,逊帝溥仪任命其于南书房行走。十八年任香港大学汉文讲师。后追随溥仪于伪满洲国。有《权山文录》、《陈独漉年谱》。

⑤ 潘博(? —1916),字弱海,后改为若海。广东南海人。尝与黄节、任元熙、邓实、邓方等同问学于简朝亮。后师康有为,与梁启超、麦梦华相习。宣统年间,往来津沪,与陈三立、朱祖谋往还。又与赵熙、罗惇曼、罗惇曧、诸宗元、梁鸿志相交。民国四、五年间,尝佐江苏军幕,与陈三立往还甚密。民国四年,袁世凯帝制议起,潘博起兵抗之,遭袁世凯通缉,避居香港,匿康有为宅,悲愤呕血而卒。

二月

初一,郑孝胥赴温肃约于慈仁寺,晚,饮于广和居。①

初二,宋育仁招饮陈宝琛、劳乃宣、端方、于式枚、何润甫、张权、缪荃孙等。陈衍宴郑孝胥、郑孝柽、陈曾寿、赵熙、梁鸿志等。

初三,郑孝胥过赵熙。午后,郑孝胥过严复。夜,陈曾寿宴郑孝胥、林志钧②等。

初四,缪荃孙招饮陈宝琛、陈曾寿、劳乃宣、胡思敬等。林志钧过郑孝胥。

初五,郑孝胥、孙雄等聚于陈衍宅中。

初六,林纾宴郑孝胥等。

初九,赵熙宴郑孝胥、胡思敬等于广和居。

十一日,郑孝胥、赵熙、胡思敬等聚于广和居。

十五日,罗惇曧约郑孝胥、陈衍等游花之寺,夜,饮于广和居。

十六日,罗惇曧、郑孝胥、陈衍同视吴保初疾。

十七日,冒广生访郑孝胥。

二十日,陈宝琛宴郑孝胥等。

二十二日,郑孝胥过陈衍。

二十三日,陈宝琛、陈衍、郑孝胥、梁鸿志、冒广生、赵熙、胡思敬、曾刚甫、罗惇曧、潘博、林纾、林思进③等陶然亭雅集,夜,饮于广和居。

二十五日,郑孝胥宴赵熙、汤寿潜等。

---

① "春与陈弢庵丈、郑苏堪、胡瘦篁、赵尧生、曾刚甫、罗瘿公、潘博、冒鹤亭、陈石遗、林畏庐诸君为游春之会,会必有诗,畏庐为图。"《温文节公年谱》,《温侍御(毅夫)年谱及欒庵奏稿》,第 25 页。

② 林志钧(1880—1959),字宰平。福建闽侯人。林庚父。曾赴日本学习法政。入民国,任北京政府司法部参事。多年追随梁启超,编辑出版《饮冰室合集》。民国时期任教于北京大学、清华大学。建国后,任国务院参事室参事。工诗、书法。有《北云集》。

③ 林思进(1873—1953),字山腴,号清寂翁。四川华阳人。光绪二十九年(1903)举人。次年,东渡日本,考察政教风俗,视野日阔,交游愈广。三十三年,返国,授内阁中书。辛亥,睹国事无可为,告假南归。民国初,友人蒲伯英、杨沧白迭主川政,邀其出,皆婉词拒绝,坚不肯出。后任成都府中学堂监督,又任四川省图书馆长。曾任华阳中学校长。历任教于四川高等师范学校、成都大学、四川大学、华西大学。解放后,任四川省文史馆长。著有《清寂堂诗录》、《清寂堂文乙录》、《吴游集》、《华阳人物志》等。

二十六日,郑孝胥为冒广生题《陈检讨洗桐图》。

二十七日,郑孝胥为马其昶题卷。

二十八日,郑孝胥晤林纾。林思进访郑孝胥。

三月

初二,郑孝胥过陈衍,逢林纾,谈久之。

初三,林思进约郑孝胥等南河伯修禊。袁思亮约陈衍、陈曾寿、陈毅、缪荃孙等游试验场。

初四,柯绍忞招饮郑孝胥、陈衍、陈毅、罗振玉、缪荃孙等于聚贤堂。陈衍过郑孝胥,同赴柯绍忞之约。

初六,郑孝胥、陈衍、林纾同至琉璃厂。

初八,郑孝胥、陈衍、林纾同至万生园。

十四日,陈衍过郑孝胥。

十五日,陈宝琛过郑孝胥,示二诗。

十七日,陈曾寿访郑孝胥。

十八日,郑孝胥过陈宝琛、林纾、罗惇曧等。

十九日,郑孝胥访林纾。

二十日,郑孝胥过梁鸿志。

二十一日,陈宝琛、赵熙、冒广生访郑孝胥。午后,郑孝胥访林纾、陈衍。

二十二日,郑孝胥过赵熙等。郑孝胥应江瀚之约为香山白居易墓题记。

二十三日,陈宝琛、郑孝胥游积水潭高庙。

二十五日,郑孝胥过陈衍看杏花。

二十六日,陈曾寿约郑孝胥、马其昶等至苍虬阁。

二十七日,陈三立渡江入西山扫墓。

三十日,郑孝胥过马其昶小坐。郑孝胥、陈衍、林纾、罗惇曧等法源寺看丁香。

四月

初二,曾习经约郑孝胥等崇效寺雅集,郑孝胥以四溟山人及二冯诗集分贻同社。

初四,郑孝胥过林纾。

初五,郑孝胥过陈衍、郭曾炘。

初八,郑孝胥晤严复。

初九,赵熙邀郑孝胥等游法源寺。

初十,梁鸿志过郑孝胥。

十五日,郑孝胥作《赵尧生招集法源寺》等诗。

十七日,陈衍邀郑孝胥等游天宁寺。缪荃孙致函沈曾植。

十八日,郑孝胥过赵熙。夜,陈宝琛宴郑孝胥、严复、高而谦、萨镇冰等。

二十日,陈衍过郑孝胥。郑孝胥过陈衍、陈宝琛。

二十七日,郑孝胥抵沪。

二十九日,郑孝胥寄《渡海》诗与陈衍。

是月,沈曾桐、沈曾樾至上海,与沈曾植同寓。

五月

初二,沈曾植致函缪荃孙。

初三,缪荃孙访陈三立。

初六,郑孝胥交《宛陵集》印费一百元。郑孝胥前后共出资三百元助印《宛陵集》。

十一日,沈曾桐、夏敬观访郑孝胥。汪康年宴陈宝琛、严复、罗振玉、端方等。

十七日,郑孝胥应盛宣怀、端方约入京。

十八日,友人宴陈宝琛、郑孝胥、缪荃孙等于福全馆。陈宝琛等于京宴张謇。

十九日,陈衍、郑孝胥、林纾游陶然亭。

二十一日,郑孝胥访梁鸿志、赵熙、林志钧等。陈衍过郑孝胥。

二十二日,罗惇曧、杨增荦、赵熙等访郑孝胥。陈衍过郑孝胥。

二十四日,郑孝胥授湖南布政使。

二十五日,胡铁华宴郑孝胥、陈衍、赵熙、罗惇曧等。

二十六日,沈曾植致函郑孝胥,商借住海藏楼。

二十九日,郑孝胥过严复。

六月

初一,郑孝胥晤林纾。夜,郑孝胥赴严复约。

初二,陈衍过郑孝胥。

初四,陈衍邀郑孝胥等诗社同人于寓所。

初七,严复、林纾、郑孝胥等雅集陶然亭。

初十,沈曾植与夏曾佑赴商务印书馆看书。

十一日,陈宝琛、于式枚、缪荃孙等宴集。

十五日,郑孝胥抵沪。郑孝胥晤吕眉生、吕碧城姊妹。

二十日,张权宴陈宝琛、缪荃孙、于式枚、宋育仁等于其寓所。

二十五日,林长民访郑孝胥。

三十日,郑孝胥至汉口。

闰六月

初六,郑孝胥抵长沙。

十二日,沈曾植移居戈登路三十三号。

十四日,沈曾植自上海至嘉兴。

十七日,缪荃孙致函沈曾植。

十九日,陈宝琛、陈衍、缪荃孙、曹元忠等宴集。

二十五日,郑孝胥过余肇康。郑孝胥离湖南赴京议官制。

是月,陈宝琛授正红旗汉军副都统,充弼德院顾问大臣,派充实录馆副总裁。

七月

初一,陈衍招饮陈宝琛、缪荃孙、曹元忠等,"酒菜均佳"。

初三,郑孝胥至京。

初四,严复宴郑孝胥、陈宝琛等。缪荃孙宴陈衍、陈曾寿、曹元忠等。

初六,郑孝胥晤郭曾炘、罗惇曧、林纾等。

初七,陈宝琛邀陈衍、林志钧等游十三陵。

初九,陈衍宴郑孝胥等。

十五日,林纾宴郑孝胥等。

十六日,陈宝琛招饮柯绍忞、缪荃孙等。

二十日,赵熙过郑孝胥。郑孝胥访陈衍,久谈。

二十四日,陈衍邀郑孝胥往。

二十七日,陈衍过郑孝胥。

二十八日,陈宝琛过郑孝胥。

八月

初二,陈宝琛宴严复、陈衍、郑孝胥等。

初七,陈宝琛访郑孝胥,示绝句五首。

初七,缪荃孙接沈曾植信。

十一日,李宣龚、梁鸿志游江亭。①

十三日,陈宝琛访严复。

十四日,郑孝胥过陈衍小坐。诸宗元晤张謇。

十六日,郑孝胥晤李石曾。

十七日,郑孝胥过陈衍,"听音机数阕"。

十九日,郑孝胥过夏曾佑、赵熙。武昌起义爆发。

二十日,郑孝胥闻武昌起义消息。

二十二日,张謇晤诸宗元。

二十三日,陈宝琛访郑孝胥。

二十九日,杨增荦访郑孝胥。

三十日,郑孝胥访陈宝琛。

九月

初三,郑孝胥过陈衍。

初八,郑孝胥抵上海。

十二日,陈衍、李宣龚、高梦旦过郑孝胥。

是月,下旬,沈曾植避居上海。

八、九月间,嘉兴兵变,沈曾植避居南乡梅会里野猫洞六日,夜不成

---

① 梁鸿志:《八月十一日同李拔可江亭》,《爱居阁诗》。

寐。

十月

初一,缪荃孙访沈曾植、沈曾桐。

初七,陈三立过郑孝胥。张謇致函沈曾植,邀商时局。

十三日,陈宝琛访严复谈。

二十六日,夏敬观访郑孝胥。

二十八日,吴品珩、缪荃孙访沈曾植。

十一月

初二,严复访郑孝胥,谈甚久。严不剪辫,以示不主张共和之意。严复评郑孝胥诗曰:"子生平数有奇辟之境遇以成其诗之奇,此天相也"。

初三,严复访郑孝胥。

十五日,夏敬观过郑孝胥,示诗一首。

十六日,沈瑜庆、李宣龚访郑孝胥。

二十九日,诸宗元过郑孝胥。

十二月

十八日,缪荃孙访沈曾植。

十九日,沈曾植借缪荃孙书。

二十日,缪荃孙送书两册与沈曾植。

二十五日,宣统下逊位诏,沈曾植北向叩首哀号。

二十八日,陈三立、李瑞清访郑孝胥,李瑞清着道士服。

三十日,沈瑜庆、李宣龚访郑孝胥,饭毕乃去。

民国元年 壬子（1912年）

正月

初八,郑孝柽、林开謩过郑孝胥。

十三日,缪荃孙访沈曾植。

十四日,高而谦过郑孝胥。

十九日,陈三立、袁思亮、易顺鼎访郑孝胥。

二十一日,孟昭常、沈瑜庆、程德全、熊希龄访郑孝胥。

二十二日,郑孝柽、高而谦、高梦旦等过郑孝胥。

二十四日,袁思亮、陈曾寿访郑孝胥,阅郑近诗。

二十七日,林开謩、李宣龚、马君武、寄禅、吴学廉等过郑孝胥。

三十日,翁铁梅过郑孝胥。

是月,严复任京师大学堂总监督,在给熊纯如的信中提出聘请陈三立、姚永概入京师大学堂任教的想法,对陈三立尤为推崇。陈三立坚辞。

二月

初一,程德全访郑孝胥,言将赴俄。

初五,寄禅过郑孝胥,留诗稿二册请郑阅之。

初六,缪荃孙访沈曾植谈。

初七,陈三立访郑孝胥,同登海藏楼。

十二日,沈瑜庆、李宣龚、高而谦、林开謩、郑孝柽过郑孝胥,共饮。孟森、江谦过郑孝胥。

十三日,陈三立寄郑孝胥七律一首。

十四日,郑孝胥答陈三立《同登海藏楼》诗:"恐是人间干净土,偶留二老对斜阳。违天苌叔天将厌,弃世君平世能忘。自信宿心难变易,少卑高论莫张皇。危楼轻命能同倚,北望相看便断肠。"

十五日,陈衍、何振岱①同游耿王庄。

十六日,王寿昌、李宣龚访郑孝胥。

十九日,寄禅访郑孝胥。

二十一日,夏敬观访郑孝胥,示所作悼亡诗。高而谦过郑孝胥。

---

① 何振岱(1867—1952),字梅生、心馀、觉庐等,年六十后改字为梅叟。福建闽县(今福州)人。光绪二十三年(1897)中举,三十二年后,被江西布政使沈瑜庆聘为藩署文案。沈离职后,何振岱的好友柯鸿年在上海创办呢织厂,遂聘请他司笔墨兼教读其子女。辛亥革命后,何振岱回到福州。民国四年(1915),被聘为《福州通志》总纂。十二年,往北京柯鸿年家任教读。二十五年,回到福州,一面以诗文自遣,一面收授门徒。解放后,曾任福州文史馆名誉馆长。何振岱诗歌造诣很高,著有《觉庐诗稿》七卷、《我春室集》《心自在斋诗集》、《姑留稿》等。

二十二日，王庚①访郑孝胥。

二十三日，缪荃孙、傅增湘、莫棠②访沈曾植。林开謩访郑孝胥。沈曾植寄郑孝胥七律一首。

二十四日，缪荃孙送黄集与沈曾植并取回《夷坚志》。郑孝胥作七律一首答沈曾植："老向穷途道更穷，膝痕穿榻槅书丛。堂堂白日人谁在，杳杳高楼世岂通。守死自甘等丘貉，逃虚未暇托冥鸿。行逢宿草何妨哭，留阅兴亡只两翁。"

二十五日，郑孝胥使其子送诗与沈曾植。李宣龚、林长民访郑孝胥。

二十七日，陈三立、李瑞清访郑孝胥。赵熙、胡琳章访郑孝胥。

二十八日，缪荃孙还沈曾植书。

是月，俞明震、陈曾寿、李瑞清至西湖，寓刘氏花园。

三月

初一，沈瑜庆、王仁东、林开謩、何冈德至海藏楼看樱花。柯鸿年过郑孝胥。

初二，沈瑜庆、吴庆坻、樊增祥、林开謩、龚景张访郑孝胥。

初三，林开謩转交林庚白诗三首与郑孝胥。

初四，樊棻访郑孝胥，谈日晖呢厂事。

初五，马君武访郑孝胥。

---

① 王庚(1878—1948)，字揖唐，什公、一堂、逸堂、慎吾。安徽合肥人。日本士官学校毕业。历任东三省督练处参议，奉天警务处长兼参谋处总办代理总参议。民国元年(1912)任军咨府军咨使，统一党理事长，共和党干事，进步党理事，总统府秘书、参议、顾问，陆军中将，陆军上将衔，参政院参政，总统府咨议，吉林巡按使，内务部总长，临时参议院议长，安福俱乐部总裁，众议院议长，外交委员会专门委员。十三年任安徽省长。二十四年任冀察政务委员会委员。二十六年任伪临时政府常务委员会委员兼赈济部总长。二十七年兼伪内政部总长，兼联合委员会委员。二十九年任伪中央政务委员会委员，伪考试院院长，伪华北政务委员会委员、委员长兼内务署督办，兼新民会会长及新民学院院长。三十一年任伪国民政府委员，兼伪华北综合调查研究所长，兼华北青少年团统监。三十二年任伪最高国防委员会委员，伪全国经济委员会副委员长，伪华北政务委员会咨询会议议长。三十七年以汉奸罪伏法。有《东游记略》、《上海租界问题》等。

② 莫棠，字楚生。贵州独山人。莫友芝侄。早年游宦两广十余年，与黎汝谦情谊深笃。晚年家住苏州，颇富藏书，娴于目录版本之学。雅好收录黔人著述，并尽力助其刊布。如收集郑子尹《巢经巢遗诗》，编辑《巢经巢遗集》二十四卷。又勘定遵义赵嵩的《含光石室诗草》等，均由陈夔龙出资刊刻，广为流播。编有《文渊楼藏书目》，著有《铜井文房书跋》。

初十,缪荃孙访沈曾植谈。

初十,郑孝胥题翁铁梅《种蔬养鱼图》,龚景张《神仙游戏图》。

十一日,夏敬观访郑孝胥,携郑孝胥诗与陈三立。张美翊过郑孝胥。

十三日,郑孝胥作诗一首与张美翊。

十四日,高而谦访郑孝胥。赵凤昌、张謇访郑孝胥。

十六日,夏敬观访郑孝胥,示诗稿一本。朱经农访郑孝胥。傅增湘返京,沈曾植有诗相赠。

二十二日,夏敬观访郑孝胥,邀郑孝胥至匡庐避暑。缪荃孙送跋与沈曾植。

二十三日,徐绍桢招饮陈三立、易顺鼎、樊增祥、缪荃孙、杨钟羲等。

二十四日,缪荃孙访陈三立谈。

二十九日,郑孝胥为赵熙《万松深处》画卷题诗。①

三十日,魏瀚访郑孝胥。

四月

初二,郑孝胥题沈葆桢遗墨、端方诗②。夜,李宣龚、高梦旦访郑孝胥。

初四,孟森访郑孝胥。

初五,吴学廉访郑孝胥,示自题《寄愁小草》七律三首。③

初十,林庚白④、徐乃昌访郑孝胥。

十一日,沈瑜庆、林开謩访郑孝胥。

---

① 即《赵尧生侍御属题万松深处卷子》,见《海藏楼诗集》,第 226 页。
② 即《题沈文肃书扇》、《金鞏伯求题端午桥诗后》,见《海藏楼诗集》,第 226 页。
③ 郑孝胥有《题吴剑泉寄愁小草》诗,见《海藏楼诗集》,第 229 页。
④ 林庚白(1897—1941),字浚南,忏慧、庚白,别署众难。福建闽县人。宣统二年(1910)肄业于京师大学堂,与同学姚锡钧、汪国垣、王易、周公阜、胡先骕相酬唱。辛亥革命后,以柳亚子介绍参加南社。二次革命后,被举为众议院议员、众议院秘书长。居北京,以诗文自遣。民国六年(1917)南下参与护法战争,鼓吹北伐。一年后走上海,从此悉心治学。抗战后抵香港,被日寇枪杀。著有《急就集》、《舟车集》、《藕丝集》、《焚余集》、《过江集》、《水上集》、《吞日集》、《角声集》等。

十二日,陈三立访郑孝胥,陈犹辫发。①

十三日,沈瑜庆、林开謩、朱祖谋访郑孝胥。

十六日,沈曾植、陈三立、郑孝胥、沈瑜庆、陈曾寿、陈衍等赴愚园雅集,梁鼎芬、秦树声、左绍佐、麦孟华、李瑞清、樊增祥、杨钟羲、赵熙、朱祖谋、吴庆坻、李岳瑞、何天柱、林开謩、梅光远、胡思敬等皆至。

十七日,李宣龚访郑孝胥。

十九日,缪荃孙访沈曾植谈。

二十一日,赵熙、胡琳章访郑孝胥。

二十四日,陈衍访郑孝胥。

二十六日,诸宗元、夏敬观访郑孝胥。

五月

初一,樊增祥示郑孝胥五古四首。

初二,林庚白访郑孝胥,为姚鹓雏求《海藏楼诗》一部。郑孝胥作诗三首答樊增祥。夏敬观访郑孝胥,示诗数首。

初三,陈衍抵京。缪荃孙访沈曾植。

初四,缪荃孙送书与沈曾植。樊增祥和郑孝胥诗三首。樊增祥、王仁东访沈曾植。

初六,沈瑜庆、高而谦访郑孝胥。

初八,何冈德过郑孝胥。

十三日,陈三立与樊增祥、张元济、梁鼎芬、缪荃孙、刘世珩、徐乃昌等宴集徐树屏宅。

十五日,缪荃孙还沈曾植书。

二十三日,徐乃昌赠郑孝胥书两种,以《狼山访碑图》索题。郑孝胥、郑孝柽访王仁东。郑孝胥访沈瑜庆、吴学廉。

二十四日,郑孝胥至商务印书馆,晤高梦旦、张元济。

自是月十八日起,商务印书馆聘郑孝胥每日到馆办公三小时。

---

① 郑孝胥:"陈犹辫发,尝至张园,有革党欲剪之。伯严叱曰:'必致若于捕房,囚半年乃释!'其人逡巡逸去。"《郑孝胥日记》,第1417页。

六月

初二，缪荃孙发沈曾植信。沈瑜庆、李宣龚访郑孝胥，谈读经社事。

初四，郑孝胥为徐乃昌题《狼山访碑图》。

初六，夏敬观访郑孝胥。

初八，郑孝胥、沈瑜庆、林开謩、王仁东等作读经社第二集。

十四日，郑孝胥、王仁东同访沈曾植，沈出汪洛年《山居图》请郑孝胥题之。

十九日，郑孝胥题沈曾植《山居图》。①

二十日，陈衍访郑孝胥，同晚饭。

二十二日，郑孝胥、吴学廉等赴读经社，高而谦携其女旁听。

二十三日，诸宗元至商务印书馆访郑孝胥。

二十五日，郑孝胥访高而谦，晤王寿昌。夏敬观至商务印书馆访郑孝胥。

二十六日，沈曾植约郑孝胥晤谈，因事未能赴约。

二十九日，郑孝胥、王仁东至李宣龚宅，晤沈瑜庆。

七月

十二日，沈曾植致函吴庆坻。

二十日，缪荃孙致函沈曾植，商借《元朝名臣事略》。

二十一日，缪荃孙致函沈曾植并送书。

二十三日，郑孝胥作《偶占》诗。

二十五日，沈曾植还缪荃孙书。

二十六日，沈瑜庆、沈成式访郑孝胥。

二十七日，王仁东、林开謩访郑孝胥。

是月，沈曾植移居麦根路十一号，作移居诗，同人唱和甚众。

八月

初一，李宣龚访郑孝胥。

初四，郑孝胥访沈瑜庆、陈三立、诸宗元。

---

① 即《沈子培属题山居图》，《海藏楼诗集》，第230页。

初五,郑孝胥、王仁东等作读经会。

初六,郑孝胥作《吊乃木希典》诗。①

初九,李宣龚访郑孝胥。

十二日,陈三立、林开謩访郑孝胥。

十四日,李宣龚、魏瀚至商务印书馆访郑孝胥。

十九日,沈瑜庆访郑孝胥。

二十四日,缪荃孙、徐乃昌访沈曾植。

二十七日,夏敬观访郑孝胥,示其诗稿,赠新刻《清真集》。

二十九日,陈三立、郑孝胥、李岳瑞、杨增荦、俞明震、李宣龚、诸宗元、夏敬观等饮于小同春,朱祖谋出示《归鹤图》属陈三立先题。

九月

初二,郑孝胥访高而谦,晤王寿昌。

初三,陈三立、熊希龄访郑孝胥。

初五,郑孝胥访张元济,观元刻《王荆公诗》等。

初七,郑孝胥访熊希龄。朱祖谋至印书馆与郑孝胥畅谈,赠所刻《东坡乐府》。

初八,郑孝胥致书江瀚(时江在北京图书馆),托其为朱祖谋抄书。

初九,陈宝琛、陈衍、黄懋谦宿狮子窝。寄禅招陈三立、易顺鼎、樊增祥、熊希龄等集静安寺。郑孝胥、吴学廉、陈树屏②同游徐园。

初十,李宣龚、魏瀚访郑孝胥。

十二日,李宣龚访郑孝胥,言将赴烟台。

十五日,沈瑜庆访郑孝胥。

十六日,俞明震、陈诗访郑孝胥,俞示诗一卷。

十七日,郑孝胥访姚文藻。

---

① 即《吊日本大将乃木希典诗》,《海藏楼诗集》,第230页。
② 陈树屏(1862—1923),字建侯,号戒安、介庵。安徽望江人。曾任湖北江夏知县、蕲春知州、武昌知府。东渡扶桑,考察新政,对日本举国办教育印象深刻。他到蕲春任职后,在一年多的时间内,便创办了蕲州师范学堂、实业学堂、高等小学堂各一所,模范初等小学堂五所,女子小学堂三所,初等小学堂六十所。其办学规模之大、速度之快前所未有。

十八日,陈三立访郑孝胥。

二十日,郑孝胥还俞明震诗卷。

二十三日,郑孝胥得赵熙函。

二十四日,郑孝胥访盛宣怀。

二十七日,夏敬观访郑孝胥。

二十八日,夏敬观访郑孝胥,示诗五首。

十月

初二,郑孝胥晤吴昌硕,吴写诗示郑孝胥。

初五,郑孝胥录诗一幅,将以赠吴昌硕。

初六,郑孝胥至均益里访吴昌硕,谈久之。

初七,陈三立等集张园祭端方。夜,熊希龄宴郑孝胥、张謇、汤寿潜、庄蕴宽、赵凤昌等。

十一日,姚文藻访郑孝胥。

十二日,夏敬观访郑孝胥。

十六日,郑孝胥、王仁东、吴学廉等作读经会。

十七日,赵凤昌访郑孝胥,索郑诗欲登章士钊所编《独立周报》。

十八日,郑孝胥、沈瑜庆、高而谦、王寿昌等宴集小有天。

二十三日,吴昌硕访郑孝胥。

二十五日,李宣龚访郑孝胥,示其烟台新作十余首。

二十七日,叶景葵①、李宣龚访郑孝胥。

是月,寄禅卒于北京,陈三立等于静安寺悼之。

十一月

初二,郑孝胥作严复六十寿诗二首。陈衍过郑孝胥,言梁启超所作《庸言报》登其《石遗室诗话》。

初三,缪荃孙访沈曾植谈。

---

① 叶景葵(1874—1949),字揆初,号卷盦。浙江杭州人。光绪十七年(1891)中举。二十六年,入山西巡抚幕。二十九年,成进士。从光绪三十一年起致力于浙江兴业银行。民国元年(1912)年被汉冶萍公司推为经理。五十岁以后致力于文化古籍珍本的收藏与整理。有《卷盦诗存》、《卷盦文存》等。

初五，李宣龚访郑孝胥。

初六，郑孝胥访魏瀚。

初十，张元奇访郑孝胥。

十三日，郑孝胥、林开謩等公宴张元奇。

十三日，沈曾植赴张元济招饮，观赏善本古籍，王秉恩、沈曾桐、缪荃孙、傅增湘等在座。

十七日，孟森访郑孝胥。

二十二日，缪荃孙邀沈曾植、秦树声等小饮。

二十四日，午，赵凤昌宴郑孝胥、张謇、狄葆贤、徐乃昌、刘世珩等，席罢，张、狄、徐、刘等至海藏楼与郑孝胥畅谈。

二十七日，张元奇访郑孝胥。

二十八日，缪荃孙访沈曾植。

十二月

初一，郑孝胥访刘世珩。

初六，吴昌硕访郑孝胥。

初七，陈宝璐卒。

初八，郑孝胥、沈瑜庆、李宣龚同听戏。

十一日，陈衍访郑孝胥于商务印书馆，谈久之。

十二日，郑孝胥访陈衍，陈已行。

十三日，高而谦、高梦旦访郑孝胥。左绍佐赠郑孝胥诗一首。

十四日，沈曾植作《河东先生集跋》。

十五日，沈曾植寄郑孝胥诗一首。郑孝胥作诗一首答左绍佐。

十六日，钱恂访郑孝胥。

十七日，郑孝胥作五律一首答沈曾植。王闿运抵沪，陈三立、沈曾植与同人宴请，樊增祥、易顺鼎、吴庆坻、曾广钧、李瑞清、瞿鸿禨在座。

十九日，陈三立、沈曾植、王闿运、吴庆坻、易顺鼎、李瑞清、瞿鸿禨至静安寺雅集。郑孝胥过沈曾植。

二十日，陈三立、王闿运等集愚园做东坡生日。

二十一日，陈曾寿访郑孝胥，以《种菊图》请题。

二十二日,郑孝胥访陈三立。陈三立、郑孝胥、沈瑜庆、李宣龚、高而谦、李宗言等宴集小有天,陈三立示《与王壬秋》诗一首。沈曾植赴缪荃孙招饮,沈曾樾、余诚格、秦树声、李传元、夏孙桐、刘承基、鹿学艮在座。

二十三日,陈三立、沈曾植与王闿运雅集,何维朴、易顺鼎、曾广钧、夏孙桐、樊增祥在座。

二十四日,陈曾寿携《天宁寺听松图》访郑孝胥。沈瑜庆、李宣龚访郑孝胥,携《海藏楼》、《江亭》二画卷去。

二十五日,庄蕴宽访郑孝胥。姚文藻、王仁东访郑孝胥。

二十六日,郑孝胥访陈曾寿、李瑞清,遇陈衡恪。

二十七日,李宣龚访郑孝胥,示诗一首。王闿运过沈曾植,同赴尚贤堂,听李佳白、金蓉镜等演讲。

二十九日,郑孝胥题陈曾寿《种菊图》。李宣龚访郑孝胥,示诗一首。

是年,春,沈曾植与姚文栋、麦孟华、李宝洵等谋发起孔教会。俄国哲学家盖沙令伯爵游中国,至上海宣扬孔教,由辜鸿铭介绍与沈曾植相见,盛称沈之道德文章。

是年,春夏间,陈三立、汪洛年①同访沈曾植,洛年出示《山居图》,沈、陈同赋诗。

是年,陈衍入北京大学讲席。十月开始在梁启超主编的《庸言杂志》上发表《石遗室诗话》,引起广泛关注。陈衍与王允皙、何振岱结"秋社"于福州,相率为古近体诗。

民国二年 癸丑（1913 年）

正月

初一,俞明震、陈曾寿、冒广生、李瑞清访陈三立。沈瑜庆、林开暮访郑孝胥,谈至暮。

---

① 汪洛年(1870—1925),字社耆,号友箕、鸥客。浙江钱塘(今杭州)人。清末为两湖师范学校教员。辛亥革命后寓沪上卖画自给,为海上名家之一。

初二，郑孝胥作《苍虬阁观吴仲圭画松》诗。

初三，沈瑜庆访郑孝胥，示《松》诗，郑作《涛园》诗报之。

初四，郑孝胥访沈瑜庆，不值，投诗而去。李宗言、李宣龚访郑孝胥。夏敬观、诸宗元访郑孝胥，诸宗元示吴昌硕四诗。

初五，沈曾植、陈三立、王闿运、瞿鸿禨、吴庆坻、吴士鉴等于樊园雅集，各赋五言诗限三江韵。①

初六，郑孝胥访诸宗元。陈曾寿访郑孝胥，不值。庄蕴宽寄郑孝胥自题《濠上观鱼图》，请郑孝胥题之，郑孝胥题一绝寄之。②

初七，陈三立招集沈曾植、王闿运、樊增祥、瞿鸿禨、吴庆坻、吴士鉴等樊园观梅。③ 诸宗元、陈衡恪访郑孝胥。

初九，郑孝胥访赵凤昌。

初十，陈三立、陈曾寿访郑孝胥于印书馆。夏敬观访郑孝胥。

十一日，李宣龚、诸宗元、郑孝胥访夏敬观，"其宅后多老树，后属河，有豫章、老藤，皆百年外物"。

十三日，郑孝胥作《义袋角映庵所居》诗。林开謩欲为杨钟羲谋商务印书馆编译所职位，郑孝胥与张元济相商，苦于没有位置。

十五日，庄蕴宽访郑孝胥。张謇、汤寿潜访郑孝胥，张謇示所作《梁保三七十寿》诗。张謇、汤寿潜访沈曾植，沈曾植与汤寿潜大忤。

十六日，陈三立、郑孝胥、夏敬观、李宣龚、诸宗元、朱祖谋、李瑞清等宴集于夏敬观宅。④ 吴保初卒。

十七日，沈曾植与樊增祥送王闿运二百元。

十八日，郑孝胥宴请陈三立、夏敬观、朱祖谋、李宣龚、李瑞清等于小有天。沈曾植访王闿运，袁树勋在座。沈瑜庆访郑孝胥。

二十日，陈曾寿访郑孝胥，示《苍虬阁诗稿》。

---

① 沈曾植：《同人集樊园》，《海日楼诗注》；陈三立：《五日樊园宴集限三江韵》，《散原精舍诗文集》，第347页。
② 郑孝胥：《庄蕴宽濠上观鱼图》，《海藏楼诗集》，第237页。
③ 陈三立：《人日樊园探梅限三肴韵》，《散原精舍诗文集》，第348页。
④ 陈三立：《和太夷过叉袋角剑丞新居》诗，见《散原精舍诗文集》，第349页。

二十一日,李宣龚访郑孝胥,为诸宗元谋进入商务印书馆事。

二十五日,陈曾寿访郑孝胥。

二十六日,郑孝胥阅陈曾寿诗稿。

二十八日,郑孝胥为程淯①题《精忠柏》及《诗梦图》。②

二十九日,沈瑜庆、林开謩访郑孝胥,言三十年前三人同在上海照相事。

三十日,缪荃孙、李传元过沈曾植谈。

是月,陈三立、陈曾寿访周树模③,饮于周宅,左绍佐亦至。陈三立、周树模有诗唱和。陈三立、陈曾寿、李瑞清等饮于东明酒楼。

二月

初一,陈曾寿访郑孝胥,取诗稿去。张元济宴郑孝胥等。

初二,沈瑜庆、李宣龚访郑孝胥。李详寄函郑孝胥索诗,并示《读海藏楼诗》七律一首。④

初三,张美翊访郑孝胥。郑孝胥赠诗李详。

初五,李详寄诗与郑孝胥。

初六,李宣龚访郑孝胥。李详访郑孝胥,不值,留七古一首。

初七,郑孝胥访李详,李赠其《愧生丛录》。

初九,张元奇为其《知稼轩集》请序于郑孝胥,郑以疾辞,举陈衍代之。

初十,樊增祥、王仁东、缪荃孙访沈曾植。

---

① 程淯(1870—1940),字伯葭、白葭、葭深。江苏武进(常州)人。喜藏书画,书法浑厚,诗亦清秀,与赵熙、易顺鼎唱和较多。

② 《海藏楼诗集》,第239页。

③ 周树模(1860—1925),字少朴,号沈观,又号孝甄,晚年自号泊园老人。湖北天门县人。十九岁檄调经兴书院。二十六岁举本省乡试。光绪十二年(1886)会试报罢,留京,馆于屠仁守家。十五年成进士,以二甲第二名选庶吉士,散馆授编修。历任广东副主考、会试同考官、山西副主考、江苏提学使。前后主两湖书院、经心书院、江汉书院、蒙泉书院讲席。二十八年服阙入都,授御史。三十三年任奉天左参赞。三十四年,授黑龙江巡抚。辛亥革命后避居沪上。民国三年(1914)任平政院长。著有《沈观诗文集》。"于诗喜称'二陈',谓后山、简斋"。参见《清授光禄大夫建威将军黑龙江巡抚周公墓志》,钱仲联主编:《广清碑传集》,第1228—1229页。

④ 按:此为李详初次与郑孝胥交往。

十五日,缪荃孙访沈曾植。

十七日,陈三立、李宣龚访郑孝胥,不值。

十八日,郑孝胥访陈三立。

十九日,陈三立访缪荃孙。

二十日,陈衍、沈瑜庆、梁鼎芬、易顺鼎、黄懋谦等于陈宝琛处雅集。① 午后,郑孝胥诣夏敬观贺结婚。

二十二日,沈曾植、陈三立、缪荃孙、左绍佐、吴庆坻、瞿鸿禨、王仁东、周树模、吴士鉴、林开謩等作超社第一集于樊园,"樊园署杏花,限东韵"。

二十三日,郑孝胥宴陈三立、李宣龚、诸宗元、陈曾寿、李详等于小有天。陈衍宴梁鸿志、黄濬②、朱联沅于寓所。

二十五日,陈三立宴郑孝胥等于小同春。

二十六日,郑孝胥至印书馆,张元济言诸宗元入编译所事已定。

二十九日,夏敬观访郑孝胥。

三十日,陈衍、易顺鼎、罗惇曧等作诗钟第十六集③。李宣龚访郑孝胥。

是月,陈宝琛、陈衍、林纾等同游西海子。

三月

初二,夏敬观宴郑孝胥等于小同春。郑孝胥作《陈叔毅挽诗》。

初三,瞿鸿禨招沈曾植、樊增祥、左绍佐、周树模、吴庆坻、吴士鉴、林开謩、王仁东、缪荃孙等于樊园修禊,作超社第二集。陈三立游雨花台。④

---

① 易顺鼎:《诗钟说梦》,《庸言》第一卷第十一号。
② 黄濬(1890—1937),字秋岳,号哲维。福建闽县人。清末毕业于北京译学馆,奏奖举人,任职邮传部,民国后历任北洋政府交通部秘书、财政部佥事、科长、秘书、参事、总统府秘书、国务院参议等职,又先后任北平《国维报》《星报》《社会日报》《京报》《庸言杂志》《新申报》《时事新报》等主笔。民国二十四年(1935)起,任行政院秘书。全面抗战开始后,因泄漏封锁长江日舰计划,案发被诛。著有《聆风簃诗》《花随人圣庵摭忆》等。
③ 易顺鼎:《诗钟说梦》,《庸言》第一卷第十一号。
④ 陈三立:《散原精舍诗文集》,第360页。

初五,陈衍自北京抵上海,与郑孝胥等饮于同兴楼,郑孝胥见《庸言报》所载旧作。夜,郑孝胥、陈衍、樊增祥等饮于同兴楼。陈衍乘船归福州。

初七,夏敬观、诸宗元、陈衡恪访郑孝胥。郑孝胥访樊增祥,观瞿鸿禨、周树模、左绍佐等人《修禊诗》。

十三日,沈曾植示郑孝胥《愚园探牡丹》诗。

十四日,俞明震、陈曾寿访郑孝胥,谈至夜乃去。郑孝胥、沈瑜庆、王仁东等作读经会。

十五日,樊增祥赠郑孝胥诗三首,郑孝胥作诗赠樊增祥。

十六日,沈瑜庆子沈成式结婚,郑孝胥往贺。夜,陈曾寿送菊种与郑孝胥。

十七日,郑孝胥、沈瑜庆、王仁东等公宴林绍年,席罢,沈瑜庆、林绍年等同至海藏楼看樱花。

十八日,沈成式介绍章士钊与郑孝胥。① 周树模招饮陈三立、樊增祥、瞿鸿禨、沈瑜庆、林开謩、吴庆坻、吴士鉴、缪荃孙等,作超社第三集。

二十日,郑孝胥收陈衍信函及绝句一首。

二十二日,樊增祥、缪荃孙访沈曾植。缪荃孙借沈曾植《雪桥诗话》。郑孝胥作诗寄陈曾寿。

二十三日,陈曾寿寄郑孝胥《菊种》诗。

二十四日,郑孝胥寄陈曾寿七律一首。

二十六日,郑孝胥、沈曾植、李瑞清等赴姚文藻约。

二十七日,陈三立、沈曾植、瞿鸿禨、樊增祥、李瑞清、方守彝等集小万柳堂观书画。

二十八日,李详访郑孝胥。

二十九日,缪荃孙访沈曾植谈。郑孝胥宴林绍年于同兴楼。

是月初,陈三立返南京散原别墅,居十日归上海。梁公约所居与陈三立为邻,三立过访,不值。

---

① 按:此为章士钊初晤郑孝胥。

四月

初一,郑孝胥访陶葆廉,谈久之。

初四,沈曾植宴冯煦、朱祖谋、秦树声、夏孙桐、李传元、吴煦、余诚格、缪荃孙等人于小同春。

初五,缪荃孙还沈曾植《雪桥诗话》。

初六,陈三立、陈曾寿访郑孝胥,共晚饭,谈至十点。

初八,陈三立、林绍年、朱祖谋、瞿鸿禨、樊增祥、梁鼎芬、吴庆坻、沈瑜庆、周树模、林开謩、王仁东、缪荃孙同集樊园,陈三立作主人。①

十四日,陈宝琛、陈衍、林纾、高向瀛②同游翠微山。③

十六日,沈曾植、陈三立、沈瑜庆、梁鼎芬、樊增祥、吴庆坻、瞿鸿禨、林开謩等于樊园饯林绍年。缪荃孙还沈曾植《雪桥诗话》。

十七日,郑孝胥、沈曾植、李瑞清赴姚文藻约。

十九日,郑孝胥、沈瑜庆访林绍年。

二十四日,缪荃孙宴沈曾植、叶昌炽等于同兴楼。

二十七日,沈曾植、陈三立、李瑞清、胡思敬访郑孝胥。

二十八日,郑孝胥为胡思敬书"退庐"匾,跋曰:"瘦桐为言官,不用,拥书而退,名所居曰退庐。世乱先去,不与其乱者二人,则瘦桐与江杏村而已"。郑孝胥访李瑞清、胡思敬,谈至十一点。

二十九日,郑孝胥宴陈三立、沈曾植、李瑞清、胡思敬、王仁东于同兴楼。李宗言生日,宴郑孝胥、夏敬观、樊增祥、高梦旦等于小同春。

---

① 梁鼎芬:《癸丑浴佛日伯严于樊园招饯林侍郎游泰山题诗何诗孙图上》,《节庵先生遗诗》,第279页。

② 高向瀛,字颖生。陈宝琛妹婿。

③ 《贞文先生年谱》,《林畏庐先生年谱》,第52页;林纾:《四月十四日同陈弢庵石遗高颖生游翠微山薄暮至龙王堂庑下坐月》诗,《畏庐诗存》,第8页。

五月

初二,郑孝胥晤陈夔龙①,陈仍辫发。

初三,缪荃孙访沈曾植,还沈曾植书。沈瑜庆宴郑孝胥、盛宣怀等于小有天。

初四,郑孝胥与夏敬观、诸宗元作诗钟于夏宅。马君武访郑孝胥,为译财政书事。

初六,徐乃昌招饮陈三立、郑孝胥、李瑞清、缪荃孙、张元济、胡思敬、叶昌炽、刘世珩等。陈衍游龙潭。

初七,沈曾植送信与郑孝胥,并请题《陵阳先生诗》、《倚松老人文集》封面。

初九,郑孝胥过沈曾植、马君武。

初十,李详、方守彝访郑孝胥。

十二日,郑孝胥访方守彝,谈久之。

十三日,叶德辉访郑孝胥,赠所刻书数种。

十三日、十四日,陈三立、陈曾寿、俞明震、俞明颐、胡思敬、黄同武、王瀣、陈方恪等同游焦山。②

十五日,超社第六集。沈曾植、沈瑜庆、樊增祥、吴庆坻、瞿鸿禨、周树模、林开謩、吴士鉴、缪荃孙、叶德辉同集。郑孝胥为刘世珩题《汴学二体石经》。

十六日,郑孝胥为陈夔龙题《水流云在图》册。

十七日,郑孝胥访李详、刘世珩。

十八日,陈曾寿、沈瑜庆访郑孝胥。

---

① 陈夔龙(1847—1938),字筱石,别号庸庵居士。贵州贵阳人。光绪元年(1875)中举,十二年成进士。由兵部主事历迁郎中,兼充总理各国事务衙门章京,佐理外交。后以总理衙门保案擢内阁侍读学士。庚子事变时以顺天府丞兼署府尹,旋调太仆寺卿。外兵入京,又为顺天府尹兼留京办事大臣,并随办和议。后擢任漕运总督。二十九年,移河南巡抚。三十二年,署江苏巡抚,翌年擢授四川总督。三十四年调两广总督。宣统元年(1909)复调直隶总督。辛亥革命爆发,引疾去职,遂为上海租界之寓公。著有《水流云在图记》上下册、《梦蕉亭杂记》二卷、《花近楼诗存》等。

② 《散原精舍诗文集》,第369页;《苍虬阁诗》,第86页;王瀣:《癸丑五月十四日同散原瓠斋宿焦山松廖阁》,《学衡》,第二期。

十九日,郑孝胥访叶德辉。

二十六日,缪荃孙到图书馆访沈曾植谈。郑孝胥晤李石曾、陈其美。

二十八日,郑孝胥、沈瑜庆合请叶德辉,郑因病未到。

二十九日,俞明震过郑孝胥,示南京、焦山诸诗。①

六月

初二,陈三立与冯煦、姚菊坡、沈曾桐、陈夔龙、曹耕荪、苏静阶等于沪上徐园雅集。沈瑜庆、李宣龚、高而谦、高梦旦访郑孝胥。

初四,缪荃孙访沈曾植。

初五,陈三立访郑孝胥,不值。

初七,郑孝胥访陈三立、俞明震、沈瑜庆等。

初九,高梦旦宴郑孝胥、沈瑜庆、李宣龚等于小有天。

十一日,高梦旦、高而谦访郑孝胥。

十二日,沈曾植主超社第七集,陈三立、沈瑜庆、樊增祥、吴庆坻、瞿鸿禨、王仁东、林开謩、周树模、吴士鉴、缪荃孙等雅集。

十七日,郑孝胥过沈曾植。

十八日,陈三立同俞明震、程颂万往游西湖。②

十九日,沈曾植邀郑孝胥、姚文藻、汪钟霖等谈。

二十日,是日为黄庭坚生日,沈曾植主超社第七集于泊园,观宋刻《山谷编年诗》,沈瑜庆、樊增祥、吴士鉴、瞿鸿禨、王仁东、周树模等在座。

二十四日,郑孝胥、沈瑜庆、李宣龚、郑孝柽、魏瀚等饮于小有天。

二十五日,缪荃孙访沈曾植谈。

七月

初二,郑孝胥作《风蝉》、《雨鸠》诗。

初三,潘博访郑孝胥。

---

① 郑孝胥评曰:"君诸作大似简斋,太隽伤巧,此由中气不足,故在文字句法上求工。宜于未下笔前酝酿停蓄,使抑郁而后达,则中气有余而自觉过巧之为累矣。"《郑孝胥日记》,第1473页。

② 程颂万:《同伯严、恪士游杭晚抵里湖刘庄》、《同伯严、恪士三潭泛月观荷作歌》,《鹿川诗集》;俞明震:《暑夜同子大、伯严泛舟三潭》、《湖庄示子大、伯严》,《觚庵诗存》。

初四,陈曾寿、沈瑜庆访郑孝胥。

初九,林开謩访郑孝胥。

二十一日,夏敬观访郑孝胥。

二十三日,郑孝胥访陈曾寿。郑孝柽与诸宗元、李宣龚过郑孝胥。

二十四日,缪荃孙午饭后访沈曾植、朱祖谋。

二十五日,郑孝胥阅夏敬观诗稿。

二十八日,沈瑜庆、沈成式访郑孝胥,沈成式为梁鸿志托书"民国大学"匾额,郑孝胥谢绝。

三十日,吴昌硕、诸宗元访郑孝胥。

是月,陈衍、何振岱、王允皙、林则铭、龚乾义、郑容、林宗泽等在福州结诗社,首集于沈祠,次集于陈衍寓所,三集于寒碧楼。

八月

初一,郑孝胥作吴昌硕寿诗。

初二,郑孝胥过姚文藻宅,晤胡思敬。

初三,陈庆年访郑孝胥,为其子求入编译所。

初七,沈瑜庆、樊增祥、吴庆坻、瞿鸿禨、王仁东、林开謩、周树模、吴士鉴、缪荃孙等公请杨钟羲,陈三立、梁鼎芬作陪。

初八,叶德辉访郑孝胥,请为其父作挽词。

初九,缪荃孙访沈曾植。沈曾植、梁鼎芬、缪荃孙、易顺鼎等宴集小有天。

十一日,缪荃孙还沈曾植书。

十四日,郑孝胥访俞明震,不值。郑孝胥访高而谦、沈瑜庆。

十五日,郑孝胥、沈曾植、潘博等赴姚文藻约。

十六日,缪荃孙还送敦煌卷子与沈曾植。

十八日,叶德辉宴郑孝胥、沈瑜庆、缪荃孙等于小有天,席罢,郑孝胥与沈瑜庆同至张园。徐贯恂访郑孝胥,示范当世所评近人诗录。

十九日,缪荃孙访沈曾植长谈。陈曾寿访郑孝胥。

二十日,郑孝胥续点《宛陵集》。陈三立晤郑孝胥。

二十一日,诸宗元、夏敬观、李宣龚访郑孝胥,夏示诗稿。

二十二日,张元济询郑孝胥易售之诗,郑推荐《宋诗钞》及王渔洋、姚鼐选本。

二十三日,缪荃孙访沈曾植谈。

二十五日,郑孝胥题徐乃昌《定林访碑图》。

二十六日,袁思亮访郑孝胥。

二十八日,吴士鉴招陈三立、沈曾植、沈瑜庆、樊增祥、瞿鸿禨、吴庆坻、缪荃孙等于樊园作超社第九集,为王士禛做生日。

九月

初四,孟森访郑孝胥。

初九,郑孝胥登楼外楼,遇冒广生、程颂万,返回途中电车上晤陈三立。陈三立、沈瑜庆至愚园,遇郑孝胥,谈至日暮。林开謩招集陈三立、沈曾植、缪荃孙、吴士鉴、吴庆坻等作超社第十集,赴云起楼登高。

初十,郑孝胥访李详、徐乃昌。

十二日,陈曾寿访郑孝胥。

十三日,郑孝胥访赵凤昌,晤孟森。

十七日,郑孝胥阅周树模《沈观斋诗》。

十八日,陈曾寿访郑孝胥,携周树模诗稿去。

十九日,郑孝胥阅陈曾寿《苍虬阁诗》。

二十日,沈瑜庆访郑孝胥,言陈宝琛将刻诗集。

二十三日,郑孝胥携《苍虬阁诗》稿访陈曾寿,不值。

二十五日,缪荃孙访沈曾植,借山谷年谱三册。沈曾植赠郑孝胥诗三首。

二十六日,郑孝胥过沈曾植,晤张尔田。

二十七日,沈瑜庆、李宣龚、林开謩、高而谦、诸宗元访郑孝胥,诸宗元示诗三首。郑孝胥与李宣龚、诸宗元同游张园,傍晚乃散。

二十八日,樊增祥招陈三立、沈瑜庆等樊园作诗钟。

二十九日,陈曾寿访郑孝胥,郑孝胥赠其菊花二十盆。

十月

初一,沈曾植以诗柬郑孝胥。

初二,缪荃孙还沈曾植山谷词。林开謩夫人生日,林宴郑孝胥、黄溶等。

初三,郑孝胥、沈瑜庆、沈成式、黄溶同饮小有天。

初四,郑孝胥访沈曾植。李宣龚送沈曾植所刻诗集与郑孝胥。

初五,林开謩宴请郑孝胥、黄溶、梁鸿志、李宣龚等于小有天。郑孝胥、李宣龚、郑孝柽同照相。二郑、李宣龚游张园,遇王仁东、高而谦、高梦旦。郑孝胥为黄溶《聆风簃》诗集题诗。

初六,沈瑜庆夫人生日,郑孝胥、杨钟羲、梁鼎芬等往贺。郑孝胥闻梁鸿志诵潘博诗:"残劫何人理旧棋,郑公樗散鬓成丝。伤心东望葫芦岛,海水成田未有期。"

初七,俞明震访郑孝胥。郑孝胥宴梁鸿志、黄溶、孟森、沈瑜庆、林开謩、李宣龚于雅叙园。

初十,陈曾寿示郑孝胥《菊》诗六首。林开謩、卓孝复访郑孝胥。

十二日,李宣龚、诸宗元访郑孝胥,不值,李宣龚留示《答夏剑丞》七古一首。

十三日,赵凤昌宴郑孝胥、沈瑜庆、王仁东等。

十四日,魏瀚生日,郑孝胥、郑孝柽往贺。

十五日,王仁东招集陈三立、沈曾植、沈瑜庆、瞿鸿禨、吴士鉴、吴庆坻等于樊园作超社第十一集。①

十八日,郑孝胥访李详,晤刘世珩。

十九日,郑孝胥复陈衍信,附绝句一首。高而谦宴郑孝胥、沈瑜庆、郑孝柽、魏瀚、林开謩等。

二十日,瞿鸿禨招集桃源隐酒楼作超社第十二集,陈三立、沈曾植、沈瑜庆、吴士鉴、吴庆坻、王仁东在座,设陶澍书屋遗制限七古陶字韵分题。

二十一日,陈曾寿、周树模访郑孝胥。

二十二日,郑孝胥访周树模、王仁东等。

---

① 陈三立:《十月十五日旭庄集樊园即席得點韵》,《散原精舍诗文集》。

二十四日,周树模赠郑孝胥诗一首。

二十八日,郑孝胥接张謇来函,询其能否至东北治理水利。

二十九日,郑孝胥赴汤寿潜宴,陶葆廉在座。沈瑜庆生日,郑孝胥等往贺。

三十日,蒋汝藻过郑孝胥,示碑帖数种。诸宗元示郑孝胥其《过恕斋》诗。

十一月

初一,蒋汝藻过郑孝胥。

初三,郑孝胥过诸宗元,不值。郑孝胥过高而谦。李宣龚访郑孝胥。

初四,郑孝胥、李宣龚至赫德路看地基。

初五,缪荃孙访沈曾植。

初六,孟森、王仁东过郑孝胥,王示诗一首。郑孝胥宴诸宗元、李宣龚、郑孝柽、孟森等。

初十,郑孝胥访陈三立,观其新作。

十一日,中国公学学生请郑孝胥出任校长,郑告以只能到董事会,不能充校长。陈曾寿访郑孝胥。

十二日,超社第十二集。缪荃孙邀陈三立、樊增祥、瞿鸿禨、周树模、吴庆坻、吴士鉴、王仁东、林开謩在小有天雅集。

十四日,于右任等访郑孝胥,谈中国公学事。

十六日,郑孝胥赴赵凤昌宴,丁宝铨[①]、何维朴、王仁东、张彬在座。

十七日,陈三立邀郑孝胥、沈曾植、俞明震、陈曾寿、李瑞清等人饮于桃源隐。庄蕴宽访郑孝胥,请题字。

十八日,陈宝琛、沈瑜庆同至江亭看雪。缪荃孙访沈曾植。郑孝胥阅陈三立诗稿。

二十一日,陈衍访郑孝胥,赠文集二本。郑孝胥、陈衍、朱祖谋等饮

[①] 丁宝铨,字衡甫。江苏淮安人。光绪十五年(1889)进士。历任山西省候补道、山西翼宁道尹、山西按察使、山西大学堂督办、山西布政使、山西巡抚。光绪三十年(1904),与张謇、徐鼎霖等建徐州耀徐玻璃厂,三十四年正式营造。民国四年后,绝意仕进,隐居沪滨。宝铨为罗振玉内兄,与郑孝胥相交尤善。

于小有天,晤庄蕴宽、高而谦。郑孝胥、陈衍同访陈曾寿于周树模宅,遇李瑞清、林开謩。是晚,陈衍赴京。①

二十二日,郑孝胥携诗卷还陈三立。陈曾寿访郑孝胥,示周树模七律一首。

二十三日,陈三立赴南京。是日夜,郑孝胥赴张元济宴,李宣龚、高梦旦、高而谦、孟森、黄远庸②在座。

二十四日,李宣龚宴郑孝胥、高梦旦、高而谦、魏瀚等于小同春。

二十七日,缪荃孙访沈曾植谈。

是月,陈衍入都应京师大学堂讲席,居陈宝琛寓宅。

十二月

初四,缪荃孙送书与沈曾植。

初六,沈曾植、章梫③、缪荃孙、杨钟羲等宴集。袁树勋④、庄蕴宽、孟森访郑孝胥。

初九,郑孝胥赴孟森宴。

---

① "过上海,晤苏戡、古微、樊山、少朴、伯严、梅庵、仁先诸人。"《侯官陈石遗先生年谱》。

② 黄远庸(1884—1915),名基,笔名远生。江西九江人。辛亥革命后,在北京任上海《时报》《申报》特约通讯员。曾参加进步党。后在美国旧金山被刺死。著作编有《远生遗著》。

③ 章梫(1861—1949),名正耀,初名桂馨,字立光,号一山。浙江三门县人。著名学者、教育家、书法家。光绪二十八年(1902),任上海澄衷中学校长。同年中举。三十年成进士,授翰林院检讨。三十一年后,历任京师大学堂译学馆提调、监督,京师大学堂经科、文科提调,北京女子师范学校校长、邮传部交通传习所(今北京交通大学)代理监督等。辛亥革命后,以遗老自居,谢绝袁世凯、徐世昌罗致,后任教于青岛孔德大学。参与张勋复辟。民国八年(1919),至上海,被张元济聘为商务印书馆编辑。同年,浙江省续修《浙江通志》,被总纂沈曾植聘为编辑。十八年,台州六县旱灾严重,以卖字画所得款项救济灾民,又与在沪同乡七十八人成立"台灾急赈会",筹集救济款物六万多银元,帮助灾民度过难关。著有《一山文存》《一山息吟诗集》等。其长孙章文晋解放后任外交部副部长。

④ 袁树勋(1847—1915年),字海观,号抑戒老人。湖南湘潭人。历任江苏高淳、铜山知县。光绪十七年(1891)署理上海知县。二十一年(1895)任江西景德镇知府,同年调任天津知府。二十六年,任湖北荆宜施道。二十七年调任上海道台。二十八年与驻沪领事团订立《会审公廨追加章程》,又直接参与《苏报》案的处理。三十一年因英国陪审官大闹会审公廨案与英国领事交涉。同年,上海地方绅士李平书等发起地方自治运动,建议创办城厢内外总工程局,袁表示同情。不久善后工程局撤销,所有老城厢马路、电灯事宜均由总工程局承办。三十二年后历任江苏按察使、顺天府尹、民政部左侍郎、山东巡抚。宣统元年(1909)任两广总督,呼吁开国会、消祸萌,不为清政府所采纳。次年辞官寓居上海。

十二日,郑孝胥访俞明震,不值。郑孝胥访李宣龚。

十三日,庄蕴宽访郑孝胥,求题字。

十四日,超社雅集,陈三立、沈曾植、瞿鸿禨、王仁东、周树模、林开謩、吴士鉴、吴庆坻、缪荃孙等樊园雅集,送梁鼎芬赴崇陵种树。①

十五日,高梦旦约郑孝胥晚饭。郑孝胥访俞明震,不值。

十九日,沈曾植主超社第十五集于樊园为东坡做生日,观朱完者所绘东坡画像,至者陈三立、沈瑜庆、瞿鸿禨、王仁东、周树模、吴士鉴、吴庆坻等。

二十二日,陈三立、郑孝胥赴程渭宴于小有天,程颂万、张通典等在座。

二十三日,郑孝胥、沈瑜庆、李宣龚、高梦旦、高而谦等宴集小有天。

二十四日,沈瑜庆宴郑孝胥等于小有天。

二十五日,缪荃孙还沈曾植书。

二十六日,俞明震访郑孝胥,示南京所作诗。陈曾寿访郑孝胥,示周树模诗稿二本。

三十日,郑孝胥访陈曾寿,同过俞明震,坐久之。

是冬,陈三立三往江宁。年终,返沪。

是年,李宣龚进商务印书馆。

民国三年 甲寅（1914 年）

正月

初一,孟森、陆尔奎过郑孝胥贺年。张元济、高梦旦过郑孝胥,不值。

初二,李宣龚访郑孝胥,同过张元济,共午饭,夏敬观、高梦旦、高而谦、叶景葵在座。郑孝胥、李宣龚同登楼外楼,又至四海升平楼。

初三,沈曾植、郑孝胥赴姚文藻约于小有天,李瑞清、王仁东等在座。

初四,郑孝胥、沈瑜庆、李宣龚、高梦旦、高而谦、林开謩、孟森、江谦

---

① 陈三立:《腊日送节庵往崇陵种树超社诸公同赋》,《散原精舍诗文集》,第393页。

宴集小有天。

初五,陈三立游哈同园看梅。郑孝胥过姚文藻,以诗遗之,①姚和诗一首。

初六,夏敬观访郑孝胥,示其入都诗作。郑孝胥为刘世珩题《枕雷图》。②

初七,郑孝胥作《味雪轩》诗。李宣龚邀郑孝胥饭。郑孝胥赴刘世珩约。

初八,沈曾植、杨钟羲访缪荃孙。郑孝胥过陈树屏,晤余诚格,谈通州农垦公司事。郑孝胥过程仪洛,托代购商务股票。

初十,郑孝胥、樊增祥访沈曾植,观其新诗数首。陈三立、沈曾植、樊增祥、缪荃孙、王仁东、周树模、吴士鉴、吴庆坻于沈瑜庆寓所作超社第十九集。

十二日,缪荃孙访沈曾植。孟森访郑孝胥,赠《时事汇报》二册。

十三日,郑孝胥为长尾雨山题王阳明《耶溪送别》诗册,又为吴昌硕题其父遗照。

十四日,郑孝胥赴赵凤昌约午饭。

十五日,樊增祥、周树模、左绍佐集沈曾植宅。郑孝胥过夏敬观,不值。

十六日,柯鸿年过郑孝胥,同访樊棻商日辉呢厂事。

十八日,晨,郑孝胥过长尾雨山,于电车中晤李瑞清。午后,郑孝胥过聂其杰。

二十日,郑孝胥访高梦旦、李宣龚、魏瀚。

二十一日,沈瑜庆邀郑孝胥、林开暮等同至哈同园看梅。

二十四日,林景行访郑孝胥,请写诗。

二十六日,严复访陈宝琛。郑孝胥、郑孝柽送高而谦赴意大利。郑孝胥访吴昌硕,还其父照。李宣龚、江伯训、郑孝柽等宴集。

---

① 郑孝胥:《姚赋秋六十生日》,《海藏楼诗集》,第254页。
② 郑孝胥:《刘聚卿属题枕雷图》,《海藏楼诗集》,第254页。

二十九日,林景行访郑孝胥。郑孝胥、吴学廉、林开謩等宴集。

是月初,陈三立夜访李瑞清,晤俞明震、陈曾寿。

是月,元宵节后,陈衍移居东城顶银胡同。

二月

初一,缪荃孙访沈曾植。

初三,徐乃昌宴沈曾植、朱祖谋、樊增祥、林开謩、缪荃孙、张彬等。陈树屏过郑孝胥。

初六,程淯过郑孝胥,遗桜树种。

初七,王允晳访郑孝胥。郑孝胥、沈瑜庆至兴业银行。

初九,沈曾植以诗柬瞿鸿禨、冯煦。严复寄郑孝胥诗。

初十,沈瑜庆、王仁东、汤寿潜、刘树屏访郑孝胥。

十一日,陈三立访郑孝胥。沈曾植与左绍佐赴王秉恩约,途中坠车伤足。

十二日,郑孝胥赴赵凤昌邀午饭。刘世珩过郑孝胥。

十三日,郑孝胥赴赵凤昌邀午饭,丁宝铨在座。夜,李宣龚宴郑孝胥、林长民等,林请郑孝胥作联。

十五日,夜,郑孝胥赴江导岷①约,议通州垦牧公司开股东会事宜。

十六日,江导岷过郑孝胥谈。郑孝胥作七律一首,寄答严复。②

十七日,夜,郑孝胥宴江导岷等于小有天。

十八日,郑孝胥访沈曾植,不值。沈曾植赴同人诗钟会。

二十日,缪荃孙访沈曾植。

二十一日,郑孝胥过姚文藻、王仁东。

二十三日,诸宗元访郑孝胥。

---

① 江导岷(1881—1947),字知源(滋园)。安徽婺源人。近代著名实业家。自幼聪慧好学,十四岁随父在家开铺经商,善经营理财。光绪十九年(1893),入读张謇为山长的崇明瀛州书院。二十二年,张謇任江宁文正书院山长,江再度为张謇门生。其后考入陆军师范学堂,毕业于测绘专业。民国初年(1912)经江谦举荐,担任江苏南通通海垦牧公司总经理,经营有方,公司发展较快。为表达谢意,张謇拿出部分垦地酬谢江导岷和江谦,两人把地折价变卖后,江导岷在江湾创办义仓学堂。

② 郑孝胥:《答严几道》,《海藏楼诗集》,第256页。

二十四日，郑孝胥访陈三立，不值。郑孝胥访诸宗元，谈良久。沈瑜庆、王仁东、林开謩等访郑孝胥，同至小有天宴集。罗振玉访沈曾植，不值。

二十五日，陈三立、郑孝胥赴吴学廉之邀饮于式式轩，李瑞清在座。夜，郑孝胥与金邦平谈入京事宜，金应司法总长章宗祥邀将入都。

二十六日，陈树屏、林炳章、李详过郑孝胥。夜，郑孝胥赴张少塘约，晤李钟珏、王存善等。

二十七日，诸宗元嫁妹，郑孝胥等往贺。梁鼎芬招饮超社同仁，沈曾植、陈三立、沈瑜庆、樊增祥、瞿鸿禨、周树模、林开謩、吴庆坻、吴士鉴、缪荃孙等同集。夜，郑孝胥宴陈三立、沈瑜庆、吴学廉、王仁东等于悦宾楼。

二十八日，夜，郑孝胥赴吴寄尘、刘世珩约，张謇等在座。

二十九日，丁宝铨过郑孝胥，赠以傅青主《霜红龛集》。陈曾寿访郑孝胥，持周树模诗稿去。诸宗元访郑孝胥。

三十日，陈三立将赴南昌，缪荃孙、沈曾植、周树模、瞿鸿禨、林开謩、吴庆坻、吴士鉴、张彬等饯之。曹元弼、罗振玉访沈曾植。郑孝胥过丁宝铨，不值，赠以《宛陵集》。郑孝胥过陈曾寿，不值，陈已赴杭州。

三月

初二，陈衡哲致书郑孝胥，以所译《希腊国民史》苏格拉底事及英美诗人二诗请教文法。

初三，吴庆坻招饮陈三立、沈曾植、沈瑜庆、樊增祥、瞿鸿禨、吴庆坻、吴士鉴、周树模、林开謩、缪荃孙等于樊增祥宅内。郑孝胥为陈衡哲评所译诗文。陈衍赴袁克文邀西苑流水音修禊。郑孝胥作《杨和甫集二李篆谱》诗。

初四，冯煦招饮沈曾植、瞿鸿禨、缪荃孙、陈夔龙、林开謩等。沈瑜庆归闽扫墓。

初五，郑孝胥赴周树模宴，樊增祥、左绍佐、陈树屏在座，席散，郑、樊、陈、左踏月而归。缪荃孙访沈曾植。

初六，樊增祥示郑孝胥《踏月》诗。

初七,陈三立抵南昌铁路局。郑孝胥答樊增祥诗一首①。

初八,夜,郑孝胥赴魏瀚约于小有天。

初十,王允晳、李宣龚访郑孝胥。

十一日,沈曾植回嘉兴扫墓。赵凤昌过郑孝胥。

十二日,郑孝胥五十五岁生日,陈树屏、李宣龚、吴学廉、魏瀚、潘博、麦孟华、陈诗等往贺。夜,郑孝胥赴赵凤昌邀谈,丁宝铨在座。

十三日,郑孝胥宴魏瀚、陈树屏、柯鸿年、李宣龚、吴学廉、王允晳等于小有天。

十四日,郑孝胥赴丁宝铨雅叙园约,柯鸿年在座。

十五日,俞明震、陈曾寿、李详至海藏楼看花,与郑孝胥同饮悦宾楼。

十七日,郑孝胥赴刘厚生宴,孟森、叶景葵、江导岷等在座。

十八日,陈曾寿示郑孝胥《看花》诗,郑孝胥亦赋诗一首报之。②

十九日,周庆云、诸宗元、黄节访郑孝胥。

二十日,郑孝胥与樊棻、刘厚生、叶景葵、章梫等至小有天商谈垦牧公司事宜。郑孝胥过黄节,黄示律诗二十一首。

二十一日,郑孝胥过周庆云、诸宗元、麦孟华,不值。郑孝胥访潘博,观陈诗所作《海藏楼樱花》诗二首。

二十二日,潘博、陈诗至海藏楼看樱花。

二十三日,郑孝胥过叶景葵、袁树勋、周庆云、吴寄尘。

二十四日,郑孝胥饯诸宗元于悦宾楼。

二十六日,左绍佐、缪荃孙访沈曾植。

二十七日,郑孝胥登船赴通州,叶景葵、俞明颐、余诚格同行。

二十八日,郑孝胥至通州,晤张謇、徐申如等。

二十九日,缪荃孙访沈曾植。

三十日,易顺鼎、罗惇曧等招王闿运、陈衍等集法源寺。

是月,陈三立抵南昌,入西山扫墓。

---

① 郑孝胥:《答樊云门踏月之作》,《海藏楼诗集》,第257页。
② 郑孝胥:《答陈任先看花》,《海藏楼诗集》,第257页。

是月上旬,沈曾植致函罗振玉,约与陶葆廉畅谈。

是月,沈曾植登烟雨楼,金蓉镜、朱绂华作陪。①

四月

初二,郑孝胥被举为垦农公司董事,监察员二人,其一为徐申如。

初五,郑孝胥抵沪。

初六,孟森访郑孝胥。

初七,张元济、赵凤昌、刘厚生等访郑孝胥。

初八,李宣龚访郑孝胥,还《诗韵》。

初九,陈树屏、瞿鸿禨、程淯访郑孝胥。郑孝胥过赵凤昌、刘厚生、王仁东。

初十,郑孝胥访林开謩,与郑孝柽同访瞿鸿禨。章梫赴青岛,沈曾植有诗送行。②

十三日,沈瑜庆、林开謩访郑孝胥。

十四日,陈三立访郑孝胥,时陈三立新自江西返。③

十六日,李宣龚、高向瀛访郑孝胥。江导岷过郑孝胥商垦牧公司事。

十七日,郑孝胥赴商务董事会,被举为董事。缪荃孙访沈曾植长谈。

十八日,缪荃孙送沈曾植居庸关唐刻石单。

十九日,沈曾植致函缪荃孙。郑孝胥、徐申如、江导岷等至大生账房谈垦牧公司分田事。夜,郑孝胥赴余诚格约。

二十二日,郑孝胥访陈三立。

二十三日,陈三立、沈曾植、沈瑜庆赴林开謩招作超社雅集于小有天,缪荃孙、瞿鸿禨、樊增祥、吴庆坻、王仁东、吴士鉴在座。

二十五日,郑孝胥过长尾雨山,观所藏明丰道生草书等。

二十六日,陈曾寿访郑孝胥,不值。

---

① 沈曾植:《上塚回登烟雨楼辛亥后未至此也甸丞果欧同游》,《海日楼诗注》;金蓉镜:《陪沈乙庵师登烟雨楼次韵》,《㴩湖遗老集》。
② 沈曾植:《送章一山编修移居青岛》,《海日楼诗注》。
③ 按:陈三立《过太夷还途登愚园云起楼看雨》当作于此时,见《散原精舍诗文集》,第411页。

二十九日,夜,王敬芳过郑孝胥。

是月,陈衍、郑孝柽同游大通河。

五月

初一,沈瑜庆访郑孝胥,出示新作游富春严滩诸诗。

初二,郑孝胥访赵凤昌、王仁东。高向瀛访郑孝胥。

初三,夜,夏敬观访郑孝胥。

初六,李详访郑孝胥。

初七日,沈瑜庆、李宣龚、夏敬观、胡琪访郑孝胥。

初八,缪荃孙访沈曾植。

初九,郑孝胥赴胡琪小有天约。

十二日,陈三立、沈曾植、沈瑜庆赴周树模招饮,梁鼎芬、樊增祥、瞿鸿禨、林开謩、吴庆坻、缪荃孙等在座。

十三日,孟森、刘树屏过郑孝胥。

十四日,郑孝胥、沈瑜庆、林开謩、黄懋谦宴集一枝香。

十五日,沈瑜庆宴陈三立、樊增祥、瞿鸿禨、吴庆坻、吴士鉴、周树模等。陈三立、郑孝胥、沈瑜庆、林开謩、王仁东、黄懋谦同饮于悦宾楼。

十六日,陈三立宴郑孝胥等于悦宾楼。郑孝胥为瞿鸿禨写诗四首,携往还之。

十七日,庄蕴宽访郑孝胥。

十八日,陈三立、沈瑜庆、瞿鸿禨、王仁东、林开謩、缪荃孙等公饯樊增祥、周树模。

二十一日,郑孝胥往吊翁铁梅,晤吴昌硕。樊棻、丁宝铨过郑孝胥。

二十二日,陈曾寿示郑孝胥《崇陵种树图》诗。

二十五日,徐申如访郑孝胥,请书"白水泉"匾等。

二十七日,陈三立、沈曾植、沈瑜庆赴樊增祥招作诗钟会,杨钟羲、周树模、张彬、吴士鉴、缪荃孙在座。

二十八日,李宣龚过郑孝胥。

二十九日,沈曾植邀缪荃孙等赴樊增祥寓作诗钟。夜,郑孝胥赴李宣龚小有天约,林灏深等在座。

闰五月

初一,林灏深过郑孝胥。郑孝胥赴姚文藻约。

初三,陈曾寿过郑孝胥。郑孝胥赴斋藤约于日本俱乐部,李瑞清、姚文藻等在座。

初五,徐申如访郑孝胥,取所书匾及联。陈曾寿访郑孝胥。郑孝胥访刘世珩、李详。

初六,缪荃孙访沈曾植谈。郑孝胥赴日人宴,伍廷芳①、张元济、李瑞清、印锡章在座。

初七,夏敬观疾,郑孝胥、沈瑜庆、林开謩、林灏深等往视。

初八,郑孝胥访沈瑜庆,晤林灏深。

初九,罗振玉以天一阁藏书事致函沈曾植。

初十,郑孝胥作《送长尾北游》②、《题林纾谒陵图》诗。

十一日,夏敬观访郑孝胥,郑孝胥阅陈三立新作。郑孝胥复林纾书。③

十三日,郑孝胥过陈三立,还其诗集。

十四日,郑孝胥过陈树屏。

---

① 伍廷芳(1842—1922),本名叙,字文爵,号秩庸,后改名廷芳。祖籍广东新会,出生于新加坡。同治十三年(1874)自费留学英国,入伦敦学院攻读法学,获博士学位及大律师资格,成为中国近代第一个法学博士,后回香港任律师,成为香港立法局第一位华人议员。洋务运动开始后,光绪八年(1882)进入李鸿章幕府任法律顾问,参与中法谈判、马关谈判等。光绪二十二年被清政府任命为驻美国、西班牙、秘鲁公使,签订中国第一个平等条约《中墨通商条约》。主持修订法律,提出了包括删除酷刑、实行陪审和律师制度等一系列先进主张。辛亥革命爆发后,任中华民国军政府外交总长,主持南北议和。南京临时政府成立后,出任司法总长。民国六年(1917)赴广州参加护法运动,任护法军政府外交总长、财政总长、广东省长。陈炯明叛变时,因忧愤成疾,逝世于广州。

② 郑孝胥:《送长尾雨山北游》,《海藏楼诗集》,第258页。

③ 书云:"《谒陵图记》拜读,悲怆不已,辄题一诗奉承。古者,忠臣孝子常耻于自言,不忍以性情不幸之事稍涉于近名故也。兄虽忠烈,亦宜试味此言。人生大节,且待他人论之可矣。胥甚恶国人之不义,又况士大夫名节扫地,不能使流俗有所忌惮。生于今日,洁身没世已恐不易,何暇与时人辨是非乎?兄如以我为偏,幸有以正之。"《郑孝胥日记》,第1521页。

十五日,金武祥①过郑孝胥。

十六日,郑孝胥赴日人公饯长尾雨山,张元济、李瑞清、伍廷芳、印有模等在座。

十七日,沈瑜庆访郑孝胥。

十九日,陈曾寿访郑孝胥,谈"旧交乱后愈疏之状,为之深慨"。

二十日,李宣龚及其弟访郑孝胥。郑孝胥访陈曾寿。

二十一日,王仁东过郑孝胥。

二十二日,郑孝胥至周树模宅访陈曾寿。

二十三日,张元济过郑孝胥。

二十五日,沈瑜庆、沈成式访郑孝胥。

二十六日,郑孝胥访沈瑜庆。

二十八日,郑孝胥赴日人增田高赖约,李瑞清、姚文藻在座。

三十日,沈瑜庆、王仁东访郑孝胥。

六月

初一,沈瑜庆邀郑孝胥至愚园乘凉。

初二,陈三立访郑孝胥。

初三,缪荃孙访沈曾植谈。

初四,夏敬观、李宣龚、高梦旦访郑孝胥。

初五,郑孝胥为徐珂之女新华作《徐室女哀词》。

初六,郑孝胥过王仁东、柯鸿年。

十二日,孟昭常、吴学廉过郑孝胥。

十三日,沈曾植与樊增祥、周树模、瞿鸿禨等作诗钟会。

十四日,沈曾植回嘉兴。罗诚过郑孝胥。

---

① 金武祥(1841—1924),原名则仁,字溎生,号粟香,一号菽乡。江苏江阴人。早年游幕,后以捐班于广东候补,署赤溪直隶厅同知。后因丁忧归,不复出。收集书画古董甚多,研究甚力。于江阴地方文献,收集整理尤勤。工诗文。有《芙蓉江上草堂诗稿》十二卷,《木兰书屋词》一卷,《粟香室文稿》四卷,《粟香随笔》四十卷,《陶庐杂忆》七卷等。

十六日,郑孝胥访夏敬观,不值,夏已入京。郑孝胥为王震①题小照,携还之。王震与吴昌硕同访郑孝胥,不值。

十八日,郑孝胥过李宣龚。沈瑜庆访郑孝胥,同过林开謩,贺其子娶妇。林开謩宴郑孝胥、沈瑜庆、王乃徵等于别有天。

二十日,郑孝胥赴王仁东别有天,何维朴、吕景端、张彬等在座。

二十一日,沈成式访郑孝胥。

二十四日,邹嘉来②访沈曾植。

二十五日,陈曾寿、沈瑜庆、李宣龚访郑孝胥。

二十六日,郑孝胥、沈曾植赴姚文藻之约,王式、宗方小太郎、增田高赖在座。闻升允在东京贫甚,郑孝胥、沈曾植拟助之。

二十九日,沈瑜庆宴郑孝胥等于别有天。郑孝胥接赵尔巽来函,邀其为清史馆名誉总纂。

是月,林纾集陈宝琛、陈衍、严复、郭曾炘、李宗言、卓孝复③、张元奇、郑孝柽等十六人为晋安耆年会。

是月,夏敬观入京。

七月

初一,郑孝胥复书赵尔巽,辞清史馆名誉总纂。④

初二,沈瑜庆访郑孝胥,言陈三立宴请康有为事。

初三,张元济携《宋诗钞》示郑孝胥,将付印。

初五,沈瑜庆访郑孝胥,言康有为居辛园。

---

① 王震(1867—1938),字一亭,又署一亭父,号白龙山人、海云楼主、梅花馆主,法名觉器。浙江吴兴人。早年曾任商务买办,入同盟会,资助辛亥革命和二次革命,为上海商界名人。一生虔信佛教,曾任中国佛教会执行委员兼常委,连任上海居士林副林长、林长,上海佛学书局董事长,并积极致力于各种慈善事业。诗画方面的著作传世者甚多。早年学画得徐伯年指点,后与任颐、吴昌硕友善。曾参与沪上艺坛、慈善、佛教等团体活动。

② 邹嘉来(1853—1921),字孟方,号紫东,晚号遗盦。江苏吴县人。光绪十二年(1886)进士。历任外务部右参议、左参议、尚书。民国后,任弼德院副院长。有《遗盦日记》。

③ 卓孝复,原名凌云,字芝南,又字巴园。福建闽县人。光绪八年(1882)举人。二十一年,成进士。历官浙江杭州知府、湖南岳常沣道、湖南按察使。善画。有《双翠轩诗词》。

④ 书云:"不愿以委质之名,再见于行政之地。公必哀我,宥其痴狂。人涉卬否,伸于知己。"《郑孝胥日记》,第 1527 页。

初七,郑孝胥、陶葆廉、缪荃孙等宴集。

初九,郑孝胥过姚文藻,晤汪钟霖。李宣龚宴陈三立、郑孝胥、朱祖谋、张元济、陈诗、孟森等于别有天。

初十,汪钟霖、王式过郑孝胥。

十一日,陈宝琛访严复。

十四日,沈瑜庆、林开謩访郑孝胥。

十五日,缪荃孙访沈曾植谈。

十七日,张元济示郑孝胥《宋百家诗存》印本。李宣龚及其弟过郑孝胥。

二十日,陈三立还金陵散原别墅。

二十三日,姚文藻过郑孝胥,示升允至宗方小太郎函及所寄影片。沈瑜庆、沈成式访郑孝胥。

二十七日,康有为访郑孝胥,不值。

二十八日,狄葆贤访郑孝胥。

二十九日,郑孝胥过康有为谈。①

三十日,王仁东、刘世珩、徐乃昌宴沈曾植、沈瑜庆、杨钟羲、缪荃孙等。

八月

初一,姚文藻过郑孝胥。

初二,郑孝胥、沈瑜庆、王仁东、赵凤昌、林开謩等宴集。

初三,郑孝胥赴赵凤昌约为张之洞做生日,丁宝铨、张彬等在座。

初六,郑孝胥、林绍年等宴集。夜,高梦旦宴郑孝胥等。

初七,缪荃孙访沈曾植谈。

初八,郑孝胥宴林绍年等于小有天。

初九,郑孝胥作《宋诗钞》跋,张元济过郑孝胥,郑以跋付之。郑孝胥赴沈琬庆约。

---

① 郑孝胥:"过康有为小谈。余询之曰:'北去乎?'康曰'恐无北去之理。'余曰:'北方皆乱臣,南方皆贼子,子将奚从?'"《郑孝胥日记》,第1531页。

初十,沈曾植过缪荃孙借书。汤寿潜过郑孝胥。

十一日,郑孝胥收到郑孝柽所寄陈宝琛游泰山诗。汪钟霖过郑孝胥。

十二日,郑孝胥过赵凤昌久谈。沈瑜庆访郑孝胥。

十三日,孟昭常、蒋汝藻过郑孝胥。

十四日,缪荃孙访沈曾植谈。郑孝胥宴孟森、孟昭常、蒋汝藻等。

十六日,郑孝胥晤康有为。

十九日,陈三立过郑孝胥谈。

二十日,李宣龚示郑孝胥《宋诗钞》样本。

二十一日,郑孝胥过张元济,还《宋百家诗存》。徐珂过郑孝胥。

二十三日,陈三立、沈曾植、张彬公请樊增祥、易顺鼎、瞿鸿禨、杨钟羲、缪荃孙等于樊园。郑孝胥过康有为,晤麦梦华、潘博等。

二十六日,郑孝胥赴张元济约,金武祥、赵凤昌、邹嘉来在座。

二十七日,诸宗元、沈瑜庆、林开謩过郑孝胥。

二十八日,江谦过郑孝胥。

二十九日,郑孝胥过诸宗元、吴昌硕,吴示诗稿。

九月

初一,李宣龚访郑孝胥。夜,郑孝胥赴吴昌硕宴。

初二,郑孝胥为丁宝铨题边寿民画册。郑孝胥宴诸宗元、李宣龚、吴昌硕、高梦旦、孟森、江伯训于悦宾楼。

初四,陈三立、王乃徵访郑孝胥。

初五,缪荃孙过沈曾植。沈瑜庆、林开謩访郑孝胥。

初六,缪荃孙访沈曾植。

初七,陈宝琛招陈衍、林纾等游玉泉山。郑孝胥、李宣龚、诸宗元等至六三园,观吴昌硕书画会。

初八,郑孝胥为周庆云作《董夫人塔》诗。

初九,陈三立、沈曾植、沈瑜庆、缪荃孙、樊增祥、瞿鸿禨、吴士鉴、杨钟羲、林开謩等于惠中番馆登高。① 郑孝胥以菊花送陈曾寿,陈曾寿访郑孝胥,示杭州新作二十首。郑孝胥作《重九雨中》诗。

十一日,郑孝胥过周庆云,以诗与之。

十三日,郑孝胥与诸宗元、夏敬观同至张园,晤沈瑜庆、林开謩。

十四日,李宣龚、高梦旦、江伯训同访郑孝胥。陈曾寿宴郑孝胥、陈三立、樊增祥于悦宾楼。

十五日,夜,李宣龚访郑孝胥。

十六日,孟森过郑孝胥,示沈同芳书,求作其母寿诗。

二十日,沈瑜庆访郑孝胥。

二十一日,郑孝胥、沈曾植赴姚文藻之约,陈毅等在座。

二十三日,陈宝琛晤缪荃孙。沈瑜庆、林薇阁②访郑孝胥。

二十四日,郑孝胥过沈曾植,晤于式枚,郑以所作草字示沈。

二十六日,陈三立与于式枚、王秉恩、王乃徵等往南翔镇猗园看菊。

二十七日,严复等公饯张元奇。陈宝琛、梁鼎芬访缪荃孙。

二十八日,郑孝胥访康有为。夏敬观、李宣龚访郑孝胥。

二十九日,郑孝胥赴康有为宴,冯煦、麦博、王乃徵等在座。

是月,陈衍致函胡思敬、郑孝胥。③

十月

初一,诸宗元宴郑孝胥、朱祖谋等于小有天。

初二,陈三立宴郑孝胥等于小有天。

初六,冯煦访郑孝胥。郑孝胥访陈曾寿。

初七,李详、李宣龚访郑孝胥。

初八,李详宴郑孝胥、冯煦、杨钟羲、唐晏④等。

初十,郑孝胥访李详、冯煦、姚文藻等。

---

① 沈曾植:《九日惠中旅馆登高超社十九集和樊山韵》,《海日楼诗注》。
② 林薇阁系陈宝琛甥,盛宣怀婿。
③ 陈衍《与胡瘦唐书》、《与苏堪书》,《陈石遗集》,第575、577页。
④ 唐晏(1857—1920),原名震在廷,字元素。满洲旗人。光绪八年(1882)中举,官江宁八旗学堂总办。著有《海上嘉月楼诗稿》。见《海上嘉月楼诗稿》,民国刻本,郑孝胥序。

十四日,冯煦宴陈三立、郑孝胥、朱祖谋、王乃徵、李详、唐晏等。席散,陈三立、郑孝胥、朱祖谋、王乃徵同访夏敬观,不遇,①遂过康有为,康出字画使评之。

十六日,于式枚、陈曾寿访郑孝胥。

十七日,吴学廉宴陈三立、郑孝胥、于式枚等于合安里。

二十一日,陈三立、陈曾寿、李瑞清访郑孝胥。郑孝胥过沈曾植,携褚遂良临本《兰亭序》示之。缪荃孙访沈曾植。

二十二日,郑孝胥宴陈曾寿、李瑞清、于式枚、王乃徵、吴学廉、林开謩等于小有天。

二十三日,康有为访郑孝胥,送诗集一部,梁启超所书。夜,郑孝胥应林开謩之邀与梅兰芳等聚于别有天,遇欧阳予倩。

二十六日,郑孝胥、王式过沈曾植。

二十八日,日人长尾雨山访郑孝胥,言日本东京大学欲聘郑为汉文教授,月薪三百元。

二十九日,郑孝胥访沈曾植,以黄道周尺牍示之。

十一月

初一,郑孝胥过康有为。夜,郑孝胥饯日人长尾雨山,李宣龚、张元济、高梦旦、孟森等在座。

初四,李宣龚、高梦旦宴郑孝胥等。

初五,康有为致函沈曾植,约后日与美、德领事宴集。

初六,郑孝胥携李详注张之洞诗过王秉恩。

初七,沈曾植、康有为、李经迈等与美、德领事宴集。

初八,冯煦访郑孝胥,商共请康有为事。

初十,午,郑孝胥、冯煦合请康有为于海藏楼,沈瑜庆、狄葆贤、王乃徵、李详、林开謩等在座。

十三日,沈曾植移居麦根路四十四号,郑孝胥、缪荃孙访沈曾植。

---

① 陈三立有《同沤尹病山太夷过剑丞不遇抚其园树而去》诗,见《散原精舍诗文集》,第429页。

十六日,沈瑜庆、孟森访郑孝胥。

二十日,沈瑜庆、林开謩访郑孝胥。

二十三日,沈曾植作《山谷正集跋》。陈曾寿访郑孝胥,示其师关季棠文集及陈三立所作序。

二十四日,杨守敬卒。

二十五日,赵凤昌、沈瑜庆、林开謩等访郑孝胥,共午饭。

二十六日,郑孝胥过宝昌路陈曾寿宅久谈。

十二月

初二,王允晳过郑孝胥。郑孝胥、沈瑜庆、李宣龚、高梦旦赴李维格约。

初四,陈三立宴郑孝胥、王允晳、朱祖谋于别有天。

初六,陈三立至龙蟠里图书馆访王瀣不遇,登扫叶楼。陈曾寿访郑孝胥,示陈三立所作《南湖寿母记》及其母周夫人六十寿序,请郑孝胥作诗。

初七,郑孝胥赴丁宝铨约至清凉寺。

初八,郑孝胥为陈曾寿作《南湖寿母图》诗。

十一日,缪荃孙访沈曾植谈。郑孝胥过丁宝铨久谈。

十三日,黄以霖过郑孝胥求观褚临《兰亭序》。

十四日,沈瑜庆父子访郑孝胥。

十五日,朱祖谋、林开謩访郑孝胥。

十六日,郑孝胥过陈曾寿贺堂庆。郑孝胥过李瑞清,遇俞明震、俞明颐。郑孝胥过沈瑜庆。

十七日,俞明震过郑孝胥。夜,郑孝胥赴高梦旦约于小有天。

十九日,陈三立、郑孝胥与冯煦、朱祖谋、王乃徵、杨钟羲等作壬午同年一元会。

二十三日,沈曾植、沈瑜庆主超社第二十六集,陈三立、张彬、杨钟羲、瞿鸿禨、林开謩、缪荃孙等在座,题林则徐手札。沈瑜庆、李宣龚访郑孝胥。

二十四日,陈三立、陈曾寿冒雪访郑孝胥,共饮白兰地酒,至暮乃去。①

二十六日,陈树屏过郑孝胥。

二十八日,郑孝胥收到陶子麟寄诗稿八卷印本。

二十九日,罗振玉致函沈曾植。罗惇曧、黄节招陈衍、夏敬观、陈衡恪、诸宗元、黄濬、梁鸿志、胡朝梁、罗惇曧、杨增荦、黄孝觉集法源寺祭陈师道。② 陈衍作有《祭陈后山先生文》。

是月,陈三立、沈瑜庆访沈曾植,晚归饮酒楼。

是年,初春,陈三立在沪,常过从者李瑞清、陈曾寿、沈瑜庆等。继返宁,与王瀣、俞明震同登扫叶楼。

是年,夏,陈衍致函赵尔巽,辞清史馆名誉纂修之邀。

民国四年 乙卯(1915 年)

正月

初一,陈曾寿、李瑞清访陈三立。沈瑜庆、李宣龚、林开謩访郑孝胥。沈曾植作元日诗。

初三,郑孝胥补作《二十四日伯严、仁先雪中见过》诗。陈三立送诗稿《掬海集第三》与郑孝胥,使评之。

初四,郑孝胥过陈三立,见陈曾寿诗三首、康有为诗一首。

初五,陈三立晤缪荃孙。

初六,陈三立、李瑞清访缪荃孙。

初七,沈瑜庆题《林文忠公手札》简沈曾植。

初八,郑孝胥访吴昌硕。

初九,郑孝胥访陈曾寿。

---

① 陈三立:《小除日同仁先过太夷海藏楼看雪酌瓶酿》,《散原精舍诗文集》,第 445 页;郑孝胥:《十二月二十四日伯严仁先冒雪见访》,《海藏楼诗集》,第 262 页。

② 《石遗室诗话》卷十四;梁鸿志:《除夕前一日同石遗先生罗瘿公夏剑丞陈师曾黄晦闻黄哲维集法源寺祭陈后山》,《爰居阁诗》,民国刻本。

初十，沈曾植访缪荃孙。郑孝胥访沈曾植，不值。郑孝胥访杨钟羲，谈久之。

十一日，郑孝胥访汤寿潜，同至小有天。

十三日，郑孝胥接陈衍函。

十四日，徐乃昌招饮陈三立、沈瑜庆、李瑞清、缪荃孙等。

十五日，陈三立、沈瑜庆过郑孝胥谈，抵暮乃去。

十六日，郑孝胥访高梦旦，谈久之，观其所买盆松树石。

十七日，吴学廉宴郑孝胥、于式枚等于古渝轩。

十九日，沈曾植邀缪荃孙做媒。

二十日，郑孝胥过陈三立，还其诗册。

二十三日，郑孝胥复陈衍信。

二十五日，瞿鸿禨发起逸社，陈三立、沈曾植、沈瑜庆、冯煦、吴庆坻、王仁东、陈夔龙、王乃徵、朱祖谋、杨钟羲、林开暮、张彬、缪荃孙等十四人于沈曾植寓宅雅集。

二十九日，陈三立、郑孝胥、朱祖谋、王乃徵、唐晏、冯煦、李岳瑞于式式轩作壬午同年会。

三十日，张彬约陈三立、沈曾植、沈瑜庆、瞿鸿禨、朱祖谋、王乃徵、王仁东、林开暮、缪荃孙作诗钟于海日楼。

二月

初三，沈瑜庆访郑孝胥。

初四，郑孝胥访吴学廉、朱祖谋、王乃徵。

初五，郑孝胥访陈曾寿，观其师手卷。郑、陈同过李瑞清，不值。

初六，蒋汝藻①宴郑孝胥、朱祖谋、陶葆廉等于古渝轩。

初七，郑孝胥、朱祖谋、冯煦、王乃徵、缪荃孙、杨钟羲、唐晏等集于古渝轩。罗振玉致函沈曾植。

十二日，王敬芳访郑孝胥，邀郑孝胥赴中国公学纪念会，郑辞之。陈

---

① 蒋汝藻(1877—1954)，字孟苹，号乐庵，浙江人。光绪二十九年(1903)进士。历任湖广道监察御史、湖北学政、广东盐运使等。有《问心室归鸣集》。

三立、沈曾植赴冯煦招作逸社第二集。

十四日,郑孝胥过蒋汝藻。沈曾植致函罗振玉。

十六日,缪荃孙访沈曾植。

十七日,陈三立在九江。罗振玉致函沈曾植。

十八日,沈瑜庆宴郑孝胥、王仁东等。

二十五日,郑孝胥宴丁宝铨、张元济、赵凤昌、高梦旦、刘厚生等。

二十六日,郑孝胥宴朱祖谋、冯煦、王乃徵、唐晏、杨钟羲、王仁东等。

二十八日,吕碧城访郑孝胥。

二十九日,王允晳访郑孝胥,观樱花。缪荃孙、罗振玉过沈曾植。

是月,沈瑜庆归福州。

三月

初一,午后,沈曾植与罗振玉、李瑞清同至李翊煌宅,观所藏宋拓《淳化阁帖》残本。

初三,缪荃孙访沈曾植。

初四,郑孝胥至刘世珩处访李详。①

初五,郑孝胥复吕碧城书。缪荃孙过沈曾植。

初八,郑孝胥复陈衍书。

初九,诸宗元访郑孝胥。

初十,郑孝胥访丁宝铨,约十七日游天平山。

十二日,康有为访郑孝胥。

十三日,缪荃孙约陈三立、冯煦、瞿鸿禨、吴庆坻、陈夔龙、王乃徵、杨钟羲、张彬饮于云自在龛。沈曾植回嘉兴扫墓。

十四日,郑孝胥访吴学廉。

十七日,陈三立赴王乃徵宴,冯煦、李瑞清、吴庆坻、徐乃昌、缪荃孙等在座。郑孝胥、丁宝铨、于式枚、余诚格、许汝棻等同游苏州天平山。②

十八日,郑孝胥作《天平山》诗。

---

① 按:时李详馆于刘家。
② 郑孝胥:《三月十七日丁衡甫于晦若余寿平许鲁山同游天平山范文正祠》,《海藏楼诗集》,第263页。

十九日,郑孝胥访杨钟羲,示其《天平山》诗。

二十日,沈曾植函约罗振玉明日谈。

二十一日,郑孝胥过康有为,不值。缪荃孙访郑孝胥。罗振玉过沈曾植谈。

二十二日,夜,高梦旦、李宣龚访郑孝胥。沈曾植招同人宴集,罗振玉、杨钟羲、震钧、李详、赵于密在座。

二十三日,陈三立过沈曾植谈。① 郑孝胥至印书馆,与李宣龚谈久之。

二十八日,郑孝胥访陈三立,视其新作。

是月,中旬,陈三立自江西归。

四月

初一,沈曾植晤缪荃孙。

初三,郑孝胥赴唐晏邀至雅叙园午饭,李详、冯煦、章梫在座。

初四,郑孝胥、李宣龚谈《四部举要》事。沈瑜庆、林开謩访郑孝胥。

十一日,郑孝胥过印书馆,晤严修,观沈曾植诗十数首。

十二日,陈三立、严修访郑孝胥,不值。

十三日,郑孝胥访严修,晤张伯苓。郑孝胥访陈曾寿,陈赠《朱强甫遗集》。罗振玉过沈曾植辞行。

十四日,陈宝琛、林志钧、黄懋谦同游上方山,至兜率寺。

十五日,缪荃孙访陈三立。

十六日,郑孝胥过胡思敬、李瑞清。

十九日,郑孝胥邀冯煦、杨钟羲、唐晏、李详、孟森等午饭。

二十一日,李宣龚携陈衍诗话新稿与郑孝胥观之。

二十四日,夏敬观、李宣龚访郑孝胥。李详请郑孝胥书《学制斋骈文》封面。

二十七日,林开謩、陈懋复访郑孝胥。

是月,月初,沈瑜庆自福州归。

---

① 陈三立:《立夏过乙盦》,《散原精舍诗文集》。

是月,沈曾植赴杭。

五月

初二,郑孝胥访诸宗元,晤朱祖谋、潘博、夏敬观。

初四,方守彝携其孙访郑孝胥。

初五,梁启超访郑孝胥。自戊戌春,两人近二十不复见。梁"言自杭州游严滩钓台,对江有芦子港,入港四十余里,唐方干读书处,名曰白云源,其地买田,亩仅值一元。有下居之志"。

初六,郑孝胥访梁启超,不值。

初十,陈曾寿访郑孝胥。

十一日,郑孝胥访陈曾寿,同访李瑞清,观龙门造像等,三人同出,至三马路禅悦斋食素菜,登楼外楼看月,畅谈至八点乃散。缪荃孙过沈曾植。

十三日,丁宝铨访郑孝胥,谈久之。

十五日,李宣龚访郑孝胥。

二十一日,郑孝胥访杨钟羲,谈久之。

二十二日,李宣龚访郑孝胥。

二十五日,郑孝胥收到姚文藻所寄画一幅,题诗一首。

二十九日,陈三立与友人宴集胡园。李宣龚约郑孝胥至一家春午饭。

是月,沈曾植至西湖,有诗。

六月

初八,郑孝胥至商务印书馆,晤张元济、李宣龚等。

初十,李详访郑孝胥,请题画轴。

十六日,李宣龚赠郑孝胥荔枝。

十九日,李宣龚访郑孝胥。

二十日,郑孝胥晤高梦旦。

二十三日,郑孝胥晤冯煦。陈曾寿赠郑孝胥《关季华遗集》。

二十五日,李宣龚访郑孝胥。于式枚卒。

二十六日,唐晏寄书郑孝胥,示章梫《答金雪孙前辈书》,谈及超社事。

二十九日,郑孝胥过陈曾寿、李瑞清,观何绍基篆书四幅。郑孝胥、陈曾寿同至张园久坐。

七月

初二,郑孝胥赴六三园主人宴请,何维朴、吴昌硕等在座。

初三,丁宝铨访郑孝胥,谈于式枚事及梅尧臣咏韩信诗。

初四,陈曾寿访郑孝胥,请题诗。郑孝胥至印书馆,与李宣龚谈久之。

初五,高梦旦、李宣龚访郑孝胥。

初七,王仁东招逸社社集,沈曾植、瞿鸿禨、朱祖谋、杨钟羲、缪荃孙、王乃徵同集。

初九,郑孝胥至公益里访王仁东新居。李详赠郑孝胥《学制斋文》。

十二日,陈曾寿、沈瑜庆、李宣龚访郑孝胥。

十三日,郑孝胥、沈瑜庆与吴昌硕、左孝同、林开謩、何维朴、王仁东、洪鹭汀同宴李瑞清于王仁东寓宅,贺李五十生日。

十五日,郑孝胥至沈家湾访沈瑜庆,沈宴郑孝胥、李宣龚、林开謩于别有天。

十八日,朱祖谋访郑孝胥,索诗稿。

十九日,丁宝铨约郑孝胥午饭。沈瑜庆、高梦旦、李宣龚访郑孝胥。

二十一日,郑孝胥访李详。

二十二日,沈瑜庆、林开謩访郑孝胥。

二十三日,李宣龚访郑孝胥,取走诗稿七部。

二十四日,缪荃孙访沈曾植谈。

二十五日,郑孝胥至印书馆,晤李宣龚。郑孝胥访吴昌硕,谈久之。

二十六日,高梦旦、李宣龚访郑孝胥,张元济、李宣龚宴请郑孝胥、俞明震、刘世珩、徐乃昌等于一家春。

二十八日,李详访郑孝胥。

是月,林纾访郑孝胥于海藏楼。又访沈瑜庆。

八月

初一,吴昌硕生日,郑孝胥等共宴吴于广福楼。

初二,陈三立、王乃徵邀郑孝胥赴古渝轩,郑以疾辞。

初四,陈三立访郑孝胥,言俞明震病况。李宣龚访郑孝胥。

初五,沈瑜庆访郑孝胥。

初七,郑孝胥赴李瑞清约于小有天。

初八,郑孝胥至印书馆,晤张元济、李宣龚。

初十,郑孝胥以垦牧公司委托书至大生账房交江导岷。

十一日,郑孝胥过姚文藻,同赴日人约。

十二日,郑孝胥过陈树屏。

十三日,沈曾植作望月诗。

十四日,沈曾植以诗柬李传元。郑孝胥过丁宝铨。郑孝胥过吴学廉,晤王乃徵、刘体藩,同至新世界共饭。①

十五日,俞明震、俞明颐、谭延闿等至海宁观潮,游西湖。

十六日,沈瑜庆、林开暮访郑孝胥。李传元过沈曾植。

十七日,李宣龚访郑孝胥。郑孝胥访陈曾寿视疾。吴学廉、刘体藩以诗柬郑孝胥。

十九日,郑孝胥赴赵凤昌约午饭。

二十四日,郑孝胥宴高梦旦、李宣龚、王仁东、林开暮等于小有天。沈曾植招同人补作逸社第六集,沈瑜庆、瞿鸿禨、陈夔龙等在座。

二十五日,郑孝胥、沈瑜庆、林开暮同照相。

二十六日,沈瑜庆、林开暮访郑孝胥。王允皙宴郑孝胥等于别有天。

二十七日,郑孝胥为丁宝祯题张力臣手卷。吴昌硕、王震访郑孝胥。

二十八日,夜,郑孝胥赴林天民、林开暮约,朱祖谋、丁宝铨在座。席散,郑、丁同步卡德路。

二十九日,陈树屏过郑孝胥。郑孝胥、赵凤昌同赴蒋汝藻约。郑孝

---

① 郑孝胥:《市楼有号新世界者八月十四日夜与聘三锡之鉴泉共饮玩月》,《海藏楼诗集》,第 265 页。

胥、沈瑜庆访王允皙,不值。

九月

初一,刘承干过沈曾植。郑孝胥过姚文藻。郑孝胥赴叶景葵约,席散,至新民照相。

初二,郑孝胥还吴昌硕诗卷。郑孝胥访陈曾寿久谈。郑孝胥、沈瑜庆赴樊棻约,王仁东、汤寿潜在座。

初三,郑孝胥宴沈瑜庆、汤寿潜、樊棻、叶景葵、王仁东、蒋汝藻、赵凤昌于广福楼。

初四,夜,郑孝胥赴江伯训约。

初五,缪荃孙访沈曾植。丁宝铨过郑孝胥。郑孝胥过刘体藩、陈树屏。姚文藻过郑孝胥。

初六,冯煦、孟森、李宣龚访郑孝胥。郑孝胥过王震,晤于右任,王赠郑印章三枚。

初七,郑孝胥过姚文藻,晤汪钟霖。

初八,丁宝铨、夏敬观访郑孝胥。

初九,逸社同人哈同园登高。陈三立在南京,和诗一首。郑孝胥为丁宝铨题《符山堂图》卷。郑孝胥至新世界,晤刘体藩、洪尔振。

初十,沈瑜庆访郑孝胥。

十一日,李宣龚赠郑孝胥《宋诗钞补》一部。

十二日,沈瑜庆访郑孝胥。

十三日,夏敬观访郑孝胥,示新诗稿。

十四日,蒋汝藻过郑孝胥,示《睢阳五老图》。陈曾寿过郑孝胥。

十五日,李宣龚邀郑孝胥至新居晚饭,黄远生、陈敬第在座。

十七日,姚文藻过郑孝胥。

十八日,丁宝铨过郑孝胥。郑孝胥过冯煦。沈曾植致函刘承干。

十九日,郑孝胥等宴集广福楼,为左孝同补做生日。郑孝胥、李瑞清等宴集。刘承干致函沈曾植。

二十日,郑孝胥赠菊花五十盆与李宣龚。郑孝胥过姚文藻。

二十一日,陈三立晤缪荃孙。郑孝胥赴朱挹芬古渝轩约,李瑞清、姚文藻等在座,席散,郑孝胥与姚文藻同至新世界久坐。沈瑜庆过郑孝胥。

二十二日,王式过郑孝胥。

二十三日,陈三立晤缪荃孙。郑孝胥、朱祖谋、王乃徵、冯煦、杨钟羲、唐晏、章梫等作一元会。陈树屏、蒋汝藻、夏敬观、诸宗元访郑孝胥。

二十四日,陈三立招饮缪荃孙等。丁宝铨过郑孝胥。

二十五日,郑孝胥为丁宝铨题傅青主手卷。郑孝胥访夏敬观。

二十六日,郑孝胥过李经迈①。

二十七,林纾、沈瑜庆、高梦旦访郑孝胥。郑孝胥赴张元济招晚饭。

二十八日,郑孝胥过李经迈、姚文藻。郑孝胥至张园,与乡人公宴林纾。晚,郑孝胥宴李宣龚、林纾、高梦旦、江伯训于小有天。

二十九日,夜,郑孝胥赴林开謩约于广福楼,贺林天民六十生日。

是月上旬,李宣龚移新居。

十月

初二,李经迈过郑孝胥,交洋五百元,托寄与升允。郑孝胥过姚文藻,晤汪钟霖,以李经迈所交款及自送升允一百五十元交姚文藻。郑孝胥、冯煦、朱祖谋、王乃徵、杨钟羲、章梫、唐晏等宴集古渝轩。丁宝铨过郑孝胥。

初三,郑孝胥至愚园观菊花会,晤洪尔振。

初四,陈曾寿过郑孝胥,示天津所作七律二首。朱祖谋招逸社社集,沈曾植、冯煦、吴庆坻、瞿鸿禨、王乃徵、章梫、林开謩、杨钟羲、吴士鉴、缪荃孙同集。

初五,郑孝胥赴洪尔振宴,朱祖谋、王乃徵、吴昌硕、周庆云等在座。

初六,丁宝铨过郑孝胥。郑孝胥赴赵凤昌招午饭。沈瑜庆夫人生日,郑孝胥等往贺。郑孝胥至商务印书馆,晤夏敬观、俞明震、俞明颐。

初七,郑孝胥访俞明震、俞明颐塘山路二十七号新居,晤诸宗元、夏

---

① 李经迈(1876—1938),字季高。安徽合肥人。李鸿章次子。光绪三十一年(1905)任出使奥地利大臣。次年授光禄寺卿。三十三年归国,历任江苏、江南、浙江等地按察使。宣统二年(1910)以随员往日本、欧美考察军事。次年署民政部右侍郎。辛亥革命后退居上海,密与宗社党人往来。民国六年(1917)张勋复辟时被授外务部左侍郎。

敬观。沈瑜庆、林开謩过郑孝胥。

初八,俞明震、俞明颐、诸宗元、夏敬观访郑孝胥。

初九,洪尔振过郑孝胥。

初十,孟森访郑孝胥,谈报馆事。

十二日,郑孝胥过高梦旦,送林纾至车站。

十三日,赵凤昌、孟森、陈懋复过郑孝胥。

十四日,郑孝胥宴沈瑜庆、李宣龚、林开謩、陈懋复等于小有天。

十六日,章士钊过郑孝胥。郑孝胥、杨钟羲、唐晏、冯煦等作一元会。

十八日,郑孝胥晤劳乃宣、李瑞清。

十九日,劳乃宣访郑孝胥。

二十日,李宣龚、丁宝铨、孟森、赵凤昌过郑孝胥。夜,郑孝胥宴劳乃宣、李瑞清、吴学廉、章梫、唐晏、丁宝铨等。

二十一日,李详、陈诗、潘博、陈曾寿、李瑞清、沈瑜庆过郑孝胥,郑孝胥托陈曾寿转赠《海藏楼诗集》与沈曾植。

二十二日,郑孝胥赴李瑞清宴于古渝轩,劳乃宣、章梫、何维朴在座,章梫作《海藏楼集后》二诗,以所著《康熙政要》赠郑孝胥,劳乃宣以《劳山归去来图》请郑孝胥题诗。

二十三日,郑孝胥过叶景葵,樊棻、蒋汝藻等在座。

二十四日,郑孝胥、吴学廉同访洪尔振,不值。郑孝胥和周庆云诗一首。

二十五日,郑孝胥至张园贺余诚格堂庆。

二十六日,郑孝胥过李详、陈树屏。

二十八日,郑孝胥复张謇书。李宣龚、林开謩过郑孝胥。沈瑜庆明日五十生日,郑孝胥等公宴其于广福楼。李详寄郑孝胥七律一首。

二十九日,唐晏以《湖山招隐》卷请郑孝胥题之。陈树屏过郑孝胥。沈瑜庆过郑孝胥。

三十日,李宣龚、沈瑜庆过郑孝胥谈时局。

十一月

初一,郑孝胥题劳乃宣《劳山归去来图》、唐晏《湖山招隐图》。①

初二,郑孝胥为陈曾寿题《重游黄鹤楼图》。郑孝胥访吴昌硕、李瑞清。沈瑜庆过郑孝胥。

初三,黄节寄诗与郑孝胥,并寄纸请郑孝胥录近作。陈曾寿过郑孝胥。

初五,汤寿潜过郑孝胥。丁宝铨过郑孝胥,诵《五十生日》诗。洪尔振过郑孝胥。郑孝胥过章梫、王乃徵,晤陈曾寿,以《海藏楼诗》赠王乃徵、朱祖谋。

初六,郑孝胥过汤寿潜。高梦旦、沈瑜庆访郑孝胥。

初七,赵凤昌、汤寿潜、陈树屏过郑孝胥。

初九,李宣龚、沈瑜庆访郑孝胥。

初十,丁宝铨过郑孝胥。

十一日,郑孝胥赴唐晏招集一元会。夜,郑孝胥赴庞元济②招饮,梁鼎芬、王乃徵、刘承干、张钧衡③、陆友恢等在座。

十二日,郑孝胥赴杨钟羲宴。

十三日,梁鼎芬访郑孝胥,送郑守廉词。

十四日,郑孝胥访梁鼎芬久谈。

十五日,梁鼎芬、赵凤昌、沈瑜庆过郑孝胥。郑孝胥过徐乃昌。

十七日,郑孝胥过李经迈、丁宝铨、姚文藻。孟森、朱祖谋过郑孝胥。

---

① 郑孝胥:《题劳玉初劳山归去来图》、《唐元素同年属题湖山招隐图卷》,《海藏楼诗集》,第266页。

② 庞元济(?—1949),字莱臣,别号虚斋。浙江南浔人。光绪六年(1880)秀才,因父亲向朝廷捐银十万两赈灾,补博士弟子,例授为刑部江西司郎中,特赏四品京堂。光绪中,曾赴日本考察实业。先后创办世经缫丝厂、龙章造纸厂等企业,投资浙江兴业银行、中国银行。酷爱收藏字画,是近代收藏大家。有《虚斋名画录》、《虚斋名画续录》。

③ 张钧衡(1872—1927),字石铭,号适园主人。浙江南浔人。光绪二十年(1894)中举,会试不第。捐主事分兵部车驾司候补,在上海经办实业,投资商业银行、浙江兴业银行及慎大钱庄。酷好藏书,二十年起,以其雄厚资财,大举收购图书。三十三年在南浔筑"适园",藏书达十余万卷。辛亥革命后,各地遗老纷纷聚居上海,可借此收得不少善本,适园因而得以与蒋汝藻密韵楼、刘承干嘉业堂藏书楼并称于世。

夜,丁宝铨过郑孝胥谈。

十八日,陈树屏、吴昌硕、诸宗元访郑孝胥。

十九日,孟森、赵凤昌过郑孝胥。

二十日,李宣龚、高梦旦、沈瑜庆访郑孝胥。夜,郑孝胥过姚文藻。

二十一日,夜,郑孝胥过姚文藻。

二十二日,李经迈、宗方小太郎、姚文藻过郑孝胥。郑孝胥至印书馆,与张元济谈文廷式遗稿事。

二十三日,丁宝铨过郑孝胥。郑孝胥访王乃徵、朱祖谋。

二十四日,郑孝胥与同人集悦宾楼作一元会。孟森、赵凤昌、姚文藻过郑孝胥。

二十五日,陈曾寿访郑孝胥。沈曾植致函吴庆坻。

二十六日,夜,郑孝胥与吴学廉同赴丁宝铨约,许汝棻在座。缪荃孙访沈曾植谈。

二十八日,郑孝胥晤李宣龚。

二十九日,赵凤昌过郑孝胥。夜,郑孝胥约丁宝铨、许汝棻晚饭。

十二月

初一,郑孝胥过赵凤昌。孟森访郑孝胥。

初二,黄书霖过郑孝胥,不值。张元奇宴严复。

初三,郑孝胥等于广福楼为王仁东补做生日。

初四,丁宝铨、黄书霖、沈瑜庆、林开謩过郑孝胥。沈曾植作《褚临本兰亭跋》。

初五,丁宝铨、唐晏过郑孝胥。夜,郑孝胥赴许汝棻邀至清凉寺斋饭。

初七,孟森过郑孝胥。郑孝胥过林开謩。

初六,陈树屏、姚文藻过郑孝胥。李宣龚赠郑孝胥《映庵词》。

初八,吴昌硕访郑孝胥,请郑孝胥为其诗卷作序。

初九,郑孝胥至印书馆,晤李宣龚。郑孝胥为吴昌硕作《缶庐诗序》。

初十,郑孝胥以《诗序》交吴昌硕。

十二日,丁宝铨过郑孝胥。郑孝胥作诗答洪尔振。

十四日,丁宝铨过郑孝胥。

十五日,洪尔振过郑孝胥,谈辛亥苏州乱状。沈瑜庆、林开暮过郑孝胥。缪荃孙过沈曾植。

十六日,李详访郑孝胥。郑孝胥与同人小有天作一元会。

十七日,孟森过郑孝胥。郑孝胥赴林开暮招至同兴楼午饭。

十九日,沈瑜庆、李宣龚过郑孝胥。郑孝胥收到胡朝梁信及诗卷。

二十日,陈树屏过郑孝胥。

二十一日,孟森过郑孝胥。沈瑜庆宴郑孝胥、高而谦等。

二十二日,丁宝铨过郑孝胥。郑孝胥、李宣龚至印书馆。高而谦、高梦旦过郑孝胥。

二十三日,郑孝胥过高而谦谈。

二十四日,郑孝胥过赵凤昌。郑孝胥与同人古渝轩作一元会。

二十五日,郑孝胥宴沈瑜庆、高而谦于小有天。缪荃孙访沈曾植。

二十六日,丁宝铨过郑孝胥。郑孝胥、王仁东、高而谦宴集广福楼,席散,郑孝胥与高而谦同至李宣龚宅,晤张元济。

二十七日,李宣龚访郑孝胥。

二十七日,郑孝胥过李经迈、丁宝铨,不值。李宣龚过郑孝胥。

二十八日,朱祖谋请郑孝胥题《彊村校词图》。诸宗元、陈曾寿过郑孝胥。

二十九日,丁宝铨过郑孝胥。

三十日,诸宗元致函陈三立。

是月,俞明震与谭延闿、俞明颐、李瑞清等人时相过从,文酒留连,评书谈艺。

是年春,浙人欲重修《浙江通志》,聘沈曾植为总纂。沈曾植致函吴庆坻,商修志事宜。

是年夏,陈三立偕家返回江宁,与胡思敬、潘博、谭延闿、俞明震、王瀣、陈曾寿、诸宗元等多有往还。

是年,陈衍主法政学校文字学讲席。

民国五年 丙辰（1916年）

正月

初一，李宣龚过郑孝胥贺年。郑孝胥访杨钟羲、唐晏、王仁东、沈瑜庆、诸宗元、吴学廉等贺年。吴昌硕访郑孝胥。

初三，陈三立访俞明震。郑孝胥过蒋汝藻、孟森。丁宝铨过郑孝胥。

初四，郑孝胥赴高而谦宴于小有天。

初五，郑孝胥为陈敬第题袁昶信册。① 郑孝胥赴沈琬庆消闲别墅午饭。夜，郑孝胥赴丁宝铨约。

初六，沈瑜庆、郑孝胥过柯鸿年。沈瑜庆携子归福州。

初七，李宣龚、诸宗元、李经迈过郑孝胥。夜，郑孝胥宴丁宝铨、许汝棻、吴学廉。郑孝胥得陈衍信及新刻书一本。

初八，郑孝胥过姚文藻。王国维访沈曾植。时王方自日本返上海，自是常与沈曾植往来，商榷学问、纵谈时事。

初九，林开謩生日，宴郑孝胥等于广福楼。郑孝胥过洪尔振。

初十，郑孝胥过李经迈。郑孝胥至小有天，公宴林开謩。

十一日，缪荃孙访沈曾植。

十二日，郑孝胥为朱祖谋题《彊村校词图》。郑孝胥过陈树屏。

十四日，王式、朱祖谋、姚文藻、林开謩过郑孝胥。蒋汝藻邀郑孝胥过其新居午饭，缪荃孙、徐乃昌在座。陈曾寿访郑孝胥，示陈三立《游扫叶楼》诗。

十六日，丁宝铨过郑孝胥。

十七日，丁宝铨过郑孝胥。王国维过沈曾植。

十九日，沈曾植晤缪荃孙。

二十二日，郑孝胥接梁鼎芬函，寄来祭品两件。

二十三日，郑孝胥寄梁鼎芬诗一首。

二十四日，李宣龚过郑孝胥。郑孝胥、王乃徵、朱祖谋、李瑞清、杨钟羲、唐晏、章梫等作一元会。

---

① 郑孝胥：《陈叔通求题袁爽秋许竹篔遗札》，《海藏楼诗集》，第268页。

二十五日,丁宝铨、王仁东过郑孝胥。

二十八日,郑孝胥、高梦旦、林开謩同至新世界看电影。

二十九日,张元济、李宣龚宴郑孝胥、王乃徵、朱祖谋、俞明震、徐乃昌、郑孝柽、李瑞清等于一家春。

三十日,王国维访沈曾植长谈。

是月,陈曾寿兄弟由沪至宁访陈三立,同俞明震、王瀣同游扫叶楼。

二月

初三,洪尔振过郑孝胥。

初四,丁宝铨、许汝棻过郑孝胥。

初五,丁宝铨过郑孝胥。吕碧城邀郑孝胥饮,郑辞之。

初七,赵凤昌过郑孝胥。林开謩邀郑孝胥午饭。夜,丁宝铨过郑孝胥。

初八,陈三立自南京出发赴西山扫墓。王仁东过郑孝胥。郑孝胥、杨钟羲、王乃徵、朱祖谋、章梫等作一元会。沈曾植送《四部举要目录》与张元济。

初九,郑孝胥过赵凤昌。诸宗元访郑孝胥。夜,郑孝胥赴诸宗元约于都益处。

初十,罗振玉自日本至上海,与沈曾植相见,久谈。

十一日,丁宝铨、王式过郑孝胥。

十二日,罗振玉过郑孝胥谈时局。

十三日,陈曾寿访郑孝胥。

十四日,丁宝铨、孟森过郑孝胥。

十五日,郑孝胥晤潘博。

十六日,丁宝铨、李宣龚、高梦旦、高向瀛访郑孝胥。

十七日,夜,丁宝铨过郑孝胥,约明日午饭。

十八日,郑孝胥赴丁宝铨午饭,罗振玉在座,罗赠郑《流沙坠简》。郑孝胥至印书馆,晤陈曾寿、孟森、陈敬第。沈曾植招王国维谈。

十九日,丁宝铨、宗舜年、陈曾寿、李瑞清、刘廷琛访郑孝胥。王国维过沈曾植。

二十日,陈曾寿、王国维过沈曾植。郑孝胥过丁宝铨、刘廷琛,晤唐晏。

二十一日,郑孝胥宴刘廷琛、李瑞清、陈曾寿、章梫、唐晏等于古渝轩。郑孝胥过姚文藻。丁宝铨、吴学廉过郑孝胥。

二十三日,郑孝胥赴唐晏、章梫约于悦宾楼午饭。高梦旦宴郑孝胥于小有天。

二十四日,夜,丁宝铨过郑孝胥。

二十五日,王式、孟森、赵凤昌过郑孝胥。

二十六日,郑孝胥访陈曾寿、李瑞清。王国维过沈曾植,谈时局。

二十七日,陈三立、郑孝胥赴李瑞清宴于别有天。

二十八日,夜,郑孝胥、丁宝铨、许汝棻、吴学廉至清凉寺食素。

三十日,沈瑜庆、李宣龚、高梦旦、林开暮访郑孝胥。

月末,陈三立为嫁女至沪,居两月。陈三立与沈曾植时相聚谈,"作邻六十日,纵语五千年"。

三月

初一,丁宝铨、沈瑜庆过郑孝胥。缪荃孙借沈曾植黄山谷集。

初三,王仁东女与赵凤昌子订婚,媒人为郑孝胥、丁宝铨。瞿鸿禨、陈夔龙集沈曾植寓中修禊。①

初四,陈三立访郑孝胥,言在九江被北军搜检、虐待之状。

初五,丁宝铨、洪尔振过郑孝胥。郑孝胥赴吴学廉招清凉寺食素,丁宝铨、许汝棻在座。姚文栋访沈曾植。

初六,沈瑜庆、高而谦、王仁东访郑孝胥。

初七,丁宝铨、李经迈、姚文藻、吴学廉过郑孝胥。

初八,陈衍过郑孝胥,同访陈曾寿,与李宣龚、高向瀛等谈。沈瑜庆、高而谦访郑孝胥。

初十,吴昌硕、李宣龚、孟森、沈瑜庆访郑孝胥。

---

① 沈曾植:《三月三日清明寓中修禊和庸庵钟牌两字韵》,《海日楼诗注》;瞿鸿禨:《三月三日清明同在乙庵寓斋修禊和庸庵钟牌两字韵》,《超览楼诗稿》。

十一日,王式过郑孝胥。郑孝胥宴沈瑜庆、何维朴、李瑞清、左孝同、王仁东、洪尔振等。

十二日,夏敬观访郑孝胥。

十三日,郑孝胥宴陈三立、刘廷琛、杨钟羲、唐晏、王乃徵、郑绩臣、郑尧臣。陈衍至海藏楼看樱花。

十四日,郑孝胥宴陈衍、夏敬观、张元济、赵凤昌、高梦旦、高而谦、李宣龚、孟森等。夜,黄书霖过郑孝胥,请题画。

十五日,郑孝胥宴丁宝铨、许汝棻、吴学廉等。李经迈过郑孝胥。郑孝胥过何维朴。

十六日,沈瑜庆、李瑞清、王仁东、吴学廉、洪尔振、林开謩等至海藏楼,为郑孝胥补做生日。郑孝胥、沈瑜庆过陈三立,贺其嫁女。

十七日,陈衍访郑孝胥,云暂不还闽,租屋于成都路。

十八日,罗振玉致函沈曾植。

十九日,郑孝胥赴赵凤昌招午饭。陈曾寿兄弟访郑孝胥。沈曾植作《董文敏诗卷跋》。

二十日,郑孝胥过陈衍,不值。梅光远过郑孝胥。沈曾植作《陈老莲画册跋》。

二十一日,夜,李宣龚宴陈三立、郑孝胥、陈衍、夏敬观、沈瑜庆、陈曾寿等。

二十二日,郑孝胥访张謇。夜,丁宝铨过郑孝胥。沈曾植招王国维谈,章梫在座。

二十三日,郑孝胥吊樊棻。

二十三日,郑孝胥赴徐乃昌宴,刘世珩、曹元忠在座。胡思敬过郑孝胥。

二十四日,陈祺寿访郑孝胥。

二十五日,郑孝胥赴古渝轩同人一元会。郑孝胥赴刘世珩宅观牡丹。盛宣怀卒。

二十六日,李经迈过郑孝胥。郑孝胥为朱克柔题《海天梦月图》。李宣龚过郑孝胥,示七律一首及夏敬观《藤花诗》。夜,郑孝胥赴丁宝铨招于悦宾楼。

二十九日,陈衍、陈曾寿、沈瑜庆过郑孝胥。

四月

初一,丁宝铨过郑孝胥。郑孝胥作陈作霖八十寿诗寄往南京。郑孝胥过洪尔振。

初二,郑孝胥访吴昌硕还《研林六逸》。郑孝胥、陈衍同往新世界游览,晤高梦旦、高而谦,谈良久。李宣龚宴郑孝胥、高而谦等。王国维访沈曾植谈,借《水经注》。

初三,俞明震、姚文藻、丁宝铨、蒋汝藻访郑孝胥。

初四,沈瑜庆、陈衍同归福建。丁宝铨过郑孝胥。郑孝胥至均益里过许汝棻视疾。梁鼎芬访郑孝胥。

初五,赵凤昌生日,郑孝胥、王仁东、林开謩等于海藏楼公宴。李宣龚、梁启超被举为商务印书馆新董事。晚,王国维访沈曾植并观画。

初六,高梦旦约郑孝胥同饭。郑孝胥过梁鼎芬,不值。

初七,高梦旦访郑孝胥。罗振玉致函沈曾植。

初八,郑孝胥访俞明震久谈。

初九,郑孝胥为张钧衡作《适园记》。郑孝胥、李宣龚至印书馆。

初十,陈三立、沈曾植赴陈夔龙花近楼社集,瞿鸿禨、邹嘉来、刘锦藻、梁鼎芬、胡嗣瑗在座。郑孝胥过李经迈,不值。

十一日,郑孝胥过孟森,晤赵凤昌。高梦旦、高而谦访郑孝胥。

十二日,郑孝胥过唐晏。郑孝胥赴丁宝铨约于都益处。

十三日,袁思亮访郑孝胥。

十四日,陈宝琛晤缪荃孙等。

十五日,陈宝琛赴张权可园招饮,樊增祥、沈曾桐、缪荃孙等在座。郑孝胥、李宣龚赴商务印书馆董事会。

十六日,王国维过沈曾植,观藏画。

十七日,丁宝铨过郑孝胥。

十九日,陈三立、陈曾寿、陈诗访郑孝胥。

二十日,陈三立、郑孝胥、丁宝铨过吴学廉。陈曾寿遣人至海藏楼取花两盆。

二十一日,郑孝胥过姚文藻。

二十二日,夜,郑孝胥赴丁宝铨约,许汝棻、吴学廉等在座。

二十四日,沈曾植题扇赠陈三立。

二十五日,丁宝铨、姚文藻、王式过郑孝胥。

二十六日,郑孝胥赴同人一元会于小有天。

二十七日,丁宝铨过郑孝胥谈时事。

二十八日,林景行访郑孝胥求书,且代张君劢求书。

二十九日,林景行携诗访郑孝胥。郑孝胥过梁鼎芬,不值。

三十日,郑孝胥过冯煦。刘承干①致函沈曾植。

五月

初一,郑孝胥过左孝同。

初二,姚文藻过郑孝胥。

初三,郑孝胥至高梦旦宅,贺高凤歧夫人生日。林景行、林庚白访郑孝胥。

初六,丁宝铨过郑孝胥。

初八,郑孝胥赴丁宝铨约。郑孝胥作一诗答李详。

初九,郑孝胥赴郑绩臣、尧臣之约于别有天。

初十,郑孝胥赴赵凤昌招午饭。郑孝胥过姚文藻,晤王式。郑孝胥宴丁宝铨、许汝棻、许经农、杨幼城于同兴楼。

十一日,郑孝胥至新世界,晤李宣龚、魏繇、郑孝柽等。

十二日,郑孝胥赴许汝棻招饮同兴楼。缪荃孙访沈曾植。

十五日,林开謩过郑孝胥。郑孝胥过孟森、孟昭常。

十六日,李宣龚、夏敬观、陈树屏过郑孝胥。郑孝胥为林景行书隶四

---

① 刘承干(1882—1963),字贞一,号翰怡,一作翰贻,别署求恕居士,室名嘉业楼。浙江吴兴(今湖州)人。其祖父刘镛,巨商。父刘锦藻,官内阁侍读学士。刘自幼嗜书,后以藏书、刻书为事。秀才出身,清末官候补内务府卿。辛亥革命后,以清遗老自居,家居上海。宣统二年(1910),因赴南京出席南洋劝业会,暇赴书肆,遍览群书,由此开始藏书,先后达六十万卷近二十万册。民国十三年(1924)落成嘉业堂藏书楼,内有书库五十二间,所藏极富,是继近代四大藏书楼毁弃之后首屈一指的大藏书楼。

幅。

十七日,沈曾植赴刘承干招饮嘉业堂,叶昌炽、梁鼎芬、吴庆坻、杨钟羲、曹元忠在座。

十八日,郑孝胥访陈曾寿。

十九日,郑孝胥过许汝棻。

二十一日,沈瑜庆访郑孝胥。刘承干致函沈曾植,复之。

二十二日,李宣龚过郑孝胥。郑孝胥、林开謩赴赵凤昌招午饭。王国维过沈曾植。

二十三日,郑孝胥访沈瑜庆、吴学廉、王乃徵。

二十四日,郑孝胥作题辛克羽画像二绝句。李宣龚、陈衍过郑孝胥。

二十五日,郑孝胥过陈衍,不值。郑孝胥赴丁宝铨同兴楼招饮。

二十六日,林景行访郑孝胥。

二十七日,李经迈过郑孝胥。郑孝胥邀丁宝铨、许汝棻、吴学廉、杨赤城晚饭。

二十九日,李宣龚宴郑孝胥等。

六月

初二,郑孝胥接林纾函,称《海藏楼诗》已读至十五遍。

初三,郑孝胥过陈衍,不值。

初四,沈瑜庆、高而谦访郑孝胥。

初五,郑孝胥复林纾函。

初七,诸宗元过郑孝胥。

初八,郑孝胥过孟昭常、孟森。王国维过沈曾植,观《澄清堂帖》。

初九,沈瑜庆、陈衍、陈曾寿、高而谦过郑孝胥。夜,郑孝胥与陈曾寿、陈衍同至新世界听说鼓书。

十一日,晚,郑孝胥赴许汝棻约于都益处。王国维送罗振玉赠书与沈曾植。

十二日,丁宝铨过郑孝胥。唐晏、王乃徵、朱祖谋同过郑孝胥,饮白兰地。沈瑜庆过郑孝胥。

十三日,朱祖谋、王乃徵访郑孝胥。沈瑜庆访郑孝胥。

十四日,李宣龚送林纾函与郑孝胥,段祺瑞托林询郑肯任国务员否,郑却之。

十五日,陈衍访郑孝胥,不值。陈是日离沪。郑孝胥赴丁宝铨招晚饭。

十六日,王式过郑孝胥。郑孝胥过姚文藻。沈瑜庆、沈成式访郑孝胥。

十八日,沈瑜庆访沈曾植,不值。沈瑜庆过郑孝胥。高向瀛馈郑孝胥荔枝。

十九日,吴学廉于海藏楼宴郑孝胥、丁宝铨、许汝棻等。

十九日,缪荃孙访沈曾植。

二十日,夏敬观访郑孝胥,携《海藏楼》杂诗六首去。蒋汝藻过郑孝胥,请书中华书局匾。林景行访郑孝胥,钞七律一首去。

二十一日,沈瑜庆、沈成式、李宣龚访郑孝胥。

二十二日,沈曾植赴张元济宴伯希和于寓所,缪荃孙、叶昌炽、蒋汝藻、张钧衡、缪荃孙在座,沈曾植与伯希和"谈契丹、蒙古、畏兀儿国书及末尼、婆罗门诸教源流,滔滔不绝,座中无可搀言"。

二十三日,郑孝胥过王仁东视疾。

二十四日,郑孝胥为高向瀛作《环翠楼诗》一首。高梦旦访郑孝胥。孟森、孟昭常过郑孝胥,请为其母作墓志。

二十六日,马君武访郑孝胥。

二十七日,晨,郑孝胥过丁宝铨谈淮运水灾事。沈瑜庆、高而谦、高梦旦访郑孝胥。王国维访沈曾植。

二十九日,沈瑜庆、丁宝铨、林开謩、高而谦过郑孝胥。

三十日,郑孝胥过马君武久谈。郑孝胥至新世界,逢刘体藩①。

七月

初一,夏敬观访郑孝胥,"以印书馆摹十二镜笺请为题字"。郑孝胥过李宣龚,晤高梦旦、陈敬第等。

---

① 刘体藩,字锡之。安徽庐江人。刘秉璋之侄,刘麟生之父。善诗。

初二,丁宝铨过郑孝胥。

初三,沈曾植致函罗振玉。

初四,沈瑜庆访郑孝胥。

初五,王敬芳过郑孝胥谈时局。

初六,郑孝胥吊余诚格父丧。

初七,高梦旦、高而谦访郑孝胥。

初八,章梫、夏敬观、陈诗访郑孝胥。郑孝胥过王敬芳,不值。

初九,林景行卒。

初十,逸社社集,沈曾植、缪荃孙等为朱祖谋做生日,"逸社同人毕集"。

十一日,陈曾寿、洪尔振、丁宝铨过郑孝胥。

十二日,沈瑜庆访郑孝胥。

十三日,郑孝胥过刘体藩。

十四日,丁宝铨过郑孝胥。

十五日,李宣龚宴郑孝胥、林开暮等于小有天。

十六日,郑孝胥赴丁宝铨招至清凉寺食素,许汝棻、刘锦藻①在座。

十七日,郑孝胥至商务印书馆,晤夏敬观等。

十九日,丁宝铨过郑孝胥。郑孝胥过许汝棻久谈。

二十一日,郑孝胥访杨钟羲。郑孝胥、夏敬观、李宣龚至商务印书馆。沈瑜庆过郑孝胥。

二十四日,郑孝胥晤徐申如。郑孝胥赴刘体藩宴于一品香,吴学廉等在座。

二十五日,郑孝胥、丁宝铨、许汝棻、吴学廉宴集海藏楼。沈瑜庆过郑孝胥。夜,丁宝铨、吴学廉、许汝棻过郑孝胥谈。

---

① 刘锦藻(1862—1934),原名刘安江,字澄如。浙江南浔人。其父刘镛乃南浔首富。光绪十四年(1888)中举,授四品候补京堂。富民族大义,具维新思想,与张謇为至交,更与康有为、梁启超、谭嗣同有往来。生平热心洋务运动,常与外国人谈判,争取利益。三十三年,他成立"浙江兴业银行",集资一百万股,为中国最早的商办银行之一。宣统元年(1909年),主持沪杭铁路接轨通车。撰《清朝续文献通考》一书,内容多涉及清末近代洋务。

二十六日,郑孝胥过孟昭常谈。

二十八日,郑孝胥过陈树屏、李瑞清、陈曾寿。

二十九日,郑孝胥等公宴李瑞清于古渝轩。丁宝铨过郑孝胥。

三十日,沈瑜庆过郑孝胥。王国维过沈曾植,沈谈黄彭年家藏书画出售事。

八月

初一,李宣龚、吴昌硕、姚文藻过郑孝胥。郑孝胥、李瑞清、左孝同、王仁东、林开謩等公宴吴昌硕于洪尔振寓所。

初三,丁宝铨、姚文藻过郑孝胥。

初四,郑孝胥赴丁宝铨宴于万家春,张君劢在座。

初五,陈树屏过郑孝胥。

初六,郑孝胥晤俞明震兄弟。俞明震在杭州南湖造屋数间,请郑孝胥书门联。

初七,王国维访沈曾植。

初八,郑孝胥买呢幛二幅送梁启超、宗舜年。

初九,郑孝胥、沈曾植等过王仁东视疾。

初十,丁宝铨、柯鸿年过郑孝胥。

十一日,沈瑜庆、林开謩、丁宝铨过郑孝胥。

十二日,郑孝胥至商务印书馆,晤李宣龚。王国维过沈曾植,送罗振玉赠书。

十三日,李宣龚宴郑孝胥、朱祖谋、夏敬观、张元济、高梦旦。丁宝铨过郑孝胥。

十四日,沈瑜庆访郑孝胥,示诗文稿。

十六日,刘体藩过郑孝胥。莫安仁赠郑孝胥《大同报》,有郑孝胥诗。

十七日,陈三立至洁漪园观桂花。①

十九日,刘锦藻索郑孝胥诗。

二十日,丁宝铨过郑孝胥。孟森过郑孝胥,借《徐州二遗民集》。郑

---

① 陈三立:《散原精舍诗文集》,第523页。

孝胥赴丁宝铨招午饭,林开暮、陈懋复在座。郑孝胥邀林天民、林开暮、陈懋复、郑孝柽等共饭古渝轩。

二十一日,郑孝胥为刘锦藻题溥仪诗一首。

二十二日,夏敬观访郑孝胥,为徐珂之子索《海藏楼诗》一部。

二十三日,李宣龚过郑孝胥。王仁东示郑孝胥诗一首。聂其杰过郑孝胥。缪荃孙访沈曾植谈。

二十四日,沈瑜庆访郑孝胥。郑孝胥得陈衍函,为友人做媒。

二十五日,许汝棻过郑孝胥。

二十六日,丁宝铨过郑孝胥。

二十八日,郑孝胥至惠中旅馆为吴昌硕拜寿。

二十九日,孟森过郑孝胥。郑孝胥、沈瑜庆赴赵凤昌招午饭,王乃徵、林开暮等在座,饭毕,同至海藏楼小坐。张尔田、孙德谦访沈曾植。

是月,王国维有诗柬沈曾植。

九月

初一,郑孝胥过孟森。

初二,沈瑜庆过郑孝胥。郑孝胥过姚文藻。

初三,郑孝胥赴刘锦藻招于小有天,邹嘉来、叶昌炽在座。

初四,郑孝胥与高梦旦、高而谦、魏瀫等宴集小有天。

初五,吴昌硕访郑孝胥。丁宝铨过郑孝胥。

初九,缪荃孙访沈曾植,沈曾植、沈瑜庆、瞿鸿禨、王仁东、杨钟羲、王乃徵、张彬、王秉恩、缪荃孙、冯煦宴集。

初十,丁宝铨过郑孝胥。沈瑜庆示郑孝胥《杭州游》诗一首。

十一日,郑孝胥作《重九》诗寄与陈曾寿。李详致函沈曾植。

十二日,李详赠郑孝胥《丙辰怀人诗》一册。沈瑜庆、高梦旦访郑孝胥。

十三日,李详寄郑孝胥诗一首。

十四日,郑孝胥过徐乃昌、许汝棻。

十五日,郑孝胥过李详。罗振玉致函沈曾植。

十六日,李宣龚、刘体藩过郑孝胥。

十七日,郑孝胥宴丁宝铨、许汝棻于同兴楼。王国维、王仁东、朱祖谋访沈曾植。

十九日,夏敬观示郑孝胥近作。沈瑜庆访郑孝胥。郑孝胥过洪尔振,洪拟移居扬州。

二十日,洪尔振过郑孝胥,郑孝胥、郑孝柽、洪尔振、吴昌硕宴集古渝轩。郑孝胥过刘体藩,晤刘体乾。夜,郑孝胥赴许汝棻于清凉寺。

二十二日,郑孝胥赴王仁东、林开謩招午饭。王国维过沈曾植,谈购画事。

二十三日,王允晳过郑孝胥。夜,郑孝胥、李宣龚、夏敬观、李瑞清、朱祖谋、王允晳、郑孝柽等宴集古渝轩,众人候陈三立及陈方恪自南京来,九点三刻方至。

二十四日,陈三立至杭州访俞明震、陈曾寿。① 郑孝胥、沈瑜庆、夏敬观、李宣龚、郑孝柽、王允晳、高梦旦、高而谦等宴集同兴楼。章士钊、李根源②过郑孝胥,不值。

二十五日,郑孝胥赴丁宝铨约至清凉寺午饭,许汝棻、杨赤城在座。

二十六日,陈衍自福州至沪,与郑孝胥、李宣龚、高梦旦宴集消闲别墅,陈衍与郑孝胥至同文图书馆看《十三经注疏》,后同至新世界,逢狄葆贤,谈禅久之。

二十七日,沈瑜庆过郑孝胥。沈曾植招饮同人,并观黄氏藏书。

二十九日,郑孝胥为何振岱作《存海斋文稿》序。郑孝胥赴王仁东宅

---

① 陈三立:《丙辰九月二十四日车赴杭州访仁先恪士夜抵南湖新宅》,《散原精舍诗文集》,第523页。

② 李根源(1879—1965),字印泉,又字养溪、雪生,号曲石,别署高黎贡山人。祖籍山东,生于云南腾越。光绪二十四年(1898)中秀才,二十九年入昆明高等学堂。次年留学日本,学习陆军军事,先后毕业于振武学堂与士官学校。三十一年加入同盟会,宣统元年(1909)回国,任云南讲武堂监督兼步兵科教官,旋升总办。武昌起义后,与蔡锷等发动新军响应,成立大汉军政府,任军政总长兼参议院院长,任云南陆军第二师师长。后参加"二次革命",反袁世凯称帝活动和"护法"斗争等革命运动。民国十二年(1923),因反对曹锟贿选总统,李根源退出政坛,隐居吴中。二十年,担任《吴县志》总纂,并撰冢墓、金石卷。抗日战争爆发后,积极投入抗日救亡运动。不久离苏去内地。新中国成立后,历任西南军政委员会委员、西南行政委员会委员、全国政协委员等职。有《曲石文录》《曲石诗录》《雪生年录》等。

作左孝同生日。

三十日,姚文藻、陈树屏、丁宝铨过郑孝胥。郑孝胥与同人至同兴楼作一元会。王国维访沈曾植。

是月,陈三立在杭州与俞明震、陈曾寿游法相寺。与冯煦、俞明震、陈曾寿等游虎跑泉。吴庆坻宴陈三立、冯煦、陈曾寿等于西溪交芦庵;时客杭州幕府的诸宗元携酒邀陈三立、俞明震、陈仁先等游云栖寺;陈三立、冯煦同观龙井;陈三立、陈曾寿、冯煦泛舟湖上;陈三立、陈曾寿同登六和塔。

是月,章梫自青岛至上海,携吴郁生重摹《壬戌雅集图》请沈曾植题。

十月

初一,沈曾植为张尔田饯行,王国维、曹元忠在座。

初二,郑孝胥过李经迈。

初四,缪荃孙赴淞社晤陈三立。

初五,午,郑孝胥约沈瑜庆、吴昌硕、王仁东、何维朴、左孝同、林开謩至海藏楼看菊、共饭。陈三立、王秉恩、朱祖谋、王乃徵访郑孝胥,观郑诗。夜,郑孝胥赴李宣龚约,诸宗元、刘世珩在座。

初六,王国维过沈曾植谈购画事。午,郑孝胥约汤寿潜、丁宝铨、赵凤昌、蒋汝藻、吴学廉至海藏楼看菊、共饭。

初七,郑孝胥过陈三立。蒋汝藻邀郑孝胥午饭。

初八,郑孝胥赴吴学廉招午饭于古渝轩。郑孝胥、李宣龚、夏敬观至商务印书馆,观新作数首。沈曾植约王国维十一日看画。

初九,郑孝胥吊林绍年丧。郑孝胥赴左孝同约,左赠左宗棠诗文集二册。唐晏过郑孝胥。沈曾植与瞿鸿禨见面,谈售画事。

十一日,沈瑜庆生日,郑孝胥、吴昌硕、王仁东、左孝同、林开謩、何维朴等往贺。陈曾寿、俞明震访郑孝胥。缪荃孙、王国维访沈曾植。

十三日,冯煦过郑孝胥。郑孝胥为左孝同作左宗棠二十九岁小像诗。

十四日,金武祥过郑孝胥,赠《兰言小录》。郑孝胥过左孝同。

十五日,沈瑜庆过郑孝胥。郑孝胥为张钧衡作《适园八景》诗。

十六日,郑孝胥访陈曾寿,观其诗词数首。瞿鸿禨、王国维过沈曾植。

十七日,李详访郑孝胥。

十八日,陈树屏、张元济访郑孝胥。

十九日,汤寿潜过郑孝胥。郑孝胥过刘体藩。

二十日,郑孝胥题刘廷琛《潜楼读书图》,过章梫,以刘图付之。郑孝胥过丁宝铨、陈树屏。夜,丁宝铨过郑孝胥。

二十一日,郑孝胥赴唐晏邀至雅叙园作一元会。

二十二日,冯煦、朱祖谋、王乃徵、唐晏、杨钟羲、章梫等至海藏楼看菊。

二十三日,郑孝胥赴左孝同约,康有为、刘世珩等在座。

二十五日,王国维过沈曾植。丁宝铨过郑孝胥。康有为赠郑孝胥书。

二十六日,郑孝胥以诗及墓志遗康有为。郑孝胥、李宣龚、夏敬观至印书馆。康有为邀郑孝胥晚饭,郑辞之。

二十七日,丁宝铨过郑孝胥。

二十八日,刘体藩过郑孝胥。

二十九日,沈瑜庆生日,郑孝胥往贺。晚,罗振常过沈曾植。

十一月

初一,王国维过沈曾植。

初三,章梫示郑孝胥诗三首。

初四,沈瑜庆、杨士琦至沈曾植寓所作诗钟。午后,王国维过沈曾植。

初五,沈曾植以黄画事致函罗振玉。

初六,陈树屏过郑孝胥,借康有为《书镜》。

初七,王式过郑孝胥。

初八,徐乃昌、丁宝铨过郑孝胥。

初十,郑孝胥为唐晏题《清溪耕乐图》。

十一日,沈曾植宴缪荃孙等。罗振玉致函沈曾植。

十三日,王国维过沈曾植谈画事。

十五日,陈曾寿访郑孝胥。

十六日,李详访郑孝胥。郑孝胥赴丁宝铨约。

十七日,王国维过沈曾植谈画事。洪尔振卒。

十八日,王国维过沈曾植。

二十日,李宣龚、林长民同访郑孝胥。

二十二日,郑孝胥访林长民,晤李宣龚。沈曾植作《赵文敏书天台山赋》诗。

二十三日,王国维过沈曾植取书,沈曾植谈重修《浙江通志》事。

二十八日,陈衍、姚文藻访郑孝胥,不值。

二十九日,郑孝胥访陈衍,至会宾楼同饭。

三十日,丁宝铨过郑孝胥。王国维过沈曾植。

十二月

初二,郑孝胥过许汝棻。

初三,夜,郑孝胥宴丁宝铨、许汝棻、唐晏等于会宾楼。

初四,王国维过沈曾植。

初五,孟森过郑孝胥。吴学廉自南京抵沪,过郑孝胥。夜,郑孝胥赴丁宝铨约于会宾楼,邹嘉来在座。

初六,郑孝胥与李宣龚晤谈。夜,郑孝胥赴丁宝铨约,宝铨子与刘锦藻女订婚。

初八,郑孝胥赴高而谦约至消闲别墅午饭,邹嘉来、林开謩等在座。午后,姚文藻、升允、日人远藤文雄同过郑孝胥,李经迈亦至,谈至暮始去。

初九,缪荃孙访沈曾植。郑孝胥访升允,晤宗方小太郎。夜,郑孝胥赴许汝棻约于会宾楼。

初十,王国维过沈曾植。邹嘉来、赵凤昌过郑孝胥。郑孝胥过王仁东、林开謩。

十一日,夜,沈曾植宴郑孝胥、升允、章梫、王式、姚文藻等。

十二日,晨,郑孝胥过姚文藻、王仁东。升允、姚文藻、王式、陈曾寿、丁宝铨过郑孝胥。

十三日,章梫、刘体藩过郑孝胥。郑孝胥宴升允、章梫、唐晏、王式、姚文藻等,沈曾植、李经迈未至。

十四日,沈瑜庆自福州返沪。

十五日,章梫约郑孝胥等聚于沈曾植宅。

十六日,郑孝胥过陈曾寿。郑孝胥访沈曾植。赵凤昌宴郑孝胥、沈瑜庆等。王乃徵、姚文藻过郑孝胥。

十七日,陈曾寿、姚文藻、李经迈、章梫过郑孝胥。

十八日,王国维过沈曾植,请为罗振玉题木假山拓本。

十九日,郑孝胥与升允同过章梫,晤刘廷琛、朱祖谋、王式。

二十日,郑孝胥过章梫,晤刘廷琛。郑孝胥与升允同访王仁东、瞿鸿機。郑孝胥、姚文藻、章梫、刘廷琛、升允宴集会宾楼,席散,送升允登船赴日。

二十一日,陈树屏、刘体藩过郑孝胥。缪荃孙访沈曾植。

二十二日,张元济访郑孝胥。刘承干致函沈曾植。

二十四日,沈瑜庆访郑孝胥。

二十六日,郑孝胥作《赠升吉甫东行》诗。郑孝胥过吴昌硕久谈。郑孝胥过李瑞清,观八大山人行书一幅。

二十七日,孟森过郑孝胥。

二十八日,郑孝胥过丁宝铨、林开謩,晤林天民。沈曾植收得元摹本《灵武劝进图》。

二十九日,孟昭常、陈树屏过郑孝胥。郑孝胥录诗八首寄黄节。陈曾寿寄新词与沈曾植。

是月,自初二起,王国维为沈曾植抄诗稿。

是年,陈衍开始修《福建通志》。

民国六年 丁巳（1917年）

正月

初一，沈曾植、沈瑜庆、瞿鸿禨等社集，题《灵武劝进图》。

初二，夏敬观过郑孝胥。郑孝胥过林开謩、沈瑜庆、丁宝铨、夏敬观贺年。李宣龚过郑孝胥，不值。

初三，唐晏、丁宝铨过郑孝胥贺年。沈曾植致函罗振玉。

初四，郑孝胥赴丁宝铨招午饭，许汝棻、莫安仁等在座。沈瑜庆、林开謩过郑孝胥。

初五，郑孝胥过杨钟羲、徐乃昌、柯鸿年、孟昭常。郑孝胥、李宣龚、夏敬观至印书馆。

初六，许汝棻、李经迈过郑孝胥。郑孝胥过陈树屏。夜，郑孝胥赴许汝棻约，莫安仁在座。

初七，陈树屏过郑孝胥，同访李经迈。郑孝胥至广学会访莫安仁。

初八，章梫、高梦旦过郑孝胥。

初十，沈瑜庆、刘体藩过郑孝胥。缪荃孙访沈曾植。

十二日，郑孝胥访陈曾寿，陈已赴杭州。

十三日，丁宝铨、林开謩、高梦旦过郑孝胥。沈曾植、沈瑜庆、陈夔龙、瞿鸿禨等社集海日楼，贺溥仪寿辰。

十四日，张元济为教科书事致函郑孝胥："前日董事会为教科书事致电北京，已列君名，但以张季直为领袖耳。"王国维自日本归上海，访沈曾植。

十五日，罗振玉以复辟事致函沈曾植。

十六日，郑孝胥致书李宣龚，托转辞商务印书馆董事。① 晚，郑孝胥、李宣龚赴聂其杰约于小有天。沈曾植致函罗振玉。

十七日，李宣龚、高凤池过郑孝胥，许诺以后绝不列名发电，请收回辞职书，郑孝胥允之。林开謩、丁宝铨过郑孝胥。

十八日，丁宝铨过郑孝胥。

---

① 张元济："苏龛因用伊名电各省采用书籍，来函辞董事。"《张元济日记》，第17页。

十九日，孟昭常、诸宗元、王式过郑孝胥。郑孝胥接梁鼎芬函。

二十日，夏敬观过郑孝胥。郑孝胥过孟昭常、许汝棻。夜，丁宝铨、姚文藻过郑孝胥。

二十一日，沈曾植示郑孝胥《灵武劝进图》诗，邀郑同作。

二十二日，赵凤昌过郑孝胥。

二十三日，李经迈过郑孝胥。郑孝胥赴赵凤昌招午饭，王仁东等在座。

二十四日，郑孝胥为沈曾植题《灵武劝进图》诗，送之，沈曾植旋致诗郑孝胥。

二十六日，郑孝胥、升允、姚文藻、李经迈晤谈。王国维过沈曾植。升允至上海访沈曾植谈复辟事。

二十七日，丁宝铨、沈瑜庆、高梦旦过郑孝胥。

二十八日，郑孝胥、升允、姚文藻晤谈。

二十九日，郑孝胥至商务印书馆董事会，晤张元济、夏敬观。

三十日，郑孝胥晤刘廷琛、李经迈。

是月，沈曾植致函罗振玉，谈复辟事。

二月

初一，沈瑜庆过郑孝胥，示所作陈宝琛寿文。郑孝胥、升允、姚文藻同过李经迈，同至会宾楼、登贤里。

初二，郑孝胥送升允赴日。王国维过沈曾植。

初三，陈树屏过郑孝胥。郑孝胥赴赵凤昌邀午饭，熊希龄、唐绍仪、叶景葵等在座，席散，熊希龄过郑孝胥。缪荃孙致函沈曾植。

初四，郑孝胥过一品香访熊希龄，不值。夏敬观过郑孝胥，请郑孝胥书其室左氏墓志铭。

初五，康有为六十生日，沈曾植前往祝寿。

初六，李宣龚过郑孝胥。

初七，郑孝胥宴张元济、林开謩、徐乃昌等于一家春。

初八，夜，郑孝胥赴刘体藩约于古渝轩，晤李经彝。

初九，郑孝胥与李经彝久谈。夜，郑孝胥过林开謩晚饭。

初十,沈瑜庆、丁宝铨过郑孝胥。夜,郑孝胥宴李经羲、刘体藩、丁宝铨、唐晏父子等于会宾楼。缪荃孙过沈曾植。

十一日,郑孝胥作《赠李经羲》七律一首。

十二日,郑孝胥过李经羲。冯煦访郑孝胥。

十三日,郑孝胥赴丁宝铨宴于会宾楼,冯煦、邹嘉来、许汝棻等在座。沈曾植招王国维观画。

十四日,陈三立自邓尉观梅归,过沈曾植作诗钟。郑孝胥赴邹嘉来约于会宾楼。郑孝胥、李瑞清、姚文藻、宗方小太郎等宴集。

十五日,沈曾植、陈三立、沈瑜庆赴陈夔龙花近楼社集,冯煦、缪荃孙、王乃徵、林开謩、杨钟羲、张彬、胡嗣瑗、朱祖谋同集。① 郑孝胥、朱祖谋、冯煦、杨钟羲、唐晏、李瑞清等于古渝轩作一元会。

十七日,王国维过沈曾植。

十九日,陈曾寿访郑孝胥。

二十日,郑孝胥访朱祖谋。王仁东访郑孝胥。

二十二日,沈瑜庆访郑孝胥。郑孝胥代王仁东作送陈宝琛夫妇寿联。

二十三日,李宣龚访郑孝胥。郑孝胥赴丁宝铨招午饭,许汝棻等在座。

二十四日,夜,丁宝铨过郑孝胥。

二十六日,赵凤昌、丁宝铨过郑孝胥。郑孝胥访王仁东。陆荣廷过郑孝胥,不值。

二十七日,郑孝胥过陆荣廷。

二十八日,赵凤昌过郑孝胥,谈日晖账务事。郑孝胥宴丁宝铨、许汝棻、唐晏等。高梦旦过郑孝胥。沈曾植致函孙德谦,约明日陪福冈谦藏见面。

二十九日,王国维陪同福冈谦藏访沈曾植。

闰二月

初三,郑孝胥作陈宝琛寿诗一首。

---

① 陈三立:《花朝后三日花近楼社集留别主人及同社诸公》,《散原精舍诗文集》。

初四，沈瑜庆访郑孝胥。

初五，李宣龚、章梫访郑孝胥。沈曾植赠刘承干书。

初十，刘承干致函沈曾植。

十一日，沈曾植托张元济买沙漏。

十二日，郑孝胥、沈瑜庆、吴昌硕、何维朴、左孝同、林开謩、李瑞清等宴集王仁东宅。缪荃孙访沈曾植。

十三日，晨，王国维过沈曾植。

十四日，罗振玉致函沈曾植。

十七日，郑孝胥邀李宣龚、高梦旦、夏敬观、张元济、丁宝铨等午饭。

十八日，李宣龚、沈瑜庆访郑孝胥。

二十一日，郑孝胥、沈瑜庆、何维朴、左孝同、李瑞清、王仁东等宴集，为林开謩补祝生日。

二十三日，郑孝胥访李详，观曹元忠《礼议》。吴学廉、沈瑜庆、林开謩访郑孝胥。

二十五日，沈曾植与张元济谈印书事。

二十七日，王国维过沈曾植。

二十八日，李详、林开謩访郑孝胥。

二十九日，陆荣廷访郑孝胥。

三月

初四，郑孝胥、冯煦、朱祖谋、李瑞清、杨钟羲、王乃徵、唐晏等古渝轩宴集。陈曾寿、王国维过沈曾植。

初六，陈三立晤缪荃孙。

初七，张元济访郑孝胥，谈中华书局事。

初八，沈曾植回嘉兴。

初九，李详访郑孝胥。

十六日，杜亚泉访郑孝胥。沈曾植自嘉兴返上海。

二十日，胡思敬、杨钟羲访郑孝胥。

二十一日，郑孝胥宴杨钟羲、章梫等。

二十二日，郑孝胥宴严修等。

二十七日,郑孝胥、李详、朱祖谋、王乃徵、杨钟羲、唐晏、章梫、王式等会宾楼作一元会。

三十日,沈曾植赴周树模招饮。①

四月

初一,沈曾植访郑孝胥。

初二,升允访沈曾植。

初五,张彬、刘承干、孙德谦访沈曾植。

初六,罗振玉访郑孝胥。

初九,缪荃孙过沈曾植。

十二日,郑孝胥、升允、王仁东、章梫访沈曾植。

十三日,刘承干访沈曾植。

十五日,沈曾植赴刘承干宴吴郁生,朱祖谋、叶昌炽、曹元忠、孙德谦、秦绶章等在座,共赏宋刊书。

十六日,夏敬观访郑孝胥。

十九日,晚,郑孝胥、升允过沈曾植,沈出示刘廷深来函,欲与二人同赴天津,参与复辟之举,陈曾寿、陈曾矩、陈曾言兄弟在座。

二十日,张元济访郑孝胥,言公司甚欲挽留,劝勿辞董事。郑孝胥允之。郑孝胥、升允、姚文藻、宗方小太郎过访沈曾植,"同往天津之议作罢"。

二十一日,夏敬观访郑孝胥。

二十二日,沈瑜庆宴郑孝胥等。

二十八日,李详以《游杭诗稿》示郑孝胥。

五月

初三,李宣龚访郑孝胥。

初四,郑孝胥晤孟森,谈久之。

初六,李详访郑孝胥。王国维访沈曾植。

初七,沈瑜庆访郑孝胥。

---

① 沈曾植:《泊园以三月正当三十日起句》,《海日楼诗注》。

初八,沈曾植、康有为、王乃徵等北上。

初九,沈曾植等至天津,陈曾寿来见,遂同入京师,张勋派员接至法华寺。①

初十,张勋请沈曾植等到南河沿公馆会议,商复辟事。罗振玉致函沈曾植。

十二日,沈瑜庆、林开謩访郑孝胥。

十三日,张勋复辟。

十四日,溥仪授沈曾植为学部尚书。②

十五日,夏敬观访郑孝胥。

十六日,沈瑜庆、沈成式访郑孝胥。

十八日,李瑞清访郑孝胥。

二十一日,邹嘉来宴郑孝胥、朱祖谋、沈瑜庆、林开謩、丁宝铨等于雅叙园。

二十二日,杨钟羲、沈瑜庆、吴学廉访郑孝胥。

二十四日,高梦旦、沈瑜庆访郑孝胥。张勋战败,溥仪宣布退位。

二十九日,李宣龚宴郑孝胥、吴学廉等于小有天。

六月

初一,沈瑜庆访郑孝胥。

初二,孟森访郑孝胥。

初四,林纾寄诗数首与李宣龚,李示之于郑孝胥。

初九,孟森访郑孝胥。

十一日,陈曾寿访郑孝胥,谈北方情况。

十五日,沈瑜庆访郑孝胥。

十六日,沈曾植致函沈曾樾。

二十日,郑孝胥记述南社内部关于陈三立、郑孝胥诗的争论。

二十一日,沈瑜庆宴郑孝胥等于一枝香。

---

① 《复辟始末记》,转引自《民国初年的复辟派》,第220页。
② 《罗振玉王国维往来书信》,第267页。

二十二日,郑孝胥宴沈瑜庆、王仁东、林开謩等于雅叙园。

二十八日,郑孝胥、郑孝柽访孟森。

二十九日,李详访郑孝胥。

三十日,沈曾植出都,移居天津。

是月,沈曾植、康有为避难于东交民巷美国使馆的美森园教堂内,避居达半月,沈、康日惟诗歌唱和。

七月

初三,陈曾寿访郑孝胥。

初九,吴昌硕访郑孝胥。

十六日,郑孝胥访吴昌硕。郑孝胥记述南社内部争论。

十七日,夏敬观访郑孝胥,以陈三立文两篇使观之。

二十日,郑孝胥颇不满于陈三立作《夏郎中志》及《袁海观志》。

二十四日,夏敬观访郑孝胥,言陈三立作《袁海观志》,得润笔一千两。

二十五日,冯煦访郑孝胥。王国维访沈曾植。

二十九日,缪荃孙访沈曾植。

是月,下旬,沈曾植自天津归上海。

八月

初一,李详访郑孝胥。

初五,梁鼎芬访郑孝胥。

初六,梁鼎芬使郑孝胥写丙辰所作七律,将以刻石于焦山。李经迈宴梁鼎芬、郑孝胥、林开謩等于小有天。

初九,郑孝胥、王仁东、林开謩共宴梁鼎芬、何维朴等。

十六日,孟森访郑孝胥。

十七日,章士钊访郑孝胥,郑谈《东方杂志》事。

十九日,沈曾植致函吴庆坻。

二十一日,陈三立偕陈寅恪、陈登恪、陈封怀等游燕子矶。

二十二日,杨钟羲、高梦旦访郑孝胥。王国维访沈曾植,沈有致罗振玉函嘱转呈。刘承干、孙德谦访沈曾植,沈允借所藏《章实斋全集》,交刘承干刊刻行世。

二十三日,张元济送傅增湘函与沈曾植。

二十九日,陈曾寿访郑孝胥。

三十日,郑孝胥、陈曾寿同游大世界。

九月

初二,郑孝胥与冯煦、王乃徵、唐晏、章梫等作一元会。

初三,陈曾寿访郑孝胥。

初五,郑孝胥访曾习经。

初五,陈曾寿、王国维过沈曾植,王送罗振玉函。

初八,郑孝胥、沈瑜庆、何维朴、左孝同、林开謩等于王仁东宅为李瑞清补做生日。

初九,俞明震、陈曾寿等烟霞洞登高。①

初十,刘承干致函沈曾植。

十二日,丁宝铨访郑孝胥,言陈三立、沈瑜庆同游狼山。

十八日,俞明震访郑孝胥,示所作《西湖诗》数首。郑孝胥访冯煦,谈久之。

十九日,郑孝胥、何维朴、王仁东、沈瑜庆、林开謩、沈琬庆等为左孝同补做生日。

二十日,沈瑜庆、林开謩宴郑孝胥等。

二十三日,陈宝琛七十寿辰,沈曾植有寿诗。

二十四日,陈三立抵杭州南湖俞明震宅,访陈曾寿兄弟,晤谢凤孙。② 内藤湖南至上海,王国维陪其访沈曾植。

二十五日,内腾湖南访郑孝胥,不值。

二十六日,郑孝胥访内腾湖南,晤张元济。唐晏等发起丽泽文社,邀郑孝胥加入。沈曾植宴请内藤湖南,章梫、陶葆廉、张美翊、王国维、叶昌炽等在座。

---

① 陈曾寿:《苍虬阁诗》,第151页。
② 陈三立:《散原精舍诗文集》,第546页。

二十八日,李宣龚访郑孝胥,诵所作数诗。

二十九日,陈三立、俞明震、陈曾寿等同游七龙潭。① 沈瑜庆六十寿辰,沈曾植有诗为祝。

是月,陈三立抵杭州,继与俞明震、陈曾寿、谢凤孙等游富春桐庐。抵沪,旋返江宁寓所。

十月

初四,夏敬观访郑孝胥。

初五,陈三立访郑孝胥。

初八,郑孝胥访陈三立,不遇。

初九,陈曾寿、张元济、林开謩、孟森访郑孝胥。郑孝胥宴罗振玉、唐晏、邹嘉来等于同兴楼。

十四日,沈曾植致函沈曾桐,谈售画事。

十八日,陈曾寿访郑孝胥,遗所刻《诗比兴笺》、《近思录补注》各一部。郑孝胥、沈瑜庆、朱祖谋、王乃徵、杨钟羲、唐晏、章梫、高梦旦、李宣龚、郑孝柽等宴集雅叙园。郑孝胥、陈曾寿至大世界听大鼓书,晤俞明颐、谭延闿。

二十四日,康有为至天津,致函沈曾植。

二十六日,郑孝胥过沈曾植,"其居秽污不治,垢面,拥裘坐乱书间。"

二十七日,缪荃孙访沈曾植。

二十九日,沈瑜庆六十寿辰,沈曾植有诗为祝。

是月,陈三立于南京晤冒广生。

是月,陈曾寿、曾矩、曾言兄弟与谢凤孙至上海,寓居海日楼。

十一月

初六,陈曾寿访郑孝胥,示近作诗。

初七,陈曾寿访郑孝胥。

十一日,陈曾寿、沈瑜庆访郑孝胥。

十五日,张元济访郑孝胥。

---

① 陈曾寿:《苍虬阁诗》,第155页。

十六日，张元济、李宣龚宴沈瑜庆、郑孝柽等于小有天。

十七日，缪荃孙访沈曾植。

十八日，王国维、缪荃孙过沈曾植。

十九日，王国维访沈曾植，沈劝其赴蔡元培之聘。

二十一日，张元济借沈曾植朱子《论语集注》手稿。

二十三日，缪荃孙访沈曾植。

二十七日，郑孝胥作《答严几道》二诗。

二十八日，王国维过沈曾植。

十二月

初四，陈曾寿访郑孝胥。张元济还沈曾植《论语集注》。

初六，南洋公学建图书馆，欲由东南各省绅士联名呈请内务部发《四库全书》一部藏图书馆，唐文治欲使郑孝胥列名，郑以不承认民国政府辞之："余与民国乃敌国也，吾弟乃为安徽政务厅长，以彼列名则可"。

初八，李详访郑孝胥。李宣龚访郑孝胥。

初十，沈瑜庆访郑孝胥。

十五日，高梦旦、李宣龚、陈曾寿访郑孝胥。

十九日，戴季陶访郑孝胥。

二十日，姚鹓雏致书郑孝胥，代友周芷颐求题《水村第五图》。

二十一日，罗振玉致函沈曾植。

二十二日，夏敬观访郑孝胥。

二十三日，徐定超卒。

二十六日，沈瑜庆、郑孝胥、徐乃昌、刘世珩、章梫等宴集。

二十八日，王国维过沈曾植。

二十九日，陈三立返沪。

是月末，魏籀访陈三立于南京，宿散原别墅。

是年初，陈三立在南京。

民国七年 戊午（1918年）

正月

初四,王国维访沈曾植长谈。

初七,夏敬观访郑孝胥,郑孝胥以《哀小七》三首示之,夏敬观以诗去。

十三日,夜,沈曾植招郑孝胥、陈曾寿、胡嗣瑗等观《灵武劝进图》。

十四日,陈曾寿访郑孝胥。

十五日,李瑞清访郑孝胥。

十六日,郑孝胥访李瑞清。

十八日,夏敬观示郑孝胥五古一首,郑以为颇类梅尧臣。

二十日,郑孝胥、陈曾寿同访沈曾植,同照相。晚,沈瑜庆、沈曾植为陈曾寿、胡嗣瑗①饯行,郑孝胥、王乃徵在座。

二十三日,郑孝胥晤夏敬观,以三诗示之。

二十六日,沈曾植致函罗振玉。

二十八日,王国维过沈曾植,沈致函罗振玉,托王转交。

二月

初三,梁鸿志访郑孝胥。

初六,缪荃孙过沈曾植,贺得孙。

初九,张元济、李宣龚宴请郑孝胥、朱祖谋、李瑞清、何维朴、缪荃孙、王秉恩、章梫等于古渝轩。

十三日,梁鸿志访郑孝胥。

十五日,郑孝胥复陈衍信。

十六日,章士钊访郑孝胥,持吴保初所藏郑孝胥少时所作《课读浅言》请郑题之。

---

① 胡嗣瑗(1869—?),字晴初、琴初、愔仲。贵州贵阳人。光绪二十九年(1903)进士,授翰林院编修。后以候补道任天津北洋法政学堂总办。民国成立,充冯国璋幕僚。民国四年(1915)任金陵道尹,江苏将军府咨议厅厅长。六年,张勋复辟,授内阁阁丞。后随溥仪赴天津、东北。伪满洲国成立时,任清室驻天津办事处顾问,伪满洲国执政府秘书长。二十二年任伪满洲国参议府参议。胡嗣瑗与陈三立、郑孝胥、沈曾植、陈曾寿等均有深交。陈三立诗集中与其酬唱者甚多。胡嗣瑗与陈曾寿交尤厚,《苍虬阁诗集》中为其所作者亦多。

二十二日,沈曾植作《嘉靖本山谷集跋》。

二十三日,杨钟羲访郑孝胥,请书沈曾植寿联。

二十八日,沈曾植致函李传元。

二十九日,沈曾植生日,沈瑜庆、缪荃孙、王国维、徐乃昌、王乃徵、汪洛年、孙德谦、刘承干等往贺。

三月

初一,李详访郑孝胥。

初三,李宣龚访郑孝胥。郑孝胥被推举为商务印书馆董事。

初五,夜,康有为访郑孝胥。

初六,商务印书馆董事会,郑孝胥被推为会长。俞明颐亦为董事,邀郑孝胥同至大世界,晤俞明震,适自南京至沪。

初八,俞明震访郑孝胥。郑孝胥得严复信。

初九,孟森访郑孝胥,携张謇手书,请郑孝胥书联。

十一日,郑孝胥复严复信。

十二日,沈曾植回嘉兴扫墓。

十五日,李瑞清访郑孝胥。

十七日,瞿鸿禨卒。

十八日,沈曾植与王甲荣谈及庚子年事。

十九日,郑孝胥"得严又陵书,极持灵魂不死之说,于余所谓:'无知之灵变而不灭,有知之灵逝而不留'者犹未了解也"。

二十日,张元济、李宣龚同访郑孝胥,至桑宅看牡丹,又同过刘世珩宅,晤李详。饭后,同至张元济宅观牡丹。

二十一日,陈宝琛访严复。

二十五日,沈曾植返回上海。

二十七日,罗振玉访郑孝胥,赠《雪堂丛刻》。

四月

初三,陈曾寿访郑孝胥。

初四,傅增湘致函郑孝胥,欲印《道藏》,请郑为发起人。郑以傅为民国教育部长,置之不答。沈曾植致函金蓉镜。

初五,陈曾寿、俞明震访郑孝胥。

初六,陈三立至上海,郑孝胥、陈曾寿、王乃徵等往视,胡嗣瑗宴陈、郑、王、陈方恪等人于都益处。

初七,郑孝胥宴陈三立、陈曾寿、夏敬观、李宣龚、王乃徵、陈方恪、余肇康、冯煦、胡嗣瑗等于会宾楼。沈曾植致函吴庆坻。

初八,陈三立晤缪荃孙。

初九,孟森访郑孝胥。

十五日,陈曾寿访郑孝胥,谈虞山之游。

十七日,夏敬观访郑孝胥。庄蕴宽访郑孝胥,谈甚久。康有为宴请郑孝胥等。沈曾植等公祭瞿鸿禨。

十八日,夏敬观邀陈三立、郑孝胥、李宣龚等聚于消闲别墅。

十九日,郑孝胥、庄蕴宽等宴集。

二十日,沈曾植致函李传元。

二十六日,孟森、夏敬观访郑孝胥。

二十七日,郑孝胥访吴昌硕,观其诗稿。

二十八日,郑孝胥访王乃徵、朱祖谋。

二十九日,王国维过沈曾植。

是月,沈曾植作《沈观斋诗集(第三册)跋》。

五月

初一,缪荃孙访沈曾植。

初二,朱祖谋、邹嘉来宴郑孝胥、冯煦、余肇康、王乃徵等于古渝轩。

初五,沈曾植作《戊午五日》诗。

初八,孟森访郑孝胥。

初十,李详访郑孝胥。郑孝胥作梁鸿志母寿诗。郑孝胥、夏敬观、俞明颐、高梦旦等赴商务印书馆董事会。

十四日,王国维过沈曾植,示沈罗振玉札。

十七日,郑孝胥闻王仁东卒,往哭之。[①]

[①] 按:陈三立有《挽王完巢翁》诗,见《散原精舍诗文集》,第569页。

二十日,陈曾寿访郑孝胥。

二十二日,郑孝胥作王仁东挽诗。

二十五日,陈曾寿访郑孝胥。

二十六日,李详、缪荃孙访沈曾植。

六月

初一,黄节访郑孝胥。

初三,郑孝胥访黄节,不遇。

初五,郑孝胥访沈瑜庆。章梫过沈曾植。

初九,缪荃孙赠沈曾植寿诗。王国维过沈曾植,谈资助升允事。

十六日,郑孝胥访黄节。

十七日,缪荃孙送沈曾植寿礼。

十八日,郑孝胥、俞明震等往拜沈曾植夫人寿。郑孝胥至李宣龚宅中视疾。

二十一日,李详访郑孝胥。

二十七日,谢凤孙致函沈曾植。

二十八日,李详访郑孝胥,请书匾。

是月,陈宝琛与郭曾炘、张元奇、卓孝复、林开謩、王允晳、黄懋谦同游戒坛、潭拓。

七月

初一,高梦旦夫妇访郑孝胥。

初二,陈曾寿访郑孝胥,陈甫自北京归。

初五,夏敬观访郑孝胥。

十四日,郑孝胥至商务印书馆,晤俞明颐,闻俞明震病重。

十五日,郑孝胥至塘山路视俞明震疾。

十七日,张元济访陈宝琛。

二十二日,孟森访郑孝胥。

二十四日,张元济访郑孝胥。王国维过沈曾植借书。张元济致函沈曾植,复之。

二十三日,郑孝胥复张謇书。高而谦、高梦旦访郑孝胥。陈曾寿、朱祖谋等游龙井,登棋盘山。

二十七日,陈作霖①致书郑孝胥,以诗稿赠之,并请题《寿藻堂文集》封面。

二十八日,缪荃孙访沈曾植。

八月

初一,诸宗元、孟森访郑孝胥。

初三,陈衍自福州至沪,郑孝胥与之同至民厚里租房。

初四,郑孝胥、郑孝柽访陈衍,同至第一台看戏。

初五,朱祖谋访郑孝胥。

初六,缪荃孙访沈曾植,看苏诗,商量印书事。

初七,陈曾寿兄弟访郑孝胥,请书《樟亭记》。沈曾植还缪荃孙书。

初八,陈衍访郑孝胥。

初九,郑孝胥访孟森,谈久之。

十三日,王乃徵访郑孝胥。高梦旦访郑孝胥,持林葆恒信请郑为林绍年书碑。

十四日,张元济过沈曾植。

十六日,吴昌硕访郑孝胥。

十八日,张元济访俞明震、俞明颐。

十九日,罗振玉致函沈曾植。

二十一日,沈曾植致函沈曾桐。

---

① 陈作霖(1837—1920),字雨生,号伯雨,别号雨叟、可园、冶麓、重光耄道人等。江苏南京人。咸丰元年(1851)秀才。光绪元年(1875)中举。三应礼部试不售。曾得候补教谕衔,终生不得实缺。曾受徐世昌之邀,参加晚清簃诗社,参与《晚清簃诗汇》的编选工作。著有《可园文存》十六卷、《可园诗存》二十八卷、《可园词存》四卷、《可园诗话》八卷、《寿藻堂文集》二卷、《养和轩随笔》二卷;编有《金陵通纪》十六卷、《金陵通传》四十九卷。徐世昌称其:"可园研精经史,留心乡邦文献,著述甚多。江宁文物自汪晦翁后,允推硕果。……性好山水,淡于荣利。晚岁失明,犹口授子辈吟哦不辍,其孤怀高志,往往见于篇章。感事忧时,清而不激,出入于杜、韩、白、陆,而不袭其貌。晚年喜学山谷,不流偏仄。"陈三立谓:"自余侨江宁,世所推汪先生士铎殁已久,继汪先生而有声者,犹获秦君际唐、邓君嘉缉、顾君云及可园陈先生。二十余年间,三君先后殂谢,独先生醇德勤学,岿然系东南之望,乱后人士,考道问业,依以为宗。"陈三立在《可园传易图为陈伯雨翁题》一诗中有"硕果可园翁,望与钟阜伍"句。

二十二日,郑孝胥访陈衍,陈赴苏州未回。

二十三日,王国维过沈曾植谈。

二十六日,郑孝胥访吴昌硕。夜,郑孝胥赴丁宝铨宴,唐晏、杨钟羲等在座。

二十七日,沈瑜庆病重,郑孝胥、陈衍往视。

二十八日,郑孝胥、李宣龚、高而谦视沈瑜庆疾。

二十九日,郑孝胥、陈衍同过沈瑜庆视疾。

九月

初一,郑孝胥视沈瑜庆疾。夜,丁宝铨过郑孝胥。

初二,沈瑜庆卒,郑孝胥往哭之。

初三,林开謩、李宣龚过郑孝胥。郑孝胥至全福里访陈衍,晤何维朴。夜,沈瑜庆大殓,郑孝胥、王乃徵、王秉恩、胡嗣瑗等往视。

初四,沈曾植致函金容镜论诗,提出"三关说"。

初九,陈曾寿、朱祖谋、王乃徵、胡嗣瑗等焦山登高。

二十日,郑孝胥书潘博诗稿:"吾侪自谓留命以有待者,盖甚愧于若海也。其诗真朴,晚学梅圣俞,假以岁月,必不至此。"

二十一日,沈曾植、王秉恩、王乃徵、朱祖谋、杨钟羲、缪荃孙等至沈家湾公祭沈瑜庆。

二十三日,郑孝胥作沈瑜庆挽诗。郑孝胥访朱祖谋,以《潘博诗稿》还之。

二十五日,李宣龚访郑孝胥,诵所作诗及挽沈瑜庆联。

二十八日,郑孝胥至神州国光社,与邓实谈久之。金武祥访沈曾植。

三十日,孟森宴郑孝胥于一枝香。沈曾植致函金武祥。

十月

初六,李钟珏宴郑孝胥、李宣龚等于小有天。罗振玉赠郑孝胥《雪堂校刊群书叙录》及《六朝墓志菁英二编》。

初七,郑孝胥游半淞园,晤吴昌硕、夏敬观、袁思亮等。张元济宴陈衍、伍光建等于一枝香。沈曾植移居威海路二百一十号,题寓楼曰谷隐,又号井谷山房。

初八,陈衍访郑孝胥。丁宝铨宴郑孝胥、罗振玉、唐晏、杨钟羲、邹嘉来等。康有为、刘承干过沈曾植。

初九,林葆恒访郑孝胥。赵凤昌访郑孝胥,谈其女与杨铨结婚事。

十一日,晚,李维格宴郑孝胥、张元济、伍光建等于都益处。

十二日,陈衍寄诗郑孝胥,乞折菊插瓶。

十三日,郑孝胥作诗答陈衍,携往视之,与之同访何振岱。

十四日,郑孝胥至一品香贺赵志道、杨铨结婚。刘承干致函沈曾植,请题《嘉业堂丛书》封面。

十五日,郑孝胥宴陈衍、何振岱、李宣龚等。

十六日,林开謩至海藏楼观菊,与郑孝胥同访杨钟羲、唐晏、冯煦等。缪荃孙访沈曾植。

十七日,唐晏携张志沂访郑孝胥。张乃张佩纶之幼子,在丽泽文社常居第一,唐晏誉其才似杜牧。

十八日,余肇康寄诗郑孝胥。王国维过沈曾植。

十九日,陈衍、沈曾植、郑孝胥、俞明震、林开謩等宴集,陈衍与沈曾植和诗数首。

二十二日,刘承干过沈曾植。

二十三日,陈三立晤缪荃孙。

二十四日,张元济宴严复父子,邀郑孝胥作陪,郑辞之。① 刘承干致函沈曾植。

二十八日,章士钊访郑孝胥。

是月,沈曾植新居与陈衍寓所相近,两人唱和颇多。

十一月

初二,刘承干致函沈曾植。

初三,何振岱将归福州,赠郑孝胥五古一首。

初四,孟森访郑孝胥。

---

① 严复:"菊生请晚饭,坐有梦旦、伯训,独苏堪不至,想持高节,以我为污耳。"《严复日记》。

初六,梁鼎芬致书郑孝胥,附诗一首。沈曾植致函沈曾樾。

初七,郑孝胥寄诗梁鼎芬。

十一日,郑孝胥、冯煦、杨钟羲、余肇康、唐晏、章梫、邹嘉来、王式、宋澄之等于同兴楼作一元会。罗惇曧访郑孝胥。

十二日,陈衍访缪荃孙。

十三日,何振岱访郑孝胥。

十四日,缪荃孙宴陈衍、郑孝胥、朱祖谋、李详、罗惇曧等。

十七日,王国维过沈曾植,请序其《声韵续考》。

二十日,沈曾植致函罗振玉。

二十一日,郑孝胥、陈衍、陈曾寿、何振岱、罗惇曧等宴集会宾楼。

二十二日,郑孝胥为杨钟羲题《雪桥诗话》卷。

二十三日,陈曾寿访郑孝胥。

二十五日,杨钟羲访郑孝胥。沈曾植致函谢凤孙。

二十七日,陈衍访郑孝胥。

二十八日,诸宗元访郑孝胥。

二十八日,缪荃孙致函沈曾植。

二十九日,陈三立访郑孝胥,俞明震卒于杭州,陈氏夫妇往临其丧。

十二月

初一,郑孝胥访陈衍,同饭于会宾楼。

初五,缪荃孙访沈曾植。

初七,陈衍送诗文集与缪荃孙。

初八,王国维过沈曾植。

十一日,郑孝胥访陈衍,同至第一台看戏。

十二日,孟森访郑孝胥。

十四日,郑孝胥宴沈曾植、章梫、唐晏、王式、姚文藻等于海藏楼。

十六日,郑孝胥访沈曾植新居于威海卫路,晤王国维于座。郑孝胥访陈衍。

十八日,郑孝胥作俞明震挽诗。晚,沈曾植宴郑孝胥等。

十九日,郑孝胥往视高而谦疾。

二十二日,陈曾寿过郑孝胥,示所作《俞恪士挽诗》。

二十四日,张元济宴郑孝胥等于别有天。

二十五日,郑孝胥宴陈衍、李宣龚、陈隆恪、郑孝柽等。

二十七日,陈衍访郑孝胥,同过高梦旦贺其五十生日。

三十日,李宣龚、高而谦、高梦旦访郑孝胥。

是年春,陈三立在江宁,时携家游金陵胜迹。夏,与康有为、王乃徵、胡嗣瑗、陈曾寿、黄同武等游常熟虞山。秋,卧病江宁。

是年,闽粤战事起,陈衍避兵沪上。旋至浙江富春江,登严子陵钓台。

是年,陈曾寿、王乃徵、朱祖谋、胡嗣瑗等同游焦山,归途赴南京访陈三立,居四日而返。①

民国八年 己未(1919年)

正月

初一,郑孝胥访李宣龚,观手卷十余。沈曾植作《己未元日试笔》诗四首。

初三,郑孝胥访王式、杨钟羲、姚文藻。

初四,郑孝胥访余肇康,出观诗文。俞明颐送郑孝胥《海藏楼图》。

初五,郑孝胥过唐晏、姚文藻、宋澄之、朱祖谋、王乃徵、刘复礼②等。夜丁宝铨过郑孝胥。

初六,郑孝胥赴唐晏约,章梫、丁宝铨、叶玉麟在座。

初七,李宣龚过郑孝胥,谈《四部举要》事。

初八,丁宝铨遇刺身亡。

初九,罗振常过郑孝胥商丁宝铨后事。陈衍访缪荃孙借书。

---

① 陈诗:《尊瓠庵诗话》,张寅彭主编《民国诗话丛编·二》,第97页;《散原精舍诗文集》,第583页。

② 刘复礼(1875—1950),字洙源,别号离明。四川中江县人。拔贡,北京经科大学毕业。长于文学,通达三礼,历任四川高级师范、成都大学、四川大学文学教授。

初十,邹嘉来过郑孝胥。郑孝胥访沈曾植、陈衍、姚文藻。

十一日,陈衍、罗振常过郑孝胥。陈衍与友人宴集,夏敬观、何维朴、章梫、朱祖谋、缪荃孙等在座。

十二日,郑孝胥赴王式宴于一枝香,同至第一台看戏。陈衍访缪荃孙,借《后山集》。

十三日,陈容民、罗振常、邹嘉来过郑孝胥。

十四日,莫安仁过郑孝胥。郑孝胥过陈容民,晤罗振常。郑孝胥过叶玉麟,观所藏书画。陈衍邀朱祖谋、何维朴、罗惇曧、李宣龚、王秉恩饮,菜极佳。王国维、缪荃孙访沈曾植。

十六日,郑孝胥致函陈宝琛,寄丁宝铨遗折。罗振常过郑孝胥。

十七日,陈三立至俞明震园观梅。

十八日,郑孝胥至商务印书馆,晤俞明颐。郑孝胥访陈衍。姚文藻过郑孝胥。

十九日,梁鸿志、黄濬访郑孝胥。王乃徵、刘复礼过郑孝胥,同赴沈曾植宴,陈衍、王乃徵、朱祖谋、杨钟羲、王秉恩、缪荃孙、王国维在座。

二十日,张元奇、林灏深访郑孝胥。

二十一日,郑孝胥答访张元奇、林灏深。

二十四日,罗振常访郑孝胥。

二十五日,郑孝胥答访莫安仁于广学会,赠其《海藏楼诗》及《近思录补注》。

二十八日,郑孝胥接陈宝琛函。

是月,沈成式招林纾、樊增祥、罗惇曧、王允皙、梁鸿志、黄濬、冒广生等于其寓所雅集。

二月

初一,沈钧儒访郑孝胥。

初二,郑孝胥赴赵凤昌招午饭,庄蕴宽等在座。梁鼎芬致函沈曾植。

初四,庄蕴宽过郑孝胥。

初五,邹嘉来、冯煦过郑孝胥。

初六,郑孝胥过冯煦。郑孝胥赴徐乃昌宴。

初八,郑孝胥与同人作一元会,王乃徵、余肇康、冯煦、章梫、唐晏、邹嘉来等在座。

初九,陈衍还缪荃孙《后山大全集》。

初十,沈钧儒访郑孝胥。

十二日,李宣龚过郑孝胥,代印书馆请书对联。

十五日,郑孝胥过丁宝铨宅访陈容民,同过罗振常。

十六日,郑孝胥复林思进书,寄诗两册。沈瑜庆夫人卒。

十七日,郑孝胥至沈瑜庆宅吊唁。郑孝胥访沈曾植,谈久之。

二十日,郑孝胥过姚文藻。

二十二日,李宣龚过郑孝胥。

二十四日,郑孝胥为刘体乾题《蜀石经》,作七言古诗一首。罗振常过郑孝胥。郑孝胥赴商务印书馆董事会。

二十五日,郑孝胥访陈衍。

二十七日,江谦①父子访郑孝胥。

二十八日,陈衍访郑孝胥,赠五律一首,并示沈曾植《病起自寿》诗七律五首。郑孝胥与同人作一元会,冯煦、王式、邹嘉来、王乃徵、杨钟羲、余肇康、唐晏、章梫、宋澄之在座。

二十九日,沈曾植七十岁寿辰,郑孝胥赠诗一首。沈曾植和陈衍韵作五律一首赠郑孝胥。缪荃孙送礼贺沈曾植寿,沈未受。

三月

初一,吴昌硕父子访郑孝胥,示《重游泮宫》诗二首。陈衍借缪荃孙《红雨楼书目》。郑孝胥赴商务印书馆董事会,晤夏敬观、陈敬第。郑孝胥致函何振岱。

---

① 江谦(1876—1942),字易园,号阳复。安徽省婺源县人。十七岁应童子试,补博士弟子员。复肄业于紫阳书院,十九岁应南京乡试未第,奉父命往南通,受业于张謇门下。后来考入南洋公学师范班,未几因病辍学。光绪二十八年(1902),张謇创南通师范学堂,邀其共事,初任堂长,继任校长。自光绪二十八年至民国二年(1913),被选为安徽教育会会长、资政院议员、众议院议员。民国三年,一度出任江苏省教育司司长。是年八月,江苏巡按司韩国钧委其为南京高等师范学校校长,负责筹备南京高师。他聘任郭秉文为教务主任,经过一年的筹备,四年八月招生。江谦主持校务五年余,民国八年辞职。有《阳复斋丛刊》。

初三，陈三立与冒广生、梁公约等泛舟秦淮，饮于水榭。郑孝胥与陈容民同至龙华看花，晤李经迈。

初四，赵凤昌过郑孝胥。

初五，郑孝胥、唐晏与丽泽文社诸生游半淞园。

初六，沈曾植、陈衍、李宣龚、夏敬观、张元济、高梦旦、郑孝柽等同至郑孝胥海藏楼观樱花。罗振常过郑孝胥久谈。

初八，郑孝胥送绿樱数枝与沈曾植。

初九，郑孝胥至宝记买笺对一，拟送徐申如堂庆。

初十，余肇康、卓孝复、翁绍文赠诗郑孝胥，贺其寿辰。陈衍、李宣龚、夏敬观、高梦旦、张元济携酒席至郑孝胥处就饮，贺其寿，王乃徵、朱祖谋、徐乃昌、郑孝柽在座。

十一日，邹嘉来、王乃徵、杨钟羲、王式、章梫、宋澄之、余肇康、唐晏过郑孝胥观樱花。

十二日，郑孝胥六十生日，陈曾寿、朱祖谋、王乃徵、吴庆焘等往贺。沈曾植有诗为贺。

十三日，郑孝胥过陈衍、沈曾植。陈衍、李宣龚、夏敬观、朱祖谋、张元济、王秉恩、王乃徵、徐乃昌、高梦旦、吴庆焘、俞明颐等宴郑孝胥，为其祝寿。

十六日，郑孝胥赴唐晏都益处招饮，冯煦、王乃徵、杨钟羲、邹嘉来、章梫、宋澄之、余肇康、王式、吴庆焘在座。夜，郑孝胥、郑孝柽赴沈琬庆约于消闲别墅。

十九日，郑孝胥过吴昌硕，作《重游泮水》诗遗之。

二十日，罗振常过郑孝胥。李宣龚、夏敬观赴张元济约午饭，高梦旦等在座。

二十一日，罗振玉过郑孝胥，不值。

二十二日，罗振玉赠郑孝胥书数种。

二十三日，陈衍、郑孝胥访沈曾植，晤谢凤孙，郑孝胥、陈衍同至大世界听大鼓。

二十四日，郑孝胥、罗振玉、罗振常同至同兴楼午饭。

二十五日,李宣龚赴张元济约晚饭,高梦旦等在座。

二十六日,郑孝胥被选为商务印书馆董事。

二十八日,夜,李宣龚宴张元济等。

二十九日,罗振玉致函沈曾植。

四月

初一,郑孝胥过吴庆焘,观《辛亥殉难记》。唐晏过郑孝胥。

初七,汪洛年以所作《淞波鸥伍图》遗郑孝胥,郑孝胥题诗一首。郑孝胥当选商务印书馆董事会会长。

初八,郑孝胥、罗振常、陈容民同游半淞园。

十一日,王式过郑孝胥。

十二日,郑孝胥、陈衍、邹嘉来、冯煦、余肇康、朱祖谋、王乃徵、吴庆焘、吕景端等作壬午同年会。

十二日,缪荃孙送陈衍《福建名胜志》与陈衍。

十五日,姚文藻、高梦旦过郑孝胥。谢凤孙赴金陵,沈曾植作诗为别。

十七日,郑孝胥过李详。

十九日,郑孝胥、陈衍赴赵凤昌招午饭。郑孝胥、陈衍访罗振玉,贺其嫁女。

二十三日,罗振常过郑孝胥。

二十四日,王式、章梫访郑孝胥,章言哈同将以新闸路屋借与沈曾植。

二十六日,孟森过郑孝胥。

二十七日,罗振玉访郑孝胥,言将赴日本。李宣龚访郑孝胥,代林景行夫人致郑孝胥《寒碧轩诗钞》一卷,请为林景行作墓志。

二十八日,郑孝胥至长发栈视严复,谈久之。沈曾植、陈衍、郑孝胥赴余肇康寓所招饮,邹嘉来、唐晏、冯煦、邹嘉来、吕景端①、吴庆焘②、杨覲圭在座。

二十九日,金武祥过郑孝胥。

五月

初一,郑孝胥过金武祥,不值。

初二,金武祥、邹嘉来访沈曾植。

初三,赵凤昌过郑孝胥谈。

初六,郑孝胥至商务印书馆,晤李宣龚、张元济、高梦旦。

初八,夜,李宣龚过郑孝胥,携林景行墓志去。

初九,郑孝胥作诗一首寄李兆珍。

十三日,王国维过沈曾植。

十四日,郑孝胥题林则徐日记诗一首。

十六日,江谦访郑孝胥。

十九日,章士钊访郑孝胥。

二十,郑孝胥、陈衍赴古渝轩作壬午同年会,冯煦、朱祖谋、余肇康、王乃徵、吕景端、吴庆焘、邹嘉来、何书农在座。郑孝胥、朱祖谋、王乃徵、吴庆焘同照相。江谦过郑孝胥,赠经书。

二十一日,李宣龚访郑孝胥抄诗,将以付《东方杂志》。郑孝胥访陈衍。

二十三日,郑孝胥过江谦、胡嗣瑗、王乃徵等。

二十八日,郑孝胥赴会宾楼一元会,唐晏、杨钟羲、冯煦、邹嘉来、余肇康、王式、宋澄之在座。

二十九日,李宣龚母寿辰,郑孝胥、郑孝柽晚赴李宣龚宴。

---

① 吕景端(1859—1930),字幼舲,号蛰勋,又号乐禅。江苏人。光绪八年(1882)中举。历任内阁中书,中年后居盛宣怀幕府,主持笔政最久。书工行楷,诗文秀逸,并擅倚声,书法之雄浑清隽为时所重。

② 吴庆焘,字宽仲,亦名庆恩,号文鹿。湖北襄阳人。光绪八年(1882)中举。宣统元年(1909)当选为湖北咨议局会长。未一年辞职,改任江西赣南道道台。辛亥革命后,在上海一带卖字为生。他能书写多种字体,以唐碑见长,挺劲秀拔,雄浑有力。他的蝇头小楷,为世人所瞩目。有《襄阳四略》、《筭珠仙馆诗抄》等。

三十日,王乃徵过郑孝胥。郑孝胥作《樟亭》诗。李宣龚、夏敬观赴张元济约至其寓所晚饭,高梦旦、鲍咸昌、陈敬第等在座。

六月

初一,郑孝胥以《樟亭》诗寄陈曾寿。

初二,夏敬观、李宣龚访郑孝胥。李详访郑孝胥。

初三,郑孝胥接李兆珍函,郑孝胥为缪荃孙作寿联。

初四,陈曾寿寄郑孝胥绝句十首。

初六,郑孝胥、李经彝等宴集古渝轩。

初七,郑孝胥收到陈曾寿所寄樟树摄影并《樟亭记》拓片。

初八,缪荃孙访沈曾植、陈衍谈。卞薇阁送郑孝胥其祖诗集。

初十,郑孝胥致函李兆珍。

十一日,郑孝胥为吴寄尘题《秋窗课读图》一首。

十三日,仇徕之招陈三立、蔡师愚等初堂小饮,赏月。

十四日,李宣龚访郑孝胥,取吴寄尘《秋窗课读图》手卷。罗振常过郑孝胥久谈。

十五日,陈衍、郑孝胥、李宣龚同饮于李宅。

十七日,诸宗元访郑孝胥。

十九日,袁思亮访郑孝胥。李详访沈曾植。郑孝胥、陈衍访沈曾植,晤李详,沈曾植以明钞本《郑所南文集》使郑孝胥题之。

二十三日,宗方小太郎访郑孝胥,送《硕水遗书》二部。李宣龚过郑孝胥。

二十五日,唐晏过郑孝胥。夜,罗振常过郑孝胥。

二十六日,李宣龚与高梦旦入京,往北戴河避暑。

二十七日,陈衍示郑孝胥二诗。王式过郑孝胥。

二十八日,陈衍过孝胥,同至红桥路。

七月

初一,李详访郑孝胥。郑孝胥答陈衍二诗:"寐叟深言夜坐非,石遗极道晓行奇。海藏夜夜楼头坐,却是晨钟欲动时";"闻鸡待旦已为常,早睡翻成减睡方。记与壶公论夜色,四更霜月抱冰堂。"

初二,郑孝胥买沃丘仲子《当代名人小传》阅之。

初五,沈曾植移居新闸路三十号。

初六,郑孝胥接李兆珍函及照片。

初七,郑孝胥观陈衍所示沈曾植杂言诗数首。

初八,孟森访郑孝胥。唐晏、叶玉麟偕丽泽文社学生过郑孝胥谈。

十一日,郑孝胥过陈衍,谈久之。

十二日,郑孝胥、罗振常、陈容民谈丁宝铨案。

十三日,郑孝胥约邹嘉来、陈容民等至会宾楼午饭。

十四日,陈衍访郑孝胥,欲同过沈曾植新居,未果。

十六日,郑孝胥为唐晏题画。

十七日,郑孝胥赴邹嘉来招午饭。胡嗣瑗过郑孝胥。

二十日,章梫过郑孝胥。黄书霖过郑孝胥,以李鸿章评其所作制艺一卷请郑题之。

二十一日,郑孝胥为黄书霖题李鸿章手卷,观陈三立所题诗二首。

二十三日,章梫过郑孝胥,送升允诗一首及《一山文存》、《人道实行录》。

二十四日,缪荃孙访沈曾植。

二十六日,郑孝胥至大世界,晤王式、袁思亮、俞明颐。

闰七月

初六,陈曾寿访郑孝胥,同过沈曾植新居。

初八,陈曾寿过郑孝胥。

初九,章梫过郑孝胥,示劳乃宣二函。

初十,李宣龚自北戴河归。

十一日,李宣龚、夏敬观访郑孝胥,夏示陈三立所作《高贞女墓志》。

十五日,李宣龚、夏敬观赴张元济约晚饭,陈敬第、江伯训等在座。

十六日,郑孝胥访严复,严以吕增祥手录郑诗示之,郑感慨良久。

十七日,郑孝胥送诗二册与严复。缪荃孙访沈曾植谈。

十八日,章梫、唐晏过郑孝胥。

十九日,郑孝胥过章梫,晤唐晏。

二十日,李详访郑孝胥。张元济借沈曾植宋本《山谷集》。

二十一日,陈曾寿过郑孝胥。

二十二日,曹经沅访郑孝胥。熊希龄过郑孝胥。缪荃孙送书与沈曾植。

二十五日,郑孝胥、罗振常、陈容民至同兴楼午饭。

二十六日,袁思亮送熊希龄父所画山水卷请郑孝胥题诗。

二十七日,李宣龚过郑孝胥。陈衍过郑孝胥,不值。

二十八日,蒋汝藻过郑孝胥,携二卷请题。郑孝胥过陈衍,不值。

二十九日,郑孝胥过江谦,不值。午后,江谦过郑孝胥久谈。

三十日,沈曾植、郑孝胥、朱祖谋、王乃徵、李瑞清、章梫、胡嗣瑗、吴郁生等聚于沈宅。陈衍访郑孝胥久谈。

八月

初一,赵凤昌过郑孝胥。郑孝胥访陈衍,同至大世界,晤袁思亮、叶德辉等。

初二,郑孝胥赴吴昌硕宴于古渝轩。

初三,陈衍访郑孝胥,同过赵凤昌午饭,蒋汝藻、李宣龚在座。

初四,郑孝胥过唐晏。

初六,夏敬观代送高女墓志铭请郑孝胥书之。夜,郑孝胥赴王式约于会宾楼,杨钟羲在座。

初七,张尔田、缪荃孙访沈曾植。

初八,郑孝胥为熊希龄父所作画卷题诗。

初九,唐晏、叶玉麟过郑孝胥。

十一日,郑孝胥与江谦、徐乃昌等宴集。

十二日,蒋汝藻、吴昌硕访郑孝胥。

十三日,陈三立等于西湖会葬俞明震。

十五日,陈三立等宴集夏敬观宅。

十六日,郑孝胥至会宾楼作一元会。王国维赴天津养病,行前致函沈曾植。

二十二日,缪荃孙访沈曾植。

二十四日,郑孝胥过李经迈谈。

二十五日,郑孝胥过叶玉麟、姚文藻。

二十七日,赵凤昌过郑孝胥。

二十八日,李宣龚嫁女,郑孝胥、张元济等往贺。高而谦卒。

二十九日,李宣龚、沈成式过郑孝胥。

九月

初二,叶德辉过郑孝胥。

初五,郑孝胥作丁宝铨挽诗。李宣龚、夏敬观宴叶德辉等于一枝香。

初六,郑孝胥赴会宾楼一元会,冯煦、邹嘉来、王乃徵、杨钟羲、章梫、王式、宋澄之、唐晏、余肇康在座,同人约重九半淞园登高。罗振常过郑孝胥。

初七,李宣龚、黄懋谦访郑孝胥。郑孝胥作丁宝铨墓志铭。

初八,李宣龚、沈琬庆过郑孝胥海藏楼看菊。

初九,郑孝胥、冯煦、王乃徵、余肇康、唐晏、王式、宋澄之等半淞园登高。

十一日,郑孝胥访沈曾植,观所作字及诗数首。

十二日,唐晏偕丽泽文社诸生至郑孝胥海藏楼看菊花,至同兴楼午饭。

十四日,张元济、李宣龚访郑孝胥。

十五日,王式过郑孝胥。

十六日,郑孝胥、罗振常等公祭丁宝铨。

十七日,曹经沅访郑孝胥,索诗二册。午后,郑孝胥宴沈曾植、夏敬观、李宣龚、朱祖谋、王乃徵、章梫、姚文藻、李经迈等。

十八日,沈曾植寄郑孝胥诗一首。缪荃孙访沈曾植谈。

二十日,李详、李宣龚访郑孝胥。郑孝胥过叶玉麟。

二十一日,郑孝胥访沈曾植。

二十三日,赵凤昌过郑孝胥看菊。

二十四,郑孝胥赴杏花楼同人宴集,唐晏、冯煦、王乃徵、朱祖谋、杨钟羲、余肇康、章梫、宋澄之等在座。

二十五日,叶玉麟过郑孝胥,赠郑绝句二首。夜,张元济访郑孝胥。

二十六日,罗振玉致函沈曾植。郑孝胥赴商务董事会,议购地事。

二十七日,晨,郑孝胥过陈容民、唐晏。郑孝胥赴赵凤昌招午饭,朱祖谋、王秉恩在座,席散,同至海藏楼看菊花,观郑孝胥所作丁宝铨墓志铭。

二十八日,缪荃孙过沈曾植送礼,贺其侄女出嫁。

是月,沈曾植作《章一山文集后序》。

十月

初一,郑孝胥赴赵凤昌招午饭。郑孝胥过叶玉麟。郑孝胥赴王乃徵招至上海大戏院观戏,唐晏同往。

初二,郑孝胥访罗振常。

初三,郑孝胥招罗振常、王乃徵、朱祖谋、吴学廉至同兴楼共饭。

初五,高梦旦、吴学廉访郑孝胥。

初六,曹经沅、章梫、王式访郑孝胥。

初十,郑孝胥访沈曾植,沈盛称郑所作丁宝铨墓志。叶玉麟过郑孝胥。

十四日,蔡宝善邀陈三立初堂赏月。唐晏邀郑孝胥作重九等半淞园诗,郑填《水调歌头》一阕。

十七日,李宣龚赴张元济约晚饭,高梦旦、江伯训等在座。

十九日,沈瑢庆等访郑孝胥。

二十日,郑孝胥与同人作壬午同年会,冯煦、朱祖谋、王乃徵、余肇康、吴庆焘、邹嘉来在座。

二十二日,郑孝胥过叶玉麟久谈。

二十四日,郑孝胥邀叶玉麟、唐晏父子至同兴楼共饭。

二十九日,唐晏过郑孝胥。

三十日,郑孝胥接冒广生函。

十一月

初一,叶玉麟过郑孝胥,将赴京就任海军秘书。王式过郑孝胥久谈。李详访郑孝胥。缪荃孙卒。

初二，郑孝胥赴邹嘉来招至休闲别墅作壬午同年会，冯煦、余肇康、王乃徵、吴庆焘、唐晏、吕景端在座。

初四，郑孝胥得张謇信及诗。

初五，郑孝胥过赵凤昌，以张謇信示之。

初七，曹经沅访郑孝胥，谈至薄暮，郑孝胥赠以《广西边事旁记》。

初八，郑孝胥赴曹经沅宴，王乃徵、王秉恩、陈树屏在座。

初十，夜，李宣龚访郑孝胥，示《黄石斋尺牍》。

十一日，郑孝胥与同人作壬午消寒会，余肇康、唐晏、王乃徵、邹嘉来在座。

十三日，张元济还沈曾植《山谷集》。

十四日，郑孝胥过唐晏、王乃徵，至同兴楼共饭。

十六日，刘体乾、唐晏过郑孝胥。

十九日，郑孝胥晤高梦旦、李宣龚。

二十日，王国维过沈曾植，谈梁鼎芬后事。

二十一日，曹经沅访郑孝胥。

二十三日，李瑞清致郑孝胥函。

二十四日，郑孝胥、沈曾植、邹嘉来、吴郁生、王式、章梫、唐晏、杨钟羲、徐乃昌、王国维、汪洛年等赴清凉寺公祭梁鼎芬。

二十七日，沈曾植复函王国维，论重修《浙江通志》体例。

二十八日，曹经沅、王庚访郑孝胥。

十二月

初四，李宣龚访郑孝胥。

初九，郑孝胥、陈曾寿、朱祖谋等宴集同兴楼。

二十六日，唐晏请郑孝胥为其《海上嘉月楼》诗集作序。①

二十七日，王国维借沈曾植诗稿誊抄。

民国九年 庚申（1920年）

正月

初一，沈曾植作《庚申元旦试笔》诗。

初四，俞明颐五十生日，夏敬观、李宣龚、张元济公宴于李宅，郑孝胥、徐乃昌、李维格、袁思亮、叶景葵等作陪。

初五，郑孝胥访唐晏，同过杨钟羲。

初七，曹经沅访郑孝胥。郑孝胥赴同人一元会，吴庆焘、王乃徵、王式、余肇康、章梫、邹嘉来、陈容民、唐晏、宋澄之、杨钟羲在座。

初十，李宣龚访郑孝胥，谈商务印书馆购地事。

十一日，郑孝胥、王国维访沈曾植。李宣龚赴张元济约便酌。

十二日，郑孝胥至商务印书馆，以公司购地事托张元济担任。

十三日，孟森、朱祖谋访郑孝胥。

十五日，夜，郑孝胥赴商务印书馆约于一品香，钱王仙华，张元济等在座。

十六日，李宣龚赴徐乃昌兴华川约，张元济、蒋汝藻等在座。

十七日，郑孝胥、朱祖谋等作一元会。午，李宣龚赴张元济约陪梁启超、徐振飞、高梦旦、陈敬第、袁思亮、叶景葵、周善培等在座。

二十日，曹经沅访郑孝胥。郑孝胥与王乃徵、王式、余肇康、唐晏同至新世界听戏。

---

① 郑孝胥序曰："钟磬管籥声从其器而各有其至，诗之与人也亦然。世之无诗也，无其声也。无其声者，无其器也。制器以定声，则诗人之为己。诗人之生于世，其生也或险或夷，其遇也或亨或阨，其行也或宏或隘，其用情也或肆或壹，得于天者半，得于人者亦半。器就而声成，盖若是其难也。自宋以降，治诗者不于其人而于其诗，犹无其器而寻其声，吾卒未见其有合也。涉江道人之诗，不甚为诗学所囿而莽苍博诡，任心而扬，探喉而满，其器操于人而声赋予天者乎？集中若《读神异经》若《效古》、《古风》、《古八变歌》、《饮酒》诸篇，庶几所谓极其至者，渐离之击筑与？雍门之鼓筝与？吾恶得而名之。"唐晏：《海上嘉月楼诗稿》，民国刻本。

二十一日,吴筱孙①访郑孝胥。郑孝胥赴赵凤昌约午饭,朱祖谋、王秉恩等在座。

二十二日,郑孝胥赴邹嘉来、章梫约,吴筱孙、蒋汝藻、陈夔麟、汪钟霖、刘锦藻在座。

二十三日,郑孝胥邀吴筱孙、邹嘉来、唐晏、章梫、金邦平至同兴楼午饭。

二十四日,郑孝胥赴曹经沅约游半淞园,王乃徵、吴庆焘同游。

二十六日,郑孝胥访唐晏、沈曾植。郑孝胥赴刘体藩约,吴学廉等在座。

二十八日,郑孝胥过蒋汝藻。

是月,日本京都以庚子赔款成立考古学校,聘沈曾植任事,沈邀辜鸿铭相助。

二月

初三,王式访郑孝胥。

初四,唐晏、刘体藩过郑孝胥。

初六,郑孝胥赴王乃徵约。李宣龚过郑孝胥谈商务购地事。

初七,张元济招沈曾植饮,未赴。张元济、李宣龚过郑孝胥,同至大马路看所拟购之地。商务印书馆特别董事会会议,郑孝胥、李宣龚、张元济、金邦平、高凤池、鲍咸昌、叶景葵等出席,众投票不购地,张元济辞职,郑孝胥辞董事。

初八,张元济过郑孝胥。郑孝胥过唐晏、陈容民。曹经沅过郑孝胥。

初九,唐晏过郑孝胥。郑孝胥至新世界听戏,晤俞明颐、袁思亮等。

十一日,郑孝胥过唐晏、王乃徵。

十二日,沈曾植作《东京梦华录跋》。

十三日,林长民赴英国访问,李宣龚与张元济、高梦旦为其送行。

十四日,赵凤昌、高凤池过郑孝胥。商务印书馆特别董事会会议,挽

---

① 吴筱孙,字彭秋。河南固始人。曾随袁世凯办营务处,宣统三年(1911)以巡警厅丞奏请开缺,避居青岛。民国时期在天津办纱厂、布厂。

留张元济、郑孝胥。郑提议二端：一、改定董事会章程，设办事董事而增其监督总务之权。二、将购地于南京路及办纸厂二案仍筹举办。定此二端，方可言留。

十五日，郑孝胥赴半淞园同人作一元会，唐晏、余肇康、王式、朱祖谋、王乃徵、陈容民、宋澄之、邹嘉来在座。郑孝胥、夏敬观、李宣龚至商务印书馆晤谈。

十七日，陈曾寿、唐晏访郑孝胥。

十八日，郑孝胥、陈曾寿、胡嗣瑗同至新世界听戏、共饮。

十九日，沈曾植赴逸社第一集，陈曾寿、王秉恩、邹嘉来、余肇康、朱祖谋、王乃徵、杨钟羲、章梫、胡嗣瑗、陈夔麟在座。夜，郑孝胥赴赵凤昌约，何维朴、况周颐、朱祖谋、王秉恩等在座。

二十一日，高梦旦访郑孝胥，谈商务印书馆事：张元济、高凤池皆退为监理，以鲍咸昌为总经理，李宣龚为经理。郑孝胥赴王乃徵都益处约午饭。

二十二日，沈曾植邀郑孝胥等作诗钟。商务印书馆董事会特别会议，郑孝胥陈述张元济与高凤池均辞职，拟设监理，以张、高担任。李宣龚选为经理。张元济赴沈曾植约晚饭。

二十三日，李宣龚访郑孝胥，示所作七古一首。曹经沅过郑孝胥。

二十四日，郑孝胥、陈曾寿、杨钟羲、朱祖谋、胡嗣瑗、唐晏、余肇康等公请王乃徵。辜鸿铭访郑孝胥。

二十五日，郑孝胥与陈容民、唐晏同游龙华。

二十六日，郑孝胥访姚文藻。

二十七日，王式过郑孝胥。

二十八日，沈成式、章梫过郑孝胥。

三十日，冯煦过郑孝胥。

是月，陈三立在南京，与冯煦同游钟山造林场。

三月

初一，郑孝胥访冯煦久谈。

初二，郑孝胥赴赵凤昌约观梅兰芳演《花木兰》。

初三,钱熊祥、刘体藩过郑孝胥。

初四,郑孝胥为蒋汝藻题《乐庵写书图》。

初五,郑孝胥访唐晏、陈容民、刘体藩。夜,郑孝胥赴赵凤昌邀饮,何维朴、吴昌硕、王秉恩、况周颐、梅兰芳等在座。

初八,钱熊祥、李瑞清、狄葆贤访郑孝胥。

初九,郑孝胥过钱熊祥,观所藏书画。

初十,钱熊祥过郑孝胥,以其祖钱泰吉《甘泉乡人集》赠之。曹经沅访郑孝胥。

十二日,郑孝胥与罗振常、邹嘉来、唐晏、陈容民共饮同兴楼。

十三日,唐晏、陈容民、王式过郑孝胥。谢凤孙过郑孝胥,为陈三立之女作伐。郑孝胥、李宣龚至张元济宅观牡丹。

十四日,章梫、邹嘉来过郑孝胥。

十五日,郑孝胥赴同人一元会。李宣龚、张元济宴商务教会股东于一枝香。

十七日,陈三立至上海。

十八日,陈三立访郑孝胥,不值。夜,陈三立赴张元济、李宣龚约,夏敬观、高梦旦、陈敬第等在座。

十九日,陈三立、沈曾植赴陈夔龙邀作逸社第二集,题万岁山怀古,冯煦、王秉恩、余肇康、朱祖谋、王乃徵、杨钟羲、邹嘉来在座。郑孝胥至上海旅馆访陈三立,不值。

二十日,郑孝胥访陈三立久谈。陈三立、郑孝胥赴冯煦、邹嘉来约,夏孙桐①等在座。商务印书馆股东会,郑孝胥被选为董事。

二十一日,钱熊祥过郑孝胥。李宣龚赴张元济约晚饭,高梦旦、金邦平等在座。

二十二日,李详访郑孝胥。陈三立、郑孝胥赴王乃徵约,朱祖谋、王秉恩等在座。

---

① 夏孙桐(1857—1941),字闰枝、润枝,号梅生,晚号闰庵。江苏江阴人。光绪十八年(1892)进士。授编修。历官会典馆编书处总纂、广东考官、湖州知府、宁波知府、杭州知府。有《观所尚斋诗文存》。

二十五日,陈三立、郑孝胥、沈曾植赴赵凤昌寓所宴集,吴昌硕、王秉恩、朱祖谋、况周颐、梅兰芳等在座。商务印书馆董事会,郑孝胥被选为会长。

二十六日,郑孝胥邀陈三立、吴学廉晚饭、观剧。

二十七日,刘体藩、曹经沅、吴学廉过郑孝胥。

二十八日,李宣龚、张元济、沈琬庆过郑孝胥。吴庆焘过郑孝胥,示《观樱花》七古一首。

二十九日,陈树屏过郑孝胥。

是月,陈三立与冒广生、胡嗣芬、梁公约、程学恂、苍崖上人等泛舟秦淮,饮于水榭。

四月

初一,陈树屏过郑孝胥。郑孝胥访唐晏。

初二,余肇康过郑孝胥。

初四,郑孝胥赴潘季孺约,余肇康、杨钟羲、邹嘉来、吴郁生等在座。

初六,沈曾植与邹嘉来、吴郁生等观唐宋书画。

十一日,李宣龚、张元济、金邦平晤谈。

十二日,李宣龚访郑孝胥,请为其妹书《花影吹笙室填词图》卷首。

十三日,罗振玉致函沈曾植。

十九日,沈曾植赴逸社第三集,陈夔龙、余肇康、邹嘉来、陈夔麟、杨钟羲、胡嗣瑗等在座。

二十日,曹经沅访郑孝胥。

二十一日,诸宗元访郑孝胥。

二十三日,孟森访郑孝胥。

二十五日,郑孝胥书《沈敬裕公墓志铭》。

是月,陈三立仍回江宁别墅。

五月

初一，郑孝胥访周达[①]，观其园屋。

初四，李宣龚访郑孝胥。

初八，章梫宴郑孝胥、温肃、王秉恩、王乃徵、杨钟羲等。

初九，郑孝胥访沈曾植，晤王国维、谢凤孙。

十三日，郑孝胥、何振岱等同游半淞园。

十四日，曹经沅访郑孝胥。

十七日，邹嘉来过沈曾植。

十九日，沈曾植赴逸社第四集，题杨钟羲《雪桥诗话图卷》，陈夔龙、冯煦、余肇康、邹嘉来、王乃徵、朱祖谋在座。

二十一日，傅增湘至上海，访沈曾植。

二十二日，傅增湘、张恂访沈曾植看藏画。

三十日，傅增湘请沈曾植题宋本《通典》。

六月

初一，傅增湘过沈曾植，取《通典》。

初二，罗诚、章梫、金邦平过郑孝胥。

初三，许汝棻、陈容民、罗振常、柯鸿年过郑孝胥。

初四，王式访郑孝胥。夜，郑孝胥约许汝棻、陈容民、唐晏、罗振常晚饭。

初六，姚永概、姚永朴、刘承干访沈曾植。邹嘉来、陈树屏访郑孝胥。

初七，邹嘉来过沈曾植。罗诚、高梦旦访郑孝胥。

初八，李宣龚、曹经沅、王乃徵访郑孝胥。

初十，郑孝胥赴罗振常约，许汝棻、陈容民等在座。

十一日，李宣龚访郑孝胥，示所作诗，商改数字。

十二日，李详访郑孝胥。李宣龚访郑孝胥，言商务购地事。郑孝胥

[①] 周达（1879—1940），字梅泉、美权。安徽至德人。诸生。少好六书，戊戌政变后，专攻九数之学。入民国，寓上海。孙毓筠出任皖督，邀其掌财政、教育二厅，婉拒之。有《今觉庵诗》四卷。受陈三立、郑孝胥影响诗风宗宋。周达自言："少时习西昆体，泛滥于陈黄门、吴祭酒家，及闻散原、海藏二老绪论，遂幡然一变而改北宋，尽弃少作。"

赴陈容民约,罗振常、许汝棻、唐晏在座。

十三日,曹经沅访郑孝胥。

十六日,金邦平、曹经沅过郑孝胥。

十七日,郑孝胥、唐晏合请陈容民、余肇康等。

二十二日,唐晏卒。

二十四日,王式过郑孝胥。

二十五日,陈树屏、邹嘉来访郑孝胥。郑孝胥过陈容民、姚文藻。

是月,沈曾植作《涛园诗序》。

七月

初一,罗振常、章梫过郑孝胥。

初二,李详访郑孝胥。

初三,郑孝胥晤蒋汝藻、曹元忠。郑孝胥赴杨钟羲宴,曹元忠、朱祖谋、章梫、刘世珩、蒋汝藻、孙德谦在座。

初四,郑孝胥赴商务董事会,李宣龚示《涛园诗跋》及沈曾植所作序。夜,沈曾植、郑孝胥赴刘世珩宴,曹元忠、章梫、杨钟羲、邹嘉来、朱祖谋、杨钟羲、孙德谦在座。

初九,李宣龚访郑孝胥,赠《涛园集》二册。

初十,刘体藩过郑孝胥。

十一日,罗振常访郑孝胥。

十三日,郑孝胥为梁鼎芬诗册题诗。

十六日,陈容民、余肇康访郑孝胥。

十八日,李宣龚访郑孝胥。

十九日,李宣龚、诸宗元同访郑孝胥。

二十日,郑孝胥赴刘锦藻约,邹嘉来、罗振常等在座。

二十四日,姚文藻访郑孝胥。

二十五日,周达访郑孝胥久谈。

二十六日,郑孝胥访陈树屏、刘体藩、姚文藻、罗振常。

八月

初一,李瑞清卒。

初二,郑孝胥阅陈三立诗稿。

十四日,郑孝胥得严复函。

十七日,李宣龚与张元济、高凤池、鲍咸昌、金邦平商印《四库全书》事。

十八日,郑孝胥、朱祖谋、王乃徵、余肇康、杨钟羲等于同兴楼作一元会。

二十四日,张元济赴京,李宣龚至站相送。

二十六日,郑孝胥访沈曾植,晤蒋智由、王国维。

二十七日,沈曾植赴陈夔麟招作逸社第五集,冯煦、余肇康、朱祖谋、章梫、王乃徵、杨钟羲、王秉恩在座。

三十日,李宣龚、诸宗元访郑孝胥。

九月

初一,沈曾植、冯煦宴郑孝胥、朱祖谋、王乃徵、杨钟羲、余肇康等。

初四,张元济访陈宝琛。

初五,陈宝琛宴张元济、林开謩、郑孝柽、高梦旦、严璩于福全馆。

初七,李宣龚访郑孝胥,请题其父《双辛夷楼词》及其妹《花影吹笙室词》书面。

初九,沈曾植、郑孝胥赴三兴园一元会,王乃徵、余肇康、吴庆焘、邹嘉来、王式、冯煦、章梫、杨钟羲、朱祖谋在座。席罢,郑、沈、王、吴、余、邹六人同至新世界登高,并至相馆摄影留念。

初十,余肇康以登高诗示沈曾植。

二十日,郑孝胥访沈曾植、余肇康。

二十二日,郑孝胥、王乃徵访沈曾植,同作诗钟。

二十三日,赵凤昌宴陈三立、郑孝胥、况周颐、俞明颐、王秉恩等。

二十四日,郑孝胥赴余肇康之约,晤曾广钧。

二十五日,陈三立、郑孝胥赴邹嘉来、金武祥招饮,王乃徵、朱祖谋、徐乃昌、余肇康、刘体乾①等在座,沈曾植未至。

二十六日,郑孝胥邀陈三立、朱祖谋、王乃徵、余肇康、吴学廉、赵凤昌等共饮赏菊。

二十七日,沈曾植示郑孝胥《重九》二律。

二十九日,黄节访郑孝胥。

十月

初三,郑孝胥、章梫、徐乃昌、王式、刘体乾访沈曾植。

初四,郑孝胥晤屠寄。冯煦访郑孝胥。

初六,郑孝胥、康有为、章梫、王国维、徐乃昌、刘体乾、杨钟羲、刘承干于沈曾植宅中夜饮。

初九,李宣龚邀郑孝胥、杨钟羲、刘世珩、徐乃昌等晚饭、看菊。

初十,沈曾植赴陈夔麟招作逸社第六集,冯煦、邹嘉来、余肇康、杨钟羲在座。

二十一日,孟森访郑孝胥。

二十二日,李详访郑孝胥。

三十日,李宣龚与林志钧访郑孝胥,谈久之,林志钧将往瑞士。

是月上旬,罗振玉至上海,为京旗募捐,与沈曾植相见。

十一月

初一,李宣龚示郑孝胥林志钧诗稿一册。

初二,罗振玉访郑孝胥,邀为京旗生计维持会上海分会发起人。

初三,李宣龚访郑孝胥。郑孝胥访罗振玉,晤王国维。

初四,郑孝胥交八百八十元与罗振玉,捐与京旗生计维持会。

初八,罗振玉致函沈曾植,述京旗惨状。

初九,李宣龚访郑孝胥。郑孝胥、李详同访沈曾植视疾。

初十,郑孝胥访周达,谈久之。

十一日,周达访郑孝胥,借钱载诗。

---

① 刘体乾,字健之。安徽庐江人。四川总督刘秉璋子,道员。长于碑版之学。有《孟蜀石经》八册。

十四日,罗振玉致函沈曾植。

十五日,李宣龚过郑孝胥,同乘月访周达。

十六日,陈诗访郑孝胥,赠诗一首。

十七日,李详访郑孝胥。李宣龚托郑孝胥选江湜诗。

二十二日,周达示郑孝胥诗二首。陈曾寿访郑孝胥。郑孝胥访周达,晤陈诗。

二十四日,陈曾寿访郑孝胥。

二十八日,周达访郑孝胥。

二十九日,周达示郑孝胥《与庄吕臣谈海藏楼诗》:"我已瓣香逾十载,平原欲绣愧无丝"。

十二月

初一,郑孝胥作《答周梅泉诗》。

初五,周达访郑孝胥。

初六,李详访郑孝胥。

初八,刘世珩宴郑孝胥、杨钟羲、徐乃昌、李详等。

初十,陈三立、沈曾植赴余肇康招作消寒第四集,陈夔龙、冯煦、王秉恩、朱祖谋、王乃徵在座。王乃徵、朱祖谋访郑孝胥。

十四日,郑孝胥、章梫等十四人于沈曾植宅中作一元会。

十五日,郑孝胥作《张园》诗。周达、李宣龚访郑孝胥。

十六日,诸宗元访郑孝胥。

十九日,沈曾植赴消寒第五集。

二十四日,李宣龚赠郑孝胥江湜诗一部。

二十八日,周达访郑孝胥,示诗。沈曾植等至都益处作消寒第六集。

三十日,沈曾植为京旗救济事致函张謇、张詧。

民国十年 辛酉(1921 年)

正月

初一,沈曾植作《辛酉元日》诗。康有为赋诗赠沈曾植。

初二,李宣龚、周达访郑孝胥。

初五，郑孝胥为余肇康题《章江送别图》卷。① 王乃徵、章梫、余肇康访郑孝胥视疾。李经迈过郑孝胥。

初六，张謇访郑孝胥。

初七，沈曾植赴都益处作消寒第七集，王秉恩、余肇康、陈夔麟、朱祖谋、王乃徵、冯煦、邹嘉来、陈夔龙、杨钟羲、章梫在座。

初八，吴庆焘过郑孝胥。

初九，周达、柯鸿年、高梦旦、江伯训访郑孝胥。

初十，杨钟羲访郑孝胥。

十二日，罗振常过郑孝胥。

十三日，郑孝胥、沈曾植与冯煦、余肇康、朱祖谋、王乃徵、杨钟羲、陈曾寿、陈曾任、胡嗣瑗等集于沈曾植海日楼，贺溥仪寿辰。陈诗访郑孝胥不遇，留诗一首。

十四日，郑孝胥作诗答陈诗、周达。② 郑孝胥过陈容民、罗振常、冯煦、杨钟羲、刘体藩、李经迈、赵凤昌、周达。

十五日，郑孝胥访张元济、刘世珩、余肇康等。

十六日，郑孝胥访沈曾植，晤陈夔龙、陈夔麟。沈曾植主持消寒第八集，陈夔麟、陈夔龙、邹嘉来等在座。

十八日，郑孝胥访况周颐、高梦旦、吴昌硕、徐乃昌、林洞省等。周达赠郑孝胥诗一首。

二十日，陈诗宴郑孝胥、李宣龚、朱祖谋、袁思亮、俞明颐、庄吕尘等。俞明颐遗郑孝胥俞明震诗二册。罗诚、况周颐过郑孝胥。

二十三日，陈诗访郑孝胥。郑孝胥作七古一首，再答周达问疾之作。③

二十五日，沈曾植赴朱祖谋招作消寒第九集。

二十六日，郑孝胥赴江子诚约，晤何维朴、吴昌硕。

二十八日，罗诚、周达过郑孝胥。

---

① 郑孝胥：《俞尧衢章江送别图》，《海藏楼诗集》卷九。
② 郑孝胥：《答周梅泉陈子言见赠问疾之作》，《海藏楼诗集》卷九。
③ 郑孝胥：《再答梅泉问疾》，《海藏楼诗集》卷九。

三十日,沈曾植以陈宝琛题《松寿堂诗话图》交陈夔龙。郑孝胥、王灵珠、周信芳、周达等宴集。

二月

初一,王乃徵、朱祖谋访郑孝胥。

初二,郑孝胥访沈曾植。郑孝胥宴周达、林开謩、周信芳、王灵珠、金邦平等。

初四,邹嘉来寄示《寒林坐腊图》七律二首与沈曾植。

初五,沈曾植倒和一首答邹嘉来。

初七,郑孝胥得胡朝梁信。

十三日,陈曾寿访郑孝胥。章梫将胡思敬所作《东湖明季六忠祠》诗及《喻庶三挽诗》交与郑孝胥。

十八日,高梦旦、李宣龚、周达等访郑孝胥。

二十二日,陈三立访郑孝胥。张元济、李宣龚访郑孝胥。

二十三日,郑孝胥访陈三立。

二十六日,同人于都益处预祝沈曾植生日。

二十八日,郑孝胥为陈三立删诗稿。

二十九日,周达、陈诗、狄葆贤访郑孝胥。

二十日,沈曾植与林开謩在海日楼宴客,并招同人作诗钟。

是月,沈曾植作《宋刊本剑南诗稿跋》。

三月

初六,郑孝胥宴朱祖谋、王乃徵、余肇康等。

初三,沈曾植赴陈夔麟招偕园修禊,冯煦、陈邦瑞、余肇康、章梫、杨钟羲在座。

十五日,李详访郑孝胥。

十七日,日本作家芥川龙之介访郑孝胥。

十九日,李宣龚赴张元济寓晚饭,高凤池、鲍咸昌、金邦平、陈敬第等在座。

二十六日,沈曾植自嘉兴返回上海。

三十日,李详访郑孝胥。

四月

初八,周达访郑孝胥。

十二日,胡思敬访郑孝胥。

十四日,况周颐、孟森访郑孝胥。

十六日,逸社小集。沈曾桐卒。

十七日,郑孝胥访朱祖谋、王秉恩,晤胡思敬。

十八日,林纾访郑孝胥,谈久之。

十九日,郑孝胥宴林纾、高梦旦等于消闲别墅。

二十一日,张元济宴郑孝胥等。

二十七日,郑孝胥过李宣龚处晚饭。

二十八日,郑孝柽、林纾、李宣龚、高梦旦等同游雁荡。

五月

初一,沈曾植致函吴庆坻。

初三,沈曾植致函李传元。

初二,郑孝胥与朱祖谋、王乃徵、余肇康、杨钟羲、冯煦等作一元会。

初三,郑孝胥访李详。

初六,狄葆贤、陈诗宴郑孝胥、王乃徵、曾士元等。李宣龚、郑孝柽、高凤谦同游雁荡山之灵峰。

初八,郑孝胥与冯煦、朱祖谋、余肇康、杨钟羲、王乃徵等作一元会。

初九,林纾、李宣龚、郑孝柽自雁荡归,郑孝胥观所作诸诗。

初十,林纾、李宣龚访郑孝胥。

十二日,赵凤昌宴郑孝胥、林纾、李宣龚、林开謩等。李宣龚谈及陈衍所选《近代诗钞》,郑孝胥言将致书陈衍,勿以其诗入选。罗振玉致函沈曾植。

二十日,郑孝胥赴余肇康宴,陈夔龙、林开謩、杨钟羲等在座。

六月

十七日,郑孝胥宴李宣龚、周信芳、王灵珠等。

十八日,郑孝胥复林纾函。

二十四日,李详访郑孝胥。

二十六日,郑孝胥得林纾复书。陈诗持周家禄诗稿求郑孝胥作序。

三十日,刘承干过沈曾植谈。

七月

初四,夏敬观访郑孝胥。张元济过沈曾植。

初五,周达于消闲别墅宴郑孝胥、李宣龚等。

十九日,吴昌硕子吴东迈访郑孝胥,以吴昌硕中年所画小手卷请郑孝胥题诗。陈宝琛、袁珏生同游厚斋将军西园。

二十四日,郑孝胥与朱祖谋、余肇康、王乃徵、杨钟羲、章梫等作一元会。

二十六日,郑孝胥、王乃徵同访沈曾植。

二十七日,沈曾桐去世百日,沈曾植以诗哭之。

是月,沈曾植以杜诗书扇赠王国维,并作跋。

八月

初一,沈曾植、郑孝胥、周达等公祭劳乃宣。

初二,吴学廉访郑孝胥。

十一日,陈曾寿兄弟访郑孝胥。

十七日,张元济赴京,李宣龚与高梦旦、高凤池至站相送。

二十日,陈三立访郑孝胥,不值。

二十一日,李宣龚宴陈三立、郑孝胥、朱祖谋、杨钟羲、余肇康、袁思亮、王秉恩等。

二十六日,罗振玉为赈灾事致函沈曾植。

三十日,罗振玉致函沈曾植。

九月

初六,周达示郑孝胥诗一首。

初八,郑孝胥与朱祖谋、王秉恩、余肇康、杨钟羲、王乃徵、章梫等作一元会。

十一日,朱祖谋表侄朱大可访郑孝胥,示所作诗。

二十四日,郑孝胥访冯煦,晤陈夔龙。

二十六日,陈诗、孟森、陈树屏等访郑孝胥。

十月

十三日,李宣龚访郑孝胥。

十五日,郑孝胥为王仁东删诗。

二十二日,林开暮宴郑孝胥、林庚白等。

十一月

初五,张謇、李宣龚访郑孝胥。

初六,郑孝胥、李宣龚、高梦旦、郑孝柽、林庚白等宴集同兴楼。

初十,陈曾寿访郑孝胥。

二十一日,朱祖谋访郑孝胥。

二十二日,郑孝胥与王秉恩、余肇康、朱祖谋、杨钟羲、章梫等于同兴楼作一元会。

二十四日,陈夔龙邀郑孝胥、朱祖谋、王秉恩、杨钟羲、余肇康、章梫等作消寒会。

二十八日,李宣龚访郑孝胥。

是月,曾习经至上海访沈曾植。

十二月

初一,李详访郑孝胥。

初三,沈曾植招郑孝胥等作消寒第二集。

十二日,郑孝胥宴朱祖谋、王乃徵、章梫等。

十三日,沈曾植、郑孝胥等赴王秉恩约作消寒第三集。

十七日,章梫致函沈曾植并寄诗。

二十二日,郑孝胥等赴余肇康招作消寒第四集,沈曾植未赴。

二十六日,章梫致函沈曾植。

二十八日,陈诗访郑孝胥。

是年,吴宓从美国返回,于上海看望陈三立,谈及陈寅恪在美国的近况。

民国十一年 壬戌（1922年）

正月

初一，郑孝胥访李宣龚。李宣龚、高梦旦同游杭州。康有为赠《壬戌元日午昼雨雹惊赋呈沈尚书寐叟》诗与沈曾植。

初四，李宣龚访郑孝胥。

初六，罗振玉致函沈曾植。

十二日，陈曾寿访郑孝胥。

十三日，郑孝胥、陈曾寿、胡嗣瑗、陈曾矩、王乃徵、余肇康、刘承干、杨钟羲等于沈曾植宅贺万寿。

十五日，朱祖谋邀郑孝胥、陈曾寿、胡嗣瑗等于沈曾植宅作消寒会。

十九日，罗振玉致函沈曾植。

十六日，周达访郑孝胥。

二十一日，周达、夏敬观访郑孝胥。

二十三日，郑孝胥、朱祖谋、王乃徵、余肇康、杨钟羲、王秉恩等于都益处宴集，作消寒第七集。

二十四日，沈曾植招同人海日楼宴集，吴庆坻、张元济、刘体乾、朱祖谋、叶尔恺①在座。

二十九日，陈宝琛抵沪，郑孝胥至火车站迎之，同访沈曾植。

三十日，郑孝胥送陈宝琛登船。

是月下旬，罗振玉至上海，晤沈曾植。

二月

初一，李宣龚访郑孝胥，送陈宝琛所作严复墓志铭。

初三，周达示郑孝胥二诗。

十二日，郑孝胥、杨钟羲、章梫、冯煦等作消寒会。

十四日，陈诗访郑孝胥。

十六日，郑孝胥晤林庚白。

---

① 叶尔恺(1864—1937)，字柏皋。浙江杭县(今杭州)人。光绪十八年(1892)进士，授编修。历主陕西、云南、甘肃学政。工章草，辛亥革命后，在沪卖字为生。

十七日,李宣龚过郑孝胥,为张謇求书寿屏,郑孝胥称"若令子培列名撰文,余亦允为书之"。

十八日,沈曾植允为张謇做寿文。郑孝胥访周达,谈久之。陈夔龙致函沈曾植。

二十一日,李宣龚、高梦旦访郑孝胥。

三月

初三,冯煦、朱祖谋、王乃徵、杨钟羲、章梫等至海藏楼看花,会饮。

初四,郑孝胥、周达等至龙华看花。

十三日,李宣龚宴郑孝胥。

十四日,郑孝胥、冯煦、王秉恩、余肇康、朱祖谋、杨钟羲、章梫等于同兴楼作一元会。

二十三日,张元济过沈曾植。

二十四日,陈宝琛至沪,下榻张志潜寓所,郑孝胥往视。夜,陈宝琛、郑孝胥、高梦旦、张元济、李宣龚等宴集。

二十五日,沈曾植、郑孝胥、李宣龚赴张志潜寓所公宴陈宝琛,何维朴、王秉恩、秦炳直、余肇康、朱祖谋、左孝同、王乃徵、章梫、李经迈、张元济、黄懋谦等在座。

二十六日,郑孝胥送陈宝琛登船。

二十八日,罗振常、陈三立访郑孝胥。

二十九日,陈三立、沈曾植、郑孝胥赴余肇康招午饭,冯煦、王秉恩、胡嗣瑗在座。

是月末,沈曾植回嘉兴扫墓。

四月

十一日,周达宴郑孝胥等于一枝香。

十五日,郑孝胥访周达谈。

十六日,逸社雅集,沈曾植未赴。

二十日,商务印书馆董事会,郑孝胥被选为会长。

二十一日,夏敬观访郑孝胥。

二十四日,郑孝胥访周达,久谈。

五月

初四,陈诗访郑孝胥。

初十,周达访郑孝胥,郑以陈曾寿诗一册赠之。

十一日,陈诗、吴昌硕访郑孝胥。

是月上旬,沈曾植返上海。

闰五月

初五,同人集沈曾植寓所,商议抵制取缔优待皇室事,郑孝胥、章梫、余肇康、王乃徵、王秉恩、王式、朱祖谋、刘承干在座。

初七,王国维、张元济过沈曾植。

初十,刘承干过沈曾植。

十四日,王国维过沈曾植。

十七日,李详访沈曾植。

六月

初九,朱祖谋、王国维过沈曾植,商讨对付废弃皇室优待条件事,沈曾植允列名公函。

初十,郑孝胥为沈曾植题《海日楼重谐花烛诗》。

十一日,沈曾植夫妇金婚,郑孝胥、余肇康、陶葆廉、王式、杨钟羲、罗振常、王乃徵、刘体乾等往贺。

十二日,沈曾植致函吴庆坻。

十九日,李详访郑孝胥。

二十五日,刘承干过沈曾植送黎元洪、王士珍、王怀庆信,金蓉镜在座。

二十七日,黄节访郑孝胥。

七月

初二,吴昌硕、诸宗元访郑孝胥。

初九,夏敬观访郑孝胥。

十九日,郑孝胥宴朱祖谋、王秉恩、周达、章梫等。

二十二日,陈诗访郑孝胥。

二十六日,邵祖平经沈曾植介绍来访郑孝胥。①

二十八日,陈三立诗集将印出,催郑孝胥作序。

八月

初二,郑孝胥得陈三立信,催作诗序。

初三,郑孝胥作陈三立诗序,寄之。

初十,郑孝胥访陈曾寿、胡嗣瑗等。

十三日,陈诗访郑孝胥。

十四日,郑孝胥与王秉恩、朱祖谋、王乃徵、杨钟羲、章梫、余肇康等作一元会。

十六日,王国维过沈曾植视疾。

十七日,李宣龚访郑孝胥。

十八日,高梦旦、李宣龚访郑孝胥。

二十五日,冯煦访郑孝胥。

二十七日,赵凤昌宴郑孝胥、况周颐、罗惇曧、余肇康、狄葆贤、李宣龚、袁思亮、王秉恩、程砚秋等。

二十九日,朱祖谋访郑孝胥。

九月

初十,陈衍访郑孝胥,同至大世界看戏。

十一日,郑孝胥邀陈衍、周达等晚饭。

十三日,陈衍、郑孝胥与王秉恩、朱祖谋、王乃徵、余肇康、杨钟羲、章梫等作一元会。

十四日,郑孝胥访陈衍,谈良久。

十六日,郑孝胥作陈三立七十寿诗。

十七日,陈衍过郑孝胥。

十八日,陈曾寿将赴南京为陈三立祝寿。

二十一日,陈三立七十寿辰,沈曾植、郑孝胥、黄濬、冯煦、孙雄、袁思

---

① 郑孝胥:"有江西邵祖平字潭秋者持子培名刺来见,自言在南京东南大学,与胡先骕等同编《学衡》杂志,斥胡适之新文白话……邵颇知诗学,谈久之,借去《伏敔堂诗》,其人才二十余岁。"《郑孝胥日记》。

亮、吴用威、程颂万等以诗为贺。

二十二日,何振岱访郑孝胥。

二十五日,陈衡恪访郑孝胥。

二十六日,陈衍宴周达、李宣龚、郑孝胥、程砚秋等。

二十八日,郑孝胥邀陈衍、何振岱、周达、程砚秋等晚饭。

三十日,郑孝胥访陈衍。

是月,沈曾植为李宣龚题《黄忠端董文敏手札合卷》。

十月

初一,郑孝胥、陈衍等同听戏。

初二,王乃徵过沈曾植视疾。

初三,沈曾植卒,郑孝胥往哭之。梁启超至散原精舍拜访陈三立,两人相聚痛饮,共议旧事,梁启超大醉而归。

初六,李宣龚宴郑孝胥等。

十一日,陈诗访郑孝胥。

十一月

初二,郑孝胥作《乙庵挽诗》。

初五,陈夔龙赠郑孝胥《巢经巢集》八册,陈在沪刻本。

初七,郑孝胥于李宣龚处晤梁鸿志。

初八,陈诗访郑孝胥。

十四日,郑孝胥访朱祖谋,谈久之。

十六日,吴昌硕访郑孝胥,请为其删诗。

二十日,李宣龚请郑孝胥为林旭手卷题诗。

二十九日,李详访郑孝胥。

十二月

初五,周达赠郑孝胥诗二首。

初六,余肇康宴陈三立、郑孝胥、胡嗣瑗、王乃徵等。

初七,陈三立与郑孝胥、胡嗣瑗、袁思亮共访王灵珠。

初八,郑孝胥约陈衍、陈曾寿、周达等共饭。

初十,陈三立、郑孝胥、余肇康、周达等至第一台听戏。

十一日,郑孝胥、陈衍等宴陈三立。

十三日,郑孝胥访罗振玉,不遇,与王国维谈久之。

十八日,金天羽①赠《天放楼诗集》与陈衍、郑孝胥。

十九日,郑孝胥、陈衍晤林庚白。

二十一日,郑孝胥与王秉恩、朱祖谋、王乃徵、陈夔龙、杨钟羲、余肇康、章梫等作消寒会。

二十六日,金邦平宴陈衍、郑孝胥、袁思亮、周达等。

二十九日,郑孝胥访吴昌硕、朱祖谋、王乃徵等。

三十日,周达过郑孝胥,示诗数首。

民国十二年 癸亥（1923 年）
正月

初三,陈衍、郑孝胥、周达、李宣龚、袁思亮等宴集。

初五,郑孝胥复金天羽书,寄诗集一部。

初六,郑孝胥过陈衍小坐。

初十,陈衍、李宣龚宴吴昌硕、朱祖谋、周信芳等。

十一日,郑孝胥得金天羽信,托求郑珍集。

十三日,陈曾寿、胡嗣瑗访郑孝胥,陈示所作画三幅。

十六日,郑孝胥致书李宣龚,请《近代诗钞》中勿钞《海藏楼诗》。

十八日,李宣龚访郑孝胥,谈《近代诗钞》事,颇为难,陈衍云"请置之不闻不见之列。"

二十一日,郑孝胥赴车站送王灵珠,遇徐申如、徐志摩父子。

二十三日,陈诗宴郑孝胥、杨钟羲等。

二十五日,陈衍过郑孝胥。

是月,梁启超去宁北还,陈三立以诗赠之。

---

① 金天羽(1873—1947),字松岑,原名天翮。江苏吴江人。光绪二十四年(1898)荐举经济特科,不应。二十九年,加入中国教育会与爱国学社。宣统三年(1911)赴苏州振华女子师范教古文。辛亥革命后任江苏省议员。日本占领吴江后避居上海租界,任光华大学教授。有《天放楼诗集》、《天放楼文言》等。

二月

初四,陈衍借郑孝胥《毛诗疏》一册。

初五,郑孝胥得林山腴信及诗。

十八日,郑孝胥宴王秉恩、王乃徵、余肇康、杨钟羲、章梫等。

二十日,郑孝胥邀何振岱、李宣龚、周达等晚饭。

二十二日,陈衍偕其家人至海藏楼看花。

二十四日,冯煦访郑孝胥。

二十八日,郑孝胥宴陈衍、王秉恩、王乃徵、余肇康、章梫等。

三十日,郑孝胥闻吴学廉将鉴园押与人,与伯行代借一千元将其赎回。

三月

初二,周达访郑孝胥,示五古二首。

初四,周达访郑孝胥,示诗二首。

初九,郑孝胥访周达。

初十,朱大可访郑孝胥,以诗话示之。

十二日,陈衍访郑孝胥。

十三日,李详访郑孝胥。

十五日,陈衍访郑孝胥。

十六日,冒广生访郑孝胥。

十九日,朱祖谋访郑孝胥。

二十一日,郑孝胥被推为商务印书馆董事。

二十三日,郑孝胥访杨钟羲。李宣龚访郑孝胥。夜,周达宴郑孝胥。

二十四日,李宣龚约郑孝胥至消闲别墅晚饭。

二十五日,郑孝胥等公饯杨钟羲。

二十六日,袁思亮邀郑孝胥至消闲别墅晚饭。

二十七日,郑孝胥被商务董事会举为会长。陈衍访郑孝胥。

二十九日,陈衍访郑孝胥。

三十日,郑孝胥、王国维、徐乃昌等宴集。

二、三月间,陈衍与高梦旦乘船游绍兴,作有《东湖岩洞记》。

四月

初四,李详访郑孝胥,约至会宾楼午饭。

初五,郑孝胥邀陈衍、李宣龚、何振岱、周达等食素。

初七,杨钟羲访郑孝胥,辞行。陈衍寄郑孝胥《盟鸥榭》诗。

初八,郑孝胥酬陈衍诗,并题沈曾植临终书联。

二十日,陈衍访郑孝胥,将移居苏州。

二十一日,冯煦、徐乃昌访郑孝胥。

二十七日,李详访郑孝胥谈。

五月

初二,郑孝胥与冯煦、王秉恩、余肇康、朱祖谋、王乃徵、章梫、林开謩等宴集。

初七,李宣龚访郑孝胥。

十六日,陈衍、李宣龚访郑孝胥久谈。

二十二日,陈衍访郑孝胥。

二十三日,郑孝胥询《近代诗钞》可否载入吴赞诚诗。

二十四日,郑孝胥访陈衍。郑孝胥晤温肃、胡嗣瑗等。

六月

初二,陈衍访郑孝胥。

初四,朱祖谋访郑孝胥。

初七,郑孝胥至余肇康宅贺其七十寿辰。

初八,罗振常过郑孝胥。

十二日,郑孝胥邀陈衍、李宣龚、何振岱、林洞省、高向瀛、黄葆钺、金邦平晚饭。

十五日,刘体藩过郑孝胥。

二十一日,高向瀛过郑孝胥。

二十三日,李宣龚过郑孝胥。

二十四日,郑孝胥、陈衍、朱祖谋、袁思亮、叶尔恺等宴集。

二十五日,郑孝胥过周达。郑孝胥赴陈夔龙约,胡嗣瑗在座。

二十六日,胡嗣瑗过郑孝胥,劝入京。郑孝胥邀陈衍、周达、袁思亮等食素。

二十七日,李宣龚过郑孝胥。罗振常送郑孝胥《东方学会》简章,陈三立、郑孝胥、辜鸿铭、叶尔恺、罗振玉、王国维等二十人列名发起人。

二十八日,陈衍请郑孝胥书《近代诗钞》封面,郑辞之。

七月

初二,王乃徵访郑孝胥久谈。

初三,徐乃昌、杨圻访郑孝胥。

初四,郑孝胥答拜徐乃昌、杨圻,不值。

初六,郑孝胥赴津,车中晤狄葆贤。

初八,郑孝胥访陈宝琛,托代为进呈诗扇。

十一日,陈宝琛邀郑孝胥午饭,饭后同至钓鱼台。

十二日,郑孝胥约王灵珠、周信芳、沈成式等游汤山。

十三日,陈宝琛、郑孝胥赴陈立村约。

十五日,郑孝胥返上海。

十六日,高向瀛过郑孝胥。郑孝胥与同人作一元会,冯煦、王秉恩、宋澄之、王乃徵、章梫、林开謩、王式在座。

十七日,周达、李宣龚访郑孝胥。

十九日,黄葆钺、罗振常、陈容民过郑孝胥。

二十一日,张元济访郑孝胥询入京情况。郑孝胥以孟森书示张元济,孟森求入印书馆。

二十二日,陈衍、李宣龚、高梦旦、林长民访郑孝胥。

二十三日,郑孝胥宴陈衍、李宣龚、高梦旦、何振岱、高向瀛、何冈德、黄葆钺、金邦平。

二十五日,林开謩过郑孝胥,同访赵凤昌谈孟森事。吴学廉访郑孝胥,言草堂售座渐佳。

二十六日,刘体藩、周达过郑孝胥。

二十七日,郑孝胥作《钓鱼台》、《汤山》诗寄陈宝琛。袁思亮访郑孝胥。

二十八日,罗振常过郑孝胥。

二十九日,郑孝胥访张元济久谈。夜,李宣龚访郑孝胥。

三十日,郑孝胥过周达。

八月

初二,郑孝胥过李大防久谈。

初四,郑孝胥赴李大防约。

初五,郑孝胥邀李大防、刘体藩、吴学廉、金邦平等食素。

初六,郑孝胥为刘体藩作《刘蒋夫人事略书后》诗一首。陈曾寿致函郑孝胥,将吊张勋于天津,求借川资百元。

初七,李宣龚访郑孝胥。

初九,郑孝胥宴王乃徵、章梫、林开暮、周达、高向瀛、黄葆钺。

初十,高向瀛、何振岱过郑孝胥。陈曾寿访郑孝胥,旋赴南京视陈三立。

十一日,陈衍访郑孝胥。

十三日,林开暮过郑孝胥。

十五日,罗惇曧访郑孝胥。

十六日,孟森访郑孝胥。

十七日,高向瀛约郑孝胥晚饭。

二十一日,罗惇曧邀郑孝胥观程砚秋《玉堂春》。

二十三日,郑孝胥宴罗惇曧、程砚秋、袁思亮、狄葆贤、赵凤昌、赵尊岳等。

二十四日,陈衍、林开暮过郑孝胥。

二十七日,郑孝胥宴陈衍、李宣龚、何振岱、高向瀛、黄葆钺。

是月,陈衡恪卒。

是月,陈三立移居杭州。

九月

初一,郑孝胥至丝茧公所,贺吴昌硕七十寿辰。

初二,陈衍访郑孝胥,言明日赴厦门。夜,李宣龚访郑孝胥,赠梁鸿志于福州买得郑守廉所书折扇。

初三,刘体藩、柯鸿年过郑孝胥。

初五,黄葆钺、狄葆贤访郑孝胥。

初六,黄葆钺、何振岱过郑孝胥。夜,郑孝胥赴徐乃昌、狄葆贤功德林约,罗惇曧、程砚秋、庞元济等在座。

初八,晨,郑孝胥过高向瀛、黄葆钺。林开謩过郑孝胥,云日内赴京。

初九,郑孝胥于电车内遇高向瀛、黄葆钺,同往半淞园,何振岱亦至,饮茶摄影。

十一日,罗振常过郑孝胥,托向刘承干谈捐集溥仪游历经费事。郑孝胥作张勋挽诗。①

十六日,刘体藩、高向瀛过郑孝胥。

十七日,郑孝胥画松一幅寄陈宝琛,贺其七十六岁生日。

十八日,徐丹甫②过郑孝胥。李宣龚访郑孝胥,示陈衍信,商让红桥路地。

十九日,张元济过郑孝胥,言将往香港,规划印刷局事。

二十日,郑孝胥得陈衍函。

二十一日,郑孝胥复陈衍函。

二十三日,李宣龚访郑孝胥,致陈衍所赠《近代诗钞》。

二十七日,徐丹甫过郑孝胥。郑孝柽自南京抵上海。

二十八日,夜,郑孝胥宴何振岱、柯鸿年、高向瀛、黄葆钺、林植斋。

十月

初三,郑孝胥为叶葱奇题罗聘画竹卷③。

初四,冯煦访郑孝胥。郑孝胥与冯煦、王秉恩、宋澄之、陈容民、朱祖谋、章梫、王式作一元会。

初六,罗振常过郑孝胥。

初七,郑孝胥宴冯煦、王秉恩、陈容民、朱祖谋、章梫、王式。

---

① 郑孝胥:《张忠武挽诗》,《海藏楼诗集》。
② 徐丹甫(1860—1947),以字行,原名受廛,中年改名识粗,又字端甫。上海人。曾在广东任盐务小官,因不耐官场陋习,弃官归里,中年以课徒、卖字为生。50岁后居上海。书法秀丽。喜集魏碑字作诗赋,古雅有味。晚年参与修纂《歙县志》。
③ 郑孝胥:《为葱奇题罗两峰画竹卷子》,《海藏楼诗集》。

初八,郑孝胥晤欧阳予倩久谈。

十三日,郑孝胥作《荣县赵府君诗》。

十七日,刘体藩、罗振常、章梫、王式过郑孝胥。

十九日,朱祖谋访郑孝胥。

二十日,黄葆钺过郑孝胥。

二十一日,夏敬观访郑孝胥。

二十二日,郑孝胥访章梫、高向瀛、黄葆钺、陈容民、罗振常、吴学廉、王式、朱祖谋、王乃徵、王秉恩等。冯煦访郑孝胥。

二十三日,王震、王乃徵过郑孝胥。

二十五日,冯煦过郑孝胥,携兰花两盆。章梫过郑孝胥。

二十六日,李详访郑孝胥。

二十七日,赵凤昌过郑孝胥。

二十八日,陈诗、文公达、梅兰芳访郑孝胥。

二十九日,黄葆钺过郑孝胥。

三十日,郑孝胥赴陈夔龙约,冯煦、朱祖谋、章梫、左孝同等在座,商请张作霖代筹皇室经费事。

十一月

初一,郑孝胥约许汝棻、许季实、陈容民、罗振常晚饭。高向瀛过郑孝胥。

初二,郑孝胥、冯煦、王秉恩、宋澄之、朱祖谋、王乃徵、王式作一元会。

初四,郑孝胥赴罗振常同兴楼约午饭,许汝棻、陈容民在座。

初七,高向瀛过郑孝胥,求书卖文笔单。

初八,郑孝胥为吴子茹题《缶庐画册》,为沈慈护题沈曾植所作《雪景山水》。周达过郑孝胥。

初九,郑孝胥过赵凤昌。

十四日,郑孝胥访吴昌硕,吴示郑孝胥所作诗。陈树屏卒,郑孝胥往吊。

十五日,郑孝胥访冯煦,晤刘锦藻。

十七日,郑孝胥、冯煦、王秉恩、余肇康、陈夔龙、章梫、王乃徵等于功德林作消寒会。徐丹甫过郑孝胥。

十九日,王式过郑孝胥。郑孝胥和冯煦七律一首,和陈夔龙五律一首。

二十一日,郑孝胥过黄葆钺、高向瀛。

二十四日,郑孝胥得陈宝琛函,邀其北上:"主人晤接后,极致倾倒,以为任重致远,舍是莫属。近正整顿家居,于左右举无所信,欲待驾来商榷倚办,且意足下之必来。前对次君略言大意,晨间复经面谕,用特奉闻。即请行安"。郑孝胥复陈宝琛函。

二十六日,郑孝胥过王秉恩,晤冯煦,同过王乃徵久谈。

二十七日,刘体藩过郑孝胥。郑孝胥与陈夔麟、陈夔龙、吴庆焘、冯煦、朱祖谋、王乃徵等于余肇康宅作消寒会。郑孝胥与吴庆焘同过陈容民,同至海藏楼。

二十八日,高向瀛过郑孝胥,寄存铜器两件。

二十九日,余肇康访郑孝胥,赠诗一首。黄葆钺、罗振常、章梫过郑孝胥。

十二月

初一,郑孝胥赴京,王乃徵赠七律一首。

初二,郑孝胥车中和王乃徵诗。①

初三,郑孝胥抵京。陈宝琛过郑孝胥。

初四,陈宝琛约郑孝胥晚饭,耆龄、林开謩在座。

初五,陈宝琛、林开謩访郑孝胥。

初六,陈宝琛邀郑孝胥饭,庄士敦、朱益藩在座。

初七,郑孝胥过金梁谈。郑孝胥访林纾久谈。陈宝琛宴郑孝胥、何振岱等。

初九,曹经沅、柯鸿年、何振岱访郑孝胥。

初十,高梦旦过郑孝胥。郑孝胥赴金梁约午饭,柯绍忞在座。夜,郑

---

① 郑孝胥:《入都车中和病山韵》,《海藏楼诗集》。

孝胥赴林纾宴,郭曾炘、卓孝复、林志钧、黄溶、林葆恒等在座。

十一日,高梦旦访郑孝胥,示所拟缩印《四库全书》办法十二条。郑孝胥赴曹经沅广和居宴,邓熔、王式通、丁传靖、傅增湘、黄懋谦等在座。

十二日,郑孝胥过朱益藩。夜,郑孝胥赴柯鸿年约。

十三日,郑孝胥过汪钟霖。

十四日,郑孝胥晤朱汝珍。

十五日,郑孝胥过志赞羲久谈。汪钟霖过郑孝胥。

十六日,郑孝胥赴刘骧业、黄懋谦约。郑孝胥访傅增湘。郑孝胥分赴林葆恒、朱益藩约。

十八日,郑孝胥、黄溶、沈成式、林开謩、林葆恒、程砚秋等同早饭。郑孝胥过金梁。李宣倜访郑孝胥。郑孝胥访林纾。

十九日,曹经沅访郑孝胥。郑孝胥分赴温肃、林宰平约。

二十一日,郑孝胥抵沪。

二十二日,刘体藩过郑孝胥。郑孝胥过罗振常。

二十六日,郑孝胥宴周达、李宣龚等。

民国十三年 甲子(1924年)

三月

是月底,冒广生赴杭州,晤陈三立、夏敬观,同游孤山,后泛舟西湖。冒广生有《三月三十日同散原剑丞》诗纪之。

四月

印度诗人泰戈尔访华,会陈三立于西子湖畔。

陈三立、夏敬观、冒广生等泛舟西湖。冒广生有《同散原子质颂年剑丞南生达夫泛舟西湖饮于市楼》诗。

五月

初十,黄溶、黄懋谦、李宣倜访郑孝胥。

十三日,林纾邀郑孝胥等作诗。

二十一日,林损宴郑孝胥、沈尹默等。

六月

十九日,黄濬访郑孝胥,示五诗。

七月

十四日,郑孝胥访庄蕴宽,谈至午后六点归。

十五日,黄懋谦访郑孝胥。

二十九日,郑孝胥宴江瀚、孙雄、曹经沅等。

八月

初一,蒯若木邀郑孝胥、袁励准、庄蕴宽等观书画。

十一日,罗振玉、王国维访郑孝胥。

九月

初一,庄蕴宽访郑孝胥,留饭,日斜乃去。

初八,李宣倜宴郑孝胥、樊增祥、王式衡、吴用威、黄濬、梅兰芳等。

十一日,林纾卒,郑孝胥往视。

十二日,郑孝胥访杨圻。

十六日,陈宝琛访郑孝胥,诵其挽林纾联。

十八日,胡适访郑孝胥。

二十日,郑孝胥访胡适,不遇。

十月

二十九日,郑孝胥、杨钟羲唱和。陈宝琛、罗振玉、王国维访郑孝胥。

十一月

十五日,郑孝胥至上海。

十六日,陈三立、袁思亮、李宣龚、林开謩等访郑孝胥。

十七日,夏敬观、袁思亮宴陈三立、郑孝胥、冯煦、王秉恩、余肇康、王乃徵、朱祖谋等。李宣龚、张元济访郑孝胥。

十九日,夏敬观访郑孝胥。

二十二日,陈三立邀郑孝胥等作诗钟,郑孝胥初晤黄孝纾①。

二十三日,郑孝胥、郑孝柽访李宣龚、夏敬观等。

二十五日,郑孝胥赴夏敬观约。

二十七日,郑孝胥、余肇康等作诗钟。

二十九日,郑孝胥宴周达、夏敬观、李宣龚、林开謩等。

十二月

初二,郑孝胥宴康有为、章梫等。

初四,郑孝胥、陈三立等十四人于余肇康宅作诗钟。

初十,郑孝胥约陈三立、夏敬观、冯煦、王秉恩、朱祖谋、余肇康、林开謩、黄孝纾等作诗钟。

民国十四年 乙丑(1925年)

正月

初一,林开謩、李宣龚、夏敬观、沈成式、刘体藩、黄葆钺②过郑孝胥贺年。郑孝胥致函陈宝琛。

初七,聂其杰过郑孝胥。

初八,林开謩过郑孝胥,言十二日进京。

初九,黄葆钺过郑孝胥。郑孝胥、李宣龚、夏敬观、林开謩同作诗钟。

初十,陆荣廷过郑孝胥。

十一日,郑孝胥赴高梦旦、吴学廉约。

十三日,夜,郑孝胥赴陈夔龙约贺溥仪寿辰。夜,郑孝胥赴陆荣廷

---

① 黄孝纾(1900—1964),字公渚,号匑庵,别号霜腴。福建闽侯人。二十世纪二十年代受聘于嘉业堂工作,同时在中国公学、暨南大学兼任教职。民国二十三年(1934)到青岛山东大学任教。抗日战争期间在北京以教书为生。三十五年又返青岛山东大学任教,直至去世。其绘画笔力刚健,力透纸背,诗、书、画融为一体,互为表里,相得益彰。著有《楚词选》、《欧阳修文集选注》、《欧阳修诗词选译》、《黄山谷诗选注》、《陈后山诗选注》、《匑庵文稿》、《金石文选》和诗词集《崂山集》等。

② 黄葆钺(1880—1968),字霭农,号邻谷、青山农。福建长乐人,久居上海。上海法政学堂毕业,历任安徽法政学堂教员、福建省立第一图书馆馆长、上海美术专科学校教授、商务印书馆编辑。书法精于隶体,取法汉碑。有《青山农篆书百家姓》、《青山农分书千字文》、《青山农书画集》、《暖庐摹印集》、《蔗香馆印存》及《青山家一知录》。

约。

十四日,陈三立、郑孝胥、李宣龚赴刘镐约,林开謩、沈瑴庆等在座。

十六日,郑孝胥过刘镐,观《隐居通义》。

十七日,周达示郑孝胥新诗。

二十一日,黄葆钺过郑孝胥。

二十三日,郑孝胥、李宣龚赴林熊光招午饭,黄葆钺在座。

二十四日,郑孝胥过许汝棻。

二十六日,郑孝胥赴陈夔龙约,胡嗣瑗在座。夜,郑孝胥赴刘体藩约。

二十八日,郑孝胥和陈夔龙五律二首。黄葆钺过郑孝胥,为林熊光请题小卷。

二十九日,高梦旦、陈容民、许汝棻过郑孝胥。

二月

初二,黄葆钺过郑孝胥。

初三,陈容民、许汝棻过郑孝胥。王乃徵过郑孝胥,同至大世界。

初四,郑孝胥赴林熊光、高梦旦、张元济约于消闲别墅,王乃徵、余肇康、王秉恩、夏敬观在座。郑孝胥又赴刘放园约,林熊光、陈懋复、黄葆钺在座。郑孝胥接陈宝琛来电,促其北上。夜,郑孝胥赴津。

初七,溥仪召见陈宝琛、郑孝胥。郑孝胥谒李兆珍,晤郭曾炘、郭则沄。

初九,李兆珍过郑孝胥。陈宝琛、郑孝胥、郑孝柽同午饭。

十二日,陈曾寿、胡嗣瑗过郑孝胥。

十六日,夜,郑孝胥赴郭曾炘约,李兆珍等在座。

十九日,郑孝胥过王乃徵。

二十二日,王乃徵过郑孝胥。

二十三日,夜,郑孝胥过陈宝琛,晤李兆珍。

二十四日,郑孝胥谒李兆珍辞行,陈宝琛过郑孝胥。

二十六日,郑孝胥抵沪。

二十七日,康有为过郑孝胥询天津情况。

二十九日,刘体藩过郑孝胥。

三月

初一,陆荣廷过郑孝胥。

初二,冯煦过郑孝胥。

初五,郑孝胥访许汝棻、余肇康、冯煦、刘体藩、陈夔龙等。陈诗、夏敬观、张元济过郑孝胥,不值。

初六,郑孝胥访张元济、夏敬观、赵凤昌。

初七,郑孝胥过周达久谈。

初十,郑孝胥赴赵凤昌邀晚饭。

十二日,夏敬观、李宣龚访郑孝胥。

十六日,郑孝胥宴冯煦、王秉恩、余肇康、朱祖谋、王乃徵、章梫、王式、吴庆焘等。

十八日,郑孝胥邀赵凤昌父子、袁思亮、夏敬观、吴学廉等午饭、看花。

二十日,郑孝胥赴冯煦、罗振常约。

二十二日,高梦旦过郑孝胥谈商务印书馆事。

二十七日,李宣龚、黄葆钺过郑孝胥。夜,郑孝胥赴许汝棻约。

二十八日,夜,郑孝胥宴许汝棻、陈容民、吴学廉、罗振常。

三十日,刘体藩过郑孝胥。

四月

初六,郑孝胥赴商务印书馆董事会。

初十,郑孝胥与郑孝柽同过林开謩、高梦旦。

十二日,何振岱过郑孝胥。

十三日,李宣龚、夏敬观、郑孝柽、林开謩等同游天目山。

十六日,黄葆钺过郑孝胥。

十八日,郑孝胥过王乃徵、吴庆焘。

二十日,郑孝胥赴赵凤昌约,晤李宣倜。

二十一日,李宣倜过郑孝胥。

二十二日,何振岱过郑孝胥。

二十四日,陈诗、徐乃昌访郑孝胥。

二十五日,郑孝胥宴何振岱、王乃徵、王式、周信芳、王灵珠、黄葆钺、郑孝柽等于消闲别墅。

二十六日,柯鸿年、何振岱过郑孝胥。

闰四月

初一,林开謩、何振岱过郑孝胥。

初三,黄葆钺过郑孝胥。

初七,郑孝胥访朱祖谋、王乃徵等。

初八,郑孝胥与郑孝柽、王乃徵至大世界、一枝香。

初九,黄孝纾过郑孝胥。

初十,郑孝胥、王乃徵、吴学廉、陈容民、许汝棻、罗振常、郑孝柽、叶葱奇等作温经会。

十四日,夜,郑孝胥宴夏敬观、周信芳、王灵珠、黄葆钺、金邦平。

二十日,郑孝胥邀周信芳、王灵珠、黄葆钺、金邦平晚饭。

二十三日,夜,夏敬观约郑孝胥晚饭,周信芳、王灵珠、金邦平在座。

二十四日,夏敬观访郑孝胥。

五月

初一,陈祖壬①过郑孝胥,示其所著《病树宧诗草》。黄孝纾过郑孝胥。郑孝胥、陈容民、许汝棻、罗振常、吴学廉、郑孝柽作温经会。

初四,郑孝胥过刘体藩。

初五,郑孝胥宴李宣龚、夏敬观、周信芳、王灵珠、金邦平、郑孝柽等于麦边饭店。

初七,郑孝胥等宴李宣龚于海藏楼,贺其五十生日。

初八,郑孝胥与陈容民、吴学廉、许汝棻、王乃徵、罗振常、黄孝纾作温经会。

初九,周达过郑孝胥。

---

① 陈祖壬(生卒年未详),字病树。江西新城(今黎川)人。陈孚恩之孙。拜入陈三立门下研讨古词,为"陈门三杰"之一。

十二日,夜,李宣龚宴郑孝胥等。

十四日,郑孝胥过陈祖壬。

十五日,郑孝胥与同人作一元会,冯煦、朱祖谋、王乃徵、余肇康、章梫、宋澄之、陈容民、王式等在座。姚文藻过郑孝胥。

十七日,郑孝胥至天津张园,谒见溥仪。郑孝胥晤胡嗣瑗、杨钟羲等。

十八日,郑孝胥访李兆珍。

十九日,李兆珍、李宣倜过郑孝胥。

二十一日,陈宝琛、郑孝胥谒见溥仪。

二十五日,郑孝胥过罗振玉。

二十六日,陈宝琛过郑孝胥,同谒溥仪。夜,郑孝胥晤黄濬。

二十八日,曹经沅、王庚、陈宝琛访郑孝胥。

六月

初二,郑孝胥与罗振玉赴林葆恒约,傅增湘、李准[①]、郭则沄、周学渊在座。

初四,郑孝胥过李兆珍。

初五,郑孝胥过李准。

初六,周学渊过郑孝胥,诵其赠郑诗。

初七,周学渊过郑孝胥久谈。

初十,陈宝琛过郑孝胥。

十一日,郑孝胥返上海。

十三日,郑孝胥过许汝棻、陈容民。

十四日,陈容民、许汝棻过郑孝胥。

十七日,黄孝纾过郑孝胥。

---

① 李准(1863—1936),字直绳,号默斋,别号任庵。四川邻水人。光绪二十八年(1902)任广东巡防军统领,兼巡各江水师,三年后官至广东水师提督。宣统元年(1909年)春,李准率"伏波"、"琛航"两巡洋舰,一举收复被日本商人窃占的东沙群岛。随后又率众舰出航踏勘西沙群岛,历时月余。不久辛亥革命爆发,李准乃广东最大地方实力派,受清廷猜忌尤甚,转而同情革命党人,通电反正,交出所辖要塞、兵舰、军队,广东全省遂兵不血刃而宣告独立。之后李准远离官场,先迁香港,后定居天津至去世。

十八日,黄葆钺过郑孝胥,送郑昶所画《风异图》。

十九日,罗振常、余肇康过郑孝胥。

二十日,郑孝胥邀王乃徵、陈容民、许汝棻、罗振常、黄孝纾午饭。

二十一日,郑孝胥赴何振岱约。

二十二日,袁思亮过郑孝胥。

二十四日,午后,郑孝胥过叶尔恺、余肇康、徐乃昌、王乃徵。

二十六日,郑孝胥过许汝棻、冯煦。

二十七日,刘体藩、黄葆钺过郑孝胥。

二十八日,李宣龚过郑孝胥,言《四库全书》事,叶恭绰、章士钊皆主张重印《四库》。夜,李宣龚入京。

七月

初一,郑孝胥过周达、胡嗣瑗。

初四,郑孝胥答访胡先骕,不值。

初五,郑孝胥访张元济,谈商务罢工事。

初六,郑孝胥赴津,车中遇陈衍,畅谈。

初八,郑孝胥谒溥仪,晤温肃、景方昶、罗振玉等。

初九,李准过郑孝胥。郑孝胥过李兆珍、李准。

初十,郑孝胥赴李准约,林葆恒等在座。

十一日,郑孝胥致书商务董事会,谈罢工事。

十四日,陈宝琛过郑孝胥。

十七日,郑孝胥赴林葆恒约晚饭。

二十二日,郑孝胥得周达书及诗。

二十三日,李宣龚过郑孝胥,谈印《四库全书》事,章士钊、梁鸿志颇出力。

二十四日,卓定谋过郑孝胥。郑孝胥致函陈衍唁其丧子。

二十五日,陈宝琛抵津。

二十八日,陈宝琛过郑孝胥。

三十日,陈宝琛、郑孝胥赴李兆珍约,林葆恒在座。

八月

初四,庄士敦过郑孝胥。

初五,陈宝琛、郑孝胥赴佟济煦约,庄士敦、刘骧业①在座。

初七,夜,郑孝胥邀许汝棻、罗诚晚饭。

十一日,郑孝胥过李兆珍久谈。

十二日,陈宝琛宴陈衍、郑孝胥、郭则沄、李兆珍、刘骧业。

十三日,陈宝琛、陈衍、郑孝胥赴郭则沄约作诗钟,胡嗣瑗、周学渊等在座。

十四日,林葆恒过郑孝胥。

十六日,郑孝胥宴陈宝琛、李兆珍、林葆恒、郭则沄等。曹经沅过郑孝胥久谈。

二十一日,郑孝胥与郑孝柽谒李兆珍拜寿。

二十二日,郑孝胥过李兆珍,晤林开謩。

二十四日,王庚、曹经沅访郑孝胥。

二十五日,郑孝胥过王庚、曹经沅、胡嗣瑗、罗诚等。

二十八日,郑孝胥等公宴郭则沄。

九月

初一,许汝棻过郑孝胥久谈。

初二,李准过郑孝胥。

初七,郑孝胥答访林葆恒。

初八,李宣龚过郑孝胥,谈《四库全书》事。

初九,郑孝胥与罗诚同访庄士敦。夜,陈宝琛、郑孝胥、李宣龚、林葆恒赴李宣威招饮。

初十,郑孝胥赴罗振玉招午饭,升允等在座。

十二日,夜,王庚、曹经沅过郑孝胥。郑孝胥作《九日》诗。

---

① 刘骧业,字午原。陈宝琛外甥。

十三日，陈宝琛、郑孝胥赴王庚宴，曹经沅、邓镕①在座。陈宝琛和郑孝胥诗。

十五日，郑孝胥为李宣威作隶匾。

十五日，陈宝琛、郑孝胥赴李兆珍邀晚饭。

十六日，林葆恒过郑孝胥。

十七日，陈宝琛、郑孝胥赴张乾若招，杨钟羲、宝熙等在座。

十八日，陈宝琛、刘骧业过郑孝胥。

二十二日，陈宝琛过郑孝胥。

二十六日，郑孝胥抵上海。

二十七日，叶尔恺、陈容民、罗振常过郑孝胥。

二十八日，郑孝胥过叶尔恺、陈容民、罗振常、余肇康、冯煦、吴学廉、王乃徵、王秉恩、朱祖谋等。夜，郑孝胥、李宣龚赴金邦平约，夏敬观、周达、王灵珠、周信芳在座。郑孝胥赴叶尔恺约，章梫、刘承干等在座。

二十九日，李宣龚过郑孝胥。

十月

初一，黄葆钺过郑孝胥。袁思亮、夏敬观过郑孝胥。郑孝胥宴夏敬观、李宣龚、周达、袁思亮、周信芳、王灵珠、金邦平。

初二，郑孝胥赴夏敬观、袁思亮约，夏、袁各赠郑诗一首。

初三，黄濬、陈夔龙、赵凤昌、孟森过郑孝胥。郑孝胥邀冯煦、王秉恩、余肇康、陈容民、朱祖谋、吴庆焘、王乃徵、吴学廉、叶尔恺、罗振常食素菜、看菊。

初四，李宣龚宴郑孝胥等。冯煦示郑孝胥二诗。

初五，夏敬观、黄孝纾过郑孝胥。郑孝胥与同人至同兴楼作一元会，冯煦、王秉恩、余肇康、陈容民、吴学廉、吴庆焘、章梫、王式在座。袁思亮过郑孝胥，遗刘镐仲文集二部。夜，郑孝胥赴周达约。

初七，袁思亮过郑孝胥，示陈三立诗一首。

---

① 邓镕(1872—1934)，字守瑕，一字寿瑕，号忍堪、忍堪居士，又号拙园，室名荃督余斋，又署荃督余斋主人。四川成都人。历任民国时期的众议院议员、政治会议议员、约法会议议员、参议院参政。

初八,郑孝胥赴天津,途中阅江湜诗。

十一日,郑孝胥作《海上有孤月》诗。

十二日,郑孝胥抵津。夜,罗诚、刘骧业过郑孝胥。

十三日,郑孝胥过陈宝琛。陈宝琛、佟济煦过郑孝胥。

十四日,罗振玉、罗诚过郑孝胥。

十五日,陈宝琛过郑孝胥。

十六日,陈宝琛、李兆珍过郑孝胥。

十八日,郑孝胥赴罗振玉招晚饭。

二十二日,陈宝琛、刘骧业过郑孝胥。

三十日,夜,许汝棻、罗诚过郑孝胥晚饭。

十一月

初一,陈宝琛邀郑孝胥等晚饭。

初六,陈宝琛过郑孝胥。郑孝胥谒李兆珍。

十五日,郭则沄示郑孝胥五古二首。郑孝胥作七律一首遗郭则沄。

十六日,陈宝琛过郑孝胥。

十八日,李准过郑孝胥,携字帖使郑评之。

二十日,夜,郑孝胥宴陈宝琛、林葆恒、郭则沄等。郭则沄和郑孝胥诗一首。

二十四日,夜,郑孝胥宴陈宝琛、李兆珍等。

二十五日,陈宝琛邀郑孝胥晚饭。

二十七日,郑孝胥赴李兆珍约。

十二月

初七,李兆珍过郑孝胥。

十三日,郑孝胥赴林葆恒约,郭曾炘在座。

十五日,郭曾炘访郑孝胥。

十六日,郑孝胥过郭曾炘。陈宝琛约郑孝胥晚饭。

十七日,夜,郑孝胥等公宴袁励准。

十九日,郑孝胥宴郭曾炘、陈宝琛、李兆珍、林葆恒、郭则沄、刘骧业等。

二十五日,曹经沅过郑孝胥。

二十六日,郑孝胥访曹经沅、王庚。

二十九日,王庚过郑孝胥。陈宝琛邀郑孝胥晚饭。

三十日,郑孝胥过李兆珍。袁励准过郑孝胥。

是年,陈三立寓杭州西湖净慈寺。秋,康有为至丁家山,三立与之过从酬唱,同游者还有陈曾寿、余肇康、夏敬观、袁思亮等。

民国十五年 丙寅（1926年）

正月

初二,郑孝胥过李兆珍贺年。

初三,郑孝胥过王庚、曹经沅。

初四,陈宝琛、郑孝胥赴王庚、曹经沅宴。

初六,郑孝胥答拜邓熔、林葆恒。叶葱奇自京至津,过郑孝胥。

初七,郑孝胥答拜罗振玉。

初十,郑孝胥晤王国维。许汝棻过郑孝胥。

十四日,郑孝胥宴罗振玉、杨钟羲、温肃、罗振常等。

二十二日,曹经沅、绍瑞彭过郑孝胥。

二十四日,刘骧业过郑孝胥。

二十七日,郑孝胥作《十九日纪事》诗。

二月

十一日,夜,郑孝胥赴林葆恒约。

十二日,郑孝胥赴李兆珍约。

二十一日,夜,郑孝胥约胡嗣瑗晚饭。

二十二日,陈宝琛、郑孝胥至佟家楼观花,胡嗣瑗等同游。温肃过郑孝胥。

二十三日,夜,郑孝胥赴胡嗣瑗邀饭。

二十八日,郑孝胥过陈宝琛。

三月

初一，王乃徵过郑孝胥。

初二，郑孝胥过王乃徵。

初三，郑孝胥赴王庚、绍瑞彭约，李盛铎、金梁①、杨寿楠②在座。郑孝胥与王乃徵等至俄国公园。

初五，林葆恒、刘骧业过郑孝胥。

初六，陈宝琛疾，郑孝胥往视。

初七，陈宝琛过郑孝胥。

十一日，郑孝胥赴王庚邀至其寓所，与段祺瑞晤谈。夜，郑孝胥宴陈宝琛、王乃徵、温肃、胡嗣瑗、罗振玉、佟济煦等。

十二日，郑孝胥和郭曾炘诗。

十四日，陈曾寿自杭州赴津。

十六日，郑孝胥和胡嗣瑗《张园海棠诗》。杨寿楠过郑孝胥，求题《贯华阁诗》。

十八日，郑孝胥过陈宝琛。

---

① 金梁（1878—1962），号息侯、小肃，晚号瓜圃老人。满洲正白旗人。光绪二十七年（1901）中举。三十年，成进士，授编修。曾任京师大学堂提调、民政部参议、奉天新民府知府。曾为大公报撰社评。三十四年典守沈阳故宫古物，与余铁珊、金月洲等就沈阳故宫翔凤阁所藏书画辑《盛京故宫书画录》。民国后，曾任奉天清丈局局长、政务司长、洮昌道尹。由张作霖保荐，任北洋政府农商部次长。因心存清室，积极参与宗社党复辟活动，被逊帝溥仪召入内廷掌握内务府事务，并赐以少保衔。溥仪被逐出京寓居天津时，亦常有联系。"九一八"事变后，他寓居天津，曾纠合遗老结成"俦社"团体，发起"拥徐（世昌）迎驾（溥仪）"运动。后定居北京。能文、工诗。著有《盛京故宫书画录》、《满洲旧档》、《瓜圃述异》、《光宣小记》、《旧朝纪闻》、《清后外传》、《清史补》等。

② 杨寿楠（1868—1948），字味云，晚号苓泉居士。江苏无锡人。光绪十七年（1891）中举。二十七年，入京任内阁中书。三十一年，以参赞身份随五大臣出洋，次年回国后督率译员译编各国政论专著六十余种。三十三年，任农工商部主事，旋升员外郎兼公司注册局总办和商标局总办。宣统元年（1909）起，历任度支部丞参兼财政清理处总办、崇陵监修官兼盐政院参议、度支部左参议等职。辛亥后，历任盐政处总办、长芦盐运使、粤海关监督、总统府顾问兼财政咨议、山东省财政厅厅长等职。民国六年（1917）任段祺瑞内阁财政部次长，代行总长职务。八年，当选国会参议员，曾任全国棉业督办，后被推为天津华新纱厂经理。十一年，奉派任无锡商埠局督办，是年冬回京任财政部次长兼盐务署署长。次年退出政坛专心经营华新实业，先后在青岛、唐山等地办新厂，组成雄居北方的华新纺织资本集团。有《云在山房类稿》、《云迈漫录》等。

十九日,王乃徵访郑孝胥,示诗稿一册。袁励准父子过郑孝胥。

二十一日,郑孝胥与陈曾寿、王乃徵、胡嗣瑗、杨钟羲共游柳墅公园。

二十四日,陈宝琛过郑孝胥,示诗稿一册。

二十九日,郑孝胥、陈曾寿、杨钟羲、胡嗣瑗等宴集。

三十日,夜,郑孝胥赴李准约。

四月

初一,曹经沅、章士钊访郑孝胥,章谈《甲寅》杂志事。

初二,郑孝胥过章士钊,不值。

初四,郑孝胥作陈夔龙七十寿诗。

初九,陈宝琛访郑孝胥,以诗稿二册属为阅定,陈言"张之洞在广东日,偶谈为学之晚得,谓汉学不若宋学之有用,诸史不若《左传》之有用,诗则杜不若韩,而白乐天尤有用"。

十一日,郑孝胥访李兆珍。

十二日,李宣倜访郑孝胥。

二十一日,曹经沅过郑孝胥。

二十六日,佟济煦、刘骧业过郑孝胥。

五月

初二,郑孝胥赴李兆珍约午饭。

初十,郑孝胥至京,过卓孝复、叶玉麟、叶葱奇等。

十二日,江瀚、卓定谋等过郑孝胥。

十三日,陈宝琛赴万绳栻约。郑孝胥过江瀚,江请为其父《道腴堂诗稿》作序。

十四日,郑孝胥赴卓孝复、卓定谋约至玉泉山别墅,林开謩、庄蕴宽、赵椿年在座。

十五日,郑孝胥过庄蕴宽谈宫中事。

十六日,林葆恒、卓定谋过郑孝胥。夜,郑孝胥晤林灏深、李宣倜等。

十七日,卓定谋、郑孝柽过郑孝胥,同至中央公园。

十八日,郑孝胥赴李宣倜约晚饭。

十九日,郑孝胥访吴佩孚,张广建、顾维钧等在座。

二十日，郑孝胥赴曹经沅约，王式通等在座。

二十一日，郑孝胥至天津。陈宝琛过郑孝胥。

二十二日，陈宝琛邀郑孝胥午饭。

二十四日，郑孝胥赴王庚约。郑孝胥过罗振玉。

二十九日，郑孝胥返回上海。

六月

初二，李宣龚、高梦旦、沈成式、王乃徵、余肇康、张元济、叶尔恺过郑孝胥。

初三，张元济过郑孝胥。郑孝胥访叶尔恺、余肇康、王秉恩、朱祖谋、王乃徵、王灵珠等。夜，郑孝胥赴叶尔恺约。

初四，周达过郑孝胥。

初五，郑孝胥访张元济、夏敬观等。黄孝纾过郑孝胥。夜，郑孝胥赴林植斋约，李宣龚、黄濬、袁思亮、王灵珠等在座。

初六，夏敬观过郑孝胥。

初七，夜，郑孝胥赴张元济约。

初八，黄孝纾、叶尔恺、何冈德过郑孝胥。

初九，王式、黄濬过郑孝胥。

初十，郑孝胥赴陈夔龙宴，王秉恩、余肇康、朱祖谋、王乃徵、章梫、徐乃昌、吴庆焘、张仲炤在座。

十二日，黄葆钺过郑孝胥。

十三日，郑孝胥过章梫、吴昌硕、何冈德等。

十四日，夜，郑孝胥赴黄濬、沈成式约，王灵珠等在座，黄濬和郑孝胥诗二首。

十六日，郑孝胥宴王秉恩、余肇康、朱祖谋、王乃徵、章梫、陈容民、宋澄之、王式。

十七日，李宣龚宴郑孝胥、周达等。

十八日，夏敬观和郑孝胥诗一首。

二十五日，夜，郑孝胥邀叶尔恺、王秉恩、宋澄之、陈容民、吴庆焘、王乃徵、章梫、王式等食素。

二十八日,黄孝纾过郑孝胥。

七月

初二,李宣龚、高梦旦、沈成式过郑孝胥。

初三,夏敬观、周达、黄孝纾等饯郑孝胥于海藏楼。

初七,郑孝胥抵天津。

初八,郑孝胥过叶尔恺、单宗模。

初九,郑孝胥谒李兆珍。陈宝琛过郑孝胥。

十三日,胡嗣瑗、郑孝胥过陈宝琛。

十五日,陈懋解过郑孝胥,示李宣倜书,为王式通求书"养真轩"匾。郑孝胥至日本公园观书画会,晤罗振玉、王敬芳等。

十六日,周学渊、王秉恩过郑孝胥。

十七日,郑孝胥过王秉恩,赠诗一首。

十八日,陈宝琛宴郑孝胥、罗振玉、王秉恩、叶尔恺、胡嗣瑗等。

十九日,郑孝胥与胡嗣瑗同宴王秉恩、叶尔恺于忠信堂。

二十日,郑孝胥与周学渊、郭则沄同游八里台。

二十一日,郭则沄示郑孝胥诗三首。

二十二日,孙宝琦过郑孝胥,不值。郑孝胥过孙宝琦。

二十三日,曹经沅过郑孝胥。

二十六日,陈宝琛过郑孝胥。

二十七日,郑孝胥晤康有为。

三十日,郑孝胥晤康有为。

八月

初一,郑孝胥答拜康有为。陈宝琛过郑孝胥。

初二,陈宝琛、袁励准过郑孝胥。

初四,郑孝胥赴邓熔邀午饭,傅增湘、曹经沅在座。郭则沄过郑孝胥。

初五,郑孝胥赴郭则沄邀饮李氏园。

初六,郑孝胥为江瀚父《道腴堂诗》作序。

初八,夜,郑孝胥赴林葆恒约。

初十，王秉恩过郑孝胥。

十二日，郑孝胥至李准宅访王秉恩。

十三日，陈曾寿访郑孝胥，不值。

十四日，郑孝胥过陈曾寿。夜，郑孝胥与陈曾寿、胡嗣瑗、周登皞①至一家春饭。

十六日，郑孝胥为卓定谋作《自青榭诗》。郭则沄过郑孝胥。

二十二日，郑孝胥谒李兆珍拜寿。夜，陈宝琛、郑孝胥过李兆珍。

二十三日，郑孝胥过曹经沅，晤章士钊、王庚，谈久之。

二十四日，陈宝琛过郑孝胥。

二十八日，夜，王庚、曹经沅过郑孝胥。

九月

初一，周学渊过郑孝胥，约九日登高。

初六，郑孝胥过郭则沄，托约九日坐客，凡二十三人。

初八，郑孝胥过陈宝琛。周学渊、方地山、王庚过郑孝胥。

初九，陈宝琛、郑孝胥等十九人至李氏园登高，客散后，陈宝琛、郑孝胥、周学渊同登小丘，徘徊久之。郑孝胥作《重九》诗。

十五日，章士钊、曹经沅访郑孝胥。

十六日，郑孝胥、章士钊、曹经沅、王庚、绍瑞彭聚于李园。

十九日，章士钊示郑孝胥诗二首。

二十日，章士钊和郑孝胥诗。

二十一日，郑孝胥赴周学渊约，郭宗熙、方地山在座。

二十二日，郑孝胥作《李园》诗。

二十三日，周学渊过郑孝胥，同访方地山，共饭。

二十五日，郑孝胥于《东方时报》见赵熙《凭石遗寄海藏楼》一诗，遂题诗于其后："欲将孤愤傲群贤，人定何堪说胜天。自是衰迟偷生者，汗颜翻为一诗传"。

---

① 周登皞（？—1940），字熙民，亦字希民。福建闽侯人。举人。历任宁河、武清、霸县、大城、东安知县，擢升赵州直隶州知州、都察院广西道御史。辛亥革命后，曾任肃政厅肃政使、绥远道尹。

二十六日,郑孝胥与方地山、周学渊、郭则沄、郭宗熙宴集。

二十七日,郑孝胥作《残春》诗。

十月

初一,王庚过郑孝胥。周学渊示郑孝胥二诗。

初四,周学渊过郑孝胥,同访郭宗熙,观菊花会。

初六,庄蕴宽和郑孝胥《重九》诗。郑孝胥赴周学渊约,郭则沄、郭宗熙、方地山在座。夜,王灵珠过郑孝胥。

初七,王灵珠、许汝棻过郑孝胥。

初十,郑孝胥抵沪。

十一日,郑孝胥过罗振常、陈容民。

十二日,李宣龚过郑孝胥。

十四日,郑孝胥过王式、朱祖谋、王乃徵、王秉恩、叶尔恺。夜,周达过郑孝胥。

十五日,郑孝胥过周达,观所藏字画。文公达、赵尊岳、梅兰芳过郑孝胥。

十七日,郑孝胥、郑孝柽同过李宣龚。郑孝胥与吴学廉、王秉恩、朱祖谋、余肇康、王乃徵、章梫、王式、吴庆焘、陈容民作一元会。

十八日,刘体乾过郑孝胥,赠《蜀石经》一部。郑孝胥过赵凤昌。余肇康过郑孝胥。

二十日,郑孝胥过冯煦、刘体藩。郑孝胥宴冯煦、王秉恩、余肇康、朱祖谋、宋澄之、王乃徵、章梫、黄孝纾、王式。

二十二日,许汝棻、夏敬观、黄孝纾、刘体藩过郑孝胥。

二十三日,郑孝胥宴李宣龚、黄濬、陈容民、许汝棻、周达、吴学廉等。

二十四日,周达过郑孝胥。

二十六日,郑孝胥作《将赴天津》诗。

二十七日,黄葆钺、黄孝纾过郑孝胥。郑孝胥过徐乃昌、刘体乾。

二十九日,夜,郑孝胥分赴刘体乾、朱祖谋、夏敬观、袁思亮约。

十一月

初一,郑孝胥至塘山路视陈三立,陈将移居上海,以售字为业。

初三,袁思亮过郑孝胥。

初五,吴庆焘过郑孝胥。夜,郑孝胥赴周达约,陈敬第请题《百梅书屋图》。

初七,刘体藩过郑孝胥。

初八,郑孝胥过许汝棻、宋澄之。夜,郑孝胥赴津。

十一日,郑孝胥至天津,过陈宝琛。

十二日,郑孝胥谒李兆珍。

十三日,曹经沅、陈懋复、佟济煦过郑孝胥。

十四日,夜,郑孝胥赴王庚约,章士钊、曹经沅在座。

十五日,曹经沅示郑孝胥诗作。

十六日,郑孝胥晤宝熙。

十九日,王庚访郑孝胥,示所作《丙寅诗稿》。汤用彤访郑孝胥。

二十二日,柯鸿年过郑孝胥。

二十四日,郑孝胥寄赵熙新刻九、十两卷诗。

二十五日,郑孝胥过章士钊、李兆珍。

二十七日,夜,郑孝胥、郭则沄、郭宗熙、方地山、周学渊等宴集。

三十日,郑孝胥过郭宗熙。

十二月

初二,曹经沅过郑孝胥。

初三,郑孝胥赴佟济煦约。

初四,郑孝胥约章士钊、王庚、曹经沅晚饭。

初五,郑孝胥过陆荣廷。

初六,郑孝胥赴友人约,晤曹经沅、绍瑞彭。

初七,陈宝琛自京抵津。夜,郑孝胥赴郭则沄约。

初十,郑孝胥过陈宝琛。

十二日,周学渊、方地山过郑孝胥。

十三日,夜,王庚、曹经沅踏雪访郑孝胥。

十六日,郑孝胥作《夜起庵杂诗》。陈懋复过郑孝胥。

十九日,陈宝琛、郑孝胥赴郭宗熙招作东坡生日,郭则沄等在座,陈宝琛携《苏斋图》共观。

二十一日,夜,陈宝琛、郑孝胥等宴集。郑孝胥作《东坡生日诗》。

二十二日,陈宝琛、陈懋复过郑孝胥。

二十三日,夜,曹经沅过郑孝胥,示段祺瑞诗一首。

是年,陈三立仍寓杭州疗养。黄濬、陈夔龙、谢复园等先后过杭,与之酬唱。初冬,移居沪上。

民国十六年 丁卯（1927年）

正月

初五,陈宝琛、郑孝胥、郭则沄等作诗钟。

初六,卓定谋过郑孝胥。

初七,曹经沅过郑孝胥。

初八,周学渊、庄士敦、佟济煦过郑孝胥。

初九,郑孝胥过庄士敦、曹经沅、王庚。

十一日,夜,郑孝胥赴庄士敦约。

十二日,夜,陈宝琛、郑孝胥、佟辑煦共宴庄士敦。

十四日,郑孝胥、郑孝柽、刘骧业、陈懋复同至松亭午饭。夜,郑孝胥赴周登皞约。

十九日,蒯若木过郑孝胥。

二十二日,郑孝胥为陈敬第题《百梅书屋图》五律。

二十三日,陈宝琛过郑孝胥。

二十四日,郑孝胥过陈宝琛。

三十日,陈懋复、王季烈过郑孝胥。

二月

初五,郑孝胥晤陆宗舆。

初六,陈宝琛、郑孝胥赴张鼎臣约,升允、罗振玉在座。

初七,陆宗舆过郑孝胥,谈至暮。

初八,陈宝琛邀郑孝胥晚饭。

初九,王季烈过郑孝胥。

初十,曹经沅以诗集请郑孝胥删定。

十一日,郑孝胥过王庚、曹经沅。

十三日,王庚、曹经沅过郑孝胥。

十四日,郑孝胥为许珏《复庵遗集》书后。

十五日,郑孝胥赴郭宗熙招作花朝之集。

十六日,郭则沄、周学渊示郑孝胥七律。

十八日,郑孝胥赴郭则沄招。

十九日,郑孝胥和郭则沄诗。

二十二日,郑孝胥赴曹经沅招。夜,郑孝胥赴郭宗熙邀。

二十四日,郑孝胥赴王庚招。

三月

初一,郑孝胥过陈宝琛谈。

初六,郑孝胥抵沪。

初九,郑孝胥、陈曾寿至甘园,晤陈三立、陈曾寿等。

十一日,陈三立、余肇康、袁思敬、朱祖谋、王秉恩、叶尔恺过郑孝胥。

十二日,郑孝胥生日,李宣龚、高梦旦、沈成式、周达等往贺。郑孝胥访陈曾寿、夏敬观、沈成式等。赵尊岳过郑孝胥,赠所刻书数种。

十三日,陈三立、郑孝胥、李宣龚、夏敬观赴周达招饮,朱祖谋、袁思敬、黄孝纾在座。

十四日,黄葆钺过郑孝胥。

十五日,郑孝胥过黄葆钺。

十六日,郑孝胥访陈三立。罗振常、陈诗、徐乃昌、张元济等过郑孝胥。

二十日,陈三立、夏敬观、袁思亮等访郑孝胥。郑孝胥过张元济,郑曰:"能印《四库全书》,则商务印书馆诸君皆不朽矣。"张元济曰:"一夕尚存,必达此愿!梦旦、拔可,皆有此志。"

二十一日,许汝棻、诸宗元、陈容民、刘体藩过郑孝胥。

二十二日,周达过郑孝胥。

二十三日,王乃徵、许汝棻、黄葆钺、黄孝纾过郑孝胥。

二十四日,郑孝胥赴夏敬观、袁思亮宴,冒广生、诸宗元在座。

二十五日,冒广生访郑孝胥,示《疚斋诗稿》。

二十六日,罗振常、许汝棻过郑孝胥。冒广生、周达示郑孝胥七律。

二十七日,李宣龚宴陈三立、郑孝胥、夏敬观、冒广生、诸宗元、朱祖谋、袁思亮等。

二十八日,冒广生过郑孝胥,求补书"寒碧堂"额。郑孝胥过冯煦。

二十九日,冒广生过郑孝胥。夜,郑孝胥赴余肇康约。

四月

初一,郑孝胥赴周达、徐乃昌约。

初四,郑孝胥赴袁思亮约。

初五,冒广生、夏敬观、黄孝纾访郑孝胥。

初六,陈三立、郑孝胥、夏敬观与同人宴集,朱祖谋、吴学廉、徐乃昌、袁思亮等在座。

初七,陈容民、许汝棻、黄葆钺、周达、冒广生、余肇康、袁思亮、夏敬观、吴学廉过郑孝胥送行。

十二日,郑孝胥抵天津。

十三日,郑孝胥过陈宝琛、罗振玉、罗振常、李兆珍等。陈宝琛过郑孝胥。

十四日,王季烈、罗振常过郑孝胥。

十八日,罗振常过郑孝胥。

十九日,王庚过郑孝胥。

二十一日,郑孝胥过王庚,观诗。

二十二日,郑孝胥赴王式约。

二十五日,陈宝琛过郑孝胥。

二十六日,郑孝胥、郑孝柽同过陈宝琛。

二十七日,郭宗熙、郭则沄过郑孝胥,皆示近作。

二十八日,郑孝胥与郭则沄、郭宗熙、林葆恒等同游李氏园,郭则沄宴郑孝胥等。

二十九日,郑孝胥作《李园十咏》。

五月

初一,王庚过郑孝胥。

初三,郭则沄过郑孝胥,示所作诗稿,请题词。

初五,郑孝胥谒李兆珍。

初八,郑孝胥过王庚,晤曹经沅。郑孝胥为郭则沄作《世媺堂诗草书后》。

初九,郑孝胥赴王庚约,章士钊、曹经沅在座。

十二日,郭则沄过郑孝胥。郑孝胥作王国维挽诗。

十三日,陈宝琛、郑孝胥赴万绳栻招于张勋寓所。

十四日,夜,郑孝胥赴陈宝琛、郭则沄之约。

十六日,郑孝胥和万绳栻诗。

十七日,郑孝胥赴郭宗熙、周学渊约于柳墅公园。

十八日,林葆恒过郑孝胥,示所作王国维挽诗。

二十日,郑孝胥、罗振玉等公祭王国维。

二十二日,陈宝琛过郑孝胥。郑孝胥作陈宝琛八十寿文。

二十四日,黄懋谦过郑孝胥。

六月

初六,夜,曹经沅过郑孝胥。

初七,王式过郑孝胥,将返沪。

初八,佟济煦、王季烈过郑孝胥。

十二日,胡嗣瑗过郑孝胥。王庚过郑孝胥,遗修禊照片及《国闻周报》。

十六日,陈宝琛腰疾,郑孝胥往视。王庚和郑孝胥诗一首。

十八日,王庚过郑孝胥。

十九日,李兆珍卒。郑孝胥往哭之。

二十二日,郑孝胥作李兆珍挽诗。

二十三日,陈宝琛过郑孝胥。

二十六日,陈宝琛、郑孝胥等公宴宝熙。

七月

初二,郑孝胥与郭则沄、周学渊等同游李氏园。

初三,陈宝琛过郑孝胥。

初五,曹经沅过郑孝胥。郑孝胥送陈宝琛寿屏。郑孝胥作《胡琴初五十诗》。

初七,夜,曹经沅过郑孝胥。

初八,郑孝胥、郭则沄宴陈宝琛、胡嗣瑗等。

初十,陈宝琛、刘骧业过郑孝胥。

十二日,郑孝胥赴林葆恒等邀晚饭,为胡嗣瑗祝寿。

十三日,陈宝琛宴胡嗣瑗等于张勋宅,邀郑孝胥作陪。

十七日,李宣倜过郑孝胥。周学渊过郑孝胥久谈。

二十五日,郑孝胥书陈宝琛寿屏。

八月

初一,陈宝琛、郑孝胥赴胡嗣瑗约至全聚德晚饭。

初四,陈宝琛、林开謩过郑孝胥。

初五,夜,郑孝胥赴陈宝琛寓晚饭。

初六,郑孝胥赴周学渊约。

初八,陈宝琛赴郑孝胥宴,林开謩、王庚、胡嗣瑗、周学渊、林葆恒、佟济煦、金邦平在座。

十二日,夜,曹经沅过郑孝胥。

二十日,曹经沅过郑孝胥。

二十三日,郑孝胥晤白坚武。

二十七日,陈宝琛示郑孝胥《纪恩诗》。

二十八日,郑孝胥赴林葆恒约于松竹楼。

九月

初四,陈宝琛宴郑孝胥、杨钟羲等于寓所。

初六,夜,曹经沅过郑孝胥。

初七,郑孝胥过王庚新居。

初八,王庚过郑孝胥。

初九,郑孝胥作《九日》诗。夜,郑孝胥赴林葆恒约。

十四日,陈宝琛宴郑孝胥、高向瀛等于松竹楼。

十五日,郑孝胥访高向瀛。

二十三日,陈宝琛寿辰,郑孝胥等往贺。

二十九日,郑孝胥离津赴沪。

十月

初一,郑孝胥至青岛。

初四,郑孝胥抵沪。

初五,郑孝胥过许汝棻、陈容民。李宣龚、夏敬观过郑孝胥,不值。

初七,郑孝胥访陈三立、张元济、高梦旦、陈曾寿、夏敬观、王乃徵、王秉恩、朱祖谋等。许汝棻、陈容民、罗振常过郑孝胥,共饭。

初八,李宣龚、朱祖谋过郑孝胥。

初九,陈曾寿、王秉恩、周达、夏敬观过郑孝胥。

初十,陈三立与王乃徵、余肇康、程颂万过郑孝胥。

十一日,郑孝胥过赵凤昌、余肇康、周达。赵凤昌赠郑孝胥影片。

十三日,郑孝胥约许汝棻、陈容民、罗振常、周达、高梦旦、黄葆钺、吴学廉晚饭。

十五日,诸宗元、吴庆焘、黄孝纾、蒯若木、许汝棻、陈容民等访郑孝胥。

十六日,郑孝胥过诸宗元、刘体藩。

十七日,夏敬观过郑孝胥,同赴李大防约。

十八日,郑孝胥赴陈曾寿约。

十九日,赵凤昌、李大防过郑孝胥。

二十日,郑孝胥过黄葆钺,晤高向瀛。郑、黄同过吴昌硕、王乃徵。夏敬观邀陈三立、郑孝胥、余肇康、周达、黄孝纾、吴庆焘、高梦旦、李大防看菊花。

二十一日,郑孝胥赴周达约晚饭,蒯若木、李大防、黄葆钺、黄孝纾在座。

二十三日,黄孝纾过郑孝胥。

二十四日,罗振常、许汝棻、陈容民过郑孝胥午饭。夜,郑孝胥宴谢米诺夫、多布端、谢介石、许汝棻、周达。

二十七日,夜,郑孝胥赴余肇康、吴庆焘约。

二十八日,陈三立、郑孝胥赴陈曾寿约,朱祖谋、王乃徵、李大防在座。

二十九日,郑孝胥赴高梦旦约午饭。

三十日,郑孝胥赴津,舟中晤白坚武。

十一月

初三,郑孝胥抵天津。

初六,郑孝胥过陈宝琛、周学渊。

初七,罗振玉、佟济煦过郑孝胥。

初八,郭宗熙、陈懋复、费叔迁、卓定谋、方地山过郑孝胥。

初九,郑孝胥答访郭宗熙、罗振玉。周学渊、卓定谋过郑孝胥。

十二日,郑孝胥、周学渊、方地山、郭宗熙、胡嗣瑗共饮松竹楼。

十三日,夜,郑孝胥赴郭宗熙约。

十五日,郑孝胥过王庚。夜,王庚过郑孝胥,示诗二首。

十八日,陈宝琛宴郑孝胥、梁鸿志、郑孝柽。

二十日,赵尊岳过郑孝胥,

二十三日,陈宝琛宴郑孝胥等于张勋宅。郑孝胥过曹经沅,晤王庚、邓熔。

二十五日,郑孝胥赴王庚约午饭。

二十七日,李宣龚至天津。

二十八日,李宣龚过郑孝胥。郑孝胥赴林葆恒约。

二十九日,陆荣廷过郑孝胥。

十二月

初三,夜,王庚踏雪访郑孝胥。

初七,郭则沄过郑孝胥。

初八,郑孝胥与周学渊同过方地山,观所藏名人扇面。夜,郑孝胥赴郭则沄约。

初十,夜,郑孝胥赴查峻丞约于郭则沄宅。

十二日,曹经沅过郑孝胥。郑孝胥等公宴温肃,贺其生日。

十四日,郑孝胥赴万绳栻约。

十六日,郑孝胥过罗振玉借书。

十七日,郑孝胥过陈宝琛。

二十二日,夜,郑孝胥过温肃饭。

二十五日,郑孝胥赴章士钊、曹经沅约,郭则沄、梁鸿志、周学渊、金邦平在座,郑孝胥曰:"今年所见诗惟有三篇,即李骏孙《巢湖》五古、《读王逢原集》七古,行严之《示侄》五古也。"

二十七日,郑孝胥赴吴霭宸约。

民国十七年 戊辰（1928年）

正月

初二,夜,郑孝胥赴郭则沄、杨寿楠约。

初三,何振岱过郑孝胥。陈宝琛宴郑孝胥、何振岱、柯鸿年。

初四,曹经沅过郑孝胥。

初五,夜,郑孝胥赴郭宗熙、章珏约,万绳栻等在座。

初六,郑孝胥、罗振玉访陈宝琛。

十一日,郭曾炘、林开謩、周登皞过郑孝胥。夜,陈宝琛、郑孝胥、胡嗣瑗、方地山宴集松竹楼。

十四日,李宣倜、王庚访郑孝胥。

二十三日,王庚过郑孝胥,示所作甲子、乙丑诗稿。

二十六日,夜,郑孝胥赴曹汝霖约,段祺瑞、章士钊、王庚、陆宗舆在座。

二十七日,夜,郑孝胥与王庚宴日本领事等。

二十八日,曹经沅过郑孝胥。

二月

初一,郑孝胥与章士钊、王庚、曹经沅夜饮。

初三,郑孝胥与周学渊、方地山、郭则沄、郭宗熙、郑孝柽等饮于松竹楼。

初四,邓熔遗郑孝胥诗集并赠五古一首。

初五,邓熔过郑孝胥,求《海藏楼诗集》。

初八,曹经沅过郑孝胥。

初九,陈宝琛过郑孝胥。

初十,郑孝胥、方地山、郭则沄、郭宗熙、胡嗣瑗等饮于松竹楼。

十六日,郑孝胥赴胡嗣瑗约。

十七日,吴霭宸过郑孝胥。

二十日,郑孝胥赴柯鸿年约晚饭。

二十四日,郑孝胥赴邓熔约晚饭。

二十五日,郑孝胥过陈宝琛。

二十七日,郑孝胥宴陈宝琛、陈曾寿、胡嗣瑗、杨钟羲、佟济煦等。

二十八日,陈宝琛约郑孝胥晚饭。

二十九日,郑孝胥过陈曾寿。

闰二月

初一,郑孝胥过王庚,遇章士钊。

初二,吴霭宸过郑孝胥。

初三,夜,郑孝胥、万绳栻、佟济煦宴集。

初八,吴霭宸过郑孝胥。

初九,陈宝琛过郑孝胥。

初十,郑孝胥夫人卒。

十一日,陈宝琛、佟济煦过郑孝胥。

十三日,林葆恒、郭则沄、查峻丞、方地山、郭宗熙、徐沅过郑孝胥吊唁。

十八日,郑孝胥抵沪。

二十日,郑孝胥过陈三立、王乃徵、王秉恩等。

二十三日,郑孝胥过赵凤昌、吴庆焘、张元济、夏敬观、陈曾寿。

二十四日,郑孝胥约陈三立、夏敬观、李宣龚、陈曾寿、王秉恩、朱祖谋、吴庆焘、王乃徵等食素菜。

二十五日,诸宗元过郑孝胥。

二十六日,何冈德、黄孝纾过郑孝胥。

二十七日,高梦旦、周达过郑孝胥。

二十九日,赵凤昌、程颂万过郑孝胥。

三月

初二,陈三立、王秉恩、朱祖谋、陈容民、宋澄之、王乃徵、陈曾寿、许汝棻、罗振常、袁思亮等过郑孝胥公祭。高梦旦、胡适访郑孝胥,胡适请郑书其父墓碣。

初三,黄葆钺、周达过郑孝胥。

初五,郑孝胥过高梦旦、余肇康、章梫等。

初八,冒广生过郑孝胥。

初九,冒广生过郑孝胥,示其诗稿。

初十,冒广生过郑孝胥。

十一日,李宣龚过郑孝胥。郑孝胥赴余肇康约晚饭。

十二日,郑孝胥赴李宣龚约,晤林开謩。

十三日,林开謩过郑孝胥。

十四日,夜,郑孝胥约王乃徵、许汝棻、陈容民、罗振常、周达等晚饭。

十五日,郑孝胥赴沈成式之约,座中晤陈三立、陈方恪、陈夔龙、胡适、徐志摩、夏敬观、李宣龚、林开謩。

十六日,徐申如、徐志摩父子过郑孝胥吊唁。徐志摩赠郑孝胥《新月》杂志。

十七日,徐志摩、胡适访郑孝胥,观其作字。

十九日,袁思亮过郑孝胥,求观《伤逝》诸诗。

二十二日,郑孝胥赴刘体藩约,程颂万、陈诗、吴博泉在座。

二十三日,陈曾寿约郑孝胥晚饭。

二十五日,章士钊过郑孝胥。

二十六日,程颂万请郑孝胥题《鹿川图》。

二十七日,郑孝胥过陈容民、叶尔恺。

二十八日,李宣龚、黄葆钺过郑孝胥。

二十九日,许汝棻、陈容民、罗振常、陈曾寿、周达等过郑孝胥。郑孝胥过王秉恩、朱祖谋、王乃徵、袁思亮等辞行。

四月

初六,郑孝胥抵天津。王庚、曹经沅、佟济煦过郑孝胥。陈宝琛邀郑孝胥晚饭,曹经沅在座。

初七,郑孝胥过陈宝琛久谈。

初八,郑孝胥访郭曾炘、郭则沄。

初九,万绳栻过郑孝胥。夜,郑孝胥赴郭则沄约于松竹楼。

十二日,陈宝琛过郑孝胥。

十七日,周学渊、郭宗熙过郑孝胥。

二十五日,丁澄如过郑孝胥。

五月

初二,王庚、曹经沅访郑孝胥,王庚示汪荣宝复书及和郑《闻笳》诗,曹经沅示所作九青叠韵诗及樊增祥、黄濬和诗。

初三,丁澄如过郑孝胥。

初四,郑孝胥晤曾琦,背诵郑诗甚多。

初六,郑孝胥赴郭则沄约,郭宗熙、周学渊在座。

初七,曾琦过郑孝胥,曾示所作骈体文两篇。

初九,郑孝胥答访曾琦,不值。

十三日,万绳栻过郑孝胥,示谢介石奉天来信。郑孝胥宴王式等。

十四日,郑孝胥赴周学渊约至松竹楼晚饭,郭则沄等在座。

十六日,谢介石过郑孝胥。

十七日,曹经沅、郭则沄访郑孝胥。郭示诗二首。

十九日,郑孝胥过王庚、曹经沅。

二十日,夜,王孝总①过郑孝胥。

二十二日,柯鸿年示郑孝胥诗一首。

二十四日,金邦平、林葆恒过郑孝胥。

---

① 王孝总,陈宝琛婿。同盟会会员。曾任福州图书馆馆长。

六月

初五,郑孝胥过罗振玉、罗振常。

初七,王庚过郑孝胥。

初八,郑孝胥赴郭宗熙邀午饭。

十三日,林志钧、黄懋谦访郑孝胥。

十五日,陈宝琛过郑孝胥。

十七日,曹经沅过郑孝胥。郑孝胥、郭则沄、周学渊宴集。

二十四日,郑孝胥过曹经沅、王庚,晤段祺瑞。

二十八日,郭宗熙、郭则沄过郑孝胥,同登高观夕照。

二十九日,谢介石过郑孝胥。

七月

初三,陈懋复过郑孝胥。

十一日,曹经沅过郑孝胥。

二十一日,郑孝胥赴罗振玉约。王式过郑孝胥。

二十二日,程淯过郑孝胥,求诗一部。

二十三日,袁励准携其子过郑孝胥。

二十四日,郑孝胥为袁励准作诗集序。

二十九日,林葆恒过郑孝胥,示《移居》诗。陈长捷①过郑孝胥。夜,郑孝胥赴陈长捷约于忠信堂。

八月

初一,程淯过郑孝胥。

初三,郑孝胥过林葆恒、陈宝琛谈。郑孝胥赴郭宗熙、郭则沄约于李氏园。

初四,郭宗熙、王庚过郑孝胥。

初八,郑孝胥至日本。

十一日,郑孝胥访狩野直喜。

---

① 陈长捷(1897—1968),号介山。福建闽侯人。保定陆军军官学校毕业,官至国民党陆军中将。解放后任上海市政协秘书处专员、全国政协文史研究会专员。

十七日,郑孝胥与狩野直喜、内藤湖南等同游。

是月,周达招同陈三立、朱祖谋、王乃徵、袁思亮、黄孝纾等乘船至吴淞观海。①

九月

十五日,郑孝胥返回上海。

十六日,郑孝胥过李宣龚、王乃徵、陈三立。

十七日,郑孝胥过许汝棻、陈容民、罗振常等。

十八日,郑孝胥访吴学廉、袁思亮、陈曾寿、高梦旦等。

十九日,高梦旦、徐乃昌访郑孝胥。郑孝胥宴许汝棻、陈容民、王乃徵、罗振常、黄葆钺。

二十日,陈诗、叶尔恺过郑孝胥。

二十一日,陈三立七十六岁寿辰,郑孝胥、程颂万、余肇康、冒广生、袁思亮、狄葆贤等往贺。郑孝胥初晤叶恭绰。郑孝胥、冒广生、黄孝纾同访王乃徵。

二十二日,夏敬观、陈曾寿、周达访郑孝胥。

二十三日,郑孝胥过徐乃昌、刘体藩、叶尔恺。夜,陈曾寿宴郑孝胥。

二十四日,郑孝胥晤严独鹤、程砚秋。

二十六日,郑孝胥过周达。

二十七日,夏敬观宴郑孝胥、余肇康、周达、龙榆生、沈成式。郑孝胥初晤龙榆生。②

二十八日,冒广生过郑孝胥,示所作诗。夜,郑孝胥赴周达、袁思亮约。

二十九日,程颂万访郑孝胥。

三十日,郑孝胥、许汝棻、陈容民、罗振常宴集。

---

① 陈三立:《戊辰八月梅泉招同彊村病山伯夔公渚放舟至吴淞观海》,《散原精舍诗文集》,第 679 页。

② 龙榆生:"我最初送诗给散原苏戡两位先生去批评,散老总是加着密圈,批上一大篇叫人兴奋的句子,苏翁比较严格些,我只送过三四首诗给他看,只吃着二十八个密圈子。"《龙榆生年谱》。

十月

初一,龙榆生访郑孝胥。

初二,郑孝胥宴朱祖谋、王乃徵、夏敬观、陈曾寿、周达、黄葆钺、黄孝纾等。

初三,徐申如、徐志摩父子访郑孝胥。郑孝胥访陈曾寿、余肇康、冒广生等。

初四,冒广生、吴用威访郑孝胥。夜,李宣龚宴郑孝胥等。

初七,郑孝胥至青岛,访刘廷琛。

初九,郑孝胥抵天津,陈宝琛、佟济煦过郑孝胥。

初十,郑孝胥过陈宝琛、胡嗣瑗。陈懋复过郑孝胥。

十一日,林宰平访郑孝胥。陈宝琛邀郑孝胥、丁传靖①食蟹。

十二日,郑孝胥赴陈向元②约,晤王庚、李准、荀慧生。

十三日,郑孝胥赴郭则沄宴。

十四日,丁传靖过郑孝胥。

十五日,郑孝胥晤罗振玉。罗振玉、李准访郑孝胥。

十六日,郑孝胥访罗振玉。

十七日,郑孝胥答访丁传靖,久谈。

十九日,陈宝琛晤郑孝胥、罗振玉。

二十日,胡适写长信给夏敬观,讨论夏的新著《古声通转例证》和《经传师读通假例证》。

二十一日,胡适访夏敬观,畅谈古音之学,胡适:"下午去看夏剑丞先生,畅谈古音之学,他似乎不能十分了解我的观点。我们认为入声最古,尽可不用辩论了。但他们始终有点怀疑。段玉裁认入声为古,而他的'第二部'便不能坚持,竟以为都是平声! 剑丞先生受孔广森、严可均之

---

① 丁传靖,近代藏书家、学者,字秀甫,一字岵思,号湘舲、闇公,别号沧桑词客。江苏丹徒(今镇江)人。副贡生。清末任礼学馆纂修。喜藏书,常至书肆收罗古书,积至数万册。长于诗文,熟谙宋史。有《闇公文存》《诗存》《沧桑艳传奇》《宋人轶事汇编》等。

② 陈向元(1893—1974),福建闽侯人。陈璧胞侄。毕业于保定军校。民国十五年(1926)任泰宁镇守使,中将衔。二十年代末在天津做寓公。陈三立《散原精舍诗文集》中有《题陈向元泰宁去思图》诗。

毒太深,故更不容易改变他的根本迷信。"

二十四日,陈宝琛过郑孝胥。

二十七日,郑孝胥宴客松竹楼,郭宗熙、胡嗣瑗、李准、郭则沄、林葆恒等在座。

三十日,夜,郑孝胥赴王灵珠约。

十一月

初一,郑孝胥作五古《寄稚辛》。

初三,郑孝胥赴郭则沄约晚饭。

初五,李准过郑孝胥,以《樊敏碑》请题。

初六,柯鸿年过郑孝胥。

初七,郑孝胥赴胡嗣瑗约。

初九,郑孝胥等于郭宗熙宅公饯温肃。

初十,陈向元过郑孝胥。

十二日,郑孝胥过王庚、陈宝琛,谈汇业银行事。

十三日,陈向元过郑孝胥。

二十日,陈宝琛、郑孝胥共宴日本领事加藤等。郑孝胥赴林葆恒约。

三十日,万绳栻过郑孝胥。

是月,郭曾炘卒于北京。

十二月

初二,程淯赠郑孝胥二印。

初三,陈向元、吴霭宸过郑孝胥。

初四,林葆恒过郑孝胥。

初十,吴用威、王靖过郑孝胥。

十三日,郑孝胥赴吴用威、王靖宴。郑孝胥赴陈向元约。

十四日,郑孝胥作《郭春榆挽诗》。

二十四日,曹经沅访郑孝胥。

二十五日,郑孝胥过曹经沅,同访段祺瑞。

民国十八年 己巳（1929年）

正月

初二，郑孝胥和胡嗣瑗《除夕》诗。

初四，郑孝胥晤曹经沅。曹示《除夕》诗及所购端方、易顺鼎致梁鼎芬函。

初六，程湑、吴霭宸、齐燮元过郑孝胥。

初七，刘骧业过郑孝胥。

初十，程湑、林葆恒、罗振玉过郑孝胥。

十一日，陈宝琛、郑孝胥、万绳栻、杨寿楠等宴集。

十三日，陈宝琛宴郑孝胥、罗振玉等。

十四日，吴霭宸过郑孝胥，同访齐燮元。

十八日，郑孝胥访程湑。

十九日，陈宝琛宴郑孝胥、溥杰等。

二十日，陈宝琛、林葆恒过郑孝胥。郑孝柽至天津。

二月

初四，郑孝胥返回上海。

初五，郑孝胥访黄孝纾、许汝棻久谈。高梦旦过郑孝胥，同至愚园路访丁文江。

初六，赵凤昌、罗振常过郑孝胥。郑孝胥过何冈德，何示所作诗。

初七，周达、夏敬观访郑孝胥。

初九，朱祖谋过郑孝胥。

初十，黄孝纾、孟森过郑孝胥。

十一日，郑孝胥访陈三立、朱祖谋、王乃徵、吴学廉、徐乃昌、王秉恩等。

十二日，郑孝胥访余肇康，晤程颂万。郑孝胥访张元济。郑孝胥赴沈成式约晚饭。

十三日，郑孝胥过袁思亮、孟森。

十四日，郑孝胥赴徐乃昌约午饭，晤张仲炤。

十五日，郑孝胥、郑孝柽同访李宣龚。

十六日,夜,郑孝胥约许汝棻、陈容民、罗振常、黄孝纾晚饭。

十九日,郑孝胥约王秉恩、朱祖谋、王乃徵、余肇康、夏敬观、周达、袁思亮、王式、徐乃昌等晚饭。

二十日,郑孝胥过王乃徵,同至大世界听鼓书。

二十一日,郑孝胥与王乃徵、黄孝纾同游兆丰花园。夜,郑孝胥宴李宣龚、黄葆钺等。

二十六日,郑孝胥与王乃徵同至大世界。夜,郑孝胥赴庄录约,晤陈夔龙、秦炳直。

二十八日,周达过郑孝胥,赠七古一首。郑孝胥、李宣龚同赴陈三立、夏敬观、袁思亮之约。

二十九日,陈曾寿过郑孝胥,示所作诗。郑孝胥宴高梦旦、沈成式、黄葆钺等。

三十日,李宣龚赠郑孝胥诗一首。

三月

初一,郑孝胥访陈曾寿,同游兆丰公园。郑孝胥约陈容民、许汝棻、罗振常、陈曾寿、黄孝纾晚饭。

初二,郑孝胥接李详寄七古一首。

初四,郑孝胥赴刘体藩、赵凤昌约午饭。诸宗元访郑孝胥,赠诗一首,与郑同赴李宣龚之约。王乃徵、何冈德赠郑孝胥五古。

初五,郑孝胥等二十余人宴高梦旦于江湾。

初六,王乃徵、陈夔龙、周善培、陈宝琛赠郑孝胥诗,贺其七十寿辰。

初七,郑孝胥访何冈德、程颂万。

初八,郑孝胥赴张元济宴。

初九,陈诗、李宣龚访郑孝胥。

初十,朱祖谋、黄孝纾、王乃徵等共宴郑孝胥、郑孝柽,席散,同游沙发公园。

十一日,陈曾寿为郑孝胥作《夜起庵图》,赠五古一首,陈三立亦题诗一首。

十二日,郑孝胥七十岁生日,胡适写信祝贺。郑孝胥与郑孝柽、许汝菜、罗振常等共饭。

十四日,夏敬观、许汝棻、陈容民、罗振常过郑孝胥。

十七日,郑孝胥至大连,晤梁鸿志、罗振玉、周善培、赵凤昌等。

十九日,郑孝胥至天津。

二十日,陈宝琛、郑孝胥、王庚、万绳栻等宴集。

二十一日,郑孝胥过陈宝琛久谈。

二十二日,郭宗熙过郑孝胥。

二十三日,郑孝胥赴林葆恒、郭宗熙等约。

二十五日,王庚过郑孝胥。

四月

初二,陈宝琛、郑孝胥、万绳栻、丁传靖、杨寿楠等宴集杨宅。

初三,郑孝胥过王庚、曹经沅。曹经沅访郑孝胥,赠诗屏八帧,赋诗者林志钧、黄濬、赵椿年、邓镕、李宣倜、黄懋谦、王庚、曹经沅。

初六,王庚、曹经沅约郑孝胥晚饭。

初九,郑孝胥过曹经沅,同访段祺瑞,留午饭,晤王庚。李宣倜过郑孝胥。

十三日,王季烈过郑孝胥。

十四日,郭宗熙、周学渊赠郑孝胥五古一首。

十五日,王季烈过郑孝胥。

十六日,吴镛宸、陈曾亮过郑孝胥,同过齐燮元晚饭,齐赠郑孝胥《日本国势考》。

十七日,郑孝胥为王季烈题《胥江屏迹图》。

二十九日,王庚过郑孝胥。

五月

初四,曹经沅过郑孝胥,示《移居东城》诗。李准过郑孝胥。

初六,郑孝胥过曹经沅。郑孝胥赴陈向元约,晤袁克文。

初八,郑孝胥晤温肃。

初十,王庚过郑孝胥。

十三日,郑孝胥赴万绳栻约,温肃在座,赋诗纪念丁巳复辟。

二十日,吴霭宸、陈向元过郑孝胥。

二十一日,夜,郑孝胥赴陈宝琛约。

二十二日,郑孝胥与温肃、万绳栻、佟济煦共宴朱益藩①于忠信堂,贺其生日。

二十三日,郑孝胥过曹经沅。林葆恒过郑孝胥。

二十九日,胡嗣瑗初示郑孝胥所作和其兄宗武诗一首。

三十日,胡嗣瑗过郑孝胥。

六月

初一,郑孝胥过郭则沄、周学渊。

初二,曹经沅示郑孝胥段祺瑞所作诗一册。

初四,夜,曹经沅过郑孝胥。

初五,陈宝琛邀郑孝胥晚饭。

初六,郑孝胥赴王庚约午饭。

十三日,郭宗熙、唐兰过郑孝胥,同至新桃源看荷花。

二十日,黄懋谦过郑孝胥。

二十一日,晨,何振岱过郑孝胥。

二十七日,陈懋复、黄懋谦过郑孝胥。

二十九日,黄懋谦访郑孝胥。

七月

初三,郭宗熙、周学渊过郑孝胥。

初七,郑孝胥赴陈向元约午饭。

十二日,罗诚过郑孝胥,时罗为唐生智秘书。

十六日,黄懋谦、卓定谋过郑孝胥。

十七日,周学渊、郭宗熙、陈向元过郑孝胥,同至柳墅公园。

二十日,郭宗熙、周学渊和郑孝胥《柳墅》诗,胡嗣瑗和郑孝胥《兰》

---

① 朱益藩(186—1937),字艾卿,号定园。江西莲花(今萍乡)人。朱益浚弟。光绪十六年(1890)恩科进士,钦点翰林院庶吉士。二十三年,大考翰林,一等一名,擢翰林院侍读学士,钦命南书房行走。官至湖南正主考,陕西学政,上书房师傅,考试留学生阅卷大臣。宣统二年(1910)授都察院左都副御史。曾任北京大学校长。著名书法家。

诗。

二十三日,黄懋谦、陈懋复过郑孝胥。

二十四日,郑孝胥与周学渊、陈向元、郭宗熙、郑孝柽同登中原酒楼。

二十七日,陈向元过郑孝胥。

二十八日,陈宝琛将赴北京,郑孝胥往视,托带五十元以赠溥修。郑孝胥晤宝熙。

二十九日,陈懋复过郑孝胥。

八月

初七,唐兰、佟济煦过郑孝胥。

初八,郑孝胥过邓熔。

十二日,郑孝胥过陈宝琛,晤黄懋谦。

十六日,陈宝琛过郑孝胥。陈封可过郑孝胥。

十九日,陈封可过郑孝胥。

二十三日,陈向元、佟济煦过郑孝胥。

九月

初二,唐兰过郑孝胥。

初五,郑孝胥过王庚。

初八,李宣倜过郑孝胥,赠印章。

初九,陈宝琛、郑孝胥赴李宣倜约登高,王庚、曹经沅、郭则沄等同游。

初十,陈宝琛过郑孝胥。

十一日,陈宝琛入京。郑孝胥、王庚、曹经沅、李宣倜等宴集。

十二日,曹经沅过郑孝胥,示诗数首。郑孝胥观陈曾寿《夜课》小册,陈三立批点。

十三日,郑孝胥访曹经沅。李宣倜、陈向元过郑孝胥。

二十二日,郑孝胥、胡嗣瑗、万绳栻合请陈宝琛,为其贺寿。

二十三日,陈宝琛寿辰,郑孝胥等往贺。

二十四日,陈宝琛宴郑孝胥等于松竹楼。

二十六日,李准过郑孝胥。

十月

初六,郑孝胥与唐兰久谈。

初八,郭宗熙、周学渊、唐兰过郑孝胥。

初九,郑孝胥与郭宗熙、周学渊、陈向元同至罗仲芳宅看菊。郑孝胥赴郭宗熙、林葆恒约。

十二日,陈宝琛过郑孝胥。

十三日,郑孝胥约陈宝琛、刘骧业、黄懋谦等晚饭。

十七日,郑孝胥过章士钊。

二十日,郑孝胥过王庚,晤段祺瑞。郑赴段约,章士钊、曹经沅、汤漪在座。

二十五日,郑孝胥抵上海,夏敬观、袁思亮、周达往视。

二十六日,郑孝胥过罗振常、陈容民、许汝棻。

二十七日,李宣龚访郑孝胥。郑孝胥过朱祖谋、王乃徵、吴学廉。孟森、赵凤昌、余肇康、程颂万过郑孝胥。郑孝胥与李宣龚、袁思亮、胡适、夏敬观、黄葆钺、赵尊岳、林植斋宴集。

二十八日,胡适赠郑孝胥《唐仵君墓志》。郑孝胥过夏敬观、沈成式、胡适、袁思亮、陈曾寿、周达。

二十九日,郑孝胥过黄孝纾、叶尔恺、周达。

三十日,叶尔恺、王乃徵、黄葆钺过郑孝胥。

是月,陈三立离沪,乘舟至牯岭新居。

十一月

初二,郑孝胥访程颂万、孟森等。

初三,龙榆生访郑孝胥。郑孝胥与陈向元访朱祖谋、王乃徵、袁思亮、周达等。

初五,陈向元、袁思亮过郑孝胥。

初七,华南大学校长、王仁堪孙女王世静访郑孝胥。夏敬观、袁思亮约郑孝胥晚饭。

初八,袁思亮、周达访郑孝胥,袁示所作《夜起庵记》。

十二日,袁思亮过郑孝胥。

十三日,郑孝胥赴李宣龚、沈成式约。

十四日,郑孝胥与同人作一元会,章梫等在座。郑孝胥约许汝棻、陈容民、罗振常、宋澄之等晚饭。

十七日,郑孝胥宴王乃徵、周达、袁思亮、夏敬观等。

十九日,郑孝胥约高梦旦、李宣龚、沈成式等晚饭。

二十二日,周达、袁思亮过郑孝胥。

二十六日,陈诗、夏敬观过郑孝胥。

二十七日,夜,郑孝胥赴高梦旦约。

二十八日,许汝棻、黄孝纾访郑孝胥。

二十九日,郑孝胥约许汝棻、陈容民、罗振常、黄孝纾晚饭。周达过郑孝胥。

三十日,郑孝胥、袁思亮访陈曾寿,时陈自庐山回。罗振常过郑孝胥。

十二月

初一,郑孝胥离沪赴津。

初五,郑孝胥抵津。

初六,郑孝胥、溥修同访陈宝琛。夜,陈懋复过郑孝胥。

初七,郑孝胥过胡嗣瑗,晤陈曾矩。陈宝琛、佟济煦过郑孝胥。

初九,黄懋谦、罗仲芳、胡嗣瑗过郑孝胥。

初十,费毓楷过郑孝胥,言明日赴奉天。周学渊、唐兰过郑孝胥。

十四日,王庚过郑孝胥。

十五日,郭则沄访郑孝胥。

十六日,郑孝胥、李焜瀛、王人文等宴集,分韵赋诗。

十七日,陈宝琛邀郑孝胥、林葆恒、黄懋谦等晚饭。

十九日,郑孝胥宴陈宝琛、胡嗣瑗、黄懋谦、唐兰、周学渊、林葆恒于松竹楼,做东坡生日。费毓楷过郑孝胥。

二十一日,郑孝胥过费毓楷。

二十二日,王人文、周学渊、唐兰、王庚过郑孝胥。

二十三日,费毓楷过郑孝胥。

民国十九年 庚午（1930年）

正月

初三，王庚、曹经沅访郑孝胥。郑孝胥和陈宝琛《元旦诗》。

初四，郑孝胥访王庚、曹经沅。

初五，章士钊访郑孝胥，示所作诗。陈宝琛约郑孝胥晚饭。

初七，夜，陈宝琛、郑孝胥赴杨寿楠约。

初八，郑孝胥过王庚、曹经沅。陈宝琛邀郑孝胥饭。

十一日，夜，郑孝胥赴王庚约，章士钊、张志谭①、张弧②在座。罗振玉、朱汝珍过郑孝胥。

十二日，郑孝胥赴林葆恒约。

十六日，曹经沅过郑孝胥。

十九日，郑孝胥、章士钊、王庚、曹经沅等宴集。

二十日，郑孝胥赴友人约，王庚、曹经沅、张志谭、胡霖、张季鸾在座。

二十四日，章士钊访郑孝胥，言窘甚，将以卖文为活。

二十五日，章士钊、陈向元访郑孝胥。

二十七日，唐兰过郑孝胥。

二月

初一，陈宝琛、郑孝胥等宴集。

初四，周善培过郑孝胥。

初五，郑孝胥过周善培。

初七，彭康祺过郑孝胥。

初十，曹经沅过郑孝胥，为李宣倜求书二匾。

---

① 张志谭(1883—1946)，字远伯。河北丰润人。曾任北洋政府内务、交通总长。好绘花卉，颇有逸致。

② 张弧(1875—1937)，原名毓源，字岱杉。浙江萧山人。清举人出身。曾充长芦盐运使等职。民国元年(1912)任两淮盐运使。次年调北洋政府盐务筹备处处长，旋改财政次长，并兼盐务署署长、盐务稽查总所总办。九年，任币制局总裁。十年，任梁士诒内阁财政总长。十一年春奉军在第一次直奉战争中战败，他被直系军阀政府指控参与煽动战乱罪，革职。十二年署财政总长。十六年，任安国军财政讨论会委员。后潜居天津。二十四年任冀察政务委员会高等顾问。

十二日,郑孝胥过曹经沅,晤王庚、彭康祺。

十三日,郑孝胥赴王庚约,晤章士钊、周善培。

十四日,郑孝胥过陈宝琛,观所题张维屏《重游泮水图》。

十五日,夜,陈宝琛、郑孝胥、万绳栻共宴客。

二十日,陈宝琛过郑孝胥,示其女所画《雪影山水》,求题一诗。

二十三日,郑孝胥赴陈贯一约,张志谭在座。

三月

初四,黄懋谦访郑孝胥。

十二日,郑孝胥抵上海。

十三日,夏敬观、周达、袁思敬、余肇康访郑孝胥。

十五日,郑孝胥过夏敬观、余肇康。

二十二日,龙榆生、陈柱访郑孝胥。

二十三日,孟森、程颂万、罗振常访郑孝胥。

二十四日,郑孝胥赴余肇康、夏敬观、袁思亮约。

二十五日,郑孝胥、陈曾寿赴周达约。

二十六日,郑孝胥宴朱祖谋、王乃徵、余肇康、陈曾寿、夏敬观、周达、袁思亮、黄孝纾。

二十七日,郑孝胥赴李钟珏约,朱祖谋、狄葆贤、叶尔恺、高云麓在座。

二十九日,程渭过郑孝胥。郑孝胥与王乃徵至大世界。周达过郑孝胥。

三十日,郑孝胥晤马相伯。高梦旦过郑孝胥。

四月

初一,郑孝胥过程颂万。郑孝胥约许汝棻、陈容民、罗振常、黄孝纾晚饭。

初二,诸宗元、袁思亮、周达访郑孝胥。

初三,夜,郑孝胥宴沈成式、高梦旦、黄葆钺等。

初四,郑孝胥赴袁思亮约晚饭。

初七,周达约郑孝胥、沈成式、袁思亮、黄孝纾等游吴淞。

初八,陈曾寿过郑孝胥。

初九,黄葆钺、夏敬观、余肇康、袁思亮、陈祖壬访郑孝胥,为其送行。

十四日,郑孝胥抵天津。

十五日,曹经沅、黄懋谦等过郑孝胥。

十六日,郑孝胥赴王庚、曹经沅约,梁鸿志、唐兰、周学渊等在座。

十八日,郑孝胥与王庚、曹经沅过段祺瑞午饭。

二十日,郭则沄访郑孝胥。

二十一日,陈宝琛约郑孝胥、胡嗣瑗、溥儒晚饭。

二十二日,梁鸿志访郑孝胥,以王士禛手书诗卷请题。

二十七日,陈宝琛约郑孝胥、郭宗熙、朱益藩晚饭。

二十九日,郑孝胥过梁鸿志,还王士禛诗卷。卓定谋过郑孝胥。

五月

初一,郑孝胥宴陈宝琛、梁鸿志、胡嗣瑗、郭宗熙、林葆恒、陈向元、周学渊等。

初五,李准过郑孝胥。

十一日,费毓楷、陈向元过郑孝胥。

十五日,郑孝胥作《答张玉裁》诗。

十九日,郑孝胥约陈宝琛、陈曾寿、陈曾矩、佟济煦等至东兴楼晚饭。

二十一日,郑孝胥等公宴朱益藩,为其贺寿。

二十九日,郑孝胥与陈向元过陈曾寿。陈宝琛约郑孝胥晚饭。

六月

初四,郭宗熙、周学渊、陈向元过郑孝胥。

初五,曹经沅过郑孝胥,示段祺瑞诗本。

初八,郑孝胥赴郭宗熙约晚饭。

初十,曹经沅过郑孝胥,示章士钊奉天来信,云将往哈尔滨卖字。

十一日,郑孝胥访王庚、曹经沅。

十三日,郑孝胥宴陈宝琛、王庚、陈曾寿、陈曾矩、曹经沅、胡嗣瑗等于东兴楼。

十四日,郑孝胥赴王庚、曹经沅约午饭。

十七日,郑孝胥赴张同书约。

二十二日,郑孝胥过陈曾寿新居。郑孝胥、陈曾寿、陈曾矩、胡嗣瑗、王灵珠宴集。章梫、章以吾过郑孝胥。

二十三日,郑孝胥访章梫。

二十六日,王庚过郑孝胥。

二十七日,郑孝胥过王庚。

闰六月

初二,陈曾矩过郑孝胥。

初四,陈懋复、黄懋谦过郑孝胥。郑孝胥赴王灵珠约,陈曾寿、胡嗣瑗、陈向元等在座。

初五,郑孝胥过陈宝琛,谈福州事。

十一日,陈曾寿、陈曾矩过郑孝胥,将告假赴沪。

十八日,何振岱过郑孝胥。

二十日,何振岱过郑孝胥久谈。

二十二日,夜,陈宝琛、郑孝胥同宴客。

二十七日,郑孝胥过吴蔼宸、陈向元。

二十八日,郑孝胥过陈宝琛。

七月

初五,郑孝胥过曹经沅、王庚,晤段祺瑞。

十七日,陈宝琛邀郑孝胥晚饭。

十八日,黄濬访郑孝胥。

二十二日,郑孝胥赴庄士敦约。

二十五日,郑孝胥赴朱益藩约。

八月

初四,陈宝琛、郑孝胥共宴客。

初五,陈宝琛邀郑孝胥午饭。

十二日,赵尊岳、曹经沅过郑孝胥。

十六日,郑孝胥作《王病山七十生日》诗。

十八日,郑孝胥过陈曾寿,遇郭则沄。

二十三日,郑孝胥宴陈宝琛、陈曾寿、陈曾矩、陈向元、胡嗣瑗等于东兴楼。

二十九日,刘骧业过郑孝胥。

三十日,王庚、唐兰过郑孝胥。

九月

初三,陈祖壬过郑孝胥。

初七,陈曾寿、陈祖壬过郑孝胥。

初九,郑孝胥与陈曾寿等登高看菊。

十二日,陈宝琛与冒广生、何振岱、曹经沅游香山,陈宝琛有诗纪之。

十四日,夜,曹经沅过郑孝胥。

十六日,郑孝胥赴曹经沅约至松竹楼晚饭。

二十日,郑孝胥返上海,过李宣龚、吴学廉、王乃徵、朱祖谋等。

二十一日,李宣龚、夏敬观访郑孝胥。郑孝胥访黄孝纾、罗振常、陈容民、周达、许汝棻。

二十二日,黄葆钺、沈成式、许汝棻过郑孝胥。郑孝胥过高梦旦。

二十三日,高梦旦、朱祖谋、陈容民过郑孝胥。

二十四日,夜,郑孝胥约许汝棻、陈容民、罗振常、黄孝纾、黄葆钺饭。

二十六日,郑孝胥赴夏敬观、黄孝纾约午饭。诸宗元访郑孝胥。

二十九日,郑孝胥赴蒋汝藻约。

十月

初二,郑孝胥宴朱祖谋、王乃徵、夏敬观、黄孝纾、袁思亮等。

初四,陈诗、叶尔恺访郑孝胥。夜,郑孝胥赴李宣龚约,晤俞明颐。

初六,郑孝胥宴李宣龚、高梦旦、林葆恒、沈成式等。

初七,夏敬观过郑孝胥,遗画扇。袁思亮宴郑孝胥、周达、夏敬观等。龙榆生赠郑孝胥《稼轩集》、《敦拙堂集》。

初九,郑孝胥赴陈诗约。

初十,郑孝胥赴高梦旦约。

十二日,袁思亮过郑孝胥。

十三日,郑孝胥赴刘承干约。

十四日,郑孝胥、许汝棻、罗振常、陈容民宴集。

十五日,孟森过郑孝胥。

十六日,陈祖壬、夏敬观、孟森、李宣龚、黄葆钺、周达过郑孝胥。

十七日,冒广生、孟森访郑孝胥。

十九日,郑孝胥赴津。

二十一日,郑孝胥至津。

二十六日,黄懋谦过郑孝胥,示《落叶诗》,梁鸿志同作。

二十九日,陈宝琛自京抵津。

是月,陈三立离庐山。

十一月

初三,郑孝胥答访溥儒、曹经沅。

初五,郑孝胥阅陈宝琛己巳、庚午诗稿。

十一日,王庚过郑孝胥。

十四日,郑孝胥赴王庚约。

十六日,郑孝胥过陈宝琛谈。

二十九日,郑孝胥邀陈曾寿、陈曾矩等观剧。夜,曹经沅过郑孝胥。

十二月

初一,李宣倜、章士钊、曹经沅、王庚访郑孝胥。

初二,周学渊、唐兰过郑孝胥。

初六,郑孝胥赴唐兰约。

初七,郑孝胥赴王庚约。

初九,曹经沅过郑孝胥。

十三日,郑孝胥、陈曾寿、佟济煦等宴集。

十四日,郑孝胥赴胡嗣瑗约观剧。

十七日,周学渊、唐兰过郑孝胥。

十八日,郑孝胥邀陈曾寿、佟济煦等同观剧。

二十八日,郑孝胥过陈宝琛。

是年,陈三立寓庐山,常携家人游山间胜景。夏,迁居庐山松树林新宅。议修《庐山志》。

民国二十年 辛未（1931年）

正月

初七，郑孝胥抵京，晤柯绍忞。

初八，郑孝胥访曹经沅、何振岱等。

初九，郑孝胥赴陈伯材约，柯绍忞、熊希龄、王式通、杨寿枢等在座。夜，郑孝胥宴何振岱、林开謩等。

初十，郑孝胥赴曹经沅约于东兴楼，杨钟羲、江瀚、胡适、徐志摩、李宣倜、黄濬、吴达泉在座。

十一日，郑孝胥赴李宣倜约于丰泽园，林宰平在座。

十三日，郑孝胥作《卓君庸用笔九法》诗。

十五日，郑孝胥赴胡嗣瑗约于忠信堂。

十七日，黄孝纾过郑孝胥。

十八日，郑孝胥赴陈曾寿约。

十九日，郑孝胥赴胡嗣瑗约。

二十日，郑孝胥宴陈曾寿、黄孝纾、陈曾矩、佟济煦等。

二十四日，陈曾寿邀宝熙晚饭，郑孝胥作陪。

二十六日，曾广钧之子曾昭桦访郑孝胥。

是月，郑孝胥为龙榆生《风雨龙吟室丛稿》题署封面。

二月

初五，李宣倜请郑孝胥题《东坡居士像》。

初九，曹经沅过郑孝胥。

十一日，王庚、曹经沅访郑孝胥。

十四日，陈宝琛、郑孝胥与胡嗣瑗、陈曾寿、佟济煦等同照相。

十七日，卓定谋、李宣倜过郑孝胥。

十九日，溥仪召见陈宝琛、郑孝胥。

二十四日，郑孝胥至上海。

二十五日，郑孝胥访许汝棻、罗振常、黄葆钺、周达，不值。郑孝胥与陈容民久谈。

二十六日,陈容民、陈祖壬、袁思亮、林葆恒、黄葆钺过郑孝胥。郑孝胥过吴学廉、朱祖谋。

二十七日,彭康祺、程颂万、周达、沈慈护访郑孝胥。袁帅南过郑孝胥,同赴黄孝纾、陈祖壬约。

二十八日,夏敬观、刘体藩、陈诗访郑孝胥。郑孝胥赴许汝棻、陈容民、罗振常约。

二十九日,郑孝胥过夏敬观、高梦旦、袁思亮、林葆恒、黄孝纾、刘体藩、陈祖壬、彭康祺。

三月

初一,郑孝胥约陈容民、许汝棻、罗振常晚饭。孟森过郑孝胥。

初二,沈成式、黄葆钺、高梦旦过郑孝胥。郑孝胥赴周达约晚饭。

初三,郑孝胥赴刘体藩约。郑孝胥赴袁思亮、夏敬观、袁帅南约,潘飞声、陈方恪、陈祖壬等在座。

初四,郑孝胥约陈容民、朱祖谋、许汝棻、夏敬观、罗振常、袁思亮、陈祖壬、彭康祺、黄孝纾等晚饭。

初六,赵凤昌过郑孝胥。

初七,徐乃昌过郑孝胥,赠宣纸五十张,求书篆联。郑孝胥约周达、林葆恒、沈成式等晚饭。

初八,郑孝胥赴林葆恒约晚饭,何冈德在座。

初九,郑孝胥赴陈诗约午饭。

十二日,夏敬观、袁思亮、陈祖壬、黄孝纾、林葆恒访郑孝胥。郑孝胥赴彭康祺约。

十三日,高梦旦、刘体藩过郑孝胥。

十四日,郑孝胥约陈容民、朱祖谋、许汝棻、等晚饭。刘承干过郑孝胥,求题《希古堂图》。

十五日,何冈德、林葆恒过郑孝胥。

十六日,赵凤昌、叶尔恺过郑孝胥。郑孝胥赴高梦旦约晚饭。

十八日,林葆恒、罗振常、彭康祺、陈方恪等过郑孝胥。

二十一日,郑孝胥返回天津,晤陈曾寿、胡嗣瑗。

二十六日,李准过郑孝胥,示《妙峰山》剧本。

二十七日,郑孝胥晤章梫。

二十八日,郑孝胥、陈曾寿与胡嗣瑗王灵珠宴集。

四月

初二,陈向元、吴霭宸过郑孝胥。

初五,李宣倜过郑孝胥,请书杜氏家祠碑。

初八,李宣倜过郑孝胥,带人求书。

初九,郑孝胥过王庚。

初九,黄懋谦过郑孝胥。郑孝胥、温肃、胡嗣瑗等宴集。

初十,郑孝胥、陈曾寿赴王庚宴,章梫、胡嗣瑗、黄懋谦、李宣倜等在座。

十一日,章梫过郑孝胥。

十二日,周学渊、李准过郑孝胥。

十三日,陈宝琛约郑孝胥晚饭。

十五日,李宣倜过郑孝胥。

十六日,陈三立送黄侃《匡庐山居诗》。

十九日,罗振玉过郑孝胥,谈谢米诺夫事。黄懋谦过郑孝胥。

二十日,郑孝胥访罗振玉。郑孝胥与陈宝琛共宴罗振玉、温肃、万绳栻、黄懋谦、佟济煦等于东兴楼。

二十三日,郑孝胥抵京,访曹经沅、李宣倜、何振岱等,约曹经沅、何振岱、李宣倜等晚饭。

二十四日,郑孝胥、林志钧、黄濬、李宣倜、何振岱、周善培、黄嗣东、曹经沅等宴集来今雨轩。

二十五日,林志钧、何振岱、曹经沅访郑孝胥。郑孝胥与何振岱、曹经沅、向迪琮同至颐和园晤周学渊。

二十六日,郑孝胥赴陈伯材约,柯绍忞、朱益藩、宝熙、王式通等在座。

二十七日,郑孝胥赴何振岱、林志钧约。

二十八日,林志钧宴郑孝胥。

二十九日,郑孝胥返天津。

五月

初二,郑孝胥访王庚、曹经沅。

初三,黄懋谦过郑孝胥。

初六,郑孝胥约陈曾寿、温毅夫、胡嗣瑗观新剧《温室遗扇》。

初十,李宣倜过郑孝胥,为李宣龚求书二联。

十一日,李宣倜过郑孝胥谈补栽极乐寺海棠事。

十三日,陈宝琛、郑孝胥、陈曾寿与胡嗣瑗共宴客东兴楼。

十八日,郑孝胥过陈宝琛。

十九日,曹经沅过郑孝胥,言将赴南京,应国民政府为之召为考官,并言冒广生、夏敬观、诸宗元皆赴南京政府之召。

二十八日,黄懋谦过郑孝胥,诵陈曾寿挽李子申联。

六月

初六,郑孝胥约胡嗣瑗、周学渊、唐兰、费地山晚饭。

初六,李准过郑孝胥。

十七日,陈向元过郑孝胥。

十八日,夜,陈曾寿过郑孝胥。

三十日,郑孝胥过陈宝琛。

七月

初三,陈宝琛邀郑孝胥等至东兴楼晚饭。

初四,郑孝胥赴京,访林开謩、林志钧、何振岱、李宣倜等。

初五,郑孝胥赴林志钧约至来今雨轩午饭。郑孝胥访黄懋谦。

初六,郑孝胥赴卓定谋约。

初七,郑孝胥、林开謩、何振岱、林志钧、黄濬等宴集。

初九,陈宝琛过郑孝胥。陈曾寿、胡嗣瑗饯溥俊,邀郑孝胥作陪。

初十,曹经沅过郑孝胥,言陈三立已就庐山修志之席,且为胡汉民评诗事。

八月

初一,周学渊、王庚过郑孝胥。

初四,郑孝胥晤郭则沄。

初六,黄懋谦过郑孝胥。

初七,日军突袭中国军队。

初八,郑孝胥过陈宝琛谈战事。

十四日,郑孝胥过曹经沅。

十六日,陈宝琛、郑孝胥、胡嗣瑗等宴集。周学渊、李准过郑孝胥。

二十九日,王庚、汪荣宝过郑孝胥,同午饭,黄懋谦在座。

九月

初二,郑孝胥过陈宝琛。

初四,陈宝琛约郑孝胥晚饭。

初八,陈宝琛、郑孝胥、陈曾寿、陈曾矩、胡嗣瑗、佟济煦同观剧。

初九,郑孝胥约陈宝琛、陈曾寿、陈曾矩、胡嗣瑗、佟济煦等至中原酒楼登高,郑赋诗一首。

十二日,何振岱、黄懋谦过郑孝胥。

十四日,陈懋复过郑孝胥。

二十五日,夜,郑孝胥赴胡嗣瑗约。

二十六日,陈宝琛自京赴津,过郑孝胥讯近状。夜,郑孝胥宴费地山、胡嗣瑗、陈曾寿等。

二十七日,郑孝胥谒溥仪,力主赴东北。

二十八日,曹经沅过郑孝胥。

三十日,郑孝胥赴王庚、曹经沅约。

十月

初一,陈曾寿、胡嗣瑗过郑孝胥。

初四,郑孝胥随溥仪至旅顺。

二十六日,郑孝胥至大连,晤王季烈、胡嗣瑗、陈曾寿。

二十八日,罗振玉以写经三卷请郑孝胥书。

十一月

初八,郑孝胥访王季烈。

初九,郑孝胥与王季烈谈竟日。

初十,王季烈、蒯若木、宝熙过郑孝胥。

十一日,郑孝胥过罗振玉、蒯若木。

十二日,王季烈、罗振玉、宝熙过郑孝胥。

十四日,罗振玉过郑孝胥。

十七日,郑孝胥过王季烈,晤宝熙。

十八日,郑孝胥过蒯若木,观沈曾植临殁所书二扇。

二十二日,王易转胡先骕书与黄侃,嘱寄《庐山诗稿》与陈三立。

二十三日,王季烈过郑孝胥,以其远祖《洞庭山赋》卷求题。

二十五日,郑孝胥过王季烈、宝熙谈。

二十六日,蒯若木过郑孝胥谈诗。

二十八日,郑孝胥作《江知源连山村诗》。

十二月

初三,郑孝胥赴王季烈约。

初五,郑孝胥赴罗振玉约登楼。宝熙、蒯若木过郑孝胥。

初十,蒯若木赠郑孝胥诗一首。

十三日,郑孝胥、郑孝柽通过王季烈。

十九日,郑孝胥赴蒯若木约,王季烈等在座。

二十二日,陈宝琛至蒯若木宅,郑孝胥往晤谈。

二十四日,郑孝胥至旅馆视陈宝琛。

是年,陈衍受聘于无锡国学专科学校,任文科教授。

是年秋,陈三立由沪避暑北平,中途感不适,改赴庐山。

民国二十一年 壬申(1932年)

三月

伪"满洲国"成立,郑孝胥出任"国务总理"。

九月

十一日,黄懋谦访郑孝胥,和其《重九》诗。夜,郑孝胥宴陈宝琛、陈懋鼎①、陈懋复等。陈宝琛寓交通银行。

十二日,郑孝胥至交通银行视陈宝琛,陈"状颇清秀,额瘤已消,为说半年以来情况"。陈宝琛和郑孝胥《重九》诗。

十六日,郑孝胥访陈宝琛。

十七日,温肃访郑孝胥,将归香港。陈宝琛、郑孝胥同游西园,水次小坐。

二十一日,陈三立八十生日。陈宝琛寄诗贺之。

二十二日,郑孝胥做陈宝琛寿诗。陈宝琛、陈懋鼎同访郑孝胥。

二十三日,陈宝琛八十五岁生日,郑孝胥等前往祝寿。

二十七日,郑孝胥访陈宝琛。

十月

初八,郑孝胥访陈宝琛。

十二日,陈宝琛访郑孝胥视疾。

十六日,陈宝琛访郑孝胥。

二十一日,郑孝胥晤罗振玉。

二十二日,郑孝胥访陈宝琛。

二十三日,陈宝琛访郑孝胥。

三十日,陈宝琛访郑孝胥,言将归北京。

十一月

初五,夜,郑孝胥宴陈宝琛。

十二日,陈宝琛访郑孝胥。

十三日,郑孝胥访陈宝琛,为其送行。

---

① 陈懋鼎(1870—1940),字微宇。光绪十六年进士,官内阁中书。曾随张德彝使英,充参赞。归国后,历任外务部司长、外交部参议、储才馆提调等职。著有《槐庐诗钞》。陈懋鼎亦工诗,汪辟疆称其"诗专力后山,偶作,无不从诗榻中苦吟而得。用意造语,最能窥后山深处。作虽不多,然篇篇可诵也"。汪辟疆:《光宣诗坛点将录》,《汪辟疆文集》。

十九日,郑孝胥收到陈宝琛自大连寄诗一首,和之。①

十二月

十三日,夜,郑孝胥宴胡嗣瑗、陈曾寿、黄懋谦等。

十九日,郑孝胥、胡嗣瑗、陈曾寿、黄懋谦等做东坡生日。

三十日,陈衍召钱锺书度岁。

是年,正月至五月,陈三立寓庐山。

是年,年初,钱锺书访陈衍于苏州胭脂巷寓所。

是年,俞大纲常造访陈三立,陈盛推黄节诗。②

民国二十二年 癸酉(1933年)

正月

初一,郑孝胥访陈曾寿。

初七,郑孝胥宴陈曾寿等。

十五日,胡嗣瑗访郑孝胥。

二十二日,郑孝胥作《哀垂》诗三首。

三月

初八,郑孝胥访陈曾寿。

是月,陈三立撰《庐山志序》。

五月

二十四日,胡适访李宣龚,与王云五、杨杏佛、高梦旦、张元济、沈成式、徐新六等宴集。

---

① 陈诗云:"渡海瞻天亘七旬,衰残乞得自由身。永怀旰食勤求莫,习见谦光笃善邻。有欲岂能无共主,不和敢说是忠臣。临分哽咽频回望,翊赞中兴匪异人。"郑孝胥和曰:"忽忽残年过七旬,岂能忘患只望身。榻傍未来可容酣睡,海内谁云等比邻。聊以神州喻唇齿,忍看诸夏废君臣。弢庵老去名尤重,应仗新诗悟国人。"《郑孝胥日记》,第2430—2431页。从这两首诗的内容来看,陈郑已捐弃前嫌、握手言欢。

② 俞大纲:"民国二十一年,余北上从寅恪表兄治中古史,每以暇日侍座,从容问古诗人优劣,当时黄晦闻先生讲学北京大学,先生常称道其诗,嘱往谒候。余方留意于考证之学,未专心于词章,因循未修谒,而晦闻先生遽下世。偶过其庐寓,成长句为吊……先生见之笑曰:'不图汝与晦闻未即谋面,乃成知己。'"http://masteryu.tnua.edu.tw/poetry.htm。

十月

十一日,龙榆生邀陈衍至暨南大学讲授《要藉题解》,在曾克耑家设宴欢迎。

十二月

二十四日,李宣龚与王云五宴胡适、张元济、高梦旦、沈成式等。

是年,陈三立寓北京西四牌楼姚家胡同。黄节持诗稿《蒹葭楼诗》求正于陈三立。

是年,郑孝胥寓长春东五马路。

民国二十三年 甲戌(1934年)

正月

初十,黄懋谦访郑孝胥。

十七日,郑孝胥作诗四首寄李宣龚。

三月

十六日,丁文江邀李宣龚、胡适等午饭。

四月

初六,陈三立赴毛子水宴,胡适等在座。①

十二月

三十日,陈衍召钱锺书至苏州度岁。胡适晤李宣龚,借李宣龚汽车访蔡元培。

是年,陈三立仍寓北京姚家胡同。唔陈宝琛于北平,执弟子礼。

是年,郑孝胥出任伪满洲国"国务总理大臣"。

---

① 胡适:"毛子水约吃午饭,席上有陈伯严先生(三立),八十三岁老人,精神神智尚好。"(《胡适日记全编·六》,第383页)

民国二十四年 乙亥（1935年）

正月

初二,胡嗣瑗访郑孝胥,示《元旦》诗。

初三,郑孝胥和黄懋谦、胡嗣瑗诗。

初十,林少旭宴郑孝胥、陈曾寿、胡嗣瑗、罗振玉、林葆恒等。

十一日,郑孝胥宴林葆恒、黄孝纾等。

二十一日,陈懋鼎访郑孝胥,言北京近状。

二十八日,沈成式访郑孝胥,求书。郑孝胥电讯陈宝琛病情。

是月,陈宝琛患肺炎入医院。

二月

初一,陈宝琛卒于北京,年八十八岁。

初三,郑孝胥挽陈宝琛联:"几番出塞岂灰心,辽沈先归,须臾无死。未睹回銮休瞑目,曼殊再起,魂魄犹思。"

初九,黄懋谦访郑孝胥,示《挽弢庵》诗五律四首。

十六日,郑孝胥作陈宝琛挽诗。

三月

初八,郑孝胥作《吴菊农挽诗》。

四月

初一,杨钟羲访郑孝胥。

初三,郑孝胥至国都旅馆访杨钟羲。

初五,杨钟羲访郑孝胥。

十九日,郑孝胥辞伪"国务总理大臣"。

五月

初五,郑孝胥得李宣龚书。

二十三日,黄懋谦访郑孝胥。

六月

是月,郑孝胥《海藏楼诗》第十一卷印成。

八月

十一日,郑孝胥寄李宣龚诗。

十五日,郑孝胥作《示稚辛》诗。

十月

十四日,陈曾矩访郑孝胥。

十五日,郑孝胥访陈曾矩、陈曾寿。

十二月

二十日,陈曾寿示郑孝胥五律一首:"平声郑重九,犹记我东坡。破寂残年兴,开觞令节过。换羊书更好,无蝎墨常磨。用意荣枯外,何须春梦婆。"郑孝胥和曰:"兴致殊不浅,平声吾老坡。崎岖终泯灭,况味饱经过。梦去春犹在,人闲墨自磨。尚能逐年少,何用笑阿婆。"

二十八日,李宣龚赠郑孝胥圣遗诗及其父《双辛夷楼词》。

是年秋,陈三立偕陈隆恪、陈寅恪等游西山。

民国二十五年 丙子(1936年)

正月

初一,胡嗣瑷和郑孝胥《除夕》诗。

初七,郑孝胥、陈曾寿等宴集,陈曾寿示郑孝胥诗。

九月

初五,陈曾寿等宴郑孝胥。

十一日,郑孝胥宴陈曾寿、傅岳棻①等。

二十一日,陈曾寿作诗话三则。

二十五日,郑孝胥、陈曾寿、傅岳棻等雅集,观陈曾寿《王病山归葬》二律及胡嗣瑷词一阕。

十月

初一,郑孝胥收到上海寄《石遗室诗话》四册。

---

① 傅岳棻(1878—1951),字治芗。湖北江夏(今武昌)人。清末举人。曾任山西抚署文案。光绪三十年(1904)后任山西大学堂教务长、代理总监督。后任京师学部总务司,普通司司长。宣统三年(1911)后任国务院铨叙局佥事。民国八年(1919)后任北平大学、北京师范大学、北京大学教授,并一度任北洋政府代教育总长。民国九年后参加编修《湖北文徵》。有《遗芸室诗文集》。

初三,郑孝胥阅《石遗室诗话》。

初七,郑孝胥寄李宣龚诗二十册。

二十三日,郑孝胥宴陈曾寿、傅岳棻等。

三十日,郑孝胥、陈曾寿、傅岳棻等宴集。

十一月

十五日,郑孝胥移居柳条路三百零一号。

十六日,郑孝胥访罗振玉,久谈。

十八日,罗振玉访郑孝胥。

二十八日,郑孝胥宴陈曾寿、傅岳棻等。

十二月

初九,李宣龚过张元济。

十四日,上午,李宣龚过张元济。

十六日,郑孝胥访罗振玉。

十九日,郑孝胥、陈曾寿、傅岳棻、叶葱奇等雅集,做东坡生日。

二十日,郑孝胥和陈曾寿诗二首。郑孝胥得李宣龚诗一编、周达信及诗。周达诗云:"故人奇意郁青霞,夜起严城独听笳。江南江北久抛撇,空怜玉貌落胡沙。"

二十六日,李宣龚、张元济访汪精卫,不值。

是年,陈三立作为中国旧文学代表,被邀请赴伦敦参加国际笔会,以年迈不果行。

民国二十六年 丁丑(1937年)

正月

初七,郑孝胥访陈曾寿,观胡嗣瑗诗。

十二日,李宣龚过张元济。

十六日,郑孝胥观李宣龚所寄王寿昌诗文,评点一过,寄李宣龚,嘱将评阅本付影印。

十九日,李宣龚赴张元济约。

二十六日,郑孝胥得李宣龚函及诗三首。

二十七日,郑孝胥寄诗六本与李宣龚。

三十日,李宣龚过张元济。

二月

初二,郑孝胥宴陈曾寿、傅岳棻等。李宣龚访张元济。

初九,李宣龚访张元济。

十四日,李宣龚赴张元济约晚饭,傅增湘、沈成式、刘成禹等在座。

十五日,李宣龚赴张元济约午饭,傅增湘、刘成禹、叶恭绰、姚瀛、陶湘在座。

十九日,郑孝胥复李宣龚书。

二十一日,郑孝胥得夏敬观母丧讣告。

二十二日,郑孝胥作致夏敬观唁函。

三月

初四,郑孝胥收到李宣龚信及商务印书馆寄第六期百衲本《二十四史》。

二十二日,胡适访李宣龚不遇。

二十三日,郑孝胥收到上海寄来黄濬《聆风簃诗》。

二十四日,郑孝胥、叶葱奇访陈曾寿,讯陈三立近状。

二十九日,郑孝胥宴陈曾寿、叶葱奇等。

四月

初一,郑孝胥收到李宣龚寄胡汉民诗集。

初九,郑孝胥访陈曾寿,以胡汉民诗集示之。

十四日,陈曾寿约郑孝胥晚饭。

十八日,郑孝胥收到孟森所作《海藏楼诗序》。

二十一日,郑孝胥宴陈曾寿等。

二十四日,郑孝胥、郑孝柽同访陈曾寿、傅岳棻。

二十八日,郑孝胥、陈曾寿、叶葱奇等同游镜月潭。

五月

初一,陈曾寿示郑孝胥《镜月潭》诗,郑亦赋一律。

二十二日,郑孝胥访陈曾寿,陈被任命为"陵务大臣"。

二十四日,郑孝胥、陈曾寿、傅岳棻等宴集。

二十八日,郑孝胥访陈曾寿。

六月

初一,郑孝胥得李宣龚书及诗。

初七,陈曾寿言《伏敌堂诗》:"其诗毫无雕饰,几无其匹。"

十七日,郑孝胥过陈曾寿,还顾印愚诗。

二十九日,郑孝胥访陈曾寿。

七月

初五,郑孝胥收到李宣龚自上海寄陈衍《宋诗精华录》。

初六,郑孝胥复李宣龚书。

初七,郑孝胥作悼陈衍诗,访陈曾寿,以诗示之,陈谓"太虐"。

初十,陈曾寿邀郑孝胥晚饭。

二十一日,黄濬被国民政府枪毙。

八月

初一,郑孝胥作悼黄濬诗。张元济访李宣龚。

初二,郑孝胥访陈曾寿。

初四,李宣龚访张元济。

初十,陈三立卒。

十六日,陈曾寿访郑孝胥。

十七日,郑孝胥得郑孝柽书,闻陈三立卒,"为之怅惘久之"。

二十日,张元济闻陈三立噩耗,即欲发唁电与陈寅恪:"闻尊翁噩耗。戊戌党人尽矣!怆痛可极,敬唁!"因交际电停收,未发。

二十二日,郑孝胥过陈曾寿,共悼陈三立。

二十七日,李宣龚、张元济同访冒广生。

九月

初五,郑孝胥访陈曾寿,约重九登高,观陈曾寿挽陈三立二联。

初九,郑孝胥、陈曾寿、傅岳棻同摄影。傅岳棻言陈寅恪于陈三立卒时,不开吊亦不服丧。

初十,郑孝胥收到商务印书馆所寄《胡适论学近著》二册。

十一日,郑孝胥阅《胡适论学近著》。

二十二日,郑孝胥作怀陈三立诗:"一世诗名散原老,相哀终古更无缘。京尘苦忆公车梦,新学空传子弟贤。流派西江应再振,死灰建业岂重然?胡沙白发归来者,会有庐峰访旧年"。

二十七日,郑孝胥过陈曾寿,观其《伯严挽诗》三首。

二十八日,陈曾寿还郑孝胥江湜诗集。

十月

初六,郑孝胥至北京。

初九,郑孝胥、郑孝柽同访黄懋谦、陈懋鼎、卓孝复等。

十三日,郑孝胥至姚家胡同吊唁陈三立。郑孝胥、郑孝柽同至协和医院视孟森疾,孟森作七言古诗赠郑孝胥。

十五日,郑孝胥访杨钟羲。傅增湘访郑孝胥,求书扇。

二十六日,郑孝胥至天津。

二十七日,王庚访郑孝胥。

二十八日,郑孝胥、章梫等宴集。

十五日,陈曾寿赴北京。

民国二十七年 戊寅（1938年）

正月

初七,郑孝胥访陈曾寿。

二十四日,郑孝胥访陈曾寿。

三月

郑孝胥卒。

# 参 考 文 献

一、日记、年谱类

郭嵩焘. 郭嵩焘日记[M]. 长沙：湖南人民出版社. 1983

曹伯言（整理）. 胡适日记全编[M]. 合肥：安徽教育出版社. 2001

缪荃孙. 艺风老人日记[M]. 北京：北京大学出版社

马卫中、张修龄. 陈三立年谱[M]，近代诗论丛. 合肥：安徽文艺出版社. 1995

冒怀苏. 冒鹤亭先生年谱[M]. 上海：学林出版社. 1998

司马朝军、王文晖. 黄侃年谱[M]. 武汉：湖北人民出版社. 2005.

徐全胜. 沈曾植年谱长编[M]. 北京：中华书局. 2007

孙应祥. 严复年谱[M]. 福州：福建人民出版社. 2003

吴宓. 吴宓日记[M]. 北京：三联书店. 1998

王闿运. 湘绮楼日记[M]. 长沙：岳麓书社. 1997

恽毓鼎. 恽毓鼎澄斋日记[M]. 南京：江苏古籍出版社. 2004

李慈铭. 越缦堂日记[M]. 扬州：广陵书社. 2004

翁同龢. 翁同龢日记[M]. 北京：中华书局. 1992

张晖. 龙榆生先生年谱[M]. 上海：学林出版社. 2001

张謇. 张謇日记[M]，张謇全集（第6卷）. 南京：江苏古籍出版社. 1994

中国国家博物馆编、劳祖德整理. 郑孝胥日记[C]. 北京：中华书

局.1993

张元济.张元济日记[M].石家庄:河北教育出版社.2001
张树年主编.张元济年谱[M].北京:商务印书馆.1991
丁文江.梁启超年谱长编[M].上海:上海人民出版社.1983
黄侃.黄季刚先生手写日记[M].台北:学生书局.1977
黄侃.黄侃日记[M].南京:江苏教育出版社.2001

二、作品、著述类

卞孝萱、唐文权.辛亥人物碑传集[M].北京:团结出版社.1991
曹聚仁.文坛三忆.北京[M]:三联书店.1999
陈衍.石遗室师友诗录[M].民国石印本
陈衍.近代诗钞[M].1923年商务印书馆刻本
陈衍.石遗室诗话[M].北京:人民文学出版社.2004
陈宝琛著,刘永翔、许全胜校点.沧趣楼诗文集[M].上海:上海古籍出版社.2006
陈声聪.兼于阁诗话[M].上海:上海古籍出版社.1990
陈声聪.兼于阁杂著[M].上海:上海古籍出版社,2002。陈诗.尊瓠室诗.民国刻本
陈三立.散原精舍诗文集[M].上海:上海古籍出版社.2003
陈三立.散原精舍诗集[M].商务印书馆民国十一年刊本
陈三立.散原精舍文集[M].沈阳:辽宁教育出版社.1998
陈诗.尊瓠室诗话[M].民国诗话丛编·二.上海:上海书店出版社.2002
陈衍.石遗室集[M].福州:福建人民出版社.2001
陈衍.石遗室诗话.人民文学出版社.2004
陈寅恪.陈寅恪集·诗集[M].北京:三联书店.2001
陈玉堂.中国近现代人物名号大辞典(全编增订本)[M].杭州:浙江古籍出版社.2005
陈平原、王枫(编).追忆王国维[G].北京:中国广播电视出版社.

1997

陈夔龙.梦蕉亭杂记[M].北京:北京古籍出版社.1985

陈曾寿.苍虬阁诗[M].台北:文海出版社.1977

戴正诚(编).郑叔问先生年谱[M],北京:北京图书馆出版社.1998

范当世.范伯子诗文集[M].上海:上海古籍出版社.2003

范旭仑、牟晓朋整理.谭献日记[M].石家庄:河北教育出版社.2001

范旭仑.容安馆品藻录·陈衍[J].万象.2005(1)

范旭仑.容安馆品藻录·冒广生[J].万象.2005(2)

范旭仑.容安馆品藻录·胡先骕[J].万象.2005(4)

范旭仑.容安馆品藻录·陈寅恪[J].万象.2005(6)

范旭仑.容安馆品藻录·李宣龚[J].万象.2005(12)

樊增祥.樊樊山诗集[M].上海:上海古籍出版社

方宝川.林旭行实系年[J].福建师范大学学报(哲学社会科学版).1991(3)

福州支社诗拾[M].民国刻本

郭长海、金菊贞.高旭集[M].北京:社会科学文献出版社.2003

郭则沄纂,卞孝萱、姚松点校.十朝诗乘[M].福州:福建人民出版社.2000

郭则沄.郭则沄遗稿三种[M].天津:天津古籍出版社.1987

郭曾炘.邴庐日记[M].民国二十三年侯官郭氏刊本

顾廷龙(校阅).艺风堂友朋书札[M].上海:上海古籍出版社.1980

黄濬.花随人圣庵摭忆[M].太原:山西古籍出版社、山西教育出版社.1999

黄节.黄节诗集[M].北京:中国人民大学出版社.1989

黄遵宪.黄遵宪集[M].天津:天津人民出版社.2003

贺国强.近代宋诗派研究[D].苏州大学.2006

胡思敬.退庐全集[M].台北:文海出版社,1961

胡颂平.胡适之先生年谱长编初稿[M].台北:联经出版公司.1984

胡先骕.胡先骕文存[M].南昌:江西高校出版社.1995

江瀚.慎所立斋文诗集[M].台北:文海出版社.1972年,据1924年太原排印本

蒋天枢.陈寅恪先生编年事辑(增订本)[M].上海:上海古籍出版社,1997.蒋英豪.黄遵宪诗友录[M].上海:上海书店出版社.2002

江庸.江庸诗选[M].北京:中央文献出版社.2001

金蓉镜.滮湖遗老集[M].民国刊本,上海图书馆藏

金天羽.天放楼文言(附诗集)[M].台北:文海出版社,沈云龙主编《近代中国史料从刊》第三十一辑

康有为.康有为全集[M].上海:上海古籍出版社.1987—1992

柯劭忞.蓼园诗钞[M].上海:中华书局,1924

孔庆茂.林纾传[M].北京:团结出版社.1998

鲲西.林旭之死[J].万象.2005(5)

蒯光典.金粟斋遗集[M].台北:文海出版社,沈云龙主编《近代中国史料从刊》第三十一辑

梁鼎芬.节庵先生遗诗[M].民国刻本

梁鸿志.大至阁诗[M].1934年梁鸿志排印本

梁启超.饮冰室诗话[M].长春:时代文艺出版社.1998

梁鸿志.爰居阁诗[M].民国二十八年刻本

梁淑安主编.中国文学家大辞典·近代卷[M].北京:中华书局.1997

李伯元.南亭笔记[M].南京:江苏古籍出版社.2000

李洪岩.钱锺书与近代学人[M].天津:百花文艺出版社.1998

李家骥(等整理).林纾诗文选.[J].北京:商务印书馆.1993

李瑞清.清道人遗集[M].台北:文海出版社.1961

李肖聃(著)绛希(点校).星庐笔记[M].长沙:岳麓书社.1983

李详.七月瓻作[M].南京:江苏古籍出版社.1997

李详.药里慵谈[M].南京:江苏古籍出版社.2000

李详.李审言文集[M].南京:江苏古籍出版社.1989

李宣龚.硕果亭诗[M].台北:文海出版社

林庚白(著)、周永珍(编).丽白楼遗集[M].北京:中国人民大学出版社.1996

林纾.畏庐三集[M].上海:商务印书馆.1927

林纾.畏庐文集[M].上海:商务印书馆.1923

林纾.畏庐续集[M].上海:商务印书馆.1927

林纾.畏庐诗存[M].民国刻本

林旭.晚翠轩集[M].1936年闽县李氏铅印本

林畏庐先生年谱[M].台北:文海出版社

柳曾符、柳佳(编).劬堂学记[G].上海:上海书店出版社.2002

刘成禺.世载堂杂忆[M].北京:中华书局.1960

刘成禺、张伯驹(等著).洪宪纪事诗三种[M].上海:上海古籍出版社.1983

刘建萍.同光派闽派诗人何振岱的诗歌[J].闽江学院学报.2003(12)

柳亚子.南社丛刻[M].江苏:广陵古籍刻印社.1996

柳无忌(编).南社纪略[M].上海:上海人民出版社.1983

柳无忌(编).柳亚子年谱[M].北京:中国社会科学出版社.1983

柳无忌、殷安如.南社人物传[M].北京:社会科学文献出版社.2002

黎仁凯.张之洞督鄂期间的幕府[J].史学月刊.2003(7)

罗惇曧.瘿庵诗集[M].民国刻本

缪荃孙.艺风堂文集[M].台北:文海出版社

马卫中.光宣诗坛流派发展史论[M].苏州:苏州大学出版社.2000

马卫中、张修龄.近代诗论丛[M].合肥:安徽文艺出版社.1995

马亚中.近代诗歌史[M].台北:学生书局.1992

冒怀苏.冒鹤亭先生年谱[M].上海:学林出版社.1998

毛大奉、王斯琴(编注)近百年诗钞.[M],长沙:岳麓书社.1999

牛仰山、孙鸿霓.严复研究资料[C].福州:海峡文艺出版社.1990

[美]庞百腾.沈葆祯评传[M].上海:上海古籍出版社.2000

钱基博.现代中国文学史[M].北京:中国人民大学出版社.2004

钱仲联.近代诗钞[M].南京:江苏古籍出版社.2001

钱仲联.梦苕庵诗话[M].济南:齐鲁书社.1986

钱仲联.人境庐诗草笺注[M].上海:上海古籍出版社.1981

钱仲联.广清碑传集[G].苏州:苏州大学出版社.1999

钱仲联.清诗纪事[M].南京:江苏古籍出版社.1989

钱仲联.沈曾植集校注[M].北京:中华书局.2001

秦孝仪.中国近代史辞典——人物部分[M].台北:近代中国出版社.1985

瞿鸿禨.瞿文慎公诗选遗墨[M].民国石印本

商务印书馆.1897—1992商务印书馆九十五年:我和商务印书馆[G].北京:商务印书馆.1992

沈大德、吴廷嘉.梁启超评传[M].南昌:百花洲文艺出版社.1996

沈瑜庆.涛园集[M].台北:文海出版社.1967

沈曾植.海日楼札丛·海日楼题跋[M].沈阳:辽宁教育出版.1998

沈曾植.海日楼诗集[M].民国刊本

寄禅.八指头陀诗文集[M].长沙:岳麓书社.1984

司马朝军、王文晖.黄侃年谱[M].武汉:湖北人民出版社.2005

四川省地方志编纂委员会、省志人物志编纂组.四川近现代人物传(第三辑)[C].成都:四川人民出版社.1987

孙雄.旧京诗文存[M].民国十九年排印本

孙之梅.南社研究[M].北京:人民文学出版社.2003

唐晏.海上嘉月楼诗集[M].1921年排印本

唐晏.涉江先生文钞[M].民国十年(1921)刊本

唐文基、徐晓望、黄启权.陈宝琛与近代社会.陈宝琛教育基金会

汤志钧.戊戌变法人物传稿.北京:中华书局.1961

太常袁公行略.上海图书馆手抄本

王培军.汪辟疆〈光宣诗坛点将录〉笺证[D].华东师范大学.2006

王森然.近代名家评传(初集)[M].北京:三联书店.1998

王树枏.陶庐文集[M].民国刻本

王揖唐.今传是楼诗话[M].沈阳:辽宁教育出版社.2003

王庆祥、肖立文(校注),罗继祖(审定)、长春市政协文史和学习委员会(编).罗振玉王国维往来书信[G].北京:东方出版社.2000

王孝绳编.王苏州(仁堪)遗书[M].台北:文海出版社,沈云龙主编《近代中国史料丛刊》第十四辑

王仲镛(主编).赵熙集[M].成都:巴蜀书社.1996

汪辟疆.汪辟疆文集[M].上海:上海古籍出版社.1988

汪荣祖.史家陈寅恪传[M].北京:北京大学出版社.2005

汪松涛.梁启超诗词全注[M].广州:广东高等教育出版社.1998

汪诒年.汪穰卿先生年谱[M].上图藏本

汪叔子、张求会.陈宝箴集[M].北京:中华书局.2005

吴闿生.晚清四十家诗钞[M].杭州:浙江古籍出版社.2006

吴宓(整理著)、吴学昭.吴宓自编年谱[M].北京:三联书店.1995

吴宓.吴宓自编年谱[M].北京:三联书店.1995

吴宓.吴宓诗话[M].北京:商务印书馆.2005

吴宓.吴宓诗集[M].北京:商务印书馆.2004

吴士鉴.含嘉室文存[M].1941年叶景葵钞本

夏敬观.忍古楼诗[M].民国二十六年刻本

夏敬观.忍古楼诗话.民国诗话丛编·三[M].上海:上海书店出版社.2002

夏敬观.忍古楼诗续.民国刻本

夏承焘.夏承焘集[M].杭州:浙江古籍出版社、浙江教育出版社.1997

夏孙桐.观所尚斋文存[M].民国二十八年(1939)排印本

萧一山.清史大纲.上海:上海古籍出版社

徐友春.民国人物大辞典[M].石家庄:河北人民出版社.1991

徐一士.一士类稿[M].沈阳:辽宁教育出版社.2003

徐珂.清稗类钞[M].北京:中华书局.1984

徐凌霄、徐一士.凌霄一士随笔[M].山西古籍出版社.1997

许临江.郑孝胥前半生评传[M].上海:学林出版社.2003

新会梁氏藏.梁任公(启超)先生手札[M].台北:文海出版社

姚鹓雏.姚鹓雏剩墨[M].北京:社会科学文献出版社.1994

沃邱仲子.当代名人小传[M].北京:北京图书馆出版社.2003

杨圻(著),马卫中、潘虹(校点).江山万里楼诗词钞[M].上海:上海古籍出版社.2003

杨天石、王学庄.南社史长编[M].北京:中国人民大学出版社.1995

叶参、陈邦直、党庠周(合编).郑孝胥传[M].上海:上海书店.1989(据满洲图书株式会社1938年版影印)

易宗夔.新世说[M].太原:山西古籍出版社.1997

易顺鼎(著)、王飚(校点).琴志楼诗集[M].上海:上海古籍出版社.2004

袁思亮.蘉庵文集[M].台北:文海出版社.1975

袁昶.浙西村人初集[M].光绪刻本

袁英光、刘寅生等编,王国维年谱长编[M].天津:天津人民出版社.1996

曾克耑.涵负楼诗.民国二十五年上海铅印本

赵铁寒(编).文芸阁(廷式)先生全集[M].台北:文海出版社

张晖.龙榆生先生年谱[M].上海:学林出版社.2001

张俊才.林纾评传[M].天津:南开大学出版社.1992

张求会.陈寅恪的家族史[M].广州:广东教育出版社.2000

张人凤.智民之师——张元济[J].济南:山东画报出版社.2001

浙江省政协文史资料委员会编.浙江近现代人物录[C].杭州:浙江人民出版社.1992

张树年(编).张元济友朋书札[M].上海:上海古籍出版社.1987

张树年、张人凤(编).张元济书札(增订本)》[M].北京:商务印书馆.1997

章梫.一山文存[M].台北:文海出版社.1969(据1918刘氏嘉业堂刊本影印)

赵尔巽等.清史稿[C].北京:中华书局.1998

闵尔昌(编).碑传集补[M],台北:文海出版社.1971(据1932年北平燕京大学国学研究所排印本影印)

郑逸梅.文苑花絮[M].北京:中华书局.2005

郑逸梅.清末民初文坛轶事[M].北京:中华书局.2005

郑逸梅.书报旧话[M].北京:中华书局.2005

郑逸梅.近代名人丛话[M].北京:中华书局.2005

郑逸梅.南社丛谈[M].上海:上海人民出版社.1981

周广秀.萧剑诗魂——柳亚子评传[M].北京:中国社会科学出版社.2002

周汉光.张之洞与广雅书院[M].台北:中国文化大学出版部.1983

周家禄.寿恺堂诗序[M].1923铅印本

周树模.沈观斋诗[M].民国二十二年周氏原抄影印本

周延祁(编).吴兴周梦坡(庆云)先生年谱[M].台北:文海出版社.1972

朱义胄.林琴南先生学行谱记四种[G].台北:世界书局.1965

诸宗元.大至阁诗[M].民国刊本

中国近代学人像传[C].扬州:江苏广陵古籍刻印社.1997

后　　记

　　这部年表是我做博士论文的"副产品"。

　　博士二年级,经过痛苦的思考和艰难的思想斗争,我选定"同光体"作为研究对象。切入点是早已明确的,陈思和师建议从人事、人物活动入手,纳入其"20世纪社团文学史"的课题。其时陈老师这个庞大课题已完成了一部分,出版了几本著作,其中既有新文学社团,又有像南社、栎社这样的旧文学社团,我的研究当然属于后者。开始研究之初,陈老师提了一个建议,让我做一个比较细致的年表,先把这些人物的活动理清。我开始边看相关诗文集边整理年表,年表撰写伴随了整个博士论文写作过程,几乎从未中断,而且延续到2007年我重新回到工作岗位上。

　　年表做到10万字左右拿给陈思和师、关爱和师看,本以为比较粗糙的这个"附录"却受到老师的高度评价,认为我做得比较细致,很有价值。老师们的鼓励激发了我的兴致,年表也由"瘦"变"胖",慢慢膨胀起来,到论文答辩时已达20万字,几乎占整个论文字数的一半。答辩前后,评审专家对年表提出了各种建议和意见,使年表得以完善。

　　回到河南大学工作后,时间稍微宽裕一些,论文也暂时"冷却"起来,对年表的兴趣却从未消减。记不清有多少个清晨,东方微曙,披衣而起,摸进书房,打开台灯,坐在电脑桌旁,开始工作。记得论文答辩时,袁进先生说我是抱着浓厚的兴趣进行研究的,确乎如此,年表写作更充溢了这种状态。有时为"发现"一个人物、一条线索而欣喜若狂,由衷感受到学术研究的快乐。工作近一年，年表达三十万字，"尾大不掉"，再附在论文中显然已不太合适了。承河南大学出版社和河南大学文学院的支持，论文正式列入出版计划。

宋诗派文人群体是近现代一个很重要的文人集团，在19—20世纪之交的文学、文化、政治、教育、传媒领域都发挥过重要作用。传统的"同光体"研究基本上侧重于他们在诗歌领域的成就，对其他领域较为忽略。近年出现了一些个案研究，对于陈三立、郑孝胥、沈曾植、陈衍、李宣龚等的研究都有专著或论文出现，取得了重大进展，但仍有许多空白之处。这部年表只是做了一种资料性的工作，以几个核心人物将这个庞大的文人群体串联起来，对他们的交游、雅集和其他各种社会活动做了尽可能细致的梳理和归纳。这也是一种初步的工作，定有诸多不完善之处，有待进一步修正了。

由衷感谢关爱和师，年表经他多次过目，提出了许多宝贵意见，使其得以以一种较为差强人意的面貌呈现。

感谢张云鹏、孙先科、杨国安老师，他们对年轻学者的鼎力支持使人感动！感谢河南大学出版社袁喜生老师，杨风华、马龙编辑，河南大学文学院杨站军兄为本书付出的辛勤劳动！

杨萌芽
2008年8月于东京汴梁